高等职业本科系列教材

新形态教材

基础化学

戴静波　田宗明　周俊慧　主编

化学工业出版社

·北京·

内容简介

本书是高等职业教育本科系列教材之一。本书内容按照教育部对于职业本科人才的培养要求,将无机化学、分析化学及有机化学有机地整合在一起编写而成。全书内容包括物质结构基础、分散系、化学反应速率及化学平衡、定量分析基础、滴定分析法、仪器分析法、有机化学基础、烃、醇酚醚、醛酮酸、糖、氨基酸及蛋白质等。

本书可作为职业本科院校食品、药品、中医药、药事服务与管理、药品质量管理、智慧健康养老等不同专业的教材,也可供应用型本科或高职高专相关专业师生参考。

图书在版编目(CIP)数据

基础化学 / 戴静波,田宗明,周俊慧主编. -- 北京:化学工业出版社,2025. 8. --(高等职业本科系列教材). -- ISBN 978-7-122-48684-4

Ⅰ. O6

中国国家版本馆 CIP 数据核字第 20253SV858 号

责任编辑:陈燕杰　　　　　　　　　　文字编辑:白华霞
责任校对:宋　玮　　　　　　　　　　装帧设计:王晓宇

出版发行:化学工业出版社(北京市东城区青年湖南街13号　邮政编码100011)
印　　装:三河市双峰印刷装订有限公司
787mm×1092mm　1/16　印张17¼　彩插1　字数432千字　2025年10月北京第1版第1次印刷

购书咨询:010-64518888　　　　　　　售后服务:010-64518899
网　　址:http://www.cip.com.cn
凡购买本书,如有缺损质量问题,本社销售中心负责调换。

定　　价:59.00元

《基础化学》编写人员名单

主　　编　　戴静波　田宗明　周俊慧

副 主 编　　秦永华　张新波

参编人员

王　叶　浙江药科职业大学

毛　杰　浙江药科职业大学

田宗明　浙江药科职业大学

张　莉　浙江药科职业大学

张敏利　浙江华海药业股份有限公司

张新波　浙江药科职业大学

周俊慧　浙江药科职业大学

赵新梅　浙江药科职业大学

秦永华　浙江药科职业大学

徐丽萍　浙江药科职业大学

戴静波　浙江药科职业大学

前言
Preface

党的二十大报告提出，"实施科教兴国战略，强化现代化建设人才支撑"，"坚持教育优先发展、科技自立自强、人才引领驱动，加快建设教育强国、科技强国、人才强国"，为高等职业教育的发展指明了方向。为此我们深入学习贯彻党的二十大精神，结合本科层次职业教育坚持高层次技术技能人才培养定位，夯实理论基础，突出知识与技能的高层次。本教材将无机化学、分析化学、有机化学等课程的教学内容精心遴选后进行有机整合，删除较深奥的理论分析，力求做到较完整的基础化学知识系统。全部内容分为三个模块。第一模块为无机化学，包括物质结构基础、分散系、化学反应速率和化学平衡等内容；第二模块为分析化学，包括定量分析基础、酸碱滴定、沉淀滴定、氧化还原滴定、配位滴定以及仪器分析等内容；第三模块为有机化学，包括有机化学基础、烃、醇酚醚、醛酮酸、糖、氨基酸及蛋白质等内容。

本教材的内容选取、结构设置、编写体例均尽量符合职业本科学校教学的要求；具体内容着眼于学生专业群和就业岗位群的实际需要。教材内容注重理论联系实际以及专业需求，循序渐进、重点突出。为了便于教学和学生学习，本教材融合视频、文字等多种教学资源。读者可以直接扫描书中的二维码，阅读与教材内容关联的课程资源，以适应数字化教学服务的需求，丰富学习体验，激发学生学习兴趣。同时，为加强课程思政融合，根据药学、食品等专业特点，本教材有针对性地引入"思政案例"模块，将职业素养、工匠精神等思政元素渗透其中，实现以学生为中心、将课程与立德树人有机融合，完成高层次技术技能人才培养的目标。

本教材由戴静波、田宗明、周俊慧任主编，秦永华、张新波任副主编。各章编写情况：绪论和项目一由田宗明编写，项目二由徐丽萍编写，项目三由周俊慧、毛杰编写，项目四由王叶编写，项目五由周俊慧编写，项目六由戴静波、张敏利编写，项目七、八、十由秦永华编写，项目九由张新波编写，项目十一由张莉编写。赵新梅负责部分内容的校对。全书由主编、副主编统稿，最后由戴静波通读定稿。在本书编写过程中，我们得到化学工业出版社、浙江华海药业股份有限公司以及浙江药科职业大学基础学院和化学教研室徐利军、刘晓雪的大力支持和帮助。另外，在编写过程中参阅了已出版的相关教材，并引用了一些图表和数据。在此向有关院校、作者和出版社一并致谢。由于编者业务水平有限，书中不足之处在所难免，殷切希望专家、读者和广大师生给予批评指正。

编者

目录
Contents

数字资源

数字资源 1-1   元素周期律视频

数字资源 1-2   杂化轨道理论视频

数字资源 1-3   分子间作用力和氢键视频

数字资源 2-1   稀溶液的依数性视频

数字资源 2-2   溶液的渗透压视频

数字资源 3-1   酸碱质子理论视频

数字资源 3-2   溶液 pH 值计算视频

数字资源 3-3   缓冲溶液视频

数字资源 3-4   沉淀反应视频

数字资源 3-5   氧化还原反应视频

数字资源 3-6   配位化合物基本概念视频

数字资源 3-7   配合物的命名视频

数字资源 4-1   误差和数据处理视频

数字资源 4-2   有效数字及其运算规则视频

数字资源 5-1   酸碱指示剂视频

数字资源 5-2   酸碱滴定曲线和指示剂的选择视频

数字资源 5-3   强碱滴定一元弱酸视频

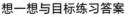

想一想与目标练习答案

思维导图

附录

PPT

绪　论

1. 了解化学的发展简史。
2. 了解天然药物和化学药物的发展与化学发展的关系。
3. 了解《基础化学》(本教材)的主要内容和学习方法。

化学作为一门重要的自然科学,研究物质的组成、结构和性质,在原子和分子水平研究化学变化的规律及变化过程中的能量变化。随着社会认知水平的提高,化学已被广泛应用到各个领域,在经济发展中起到关键的作用。

一、化学的发展史简介

化学的历史源远流长。古人在生活中逐渐掌握了制陶、炼金、染布、酿酒等与化学反应有关的工艺,是化学的萌芽时期。在4~17世纪的中古时期,最早用炼丹炉开始提炼金银等贵金属及合成各种"长生不老"的丹药。冶炼技术也为后期提纯和制造各种药剂累积经验,推动化学在药学中应用的大发展。17世纪后半叶至19世纪末的近代化学时期,化学更是经历了从燃素化学到定量化学的发展。波意尔在1661年发表《怀疑化学家》,对炼金术士的物质组成原性说进行了批判,建立了化学元素的科学概念,成为化学发展中的重要转折点。拉瓦锡在1777年用定量化学实验解释燃烧的氧化学说,标志着化学发展到了定量研究阶段。道尔顿在1803年提出原子论,认为一切物质都是由不可再分的原子组成的,这也是近代化学开端的标志。阿伏伽德罗在1811年建立分子学说,为现代化学的发展和研究物质的结构奠定基础。

量子论的建立使化学在20世纪的研究进入现代化学的快速发展时期,结合物理学研究的成果,很多化学领域的疑难问题得以解决。卢瑟福在1911年提出原子的天体行星结构模型;玻尔在原子结构模型中有效解释了电子在原子轨道上稳定运动的理论,这是原子结构发展的重大进展;薛定谔在1926年综合爱因斯坦、玻尔、海森堡等人的研究成果,建立了薛定谔方程,在描述微观粒子运动状态的研究领域跨越了一大步;鲍林在1931年提出杂化轨道理论,对分子成键及空间结构的解释起到重要作用。

21世纪以来,化学与其他学科的发展相互渗透,更加拓宽了化学的研究领域,在材料、医药、环保、能源等方面都有长足的发展。例如,我国科学家运用化学的原理和分析方法研究中草药的有效成分,研发出青蒿素等安全高效的典型药物,加速了中药的发展并使其走向世界。

二、化学技术进步促进药物发展

（一）天然矿物药的发展

公元前 1 世纪开始就有天然矿物药的记载，我国医药简牍中记载了 16 种矿物药的炮制及用药方法。在著名药学专著《神农本草经》中将矿物药列在首位，并详细地记载了这些药物的药性，还对部分元素及化合物的性质和变化做了论述。南北朝时期，在陶弘景的《本草经集注》中收录的矿物药更为丰富，并确定了其中部分矿物药的化学成分，人们对天然药物的认知也进入新的阶段。唐代药典《新修本草》对 109 种矿物药的陈述中，延伸出很多新的内容和化学知识。宋代《证类本草》中的矿物药增加至 253 种，已开始用定性分析方法对矿物药进行鉴别。明代《本草纲目》中记载的矿物药达 266 种，对名称、炮制方法、药性、功效及其组方配伍等都进行了系统的阐述，并对矿物药进行分类整理，无机矿物药的发展也进入鼎盛时期。新中国成立以后，在《中药志》《中药大辞典》等药学专著中收录了更多矿物药，而《中华人民共和国药典》中专门对收录的矿物药制定质量标准。

（二）化学药物的发展

随着科学的发展，对天然药物的研究也拓展到用无机化学的理论和方法研究金属配合物在医药中的应用，比如研究人体内的微量元素与金属配合物的关系，直接推动了人们对金属配合物与人体健康关系的探索。20 世纪 60 年代，顺铂 cis-$[Pt(NH_3)_2Cl_2]$ 抗肿瘤活性的发现是现代药物无机化学作为一个研究领域的标志，顺铂 cis-$[Pt(NH_3)_2Cl_2]$ 通过与 DNA 单股中两个碱基的键合而阻碍 DNA 的复制及癌细胞的生长。至今，第二代产品卡铂联合化疗仍是治疗恶性肿瘤（尤其是睾丸癌、子宫癌和小叶肺癌）的主要手段。许多药物本身就是配合物，如治疗血吸虫病的没食子酸锑、治疗糖尿病的胰岛素（锌的螯合物）、抗恶性贫血的维生素 B_{12}（钴的螯合物）等。再如葡萄糖酸钙、葡萄糖酸锌、乳酸亚铁、柠檬酸铋等都是常用的配合物用作药物的例子。

20 世纪 90 年代开始，纳米药物的研究开始应用到临床，将药物制成纳米颗粒、微胶囊和贴剂等多种剂型，可显著提高临床疗效，为应用化学开辟了一个新的研究领域。新一代的纳米抗菌药对大肠杆菌、葡萄球菌等致病微生物都有良好的抑制和杀灭作用。以此为原料药制备的创伤贴、溃疡贴等纳米医药类产品在临床上得到广泛应用。纳米技术应用在药物的研发上，大大提高了药物生产的标准化和现代化。

在越来越注重环保理念的当下，新型药物必将迎来发展的新契机。随着研究的深入，化学技术在药物发展中的重要作用也被进一步深化，尤其是天然药物以特有的理论优势、丰富的资源、肯定的药理作用和临床疗效，在人类医药健康发展中必将起到更大的作用。

三、基础化学课程的基本内容和学习方法

1. 课程的基本内容

基础化学课程包括物质结构的基本知识（包括原子结构、化学键、分子结构及分子间作用力）；化学反应速率及化学平衡的基本理论及计算；定量分析的基本理论、计算及应用（包括滴定分析法、仪器分析法等）；基本有机化合物的基础知识及应用（包括烃、醇、酚、醚、醛、酮、酸、糖、氨基酸及蛋白质等）。

2. 基础化学的学习方法

物质结构部分的内容相对较为抽象，要抓住主要性质和变化规律，以物质结构理论为

主线，从认识物质的微观结构为着眼点延伸到元素及其化合物的基本性质变化规律，在深入理解物质结构与性质的本质联系的基础上，运用元素周期律的理论对元素进行归类、比较学习。对于定量分析基本理论的学习要灵活、融会贯通。在学习时不能死记硬背，要类比分析，从溶液配制、滴定反应、终点确定到误差分析，对分析的整个过程要有清晰的脉络，从理论上理解实验现象，这样有利于巩固记忆，也有利于深入理解和掌握所学的内容，使所学的理论知识系统化并在应用中融会贯通。

重视化学实验在学习基础化学中的重要性，化学是建立在实验结论基础上的学科，诸多化学的理论和变化规律都是从实验结果中总结提炼出来的。在实验课上，要保持严谨的学习态度，规范操作，仔细观察实验现象并做好记录，科学处理实验数据，合理解释实验结果并进行误差分析。用理论指导实验，也用实验验证理论，并对实验过程的"异常"现象进行深入讨论，以提升实验技能并加深对理论知识的理解。

关注学科发展的新成果，拓展新思路新方法，除掌握好课本内容外，可选择一些课外参考书，了解化学学科发展前沿，了解基础化学与其他学科的交叉融合，拓展知识面的广度和深度。

注重基础化学与专业知识的结合，学习时要与现代化工、环境、医药、保健品与化妆品等专业应用联系起来，用化学知识、原理及技能理解专业理论和实践，丰富基础化学知识作为专业课程基础的内涵。

模块一

无机化学

项目一
物质结构

学习目标

1. 掌握原子核外电子排布规律与原子结构、元素周期律及元素性质之间的关系；价键理论的基本要点；共价键的特征和类型；杂化轨道理论的基本要点和类型。

2. 熟悉四个量子数的取值和物理意义，元素电负性的大小变化规律；键的极性和分子的极性，分子间作用力类型。

3. 了解原子核外电子运动的特征和波函数、概率密度、电子云等基本概念；价层互斥电子对理论；氢键的形成、特征及应用。

能力目标

1. 能运用原子结构的基础知识解释发生化学变化的原因。
2. 能根据化学键的成键方式，解释物质的相关性质。
3. 能根据分子间作用力和氢键理论，解释物质的相关性质。

素质目标

1. 引导学生建立起微观结构的基本理念，能正确把握微观世界的特殊规律性，从电子层面认识物质世界存在与变化的客观性和必然性。

2. 培养学生善于总结和触类旁通的能力。

1-1 元素周期律视频　　1-2 杂化轨道理论视频　　1-3 分子间作用力和氢键视频

任务一　原子结构及元素周期律

决定物质化学性质的最小结构是分子。分子是由原子组成的，除核化学反应外，在普通的化学反应中原子是不变的。要了解物质的性质及变化规律，首先要了解原子结构的相关知识，尤其是要了解原子核外电子运动的状态，并从原子核外电子排布方式来解释元素性质周期性变化的规律，以揭示元素周期律的本质。

一、氢原子光谱和玻尔的氢原子模型

在 20 世纪初，德国物理学家普朗克（M. Planck）根据实验提出了量子化理论，认为物质辐射能的吸收和发射是不连续的，是以最小能量单位量子的整数倍做跳跃式地增加或减少，这种过程叫作能量的量子化。量子的能量 E 和频率 ν 的关系为：

$$E=h\nu \tag{1-1}$$

式中，$h = 6.626 \times 10^{-34} \text{J} \cdot \text{s}$，为普朗克常数。

原子核外的电子能量也具有量子化的特性。而近代原子结构理论的建立，是从研究氢原子光谱开始的。

1. 氢原子光谱

太阳光或白炽灯发出的白光通过棱镜，可以看到红、橙、黄、绿、青、蓝、紫的可见光谱，这类光谱叫作连续光谱（continuous spectrum）。若在真空管中充入少量高纯氢气，通过高压放电，氢气可以产生可见光、紫外光和红外光，这些光经过三棱镜分成一系列按波长大小排列的线状光谱（line spectrum），如图 1-1 所示。

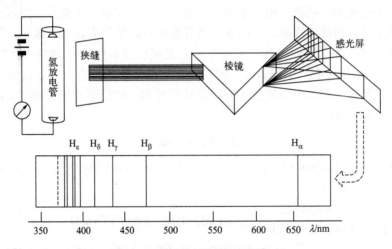

图 1-1　氢原子光谱的产生示意图

在氢原子的线状光谱中，可见光范围内有 5 条明显主要谱线，分别为 H_α、H_β、H_γ、H_δ、H_ε，是氢原子的特征谱线。从图 1-1 可以看出，从 H_α 到 H_ε 谱线间的距离越来越短，频率的变化具有一定的规律性。氢原子光谱是原子光谱中最简单的。除氢原子外，其他原子也可以产生特征发射谱线，可以利用原子的特征谱线来确定原子的存在。原子光谱属于不连续光谱，每种元素都有自己的特征线状光谱。

2. 玻尔的氢原子模型

1913 年，丹麦物理学家玻尔（N. Bohr）成功地解释了氢原子线状光谱产生的原因。玻尔认为核外电子在一定的轨道上运动，在这些轨道上运动的电子不辐射也不吸收能量，所处的状态称为定态（steady state）。在一定轨道上运动的电子具有一定的能量（E），E 只能取某些由量子化条件决定的数值。能量最低的定态称为基态（ground state）。从外界获得能量时，处于基态的电子可以跃迁到离核较远的轨道上，这些状态称为激发态（excited state）。激发态不稳定，电子回到较低能量的状态时，辐射出的能量以光波的形式发射出来，发射出的光的频率取决于跃迁前后两定态间的能量差：

$$v = \frac{E_2 - E_1}{h} \qquad (1-2)$$

式中，v 为光的频率；E_1，E_2 分别是电子跃迁前后两定态的能量，且 $E_2 > E_1$。

玻尔理论成功地解释了原子稳定存在的事实和氢原子的不连续光谱，玻尔由此获得1922年诺贝尔物理学奖。但是玻尔理论推广到其他多电子原子系统时，不能很好地计算其能级和光谱的频率。问题在于玻尔把电子看成经典力学中的粒子，没有认识到电子等微观粒子的运动具有特殊性——波粒二象性。

二、微观粒子运动的基本特征

1. 波粒二象性

在经典力学理论中，粒子有一定的体积和质量，运动有确定的轨迹。而波没有一定的体积，无静止质量，它的运动可以用波长、频率、周期等来描述。光在传播中会产生干涉、衍射等现象，在传统理论上光被认为波。1905 年，爱因斯坦在光电效应实验基础上提出，在空间传播的光是不连续的，而是一份一份的，是由一个一个能量子（光子）组成的。光子学说说明光具有粒子性，因此光既具有波动性又具有粒子性，即具有波粒二象性。既然光在某些场合表现出粒子性，那么其他微观粒子是否也会表现出波动性呢？1924 年，法国物理学家德布罗意（L. V. de Broglie）提出假设，波粒二象性并非光所特有，一切运动着的实物粒子也都具有波粒二象性，并推导出质量为 m、运动速度为 v 的粒子与相应波长 λ 的关系式，称为德布罗意物质波公式：

$$\lambda = h/p = h/mv \qquad (1-3)$$

【例 1-1】　电子质量为 $9.11 \times 10^{-31} kg$，若以 $5.9 \times 10^6 m \cdot s^{-1}$ 的速度运动，试计算其在运动中表现出的波长 λ 是多少？

解　$\lambda = \dfrac{h}{mv} = \dfrac{6.626 \times 10^{-34}}{9.11 \times 10^{-31} \times 5.9 \times 10^6} = 1.23 \times 10^{-10} \ (m) = 0.123(nm)$

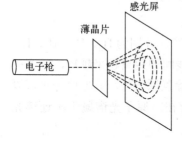

图 1-2　电子衍射装置示意图

通过上述公式可计算出电子运动波长 λ 为 0.123nm，可以看到该电子的波长与 X 射线的波长基本相同。

1927 年，戴维逊（C. J. Davisson）和葛尔麦（L. H. Germer）在高能电子通过金属箔或晶体粉末的实验中，发现了类似衍射的现象（图 1-2）。这是电子流具有"波"的特性的证明，即电子亦具有波动性，从而证实德布罗意设想是正确的。目前，电子衍射技术已经得到高度发展。例如在电子显微镜中，电子的波动性被用来获得原子尺度的图像。

2. 测不准原理

对于宏观物体，如人造卫星、飞行的导弹等运动时有确定的轨道，根据经典力学理论，可同时准确确定它们在某一瞬间的位置和速度。但是像电子这样的微观粒子，由于质量小、速度快，其运动具有波粒二象性，不能同时准确测定它的空间位置和速度。1927年，德国物理学家海森堡（W. Heisenberg）提出了量子力学中的一个重要关系——测不准原理，其表达式为：

$$\Delta p \cdot \Delta x \approx h \quad 或 \quad m \cdot \Delta v \cdot \Delta x \approx h \tag{1-4}$$

式中，Δp 为动量的不确定量；Δx 为位置的不确定量；Δv 为速度的不确定量；m 为微观粒子的质量；h 为普朗克常数。

由测不准原理可知，测定微观粒子时，位置准确度越高（Δx 越小），则其动量或速度的测定准确度就越低（Δp 或 Δv 越大），反之亦然。

三、原子核外电子运动状态的描述

由于电子运动具有波动性，只能用建立在量子化和统计性基础上的量子力学（quantum mechanics）来描述。

（一）波函数和原子轨道

1926年，奥地利物理学家薛定谔（E. Schrodinger）提出了著名的描述微观粒子运动状态的波动方程，称为薛定谔方程：

$$\frac{\partial^2 \Psi}{\partial x^2} + \frac{\partial^2 \Psi}{\partial y^2} + \frac{\partial^2 \Psi}{\partial z^2} + \frac{8\pi^2 m}{h^2}(E-V)\Psi = 0 \tag{1-5}$$

式中，Ψ 为波函数，它是电子空间坐标 x、y、z 的函数；m 为电子的质量；E 为电子总能量，包括势能和动能；V 为电子势能；h 为普朗克常数。

薛定谔方程是很复杂的二阶偏微分方程，求解过程中必须引入三个量子数 n、l、m 限定条件。解薛定谔方程，可求出微观粒子（电子）运动状态的数学函数——波函数 $\Psi_{n,l,m}(x, y, z)$ 以及与此状态相应的能量 E。每一个确定的波函数 Ψ 代表电子的某一空间运动状态。因此，$\Psi_{n,l,m}$ 也称为原子轨道，但它与宏观物体运动轨道以及玻尔假设中的轨道是不同的概念。薛定谔方程的求解十分复杂，本书只对求解结果做简单介绍。

量子力学理论认为，核外电子的运动没有具体的轨道，电子只是在一定范围内运动。根据波函数绘制得到的多种原子轨道的角度分布图像，分别命名为 s，p，d，f 等。图1-3为几种原子轨道的角度分布剖面图，图中的正负号表示求解波函数的正负值，它们代表角度函数的对称性，不代表正负电荷。

（二）概率密度和电子云

根据测不准原理，如果能准确地知道电子的动量，则电子的位置就不能准确地确定。因此，不能准确地确定单个电子在原子核周围的确切位置。也就是说波函数 Ψ 没有明确的物

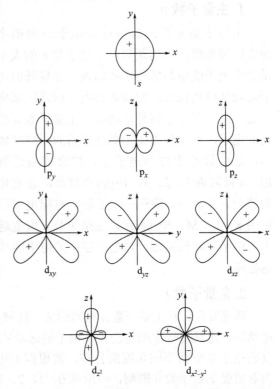

图1-3 s、p、d各种原子轨道的角度分布剖面图

理意义，只能用统计的方法做出概率性判断。而波函数的平方 $|\Psi^2|$ 有明确的物理意义，代表电子在核外空间某处单位体积内电子的概率，即概率密度，也可以称为电子密度。

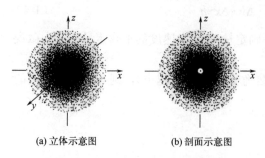

(a) 立体示意图　　(b) 剖面示意图

图1-4　基态氢原子电子云示意图

电子云（electron cloud）是 $|\Psi^2|$ 在空间分布的图像，是电子在原子核空间出现概率的形象化描述，常用小黑点来表示电子出现在原子核外的轨迹。核外电子某时刻的位置虽然无法确定，但大量电子（或一个电子多次重复）出现的位置却存在着统计规律，图1-4所示为基态氢原子电子云示意图。

在立体图上看，基态氢原子电子整体呈现圆球状。从平面图可以看出，靠近球心（原子核）的地方，几乎没有电子出现，说明运动中的电子不会落入原子核。在距核一定距离的地方小黑点最密集，说明电子在这里出现的概率密度较大。外围的小黑点依次变稀，说明随着离核距离越远，电子概率密度依次变小。

类似于原子轨道的角度分布图，也可以得到电子云的角度分布图，如图1-5所示。电子云的角度分布图与原子轨道的角度分布图相比，形状相似，但图形要"瘦"些，且均为正值。

（三）四个量子数

1. 主量子数 n

主量子数 n 用来描述核外电子出现概率最大区域离核的平均距离，主量子数 n 的大小是决定电子能量高低的主要因素。能量低的电子运动区域离核近，能量高的电子运动区域离核远。电子在原子核外运动时，主量子数 n 相同的电子，可以认为在距离核相当的相同区域内，这个区域也称为电子层。按离核由近到远，n 可取值 1、2、3、4…的正整数，分别称为第一、二、三、四……电子层，对应电子层可用 K、L、M、N…表示，主量子数 n 取值越大，电子层离核越远，该电子层中的电子能量也越高。

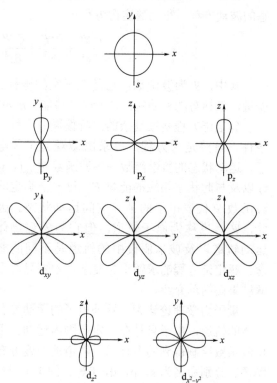

图1-5　s、p、d 各种电子云角度分布剖面图

2. 角量子数 l

研究发现，在主量子数 n 相同的某一区域内，电子的能量仍有差别，这是由于电子绕核运动时，还具有一定的角动量，电子的运动轨迹的形状也不尽相同。因此，引入角量子数 l 反映电子在空间不同角度的分布。常根据 l 再对同一层中轨道进行层次划分，称为亚层。l 的取值受主量子数 n 限制，可取从 0、1、2、3…至 $(n-1)$，分别用 s、p、d、f…符号表示，可取 n 个值，l 取值与亚层的关系如表1-1所示。

表1-1　角量子数 l 取值与亚层的关系

角量子数 l 的取值	0	1	2	3	4	⋯
亚层符号	s	p	d	f	g	⋯

当 n 一定时，l 的不同取值代表同一电子层中不同状态的亚层。例如：

$n=1$，$l=0$，l 只有 1 个值，即表示第一电子层的 1 个亚层（1s 亚层）；

$n=2$，$l=0$，1，l 有 2 个值，即表示第二电子层有 2 个亚层（2s，2p 亚层）；

$n=3$，$l=0$，1，2，l 有 3 个值，即表示第三电子层有 3 个亚层（3s，3p，3d 亚层）。

对 l 的物理意义还要注意的是：①多电子原子轨道的能量与 n、l 值有关。但氢原子或单电子离子轨道的能量仅与 n 有关。②能级由 n、l 共同定义。一组（n、l）对应一个能级（氢原子的能级由 n 定义）。③不同电子层，电子的能量为 $E_{1s} < E_{2s} < E_{3s} < E_{4s}$；同一电子层，电子的能量为 $E_{4s} < E_{4p} < E_{4d} < E_{4f}$。

角量子数 l 还表示原子轨道（或电子云）的形状。$l=0$ 的 s 亚层，原子轨道的形状是球形对称的；$l=1$ 的 p 亚层，原子轨道的形状是无柄哑铃型的；$l=2$ 的 d 亚层，原子轨道常呈四叶花瓣形；$l=3$ 的 f 亚层，原子轨道形状复杂。

3. 磁量子数 m

不同亚层对应的电子云不仅形状不同，伸展方向也各异。如球形的 s 电子在核外空间半径相同的各个方向上出现的概率一致，只有一个伸展方向；哑铃形的 p 电子云在空间有三种不同的伸展方向，它们相互垂直，刚好与三维垂直坐标的方向一致，因此分别称为 p_x、p_y 和 p_z；花瓣形的 d 电子云有五种不同伸展方向，分别为 d_{xy}、d_{xz}、d_{yz}、$d_{x^2-y^2}$、d_{z^2}；f 电子云的伸展方向则有七种之多。借用经典力学中"轨道"的概念，也称原子中电子运动状态中每个可能的空间伸展方向为原子轨道。如 1s 轨道只有一个，而 2p 轨道有三个，分别是 $2p_x$、$2p_y$ 和 $2p_z$ 等。

磁量子数 m 描述的是原子轨道在空间的伸展方向，m 取值受角量子数 l 限制。当 l 的取值确定后，m 只能取 0，±1，±2⋯至 ±l，共 $2l+1$ 个值。当 $l=0$ 时，m 只能取 0 一个值，表明 s 亚层只有 1 个轨道，即电子只有一种空间运动状态；当 $l=1$ 时，m 可取值 0，±1，也就是 p 亚层有 3 个轨道，即电子在空间有三种空间运动状态；当 $l=2$ 时，m 可取值 0，±1、±2，表明 d 亚层有 5 个轨道，同理 f 亚层有 7 个轨道。同一亚层下的原子轨道能量相同，与伸展方向无关，如 $2p_x$、$2p_y$、$2p_z$ 是能量相同的轨道，称为等价轨道（或简并轨道）。

4. 自旋量子数 m_s

实验证明，在氢原子光谱的精细结构中，每一根谱线由两根靠得很近的谱线组成，这被认为是电子除了在核外高速运动之外，自身还在绕轴自旋引起的。电子绕轴的自旋运动由自旋量子数 m_s 表示，电子的自旋方向有顺时针和逆时针两种，因此自旋量子数 m_s 只能取两个值，即 $m_s=+1/2$ 和 $m_s=-1/2$，通常在图示中用"↑"和"↓"表示两个自旋方向相反的电子。电子自旋对理解原子的电子结构至关重要，有助于了解原子中的电子排布，给出它们的量子数，从而定义空间最有可能找到每个电子的区域。

综上所述，电子在原子核外的运动状态由 n、l、m、m_s 四个量子数来确定，即主量子数 n 确定电子所在的电子层；l 确定电子亚层、原子轨道的形状；m 确定原子轨道在空间的伸展方向；m_s 确定电子的自旋状态。n 和 l 共同决定电子能量的高低（基态氢原子的能量只由 n 决定）；n、l、m 三个量子数确定电子所处的原子轨道；四个量子数一起完整地描述电子的运动状态。

四个量子数与原子轨道之间满足表 1-2 所示的关系。

表1-2　量子数与原子轨道

主量子数 n	角量子数 l	亚层符号	亚层层数	磁量子数 m	亚层轨道数	总轨道数	自旋量子数 m_s
1(K)	0	1s	1	0	1	1	±1/2
2(L)	0 1	2s 2p	2	0 0, ±1	1 3	4	±1/2
3(M)	0 1 2	3s 3p 3d	3	0 0, ±1 0, ±1, ±2	1 3 5	9	±1/2
4(N)	0 1 2 3	4s 4p 4d 4f	4	0 0, ±1 0, ±1, ±2 0, ±1, ±2, ±3	1 3 5 7	16	±1/2

想一想 1. 决定原子轨道能量的量子数是（　）。
A. n、l、m、m_s　B. n、l、m　C. n、l　D. n

四、核外电子排布与元素周期律

（一）多电子原子的原子轨道能级

1. 近似能级图

单电子氢原子轨道的能量由主量子数 n 的大小决定，与角量子数 l 无关；对于多电子原子，电子的能量除了考虑原子核的吸引外，还需要考虑各原子轨道之间的电子的相互作用，所以多电子原子的原子轨道能级要复杂得多，这已经通过光谱实验结果得到证明。

美国著名化学家鲍林（L. Pauling）根据光谱实验结果，总结了多电子原子中电子在各原子轨道中的填充顺序，提出多电子原子中原子轨道的近似能级，如图 1-6 所示。

① 图中每个小圆圈代表一个原子轨道，小圆圈位置高低代表能级的高低；水平位置高低相同的几个小圆圈，表示能级相同的等价轨道（也称为简并轨道），如 p 轨道是三重简并，d 轨道是五重简并等。

② 能量相近的轨道用虚线框划分为一组，称为能级组，目前分为七个能级组。依Ⅰ、Ⅱ、Ⅲ…能级组的顺序（从下往上排列）能量依次升高。

③ 当角量子数 l 相同时，主量子数 n 越大，电子离核越远，核对电子的吸引力越小，轨道的能量（或能级）也越高，如 $E_{1s} < E_{2s} < E_{3s}$、$E_{2p} < E_{3p} < E_{4p}$；当主量子数 n 相同时，角量子数 l 越大，轨道的能量（或能级）也越高，如 $E_{3s} < E_{3p} < E_{3d}$。

④ 除第Ⅰ、Ⅱ、Ⅲ能级组外，轨道的能级变化比较复杂，会发生主量子数较大的外层轨道的能量反而比主量子数小的内层轨道能量更低的现象，这种现象称为"能级交错"，如 $E_{4s} < E_{3d}$、$E_{6s} < E_{4f}$，可以用屏蔽效应和钻穿效应来解释。

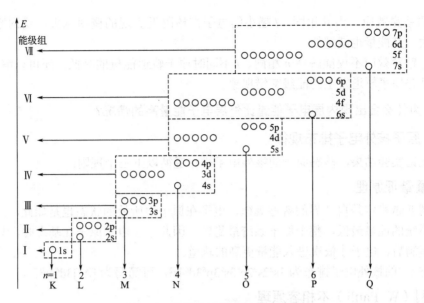

图1-6　鲍林原子轨道近似能级图

2.屏蔽效应和钻穿效应

（1）屏蔽效应（shielding effect）　氢原子的核电荷 $Z=1$，原子核外只有一个电子，该电子受到原子核的吸引，电子的能级由下式计算：

$$E = -\frac{Z^2}{n^2} \times 2.179 \times 10^{-18} \text{J} \tag{1-6}$$

式中，Z 表示核电荷；n 为主量子数。

在多电子原子中，电子在受原子核吸引的同时，电子之间也存在相互排斥作用，使得原子核对电子的吸引力减弱。如锂原子的核外有三个电子，其中 1s 轨道上有 2 个电子，2s 轨道上有 1 个电子。若选定任何一个电子，其余的两个电子屏蔽或者削弱了原子核对选定电子的吸引作用，即相当于其他电子对选定电子的排斥作用降低了原子核的吸引力，此作用称为屏蔽效应。

若用符号 Z^* 表示有效核电荷，用符号 Z 表示核电荷，被削弱的核电荷用屏蔽常数 σ 表示，则它们之间的关系为：

$$Z^* = Z - \sigma \tag{1-7}$$

式中，σ 可由斯莱托经验规则算出。

对于多电子原子系统中的某个电子，其能量可以按下式计算：

$$E = -\frac{(Z-\sigma)^2}{n^2} \times 2.179 \times 10^{-18} \text{J} \tag{1-8}$$

从式（1-8）分析可得出，屏蔽常数 σ 越大，屏蔽效应越强烈，电子受到的有效核电荷的吸引也相应越弱，电子离核越远，电子的能量也越高。通常认为，内层电子对外层电子的屏蔽效应大，而同层电子的屏蔽效应小，外层电子对内层电子的屏蔽效应几乎可以忽略。

（2）钻穿效应（penetration effect）　钻穿使电子（一般指价电子）在原子核附近出现概率较大，可以更有效地避免其他电子的屏蔽作用，起到增加有效核电荷、降低轨道能量的作用。这种外层电子钻到内层空间，靠近原子核，避开内层电子的屏蔽，使其能量降低的现象称为电子的钻穿效应。当 n 相同，l 越小的电子在核附近出现的概率越大，受到原子核的吸引力就越大，其能量也就越低。

因此，钻穿效应不仅能解释 n 相同、l 不同时原子轨道能量的高低，还可以解释当 n 和 l 都不同时某些原子轨道发生的能级交错现象。

想一想 2. 为什么会出现内层电子能量比外层电子能量高的情况？

（二）原子核外电子排布规律

根据光谱实验结果，基态原子的核外电子排布遵循以下三个规则：

1. 能量最低原理

能量越低越稳定是自然界的普遍规律，电子在原子中所处的状态也是如此，总是要尽可能使整个系统的能量最低，整个原子系统最稳定。因此，多电子原子在基态时，只有能量低的轨道被填满后，电子才依次进入能量更高的轨道。

如基态 Fe 的核外电子排布为 $1s^2 2s^2 2p^6 3s^2 3p^6 3d^6 4s^2$，可简写为 $[Ar]3d^6 4s^2$。

2. 泡利（W. Pauli）不相容原理

1925 年，奥地利科学家泡利在光谱实验的基础上提出一个假设：在同一原子中没有四个量子数完全相同的电子，或者表述为在一个原子轨道里最多只能容纳 2 个电子，且它们的自旋方向相反，分别用自旋量子数 $m_s=+1/2$ 和 $m_s=-1/2$ 表示，在图示中常用上下两个方向相反的箭头"↑↓"表示。因为每个电子层中有 n^2 个轨道，所以每个电子层可以容纳 $2n^2$ 个电子。

如基态氢原子核外有两个电子，其中一个电子的运动状态用四个量子数描述为：$n=1$，$l=0$，$m=0$，$m_s=+1/2$；则另一个电子描述为：$n=1$，$l=0$，$m=0$，$m_s=-1/2$。s、p、d、f 亚层分别有 1、3、5、7 个轨道，因此最多分别能容纳 2、6、10、14 个电子。

3. 洪德（F. Hund）定则

1925 年，德国科学家洪德根据大量的光谱实验数据总结出一条规律：等价轨道上的电子尽可能分占不同轨道，且自旋方向相同。洪德定则实质上是能量最低原理的补充，因为根据量子力学实证，两个电子同占一个轨道所产生的排斥作用会使系统能量升高，若分占等价轨道，且自旋方向相同时，系统能量则更低，利于稳定。如碳原子有 6 个电子，基态时核外电子排布式（称为电子层结构或电子构型）为 $1s^2 2s^2 2p^2$，也可以形象地用轨道图表示电子的排布情况，如图 1-7 所示。

图 1-7 基态碳原子电子轨道式

在多电子原子中经常遇到这样的情况，当等价轨道全充满（p^6、d^{10}、f^{14}）、半充满（p^3、d^5、f^7）或全空（p^0、d^0、f^0）时，能量更低更稳定，此现象称为洪德定则的特例。

原子核外电子排布式主要根据核外电子排布的三个基本规则和光谱实验结果进行书写。为避免电子结构式书写过长，通常把内层电子已达到稀有气体结构的部分写成"原子实"，并以稀有气体的元素符号外加括号来表示。例如：^{16}S 原子用 $[Ne]3s^2 3p^4$ 表示，^{24}Cr 原子用 $[Ar]3d^5 4s^1$ 表示。原子实以外的电子排布称原子的外层电子构型或价电子（即参与成键的电子）构型。表 1-3 是部分原子的核外电子排布。

原子核外电子越多，电子之间的相互作用情况就越复杂，如 24 号元素 Cr 的核外电子排布式为 $[Ar]3d^5 4s^1$，而不是 $[Ar]3d^4 4s^2$；29 号元素 Cu 的核外电子排布式为 $[Ar]3d^{10} 4s^1$，而不是 $[Ar]3d^9 4s^2$，这可以用洪德定则特例来解释。

原子核外电子排布规则是从大量事实总结出来的一般规律，正因如此，大多数原子实际核外电子的排布与这些规则一致。当然也有些元素（特别是长周期的某些副族元素）核外电子的实际排布结果并不能用排布规则合理解释，尚需进一步研究。

表1-3　部分原子的核外电子排布

原子符号	电子排布式	轨道图
^7N	$1s^22s^22p^3$ 或 $[He]2s^22p^3$	(⇅) (⇅) (↑)(↑)(↑) 1s　2s　　2p
^{16}S	$1s^22s^22p^63s^23p^4$ 或 $[Ne]3s^23p^4$	(⇅) (⇅) (⇅)(⇅)(⇅) (⇅) (⇅)(↑)(↑) 1s　2s　　2p　　3s　　3p
^{19}K	$1s^22s^22p^63s^23p^64s^1$ 或 $[Ar]4s^1$	(⇅) (⇅) (⇅)(⇅)(⇅) (⇅) (⇅)(⇅)(⇅) (↑) 1s　2s　　2p　　3s　　3p　　4s

想一想 3. 基态原子的核外电子排布遵循哪些规则？

（三）元素周期律

1869 年，俄国化学家门捷列夫（Mendeleev）总结出元素的性质随原子量的增加而呈现周期性变化，并根据这个变化规律将当时已发现的 63 种元素排成元素周期表，并在元素周期表中预留了尚未发现元素的位置，还预言了该位置元素的大致性质。将各种元素形成的有周期性规律的体系称为元素周期系，元素周期表只是元素周期系的具体表现形式而已。随着原子结构理论的深入研究，人们逐渐认识到元素性质变化的主要原因是原子的外层电子构型，而各原子的外层电子构型是随原子序数的递增而呈周期性地重复排列的。因此，元素周期律也表述为随着原子序数的递增，元素性质呈现周期性变化的规律。

1. 周期

周期的划分与电子层结构、能级组存在密切的关系。

在周期表中，周期数 = 能级组数 = 最外电子层主量子数，能级组的划分也是导致周期表中各元素划分周期的根本原因。每个能级组对应一个周期，能级组有七组，也就有七个周期。如 Cr 原子的核外电子排布为 $1s^22s^22p^63s^23p^63d^54s^1$，有 4 个能级组，$n=4$，故 Cr 位于第四周期。原子核外电子的排布是按能级组的顺序依次填充的，每个能级组都是从 ns^1 开始，到 ns^2np^6 结束。电子填入一个新的能级，也就出现一个新的周期。

每个周期中的元素数目，等于该能级组内各轨道所能容纳电子数的总和。如第四能级组包含 4s、3d、4p 轨道，分别可容纳 2 个、6 个、10 个电子，一共可容纳 18 个电子，因此第四周期共有 18 种元素。

2. 族

在周期表中，把元素排成 18 列，分为 16 个族：8 个主族（A 族）包括 ⅠA～ⅧA（0）；8 个副族（B 族）包括 ⅠB～ⅧB（Ⅷ）。同族元素具有相同或相似的外层电子构型。因为外层电子构型是决定元素化学性质的主要因素，所以同族元素有相似的化学性质。

（1）主族元素　原子的核外电子排布时，最后 1 个电子填充在 ns 和 np 轨道上的族是主族。主族元素原子最外能级组电子数和它所属主族的序号是一致的，即主族元素的族数 = 最高能级组（$ns+np$）上的电子数，如 ⅠA、ⅡA 最高能级组分别有 1 个、2 个电子，价电子构型分别是 ns^1、ns^2；ⅢA～ⅧA 的最高能级组上应有 3～8 个电子，其价电子构型是 ns^2np^1～ns^2np^6。

（2）副族元素　原子的核外电子排布时，最后 1 个电子填充在 d 轨道和 f 轨道上的元素是副族元素。副族元素的原子，最高能级组由 2～3 种轨道构成。在这些轨道中，ns 和（$n-1$）d 轨道主要决定元素化学性质。除了极少数元素的电子排布特殊外，同族元素原子的 ns 和（$n-1$）d 轨道上的电子构型相同，这是同一副族元素性质大致相似的根本原因。除第ⅠB、ⅡB 和Ⅷ外，多数副族元素的族序数等于（$n-1$）d+ns 轨道上的电子总数。

表 1-4 所列为部分元素的价电子构型及族序数。

表 1-4　部分元素的价电子构型及族序数

元素	价电子构型	族序数
Cl	$3s^23p^5$	ⅦA
Cr	$3d^54s^1$	ⅥB
Fe	$3d^64s^2$	ⅧB
Cu	$3d^{10}4s^1$	ⅠB

在周期表中，57 号镧及其后的 14 个元素、89 号锕及其后的 14 个元素其最后一个电子都填在 f 轨道上，称为内过渡元素。由于 f 轨道的电子构型对元素性质的影响较小，所以镧及其后的 14 个元素性质很相似，称为镧系元素；89 号锕及其后的 14 个元素称为锕系元素。

3. 区

周期表中的元素除分周期和族外，还按照原子的价电子结构特征分为五个区，见表 1-5。

【例 1-2】　某元素在第四周期ⅥA族，写出该元素原子的价电子构型和原子的核外电子排布式。

解　因周期数 = 电子层数，主族元素族数 = 最高能级组电子数，则可得该元素有 4 个电子层，6 个价电子，所以价电子构型为 $4s^24p^4$。

由电子排布规律可知，内层电子全充满。因此该元素核外电子排布式为：

$$1s^22s^22p^63s^23p^63d^{10}4s^24p^4 \quad 或 \quad [Ar]3d^{10}4s^24p^4$$

【例 1-3】　某元素原子序数为 25，指出该元素在元素周期表中的周期、族、区，以及该元素的名称和符号。

解　该元素的原子序数是 25，核外有 25 个电子。

该元素的核外电子排布式为 $1s^22s^22p^63s^23p^63d^54s^2$ 或 $[Ar]3d^54s^2$，属第四周期，ⅦB族，d区，是锰（Mn）元素。

表 1-5　元素的分区

区	价电子构型	包含的元素
s	$ns^{1\sim2}$	ⅠA族、ⅡA族
p	$ns^2np^{1\sim6}$	ⅢA～ⅧA族
d	$(n-1)d^{1\sim10}ns^{0\sim2}$	ⅢB～ⅧB族
ds	$(n-1)d^{10}ns^{1\sim2}$	ⅠB族、ⅡB族
f	$(n-2)f^{0\sim14}ns^2$ 或 $(n-2)f^{0\sim14}(n-1)d^{0\sim2}ns^2$	镧系和锕系元素

五、原子结构与元素性质的关系

元素性质与原子的结构密切相关，而且很大程度上取决于原子核外最高能级轨道上的价电子数。原子核外的电子层结构因为具有周期性变化，导致原子半径、电离能、电负性等与电子层结构有关的性质也呈现周期性变化。

（一）原子半径

从量子力学的角度思考，电子云是没有明确边界的。严格上讲，原子没有准确的半径。除稀有气体外，其他元素的原子总是以单质或化合物的键合形式存在。根据原子存在的不同形式，通常假设原子为球形，通过实验测定和间接计算求得原子半径，一般可把原子半径分为三种，即共价半径、范德瓦耳斯半径、金属半径，如图 1-8 所示。

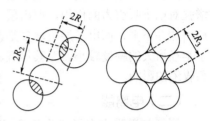

图 1-8　原子半径示意图

R_1—共价半径；R_2—范德瓦耳斯半径；R_3—金属半径

共价半径：两个相同原子以共价单键结合时，核间距离的一半。

范德瓦耳斯半径：单原子分子晶体中两相邻非成键原子核间距的一半。

金属半径：金属晶体中两个相邻原子核间距的一半。

在周期表中，各元素的原子半径数据见表 1-6（其中金属为金属半径，稀有气体为范德瓦耳斯半径，其余皆以单键共价半径作为原子半径）。其中，同种原子形成的共价半径较小，金属半径居中，而范德瓦耳斯半径最大。

在元素周期表中，原子半径随原子核电荷递增的变化规律有明显的周期性。

表 1-6　元素的原子共价半径（pm）

H 37																	He 32
Li 152	Be 111											B 88	C 77	N 75	O 73	F 72	Ne 69
Na 186	Mg 160											Al 126	Si 118	P 108	S 106	Cl 99	Ar 95
K 232	Ca 197	Sc 162	Ti 147	V 134	Cr 128	Mn 127	Fe 126	Co 125	Ni 124	Cu 128	Zn 134	Ga 135	Ge 128	As 125	Se 117	Br 114	Kr 110
Rb 248	Sr 215	Y 180	Zr 160	Nb 146	Mo 139	Tc 136	Ru 134	Rh 134	Pd 137	Ag 144	Cd 149	In 167	Sn 151	Sb 145	Te 142	I 133	Xe 130
Cs 265	Ba 217	Lu 174	Hf 159	Ta 146	W 139	Re 137	Os 135	Ir 136	Pt 139	Au 144	Hg 151	Tl 170	Pb 175	Bi 155	Po 164	At 145	Rn 145

La 183	Ce 182	Pr 182	Nd 181	Pm 183	Sm 180	Eu 208	Gd 180	Tb 177	Dy 178	Ho 176	Er 176	Tm 176	Yb 174

短周期元素从左到右，原子半径逐渐减小，因为电子层数相同，电子依次填充到最外层上，而同层电子的屏蔽作用较小，有效核电荷 Z^* 增加较快，核对外层电子的吸引力逐渐增

强。长周期元素从左到右，总体变化趋势与短周期相同，但原子半径减小较为缓慢，是因为电子填充在次外层的 d 轨道上时，对最外层电子的屏蔽作用较大，而使有效核电荷增加的速度较慢；至镧系元素，因为电子填充在倒数第三层的 f 轨道上时，对最外层电子的屏蔽作用更大，使得有效核电荷递增极小，致使镧系元素的原子半径减小极为缓慢，此现象称为镧系收缩。

同主族元素从上到下，电子层数逐渐增加，最外层电子构型相同，虽然核电荷数增加有增强对电子吸引力的作用，但内层电子的增多，对外层电子的排斥力也较大，使得有效核电荷增加并不多，而电子层数增多是影响原子半径增大的主要因素。同副族元素从上到下，原子半径增大的幅度较小，尤其第五、第六周期同族元素的原子半径极为接近，主要是受到镧系收缩的影响。

（二）电离能

原子如果失去电子成为正离子时，需要克服原子核对电子的吸引力而消耗能量。一个基态气态原子失去一个电子成为正一价气态离子时所需要的能量，称为该元素的第一电离能（也称电离势），用符号 I_1 表示，常用单位 $kJ \cdot mol^{-1}$。由正一价离子再失去一个电子形成正二价离子时所需的能量，称为第二电离能（I_2），依次类推。通常情况下，离子正电荷越多，失去电子越困难，存在 $I_1 < I_2 < I_3 < I_4 \cdots$ 的规律。

第一电离能常作为原子失电子难易的量度标准。第一电离能越小，表示该原子越容易失去电子，还原性就越强，通常金属性也越强；第一电离能越大，则原子失电子就越困难，还原性就越弱，金属性也越弱。常见元素的第一电离能见表 1-7。

表 1-7　元素的第一电离能（I_1）（$kJ \cdot mol^{-1}$）

H 1312																	He 2372
Li 520	Be 900											B 801	C 1086	N 1402	O 1314	F 1681	Ne 2081
Na 496	Mg 738											Al 578	Si 787	P 1012	S 1000	Cl 1251	Ar 1521
K 419	Ca 590	Sc 631	Ti 658	V 650	Cr 653	Mn 717	Fe 759	Co 758	Ni 737	Cu 746	Zn 906	Ga 579	Ge 762	As 944	Se 941	Br 1140	Kr 1351
Rb 403	Sr 550	Y 616	Zr 660	Nb 664	Mo 685	Tc 702	Ru 711	Rh 720	Pd 805	Ag 731	Cd 868	In 558	Sn 709	Sb 832	Te 869	I 1008	Xe 1170
Cs 376	Ba 503	La 538	Hf 654	Ta 761	W 770	Re 760	Os 840	Ir 880	Pt 870	Au 890	Hg 1007	Tl 589	Pb 716	Bi 703	Po 812	At 912	Rn 1037

La 538	Ce 528	Pr 523	Nd 530	Sm 543	Pm 536	Eu 547	Gd 592	Tb 564	Dy 572	Ho 581	Er 589	Tm 597	Yb 603

从表 1-7 中的第一电离能数据可以看出总体规律：同周期元素，从左到右第一电离能逐渐增大。当然，也有由于价电子层构型处于半充满、全充满状态时原子比较稳定，电离能有所增大的个例。如 s 轨道全充满的 Be、Mg，其第一电离能分别比 B、Al 的第一电离能要高；p 轨道半充满的 N、P 的第一电离能也分别高于 O、S 的第一电离能。

（三）电负性

为了全面衡量分子中原子得失电子的能力，引入元素电负性概念。1932 年，鲍林首先提出电负性（χ_P）的概念。他将电负性定义为：原子在分子中吸引电子的能力。他根据热化学实验数据和分子的键能整理出一套电负性数据。他把最活泼的非金属元素氟（F）的电负性指定为 3.98，把氢（H）的电负性指定成 2.18，然后求出其他元素的相对电负性，因此电负性没有单位。

后来，有很多人在鲍林的电负性标度的基础上对电负性做了更精确的计算，1957 年，阿莱（A. L. Allred）和罗周（E. G. Rochow）根据原子核对电子的静电引力提出了计算电负性（$\chi_\mathrm{A.R}$）的公式：

$$\chi_\mathrm{A.R}=(0.359Z^*/r^2)+0.744 \tag{1-9}$$

式中，Z^* 为有效核电荷；r 为电子到原子核的距离。

表 1-8 中的数据就是计算的结果，与鲍林的元素电负性数值相吻合。

从表 1-8 可以看出，随着原子序数增加，元素的电负性呈周期性变化。同周期元素，从左至右，电负性逐渐增加。这是因为同周期元素从左至右，原子的电子层数不变，核电荷增加，原子半径减小，原子的有效核电荷数逐渐增加，导致原子吸引电子的能力依次增强，电负性值呈依次增加的趋势。同族元素从上至下，虽然原子的价电子构型相同，但原子半径逐渐增加的影响超过核电荷数增加的影响，有效核电荷逐渐减小，导致原子吸引电子的能力逐渐减弱，元素电负性呈逐渐减小的趋势。

表 1-8　元素的电负性（$\chi_\mathrm{A.R}$）

H 2.20																	
Li 0.98	Be 1.57											B 2.04	C 2.55	N 3.04	O 3.44	F 3.98
Na 0.93	Mg 1.31											Al 1.61	Si 1.90	P 2.19	S 2.58	Cl 3.16
K 0.82	Ca 1.00	Sc 1.36	Ti 1.54	V 1.63	Cr 1.66	Mn 1.55	Co 1.88	Ni 1.91	Cu 1.90	Zn 1.65	Ga 1.81	Ge 2.01	As 2.18	Se 2.55	Br 2.96
Rb 0.82	Sr 0.95	Y 1.22	Zr 1.33	Nb 1.60	Mo 2.16	Tc 1.90	Rh 2.20	Pd 2.20	Ag 1.93	Cd 1.69	In 1.78	Sn 1.96	Sb 2.05	Te 2.10	I 2.66
Cs 0.79	Ba 0.89	La 1.20	Hf 1.30	Ta 1.50	W 2.36	Re 1.90	Ir 2.20	Pt 2.28	Au 2.54	Hg 2.00	Tl 2.04	Pb 2.33	Bi 2.02	Po 2.00	At 2.20

电负性可以判断元素的金属性、非金属性强弱，通常认为金属元素和非金属元素的近似分界点电负性为 2.00。金属元素的电负性一般小于 2.00，非金属元素的电负性一般大于 2.00。电负性还可以用来预测化学键的类型、共价键的极性大小。电负性差值大的元素之间的化学键以离子键为主，电负性相同或相近的非金属元素之间的化学键是共价键。

想一想 4. 下列元素的电负性大小顺序排列正确的是（　　）。

A. Cl > S > O　　B. S > Cl > C　　C. S > O > C　　D. F > S > Si

扫一扫

1-1　元素周期律视频

任务二　化学键及分子结构

分子是物质独立存在时保持其化学性质的最小微粒，也就是说分子的性质决定物质的化学性质。分子的性质又取决于分子的内部结构。分子由原子组成，分子内原子间的结合方式及其空间构型，是决定分子性质的内在因素。另外，分子间还存在着一种较弱的作用力，即分子间作用力。

分子中将原子结合在一起的强烈的相互作用称为化学键（chemical bond）。根据原子间相互作用的方式和强度不同，化学键可分为以下几种：

（1）离子键　原子失去电子时成为阳离子（正离子），原子得到电子时成为阴离子（负离子）。这种正负离子之间因静电引力形成的化学键称为离子键（ionic bond），含离子键的化合物称为离子化合物。一般只有电负性很小的金属元素与电负性很大的非金属元素之间才易形成离子键。离子是带电体，电荷分布也可以看成球形对称，离子在任何方向都可以和其他带相反电荷的离子相互吸引成键，所以离子键没有方向性；只要离子周围空间容许，可以尽可能多地吸引带相反电荷的离子，所以离子键没有饱和性。

（2）金属键　在金属晶体中，金属原子容易失去电子，形成金属离子，这些从原子上脱落下来的电子被称为自由电子。自由电子可以在整个金属晶体内运动，把金属原子和离子结合在一起形成金属键（metallic bond）。自由电子为许多的原子或离子所共有，因此金属键没有饱和性和方向性。金属元素在元素周期表中约占80%。金属元素大都具有导电性、导热性、延展性，有金属光泽，不透明。

（3）共价键　原子间通过电子云重叠（共用电子对）的方式而形成的化学键称为共价键（covalent bond）。

1916年，美国科学家路易斯（G. N. Lewis）提出了经典的共享电子对理论：分子中的原子可以通过共用电子对，使得每个原子彼此达到符合八隅体规则的稳定电子构型（形成离子键），也可通过共有电子对形成稳定电子构型（形成共价键）。但经典共价键理论不能解释两个带负电荷的电子为什么不互相排斥反而相互配对成键；也不能解释共价键具有方向性，以及有些共价化合物分子中原子的外层电子数虽少于8（如BF_3）或多于8（如PCl_5、SF_6等）仍能稳定存在。1927年德国化学家海特勒（Heitler）和伦敦（London）把量子力学原理运用于处理氢分子的结构，初步说明共价键的本质。后来鲍林（Pauling）等人在此基础上建立现代价键理论（valence bond theory，简称VB法）。1932年，美国化学家密立根（Mulliken）和德国化学家洪德（Hund）提出另一种共价键理论——分子轨道法（molecular orbital theory，简称MO法）。本书只讨论VB法。

一、现代价键理论

1.氢分子共价键的形成本质

用量子力学来解释两个氢原子核间共用电子的形成，是因为两个电子的自旋相反，这也是不相容原理在分子结构中的体现。当两个原子相距无穷远时，相互之间作用的能量几乎为零；原子相互接近时，原子间的相互作用和电子的自旋有密切关系，如果两电子自旋相反，随着原子间距离R的减小，电子运动的轨道发生重叠，电子在两核间出现的概率增多，即电子云密度变大，系统的能量逐渐降低，直至R_0为74pm时，系统能量达到最低；如果两原子继续靠近，系统能量将逐渐升高，因此系统能量最低的状态就是氢分子的稳定状态。如果两电子自旋相同，原子相互接近时，系统能量不断上升，不能形成稳固的分子，也就不能形成键。如图1-9所示。

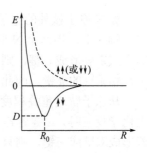

2. 现代价键理论的基本要点

将量子力学对氢原子的处理方法推广至其他双原子分子和多原子分子上，发展了现代价键理论。其要点如下：

（1）电子配对原理　两个原子相互接近时，自旋相反的两个单电子可以配对形成共价键。

（2）最大重叠原理　电子配对时，原子轨道重叠越多，释放的能量也越多，形成的共价键也越稳定。

图1-9　氢气分子形成过程中能量变化示意图

3. 共价键的特征

（1）共价键的饱和性　一个原子形成共价键的数目一般受到单电子数的影响，理论上一个原子有几个未成对电子，就能与几个自旋相反的单电子形成几个共价键，此现象称为共价键的饱和性。如H只有一个未成对电子，只能形成一个共价键，H_2分子表示成H—H；O有两个未成对电子，能形成两个共价键，H_2O表示成H—O—H；N有三个未成对电子，能形成三个共价键，N_2表示成N≡N。

（2）共价键的方向性　根据轨道最大重叠原理，在形成共价键时，原子轨道优先沿着原子轨道最大重叠成键，称为共价键的方向性。如HCl分子形成时，氢原子的1s电子与氯原子中一个未成对电子（设处于$3p_x$轨道），只有沿着x轴的方向才能达到最大程度重叠，如图1-10（a）所示，而其他方向都不能达到最大重叠，如图1-10（b）、图1-10（c）所示。

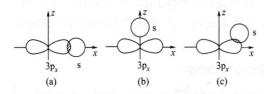

图1-10　HCl分子轨道重叠示意图

4. 共价键的类型

根据成键时原子轨道的重叠方式不同，共价键可分成σ键与π键两种基本类型，如图1-11所示。

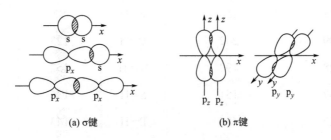

图1-11　σ键与π键示意图

（1）σ键　成键的两个原子的轨道沿轴（电子云伸展）的方向以"头碰头"方式重叠，轨道重叠部分沿键轴呈圆柱形对称分布，这种共价键称为σ键。若以x轴为键轴，s-s、s-p_x、p_x-p_x原子轨道重叠可形成σ键，如图1-11（a）所示。

（2）π键　成键的两原子的轨道沿着轴平行的方向以"肩并肩"的方式重叠，重叠部分对通过键轴的一个平面具有镜面反对称性，这种共价键称为π键。若以x轴为键轴，p_y-p_y、p_z-p_z原子轨道重叠可形成π键，如图1-11（b）所示。

如 N 原子核外的电子排布为 $1s^22s^22p_x^12p_y^12p_z^1$，三个未成对电子分别在三个互相垂直的方向（轴）上，当两个 N 原子结合时，如果两个 N 原子 p_x 电子沿着 x 轴的方向以"头碰头"的方式重叠形成 σ 键，则两个 N 原子中另外的 p 电子只能以"肩并肩"的方式重叠，形成两个互相垂直的 π 键。因此，N_2 分子中的两个 N 原子之间形成一个 σ 键和两个 π 键。

从原子轨道重叠程度上比较，σ 键比 π 键轨道的重叠程度更大，因此更稳定。因此，发生化学反应时，π 键更容易断裂。共价化合物中，原子间若形成单键，必然是 σ 键；原子间若形成双键或三键，则只有一个 σ 键，其余都是 π 键。

5. 键参数

为了表征共价键的性质，通常引入键长、键能、键角等物理量，这些描述化学键性质的物理量统称为键参数。利用这些键参数可以判断分子的几何构型、热稳定性等，进一步可推断其物理性质和化学性质。

（1）键长　两原子形成共价键时，成键原子核间的平均距离称为键长。键长越短，电子云叠合越多，键就越牢固，越不容易断裂，化学性质越稳定，反之亦然。对于相同原子间的键长，满足单键＞双键＞三键的一般规律。

（2）键能　在一定温度（一般为 298.15K）和标准压力下，基态化学键分解成气体基态原子时所需的能量称为键能。键能是衡量化学键强弱的物理量。双原子分子的键能就是键解离能；多原子分子中断开每一个键的能量不相等，键能是统计平均值。一般来说，从单键、双键到三键，键能越来越大，断裂该键所需的能量也越来越高。常见共价键的键长和键能如表 1-9 所示。

表 1-9　一些常见共价键的键长和键能

共价键	键长 / pm	键能 / $kJ \cdot mol^{-1}$	共价键	键长 / pm	键能 / $kJ \cdot mol^{-1}$
H—H	74	436	C—H	109	416
O—O	148	146	N—H	101	391
S—S	205	226	O—H	96	467
F—F	128	158	F—H	92	566
Cl—Cl	199	242	B—H	123	293
Br—Br	228	193	Si—H	152	323
I—I	267	151	S—H	136	347
C—F	127	485	P—H	143	322
B—F	126	548	Cl—H	127	431
I—F	191	191	Br—H	141	366
C—N	147	305	I—H	161	299
C—C	154	356	N—N	146	160
C＝C	134	598	N＝N	125	418
C≡C	120	813	N≡N	110	946

（3）键角　共价分子中成键原子核连线的夹角称为键角。键角和键长是表征分子几何构型的重要参数。如水分子中，O—H 的键长为 99pm，两个 O—H 键的夹角为 104.5°，分子呈角形（或 V 形）结构，如图 1-12 所示。

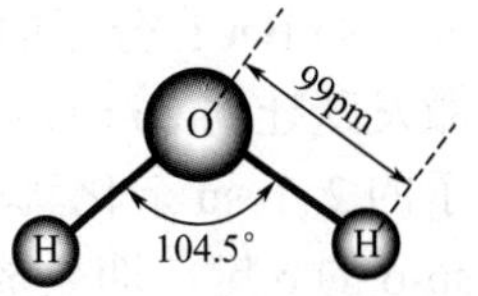

键角数据可通过分子光谱和 X 射线衍射实验方法测得。

图 1-12　水分子的结构
示意图

二、杂化轨道理论

价键理论较好地阐明了共价键的形成过程和成键的本质，但不能很好地解释很多分子的空间构型。如 C 原子的核外电子排布式为 $1s^2 2s^2 2p_x^1 2p_y^1$，根据价键理论可推出只有两个成单电子，能形成两个共价单键，且键角为 90°。但经实验测定出 CH_4 分子结构为正四面体构型，键角为 109°28′。1931 年，鲍林用杂化轨道理论成功地解释了一些以共价键结合的分子的空间构型，进一步补充和发展了价键理论。

（一）杂化与杂化轨道理论

杂化轨道理论认为：原子在形成分子时，为了增加成键能力，由于原子间的相互影响，在同一原子中若干不同类型的能量相近的原子轨道重新组成能量、形状和方向与原来轨道不同的新的原子轨道，这一重新组合的过程称为"杂化"，所形成的新的轨道称为"杂化轨道"。

杂化轨道理论有如下特点：①成键过程中，同一原子中能量相近的原子轨道才能进行杂化。常见的杂化方式有 ns-np 杂化、$(n-1)d$-ns-np 杂化等。②杂化轨道的成键能力相对于未杂化时更强，是由于形成的杂化轨道一头大一头小，较大的一头参与重叠，比未杂化的轨道重叠得更多，因此形成的共价键更稳定。③杂化轨道成键时满足化学键之间最小排斥原理，也就是键角尽可能地大。不同类型的杂化轨道之间的夹角不同，成键后形成不同的分子，就具有不同的空间构型。④杂化前后轨道数目不变，n 个轨道参与杂化后形成 n 个杂化轨道。

（二）杂化轨道的类型

原子轨道的类型和数目不同时，可以组成不同类型的杂化轨道。下面讨论 s-p 杂化，常见的有 sp、sp^2、sp^3 等杂化方式。

1. sp 杂化

由 1 个 ns 轨道和 1 个 np 轨道参与的杂化称为 sp 杂化。每个 sp 杂化轨道中含 1/2s 轨道和 1/2p 轨道的成分。形成的两个 sp 杂化轨道间的夹角为 180°，在空间上呈直线形，见图 1-13。

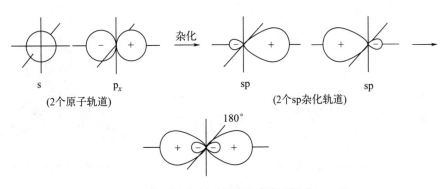

图 1-13　sp 杂化轨道示意图

如 $BeCl_2$ 分子的形成。Be 的价电子构型为 $1s^22s^2$，在 Cl 原子的作用下，一个 2s 电子受激发跃迁到 2p 轨道上，并经杂化形成 2 个能量相同的 sp 杂化轨道，其夹角为 180°。Be 原子的 2 个 sp 杂化轨道再分别与 2 个 Cl 原子的 3p 轨道以"头碰头"的方式重叠，形成 2 个 sp-p 的 σ 键，即生成 $BeCl_2$ 分子。$BeCl_2$ 分子中两个 Be—Cl 键间的键角为 180°，分子呈直线构型，如图 1-14 所示。BeH_2、HgI_2 等分子都具有类似的结构。

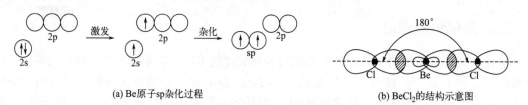

(a) Be原子sp杂化过程　　　　　　(b) $BeCl_2$的结构示意图

图 1-14　Be 原子杂化形成 $BeCl_2$ 分子示意图

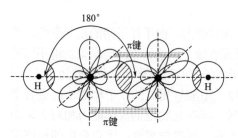

图 1-15　C_2H_2 分子空间构型示意图

再如 C_2H_2 分子的形成。C 的价电子构型为 $2s^22p^2$，在 H 原子的作用下，1 个 2s 电子激发至 2p 轨道上，1 个 2s 轨道和 1 个 2p 轨道杂化后组成 2 个 sp 杂化轨道。两个 C 原子的其中 1 个 sp 杂化轨道重叠形成 σ 键，另外 1 个 sp 杂化轨道再分别和 H 原子的 1s 轨道重叠，形成 2 个 σ 键；2 个 C 原子中各有 2 个含成单电子的 2p 轨道，它们形成两个 π 键。C_2H_2 分子中 C—H 键和 C—C 键间的键角为 180°，分子呈直线构型，如图 1-15 所示。

2. sp^2 杂化

由 1 个 ns 轨道和 2 个 np 轨道参与的杂化称为 sp^2 杂化。每个 sp^2 杂化轨道中含 1/3s 轨道和 2/3p 轨道的成分，形成的 3 个 sp^2 杂化轨道间的夹角为 120°，在空间上呈平面三角形。

如 BF_3 分子的形成。B 的价电子构型为 $2s^22p^1$，成键时，1 个 2s 电子激发至 2p 轨道，1 个 2s 轨道和 2 个 2p 轨道经杂化形成 3 个能量相同的 sp^2 杂化轨道，其夹角为 120°。B 原子的 3 个 sp^2 杂化轨道与 3 个 F 原子中有单电子的 2p 轨道重叠，形成 3 个 sp^2-p σ 键。BF_3 分子中 B—F 键间的键角为 120°，空间构型为平面三角形，如图 1-16 所示。另外，BCl_3、BI_3、和 GaI_3 等也是 sp^2 杂化后形成的平面三角形分子。

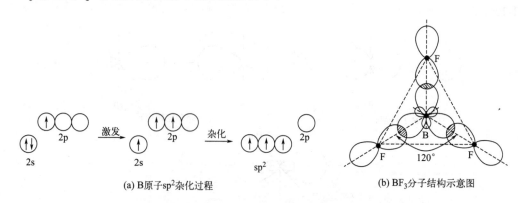

(a) B原子sp^2杂化过程　　　　　　(b) BF_3分子结构示意图

图 1-16　B 原子 sp^2 杂化形成 BF_3 分子示意图

再如 C_2H_4 分子的形成。C 的价电子构型为 $2s^22p^2$，成键时，1 个 2s 电子激发至 2p 轨道上，1 个 2s 轨道和 2 个 2p 轨道经杂化组成 sp^2 杂化轨道。2 个 C 原子的其中 1 个 sp^2 杂化轨道相互重叠形成 σ 键，其余 2 个 sp^2 杂化轨道分别和 4 个 H 原子的 1s 轨道重叠，形成 4 个 sp^2-p σ 键；2 个 C 原子中有成单电子的 2p 轨道之间形成 π 键。C_2H_4 分子的键角为 120°，空间构型为平面三角形，如图 1-17 所示。烯烃、苯环等有机化合物中含 C=C 键的 C 原子都是 sp^2 杂化方式。

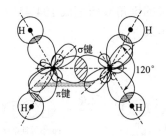

图 1-17 C_2H_4 分子空间构型示意图

3. sp^3 杂化

由 1 个 ns 轨道和 3 个 np 轨道参与的杂化称为 sp^3 杂化。每个 sp^3 杂化轨道中含 1/4s 轨道和 3/4p 轨道的成分，四个杂化轨道在空间上分别指向正四面体的 4 个顶角，夹角为 109°28'。

如 CH_4 分子的形成。成键时，C 原子上有 1 个 2s 电子激发到 2p 轨道上，1 个 2s 轨道和 3 个 2p 轨道经杂化，组成 4 个能量相同的 sp^3 杂化轨道。4 个 sp^3 杂化轨道再分别和 4 个 H 原子的 1s 轨道重叠，形成 4 个 sp^3-s σ 键。CH_4 分子的键角为 109°28'，空间构型为正四面体构型，如图 1-18 所示。SiH_4、SiF_4 等分子中的 Si 原子均采用 sp^3 杂化方式。

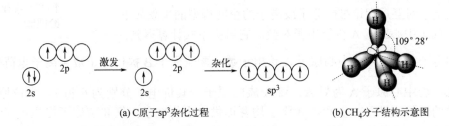

(a) C原子sp^3杂化过程　　　　　　　　　(b) CH_4分子结构示意图

图 1-18 C 原子 sp^3 杂化形成 CH_4 分子示意图

此外，还有 d 轨道参与杂化的 d^2sp^3、sp^3d^2 等其他杂化方式，可构成更多有特殊空间构型的化合物，本书不做介绍。

4. 等性杂化与不等性杂化

（1）等性杂化　一组具有未成对电子的原子轨道或空轨道参与杂化，杂化后形成的杂化轨道均为有未成对电子的简并轨道，这种杂化称为等性杂化，其杂化轨道都是等同的（成分相同、能量相等）。前面讨论过的几个例子均为等性杂化。

（2）不等性杂化　在杂化轨道中有孤电子对存在，使得杂化轨道不完全等同，这种杂化称为不等性杂化。

如 NH_3 分子的形成。N 原子的 1 个 2s 轨道和 3 个 2p 轨道杂化形成 4 个 sp^3 杂化轨道，其中 1 个杂化轨道被孤电子对占据，其余 3 个含单电子的杂化轨道分别与 3 个 H 原子的 1s 轨道重叠形成 sp^3-s σ 键。含孤电子对的杂化轨道在 N 原子核附近电子云比较密集，因而这个 sp^3 杂化轨道含较多的 s 轨道的成分，其余的 3 个 sp^3 杂化轨道含有较多的 p 轨道的成分，孤电子对对键对电子的排斥作用较大，使 N—H 键的键角由 109°28' 减小到 107°18'。NH_3 分子的空间构型呈三角锥形，如图 1-19 所示。

又如 H_2O 分子的形成。O 原子的 2s 和 2p 轨道进行不等性 sp^3 杂化，4 个 sp^3 杂化轨道中有 2 个被孤电子对占据。两对孤电子对对键对电子的排斥作用很大，使得 H_2O 分子中的 O—

H 键的键角被压缩成 104°45′（通常也简化成 104.5°），空间构型呈角形（或 "V" 字形），如图 1-20 所示。

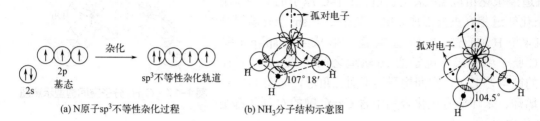

(a) N原子sp³不等性杂化过程　　(b) NH₃分子结构示意图

图 1-19　N 原子 sp³ 不等性杂化形成 NH₃ 分子示意图　　**图 1-20　H₂O 分子空间构型示意图**

三、价层电子对互斥理论

扫一扫

1-2　杂化轨道理论视频

价层电子对互斥理论（简称 VSEPR 法）是一种较为方便且能有效判断分子几何构型的理论。价层电子对互斥理论认为：在共价分子中，中心原子价电子层中电子对（包括成键电子对和未成键的孤电子对）的排布方式，应该使它们之间的静电斥力最小，并由此决定分子的空间构型。

价层电子对互斥理论推断分子或离子的空间构型的步骤如下：

（1）确定中心原子 A 价层电子对数。它可由下式计算得到：

$$价层电子对数 = \frac{1}{2}（中心原子\ A\ 价电子数 + 配位原子\ B\ 提供电子数 - 离子电荷代数值）$$

注意，若中心原子 A 为 VIA、VIIA 族的原子，其价电子分别为 6 和 7。配位原子 B 提供电子数的计算方法是：氢和卤素原子均各提供 1 个价电子；氧和硫原子提供电子数为零。因为氧和硫价电子数为 6，它与中心原子成键时，往往从中心原子接受 2 个电子达到稳定的八隅体结构。若电子对数出现小数时，可作为 1 看待。例如 SO_2 中，

$$S\ 价层电子对数 = (6+0)/2 = 3$$

（2）根据中心原子价层电子对数，从表 1-10 中找到相应的电子对排布，因这种排布方式可使电子对之间静电斥力最小。

表 1-10　静电斥力最小的电子对排布

价电子对数	2	3	4	5	6
价电子对的排布方式	直线	平面三角形	四面体	三角双锥	八面体

（3）把配位原子按相应的几何构型排布在中心原子周围，每 1 对电子连接 1 个配位原子，未结合配位原子的电子对便是孤电子对。在考虑价电子对的排布时，还应考虑成键电子对与孤电子对的区别。成键电子对受两个原子核吸引，电子云比较紧缩；而孤电子对只受中心原子的吸引，电子云比较肥大，对邻近的电子对的斥力就较大。所以不同电子对之间斥力（在夹角相同情况下，一般考虑 90° 夹角）的大小顺序为：孤电子对与孤电子对＞孤电子对与成键电子对＞成键电子对与成键电子对。

分子构型总是保持价电子对间的斥力为最小，以使分子处于最稳定的状态。表 1-11 列出了不同类型分子的价层电子对数与分子构型。

表 1-11　不同类型分子的价层电子对数与分子构型

分子类型	价层电子对总数	成键电子对	孤电子对	分子构型	例子
AB_2	2	2	0	直线形	$BeCl_2$
AB_3	3	3	0	正三角形	BF_3
AB_2E [①]	3	2	1	V 形	$SnCl_2$
AB_4	4	4	0	正四面体	CH_4
AB_3E	4	3	1	三角锥体	NH_3
AB_2E_2	4	2	2	V 形	H_2O
AB_5	5	5	0	三角双锥体	PCl_5
AB_4E	5	4	1	变形四面体	SF_4
AB_3E_2	5	3	2	T 形	ClF_3
AB_2E_3	5	2	3	直线形	XeF_2
AB_6	6	6	0	正八面体	SF_6
AB_5E	6	5	1	四方锥体	IF_5
AB_4E_2	6	4	2	平面四方形	XeF_4

① E 表示一对孤电子对。

如，H_2O 中，O 价层电子对数 $=(6+2)/2=4$

其中成键电子对为 2，另 2 对为未成键的孤电子对，所以 H_2O 的分子构型是 V 形。在 H_2O 分子中，孤电子对对成键电子对有较大斥力，键角为 104.5°，小于 109°28′。

由上可知，在预测分子构型时，VSEPR 法概念相当简单，能与杂化轨道理论取得一致结果。

任务三　分子间作用力和氢键

一、共价键的极性

相同的两个原子以共价键相结合时，因同种原子电负性相同，共用电子对均匀地分布在两个原子核之间，原子核的正电荷中心与电子的负电荷中心正好重合，这种共价键称为非极性共价键。如 H_2、O_2、N_2、Cl_2 等双原子单质分子以及金刚石、晶态硼、晶态硅等巨分子中的共价键都是非极性键。

不同的原子以共价键相结合时，因不同原子电负性不同，共用电子对会偏向电负性较大的原子一方，即电负性较大的一端电子云相对密集而带有部分负电荷，而电负性较小的一端带有部分正电荷，这种共价键称为极性共价键。

根据成键两原子电负性的差值可估算共价键极性的大小，一般来说电负性的差值越大，键的极性也越大。如卤化氢分子中，氢原子和卤素原子的电负性差值按 HI（0.46）、HBr（0.76）、HCl（0.96）、HF（1.78）的顺序依次增大，共价键的极性也依次增大。

二、分子的极性

每个分子中都有带正电荷的原子核和带负电荷的电子，如果分子的正、负电荷中心重合则称为非极性分子，如 H_2、Cl_2、N_2 等；如果分子正、负电荷中心不重合则称为极性分子，如 HF、HCl、HI 等。

分子极性的强弱一般用分子的偶极矩（μ）来描述，偶极矩的概念由德拜（Debye）在 1912 年提出，定义为：

$$\mu = q \times d \tag{1-10}$$

式中，q 是电荷中心所带的电量的绝对值；d 为正、负电荷中心之间的距离；μ 为偶极矩，$C \cdot m$。

分子的偶极矩越大，分子的极性越大；偶极矩为零的分子为非极性分子。对于双原子分子，分子的极性与键的极性一致，同核双原子分子是非极性分子；异核双原子分子是极性分子。

多原子分子的极性不仅与键的极性有关，还与分子空间构型有关。如 CO_2 分子中的 O=C 键是极性的，但分子呈直线形，正、负电荷中心重合，故为非极性分子；又如 SO_2 分子中 S=O 键也是极性键，而分子呈 V 字形，正、负电荷中心不能重合，故为极性分子。

三、分子间作用力

化学键是分子内原子之间比较强烈的相互作用力，而分子与分子之间也存在着比较弱的相互作用力，被称为范德瓦耳斯力。通常在固体中分子间作用力为化学键强度的百分之一至十分之一，但是分子间作用力却决定着物质聚集状态，是影响物质的熔点、沸点等物理量的重要因素。分子间包括三种形式的作用力。

1. 取向力

因正负电荷中心不重合，极性分子存在固有偶极。两个极性分子相互接近时，由于固有偶极的同极相斥、异极相吸，使分子发生相对转动，这个转动过程称为取向。在取向的极性分子之间，由静电引力相互吸引，接近到一定距离后，吸引作用和排斥作用达到相对平衡，系统能量最低，这种极性分子因固有偶极而产生的静电作用力称为取向力，如图 1-21（a）所示。分子间的取向力本质是静电作用，因此分子的偶极矩越大，则取向力也越大。

2. 诱导力

非极性分子在极性分子固有偶极的影响下，本来重合的正、负电荷中心发生分离，由此产生的偶极称为诱导偶极，诱导偶极与极性分子的固有偶极间的相互作用力称为诱导力，如图 1-21（b）所示。极性分子的固有偶极间也会相互作用，因此极性分子也会产生诱导偶极，极性分子之间也存在诱导力。

3. 色散力

从统计上看，非极性分子的正、负电荷中心重合在一起，电子云对称分布，这种对称分布只是一段时间内的统计平均值。由于电子的不规则运动和原子核的不断振动，会使正、负电荷的中心发生短暂分离，这种瞬间的正、负电荷中心不重合产生的偶极称为瞬间偶极。这种由于存在瞬间偶极而产生的分子间相互作用力称为色散力，如图 1-21（c）所示。极性分子也会产生瞬间偶极，因此极性分子间也存在色散力。

　　综上所述，取向力存在于极性分子与极性分子之间；诱导力存在于极性分子与非极性分子、极性分子与极性分子之间；而色散力则存在于任何分子之间，除极性很强的分子外，大多数分子间的作用力都以色散力为主，诱导力一般都比较小。一些分子的分子间作用力的组成如表 1-12 所示。

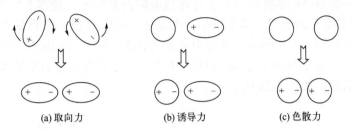

(a) 取向力　　　　　　(b) 诱导力　　　　　(c) 色散力

图 1-21　分子间作用力示意图

表 1-12　一些分子的分子间作用力组成

分子	偶极矩 /$\times 10^{-30}$C·m	取向力 /kJ·mol^{-1}	诱导力 /kJ·mol^{-1}	色散力 /kJ·mol^{-1}	总作用力 /kJ·mol^{-1}
Ar	0	0	0	8.49	8.49
CO	0.40	0.0003	0.0008	8.74	8.74
HI	1.40	0.025	0.113	25.83	25.97
HBr	2.67	0.685	0.502	21.90	23.09
HCl	3.57	3.30	1.003	16.80	21.11
NH_3	4.90	13.29	1.547	14.92	29.75
H_2O	6.17	37.45	1.923	8.99	48.36

　　分子间作用力存在于任何分子之间，属于一种短程力，随着分子间的距离增大而迅速减小，作用范围约为几百皮米；分子间作用力比化学键的键能要小 1～2 个数量级；分子间作用力没有方向性和饱和性。分子间作用力与物质的熔点、沸点、溶解度等物理性质有很大关系。一般来说，对于结构相似的同类物质，相对分子质量越大，分子变形性也越大，分子间作用力也越大，物质的熔点、沸点也越高，如卤素分子随相对分子质量的增大，从 F_2 到 I_2 的熔点、沸点也依次升高。

四、氢键

　　一般来说，结构相似的同系列物质的熔点、沸点随分子量增大而升高，但有些氢化物的熔点、沸点却明显高于同类型的其他氢化物，如 NH_3、H_2O、HF 等，因为这些分子之间除了范德瓦耳斯力外还存在氢键（hydrogen bond）。

1. 氢键的形成

　　H 原子的核外只有一个电子，当 H 原子和电负性大、半径小的原子形成共价型化合物时，共用电子对强烈地偏向电负性大的原子，使得 H 原子的原子核近似形成"裸核"，"裸核"的 H 原子因没有内层电子，体积又小，不被其他原子的电子排斥，可以和另一个电负性大、半径小又有孤电子对的原子产生比较强烈的静电吸引作用，这种氢原子和电负性大且有孤电子对的原子之间的静电作用力称为氢键，氢键可用 X—H…Y 表示，X、Y 可以是同种原子，也可以不同，但必须是电负性大、半径小且有孤电子对的原子，如 F、O、N 等。

如 HF 分子中的 H—F 键的共用电子对强烈地偏向 F 原子，使得 F 原子带部分负电荷，而 H 原子几乎成了裸露的质子，因半径小、电场强，所以 H 原子很容易和另外带有部分负电荷的 F 原子相互吸引而发生缔合，从而形成庞大的缔合分子，如图 1-22 所示。

氢键不仅存在于分子与分子之间，也可以存在于分子内部，如邻硝基苯酚分子内硝基氧和羟基氢可形成氢键，如图 1-23 所示。

图 1-22　HF 分子间氢键示意图　　　图 1-23　邻硝基苯酚分子内氢键示意图

2. 氢键的性质

分子间氢键中的三个原子 X—H…Y 通常在一直线上，这样 X、Y 两原子负电荷之间距离尽可能远，斥力达到最小，因此氢键具有方向性；氢键的饱和性是指每个 X—H 只能与一个 Y 原子形成氢键。氢键的键能通常比化学键能小得多，但比分子间作用力稍大。氢键是一种既不同于化学键，又不同于范德瓦耳斯力的作用力。

因破坏氢键需消耗能量，分子间形成氢键使物质的熔点、沸点升高，如 NH_3、H_2O、HF 的熔点、沸点都比同族的氢化物高。氢键的存在对物质的溶解度、酸碱性、密度、黏度也均有影响，如在极性溶剂中，溶质和溶剂的分子间形成氢键，会使溶质的溶解度增大；在溶质的分子内形成氢键，使得分子的对称性变得更高，在极性溶剂中的溶解度减小，在非极性溶剂中的溶解度增大。例如，邻硝基苯酚可形成分子内氢键，而对硝基苯酚只能与水分子形成分子间氢键，因此邻硝基苯酚比对硝基苯酚在水中溶解度小，而在苯中两种物质的溶解度则相反。氢键广泛存在于生物体中，如 DNA 的双螺旋结构中的羰基（C=O）氧和亚氨基（—NH）上的氢就是以氢键（C=O…H—N）结合在一起的，对维持双螺旋结构的构象起着非常重要的作用。

扫一扫

1-3　分子间作用力和氢键视频

思政案例

中国的稀土之父——徐光宪

徐光宪生于 1920 年，浙江绍兴人。1944 年毕业于上海交通大学化学系，1951 年获美国哥伦比亚大学博士学位。回国后在北京大学任教，长期从事物理化学和无机化学的教学和研究，涉及量子化学、化学键理论、配位化学、萃取化学、核燃料化学和稀土科学等领域。稀土元素一共有 17 种，包括 Sc（钪）、Y（钇）和 15 种镧系元素。它们的化学性质极为相似，要将它们逐一分离十分困难，而镨、钕的分离又是难中之难。而徐光宪先生提出的稀土串级萃取理论，使我国稀土分离技术和产业化水平跃居世界首位。鉴于徐光宪院士其在稀土化学研究方面取得的突出成就，2008 年被授予国家最高科学技术奖。

扫一扫

【思维导图】

 目标练习

一、判断题

1. s 电子在一个对称的球面上运动，而 p 电子在哑铃形的双球面上运动。（　　）

2. 电子云示意图中黑点表示电子的运动轨迹，黑点越密之处，表示电子数量越多。（　　）

3. 杂化轨道理论可用来解释分子的空间构型。（　　）

4. 构成非极性分子的共价键一定是非极性共价键，构成极性分子的共价键一定是极性共价键。（　　）

5. 同时含氢、氧的化合物分子之间都存在着氢键。（　　）

二、单选题

1. 决定原子核外电子运动状态的量子数包括（　　）。

A. n、l　　　　　　B. n、m　　　　　　C. n、l、m　　　　　　D. n、l、m、m_s

2. 下列各组量子数中（n、l、m）中，合理的是（　　）。

A. 3，0，1/2　　　B. 1，1，-1　　　C. 3，2，0　　　D. 4，2，-3

3. 有一个元素，它的基态原子有 1 个半满的 p 轨道，这个元素是（　　）。

A. ^{5}B　　　　　　B. ^{6}C　　　　　　C. ^{7}N　　　　　　D. ^{8}O

4. 若将基态 N 原子的核外电子排布式写成：$1s^2 2s^2 2p_x^2 2p_y^1$，则违背了（　　）。

A. 能量最低原理　　B. 泡利不相容原理　　C. 洪德定则　　D. 最大重叠原理

5. 下列元素的电负性大小顺序排列正确的是（　　）。

A. C ＜ B ＜ O ＜ F ＜ Si　　　　　　B. Si ＜ C ＜ N ＜ O ＜ F

C. S ＜ Si ＜ N ＜ O ＜ F　　　　　　D. Si ＜ C ＜ O ＜ S ＜ F

6. 下列分子中，几何中心原子采用不等性 sp^3 杂化的是（　　）。

A. NH_3　　　　　　B. $BeCl_2$　　　　　　C. CO_2　　　　　　D. CH_4

7. 下列物质中，分子间只存在色散力的是（　　）。

A. NH_3　　　　　　B. SO_2　　　　　　C. H_2O　　　　　　D. SiF_4

三、简答题

1. 简要说明原子轨道、概率密度和电子云三个概念的含义。

2. 按要求填下表。

原子序数	元素符号	核外电子排布式	电子层数	能级组数	周期	族	最高化合价
11	Na	$1s^2 2s^2 2p^6 3s^1$	3	3	三	Ⅰ A	+1
14							
	Cr						
29							
50							

3. 什么是原子轨道杂化？等性杂化和不等性杂化的区别是什么？归纳 s、p 轨道等性杂化的类型及杂化轨道的空间构型；用杂化轨道理论说明 CH_4、NH_3、H_2O 分子的结构及相互关系。

4. 请举例阐明下列有关化学键的概念：

（1）极性键与非极性键

（2）σ 键与 π 键

（3）离子键与共价键

5. 下列各组物质的分子间都存在哪些类型的分子间作用力？

（1）CH_4 和 H_2

（2）N_2 和 H_2S

（3）CH_2Cl_2 和 C_2H_5OH

6. 形成氢键的条件是什么？氢键有哪些类型？不同类型的氢键对物质的性质有哪些影响？

7. 简要解释下面的现象：

（1）邻羟基苯甲酸的熔点为什么低于对羟基苯甲酸？

（2）在室温下，为什么 H_2O 是液体而 H_2S 是气体？

项目二
分 散 系

学习目标

1. 掌握溶液几种浓度的表示方法及相互换算；稀溶液的依数性及其应用。
2. 熟悉溶胶的概念、结构和主要性质。
3. 了解分散系的种类及特征；高分子溶液的概念和特征。

能力目标

1. 能计算溶液的浓度，能熟练地配制一定浓度的溶液。
2. 能根据渗透现象及渗透压的概念解释一些临床和制剂中的现象和应用。
3. 能确定分散系类别；能根据溶胶的稳定因素选择使溶胶聚沉的方法。

素质目标

1. 培养学生基于生活角度认识问题和解决问题的能力。
2. 培养学生实事求是的科学态度。

扫一扫

2-1 稀溶液的依
数性视频

扫一扫

2-2 溶液的渗透
压视频

　　物质的聚集状态通常有气态、液态和固态三种。人们日常所见的物质大多不是纯的气体、液体或固体物质，而是几种不同状态物质共存的系统，如空气、牛奶、玻璃等。溶液和胶体是常见的多组分混合系统，工农业生产和生命活动过程都与之有着密切的联系。生活中和人体内许多化学反应都在溶液中进行，人体生理功能和新陈代谢与胶体性质有关，而且对病理机制的研究、药物疗效的探索也需要掌握溶液和胶体的知识。

任务一　溶　液

一、分散系的概念

　　一种或几种物质以细小粒子的形式分散在另一种物质中所构成的系统称为分散系（dispersion system）。其中被分散的物质称为分散相或分散质（disperse phase）；容纳分散相的物质称为分散介质或分散剂（dispersion medium）。例如氯化钠溶液，可以将氯化钠作为分散相，水作为分散介质。再如牛奶，一般将水作为分散介质，其他组分作为分散相。

分散系一般有两种分类方法：一种是根据分散相和分散介质的聚集状态分类；另一种是根据分散相的粒子大小进行分类，见表 2-1。科学研究中通常使用后一种分类方法。

表 2-1　按分散相粒子大小分类的各种分散系

分散系类型	分散系名称	分散相粒子直径 /nm	分散系特征
分子分散系	真溶液	< 1	最稳定，扩散快，能透过滤纸和半透膜
胶体分散系	高分子溶液	1 ~ 100	很稳定，扩散慢，能透过滤纸，不能透过半透膜
	溶胶		较稳定，扩散慢，能透过滤纸，不能透过半透膜
粗分散系	乳浊液 悬浊液	> 100	不稳定，扩散慢，不能透过滤纸和半透膜

二、溶液浓度

（一）溶液浓度的表示方法

通常所说的溶液指真溶液。溶液是指分散相以分子或离子形式均匀地分散到分散介质中所得的分散系。一般将分散相称为溶质，分散介质称为溶剂。两种物质互溶时，一般把量多的一种称为溶剂，量少的一种称为溶质。如果其中一种是水，一般将水称为溶剂。固体或气体溶于液体时，通常将液体称为溶剂。

溶液的性质常与溶质和溶剂的相对含量即溶液浓度有关，常见的浓度表示方法有以下几种：

1. 物质的量浓度

物质的量浓度简称浓度。溶质 B 的物质的量浓度是指溶质 B 的物质的量除以溶液体积，用符号 c_B 表示，即：

$$c_B = \frac{n_B}{V} \tag{2-1}$$

式中，c_B 为溶质 B 的物质的量浓度；n_B 为溶质 B 的物质的量；V 为溶液的体积。
物质的量浓度的国际单位为 $mol \cdot m^{-3}$，常用单位为 $mol \cdot L^{-1}$ 或 $mmol \cdot L^{-1}$。

2. 质量浓度

溶质 B 的质量浓度指溶质 B 的质量除以溶液的体积，用符号 ρ_B 表示，即：

$$\rho_B = \frac{m_B}{V} \tag{2-2}$$

式中，ρ_B 为溶质 B 的质量浓度；m_B 为溶质 B 的质量；V 为溶液的体积。
质量浓度的国际单位为 $kg \cdot m^{-3}$，常用的单位为 $g \cdot L^{-1}$、$mg \cdot L^{-1}$ 和 $\mu g \cdot L^{-1}$。

3. 质量摩尔浓度

溶质 B 的质量摩尔浓度指溶质 B 的物质的量除以溶剂 A 的质量，用符号 b_B 表示，即：

$$b_B = \frac{n_B}{m_A} = \frac{m_B}{M_B \cdot m_A} \tag{2-3}$$

式中，b_B 为质量摩尔浓度，$mol \cdot kg^{-1}$；n_B 为溶液 B 的物质的量，mol；m_A 为溶剂的质量，kg。

质量摩尔浓度其数值不受温度影响，因此在讨论某些理论问题时，常用这种浓度表示方法。

4. 质量分数

溶质 B 的质量 m_B 与溶液的质量 m 之比称为该溶质 B 的质量分数，用符号 ω_B 表示，即：

$$\omega_B = \frac{m_B}{m} \tag{2-4}$$

5. 摩尔分数

溶液 i 组分的摩尔分数 x_i（amount of substance fraction）是该组分的物质的量占所有物质总物质的量的分数，即：

$$x_i = \frac{n_i}{n_1 + n_2 + \cdots} = \frac{n_i}{n_总} \tag{2-5}$$

用摩尔分数表示的溶液浓度可以和化学反应直接联系起来，因此常用于稀溶液性质的研究。

6. 体积分数

体积分数是指在给定温度和压力下，溶质 B 的体积 V_B 与溶液的体积 V 之比，用符号 φ_B 表示，即：

$$\varphi_B = \frac{V_B}{V} \tag{2-6}$$

（二）浓度的相互换算

实际工作中，同一种溶液可以用不同的浓度方法来表示，而同一种溶液的不同浓度表示方法之间是可以相互换算的。

1. 质量浓度与物质的量浓度间的换算

根据质量浓度与物质的量浓度的定义，可以求出它们之间的关系：

因为 $\rho_B = \dfrac{m_B}{V}$，$c_B = \dfrac{n_B}{V}$，$n_B = \dfrac{m_B}{M_B}$，所以：

$$c_B = \frac{m_B}{VM_B} = \frac{\rho_B}{M_B} \tag{2-7}$$

【例 2-1】 患者补液时，常用 $9g \cdot L^{-1}$ NaCl 溶液，试计算该溶液的物质的量浓度。

解　$c_{NaCl} = \dfrac{\rho_{NaCl}}{M_{NaCl}} = \dfrac{9}{58.5} = 0.154 \ (mol \cdot L^{-1})$

2. 质量分数与物质的量浓度的换算

根据质量分数 ω_B 的定义，它不涉及溶液的体积，而 c_B 与溶液体积有关，故要通过溶液的密度才能将 ω_B 与 c_B 联系起来。溶液的密度可以直接测定，也可以查阅有关手册。

【例 2-2】 市售浓硫酸的密度为 $1.84g \cdot mL^{-1}$，质量分数为 98.0%，求它的物质的量浓度？

解 $c_{浓H_2SO_4} = \dfrac{n_{浓H_2SO_4}}{V} = \dfrac{m_{浓H_2SO_4}/M_{H_2SO_4}}{m/\rho} = \dfrac{1.84 \times 10^3 \times 98\%}{98} = 18.4\,(mol \cdot L^{-1})$

3. 溶液的稀释

在实验室中，常常需要将某物质的量浓度 c_1 稀释到另一所需浓度 c_2，由于稀释时溶质的物质的量不变，所以有：

$$c_1V_1 = c_2V_2 \tag{2-8}$$

【例 2-3】 若配制 500mL 浓度为 0.10mol·L⁻¹ 的稀硫酸，应取 98.0% 的浓硫酸多少毫升？

解   根据配制前后硫酸物质的量不变，可得

$$V_{浓H_2SO_4} = \dfrac{c_{稀H_2SO_4}v_{稀H_2SO_4}}{c_{浓H_2SO_4}} = \dfrac{0.10 \times 500 \times 10^{-3}}{18.4} = 2.7 \times 10^{-3}\,(L)$$

所以应取 98.0% 的浓硫酸 2.7mL。

想一想 5. 对于稀溶液，其物质的量浓度与（   ）近似相等。
A. 质量摩尔浓度　B. 摩尔分数　C. 质量分数　D. 体积分数

任务二　稀溶液的依数性

当溶质溶解在溶剂中形成溶液后，溶质与溶剂的性质都发生了变化，并且所得溶液的性质与纯溶剂、纯溶质的性质都不相同。溶液的性质可以分为两类，一类与溶液中溶质的性质有关，如颜色、密度、酸碱性、导电性等；另一类则与溶液中溶质的独立粒子数有关，而与溶质本身的性质无关，如溶液的蒸气压下降、沸点升高、凝固点降低以及渗透压。对于后一类性质，在难挥发的非电解质稀溶液中，它们表现出一定的共同性和规律性，这一类性质称为稀溶液的依数性（colligative properties）。

一、溶液的蒸气压下降

在一定温度下，若将某液体置于一真空密闭容器中，液面上部分能量较高的分子可以逸出液面而成为气体，这个过程称为蒸发。同时，由于液面上分子的吸引作用，一部分气态分子在与液面碰撞时能够重新回到液面成为液态分子，这一过程称为凝聚。随着蒸发的进行，液体上方的气体分子数目逐渐增多，蒸气压力逐渐升高，气体分子中重新凝聚为液体的速率也逐渐加快，最终达到液体蒸发速率与气体凝聚速率相等的动态平衡状态。此时，液面上方的蒸气所具有的压力称为该温度下液体的饱和蒸气压，简称蒸气压，以 p^* 表示，单位为 Pa 或 kPa。

温度一定时，蒸气压的大小与液体的本性有关。液体分子间的引力越大，蒸气压越小。极性分子之间的引力强，蒸气压小；非极性分子之间的引力小，蒸气压大。摩尔质量越大，分子间的作用力越强，蒸气压越小。对于同一种液体，其蒸气压会随着温度的升高而增大。

如果在纯溶剂中加入一定量的难挥发的溶质，使其成为溶液，溶质分子占据原来被溶剂分子所占据的液面，而溶质分子几乎不挥发，故单位时间内从液面逸出的溶剂分子数比纯溶剂少。当蒸发与凝聚过程重新达到平衡时，溶液的蒸气压要比相同温度下纯溶剂的蒸气压低，这种现象称为溶液的蒸气压下降。

19世纪80年代，法国物理学家拉乌尔（F.M. Raoult）研究了几十种溶液蒸气压下降与浓度的关系，并于1887年根据实验结果总结出一条适用于难挥发非电解质稀溶液关于溶剂蒸气压的规律：在一定温度下，稀溶液的蒸气压等于纯溶剂的蒸气压与溶液中溶剂摩尔分数的乘积，其数学表达式为

$$p = p_A^* x_A \tag{2-9}$$

式中，p为溶液的蒸气压，Pa；p_A^*为纯溶剂的蒸气压，Pa；x_A为溶剂的摩尔分数。

对于两组分溶液系统，一般将溶剂记为A，溶质记为B。x_B为溶质的摩尔分数，由于$x_A + x_B = 1$，即$x_A = 1 - x_B$，代入（2-9），得

$$p = p_A^*(1 - x_B) \tag{2-10}$$

$$\Delta p = p_A^* - p = p_A^* x_B \tag{2-11}$$

因此，上式表明，在一定温度下，难挥发非电解质稀溶液的蒸气压下降值与溶质的摩尔分数成正比，这通常称为拉乌尔定律。使用式（2-11）可测定稀溶液中溶质的摩尔质量。只有稀溶液才比较准确地符合拉乌尔定律，当溶液浓度较大时，溶质与溶剂分子间的作用不能忽略，虽然此时难挥发非电解质溶液仍具有明显的蒸气压下降现象，但使用拉乌尔定律会出现较大误差。

有些物质表面具有自发吸收空气中水分子并在表面形成局部饱和溶液的能力。若饱和溶液的水蒸气压低于同一温度下大气中的水蒸气压，物质表面则将不断吸收水分，从而发生潮解现象。正是因为这一性质，氯化钙、五氧化二磷等物质在化工领域常被用作干燥剂。

二、溶液的沸点升高

液体的蒸气压随温度升高而增加，当蒸气压与外界大气压相等时，液体就沸腾，此时的温度称为该液体的沸点（boiling point）。液体的沸点与外界大气压有关，外界大气压越高，液体的沸点就越高。通常，液体的正常沸点是指其蒸气压等于标准大气压（100kPa）时的温度。

当向纯溶剂中加入少量难挥发的非电解质后，溶液的蒸气压下降，所以在达到纯溶剂沸点时，溶液并不沸腾。要使溶液沸腾，必须升高温度，加剧溶剂分子热运动，增加溶液的蒸气压。当溶液蒸气压等于外界大气压时，溶液开始沸腾。显然，此时溶液的沸点高于纯溶剂的沸点，这一现象称为溶液的沸点升高，如图2-1所示，图中，AA′和BB′分别表示纯溶剂和溶液的蒸气压曲线，T_b^0和T_b分别为纯溶剂和溶液的沸点。

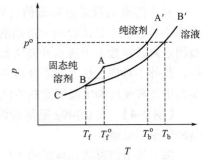

图2-1　溶液的沸点升高和凝固点降低示意图

溶液浓度越高，其蒸气压下降越多，则沸点升高越多，其关系为：

$$\Delta T_b = K_b b_B \tag{2-12}$$

式中，ΔT_b为溶液沸点升高值，K或℃；K_b为溶剂的沸点升高常数，$K \cdot kg \cdot mol^{-1}$或$℃ \cdot kg \cdot mol^{-1}$；$b_B$为溶质的质量摩尔浓度。

K_b只与溶剂的性质有关，而与溶质的本性无关。不同的溶剂有不同的K_b值，它们可以

通过理论方法推算，也可通过实验测得。表 2-2 列出了几种常见溶剂的 K_b 值。式（2-12）可用于测定稀溶液中溶质的摩尔质量。

表 2-2   几种常见溶剂的 K_b 和 K_f

溶剂	T_b/K	K_b/K·kg·mol^{-1}	T_f/K	K_f/K·kg·mol^{-1}
水	373.15	0.52	273.15	1.86
苯	353.23	2.53	278.65	5.12
乙酸	390.9	2.93	289.15	3.90
乙醇	351.39	1.23	159.01	1.99
四氯化碳	349.9	4.88	250.35	32

三、溶液的凝固点降低

在 100kPa 下，纯液体液相的蒸气压和固相的蒸气压相等的温度就是该液体的正常凝固点（freezing point）。图 2-1 中，AC 和 AA′ 分别表示固态纯溶剂和液态纯溶剂的蒸气压曲线，AC 和 AA′ 相交于 A 点，A 点所对应的温度 T_f^0 即为纯溶剂的凝固点。BB′ 表示溶液的蒸气压曲线，AC 和 BB′ 相交于 B 点，B 点所对应的温度 T_f 即为溶液的凝固点。显然，溶液的凝固点 T_f 比纯溶剂的凝固点 T_f^0 低。

溶液凝固点降低同样是溶液蒸气压下降的必然结果。与溶液沸点升高类似，溶液的凝固点降低也与溶质的质量摩尔浓度成正比，即：

$$\Delta T_f = K_f b_B \qquad (2\text{-}13)$$

式中，ΔT_f 为溶液凝固点降低值，K 或 ℃；K_f 为溶剂的凝固点降低常数，K·kg·mol^{-1} 或 ℃·kg·mol^{-1}；b_B 为溶质的质量摩尔浓度。

同样，K_f 只与溶剂的性质有关，而与溶质的本性无关。几种常见溶剂的 K_f 值见表 2-2。

利用溶液的凝固点降低值可以测定溶质的摩尔质量。因溶液蒸气压下降值和沸点升高值都不易测准，且比较同一溶剂的凝固点降低常数和沸点升高常数，可以看出大多数溶剂的凝固点降低常数大于沸点升高常数，所以用凝固点降低法测定溶质摩尔质量，其准确度更高些。此外，对挥发性溶质不能用蒸气压法或沸点法测定摩尔质量。因此，在医学和生物科技实验中通常使用测定凝固点的方法计算溶质的摩尔质量。

【例 2-4】 取 0.749g 氨基酸溶于 50.0g 水中，测得其溶液凝固点为 272.96K，试求该氨基酸的摩尔质量。

解   该溶液凝固点降低值 $\Delta T_f = T_f^0 - T_f = 273.15 - 272.96 = 0.19$（K）

水的 K_f 为 1.86K·kg·mol^{-1}，根据式（2-3）与式（2-13）得：

$$b_B = \frac{m_B / M_B}{m_A} = \frac{\Delta T_f}{K_f}$$

$$M_B = \frac{K_f m_B}{\Delta T_f m_A} = \frac{1.86 \times 0.749}{0.19 \times 50.0} = 0.147(\text{kg}/\text{mol}) = 147(\text{g}/\text{mol})$$

溶液的凝固点降低不仅可以测定溶质的摩尔质量，还具有其他广泛的用途。例如，汽车散热器的冷却水在冬季常需加入适量的乙二醇或甘油等以防止水结冰。再如食盐和冰的混合物常用作制冷剂。此外，有机化学实验中常用测定熔点的方法来检验化合物的纯度，这是因为含有杂质的化合物可看作是一种溶液，其熔点比纯化合物低，而且熔点的降低值与杂质含量有关。

扫一扫

2-1　稀溶液的依数性视频

四、溶液的渗透压

物质自发地由高浓度向低浓度迁移的现象称为扩散。扩散不仅存在于溶质与溶剂之间，也存在于不同浓度的溶液之间。渗透现象是一种特殊的扩散，在两个不同浓度的溶液之间放置一种能选择性地通过某种粒子的膜，就可观察到渗透（penetration）现象。这类只允许某种或某些物质通过，而不允许另一些物质通过的薄膜称为半透膜。例如，动物和人体的细胞膜、肠衣等都是半透膜。

如果用一种只允许水分子通过而溶质分子不能通过的半透膜把纯水和蔗糖溶液隔开，并使两边液面高度相等，如图 2-2（a）所示，经过一段时间后可以观察到纯水液面下降，蔗糖溶液液面上升，如图 2-2（b）所示。这是因为半透膜能阻止蔗糖分子向纯水中扩散，但不能阻止水分子的扩散。单位体积纯溶剂中溶剂分子数比蔗糖溶液中的溶剂分子数多，因此在相同时间内由纯溶剂通过半透膜进入溶液的水分子数就比由溶液进入纯溶剂的水分子数多，从而导致蔗糖溶液液面升高。这种物质粒子通过半透膜扩散的现象称为渗透。随着蔗糖溶液液面升高，水柱的静水压增加，使蔗糖溶液中水分子通过半透膜的速率增大，当静水压增加到一定值时，单位时间内从膜两侧通过半透膜的水分子数相等，两侧液面高度不再发生变化，达到渗透平衡。此时，两侧液面高度差所产生的压力称为渗透压（osmotic pressure）。换言之，渗透压就是为了阻止渗透发生，施加在溶液液面上的额外压强，如图 2-2（c）所示。

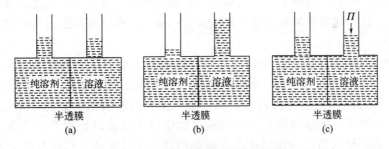

图 2-2　渗透现象和渗透压示意图

1886 年，荷兰物理学家范特霍夫（J.H. van't Hoff）在总结前人实验研究基础上，得出稀溶液的渗透压与溶液浓度和温度的关系为：

$$\Pi V = nRT \quad 或 \quad \Pi = \frac{n}{V}RT = cRT \qquad (2\text{-}14)$$

式中，Π 为溶液的渗透压，kPa；V 为溶液的体积，L；n_B 为溶质的物质的量，mol；c_B 为溶质的物质的量浓度，mol·L^{-1}；R 为摩尔气体常数，R=8.314kPa·L·mol^{-1}·K^{-1}；T 为热力学温度，K。

对于浓度很低的水溶液，则其物质的量浓度约等于质量摩尔浓度，式（2-14）可写为：

$$\Pi V = b_B RT \qquad (2\text{-}15)$$

通过测定溶液的渗透压，可以计算溶质的摩尔质量，尤其是估算高分子化合物的平均摩尔质量。对于小分子溶质因其常能通过半透膜，用渗透压法测量小分子溶质的摩尔质量实际上相当困难。

【例 2-5】 将 1.00g 血红素溶于适量纯水中，配制成 100mL 溶液，在 20℃ 时测得溶液的渗透压为 0.366kPa。求血红素的相对分子质量。

解 由 $\Pi = \dfrac{n}{V}RT = cRT$，则有，

$$\Pi V = nRT = \frac{m}{M}RT$$

$$M = \frac{m}{\Pi V}RT = \frac{1.00 \times 8.314 \times (273.15+20)}{0.366 \times 100 \times 10^{-3}} = 6.66 \times 10^{4}(\text{g} \cdot \text{mol}^{-1})$$

故血红素的相对分子质量为 6.66×10^4。

【例 2-6】 人的血浆凝固点为 -0.56℃，求 37℃ 时血浆的渗透压。

解 查表 2-2 可知水的凝固点下降常数为 $1.86\text{K} \cdot \text{kg} \cdot \text{mol}^{-1}$，因为人的血液很稀，其密度近似等于纯水的密度，所以可以认为血浆的物质的量浓度 c_B 等于质量摩尔浓度 b_B：

$$c_B = b_B$$

根据 $\Pi = c_B RT = b_B RT$，则有：

$$\Pi = \frac{\Delta T_f}{K_f}RT = \frac{0.56}{1.86} \times 8.314 \times (273.15+37) = 776\,(\text{kPa})$$

对于由两种不同浓度溶液构成的系统也能产生渗透现象。若在浓度较大的溶液液面上方施加一额外压力，也能阻止渗透发生。此时所施加的额外压力并不是这两种溶液的渗透压，而是两者渗透压的差值。当外加压力足够大时，则会使溶剂分子从高浓度溶液通过半透膜进入低浓度溶液，这一现象称为反渗透（reverse osmosis）。利用反渗透技术可以进行海水淡化和废水处理。

渗透现象在生物体内也广泛存在。人体内细胞液、血浆等体液的渗透压对维持机体正常的生理功能起重要的调节作用。临床上为患者静脉输液时，为防止渗透现象发生，常使用与人体血浆渗透压相近的等渗溶液。例如临床上使用的质量分数为 0.9% 的生理盐水或质量分数为 5% 的葡萄糖溶液就是等渗溶液。如果静脉输液时使用非等渗溶液，就可能产生严重后果。如果输入溶液的渗透压小于血浆的渗透压（医学上称这种溶液为低渗溶液），水就会通过血红细胞膜向细胞内渗透，致使细胞肿胀甚至破裂，这种现象医学上称为溶血。如果输入溶液的渗透压大于血浆的渗透压（医学上称为高渗溶液），血红细胞内的水会通过细胞膜渗透出来，引起血红细胞的皱缩，并从悬浮状态中沉降下来，这种现象医学上称为胞浆分离。

以上四种依数性定律只适用于非电解质稀溶液，对于电解质溶液或浓溶液，只能用作定性比较，不能用于定量计算。在浓溶液中，溶质粒子数较多，溶质与溶质之间以及溶质与溶剂之间的相互影响大为增加，使得依数性的定量关系不再适用。电解质溶液中，电解质解离产生阴阳离子，增加了溶液中总的粒子数，导致依数性发生较大偏差，必须加以校正。

想一想 6. 引起稀溶液的依数性变化的本质原因是什么？

2-2 溶液的渗透压视频

任务三　溶胶和高分子溶液

胶体分散系是由粒径为1~100nm的分散相组成的系统，可分为两类：一类是胶体溶液，又称溶胶，是由一些小分子、原子或离子形成的聚集体；另一类是高分子溶液，是由一些高分子化合物组成的溶液。溶胶和高分子溶液有胶体的共性，但因溶胶为高度分散的多相系统，而高分子溶液为单相的真溶液，二者在性质上也有很大的不同。

一、溶胶

（一）分散度与表面能

溶胶是一个高度分散的多相系统，相与相之间存在界面，习惯上将其中一相为气体的界面称为表面。分散系的分散度（dispersity）常用比表面来衡量，比表面即单位体积分散相的总表面积。因为溶胶粒子的粒径为1~100nm，所以其比表面非常大，表面效应突出，这使得溶胶具有某些特殊的性质。

由于形成界面的两相密度不同，两相内粒子间的相互作用力也不同，因此，处于界面层的粒子和体相内部粒子受力不同。系统内部粒子受周围其他分子的吸引，各方向的力相互抵消，合力为零。而表面层粒子却不同，其与气相分子间的引力相对较小，存在垂直于表面并指向液体内部的合力，见图2-3。因此，表面层粒子处于不稳定状态，具有自发地向内部迁移的趋势，其能量比内部粒子高。这些表面层粒子比内部粒子所多出的能量称为表面能。表面能与系统的表面积成正比，表面积越大，位于表面层的粒子就越多，其表面能也越高，系统越不稳定。因此，液体和固体都有自发地减少其表面能的趋势。凝聚和表面吸附是降低表面能的有效途径，溶胶的很多特性都与之有关。也可通过向溶胶中加入表面活性剂使其表面能（表面张力）降低。

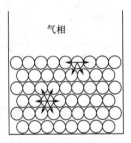

图2-3　液体表面及内部粒子受力示意图

（二）溶胶的胶团结构

溶胶的结构比较复杂，根据扩散双电层理论可以分为三层。溶胶结构中心称胶核（colloidal nucleus），它由许多原子或分子聚集而成。胶核周围是由吸附在核表面上的电位离子、部分反离子和溶剂分子组成的吸附层。胶核和吸附层组成胶粒（colloidal particle）。吸附层以外的剩余反离子为扩散层（colloidal micelle）。胶核、吸附层和扩散层总称为胶团。整个胶团是电中性的。

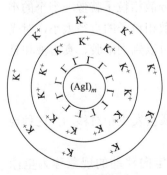

图2-4　AgI 胶团结构示意图

以 AgI 溶胶为例，阐述胶团的结构。如图2-4所示，将 AgNO₃ 溶液和 KI 溶液混合制备 AgI 溶胶时，溶液中 Ag^+ 与 I^- 反应，生成 AgI 分子，大量的 AgI 分子聚集形成胶核。如果此时系统中存在过剩的离子，胶核就有选择地吸附这些离子。若 KI 过量，根据"相似相吸"原则，胶核优先吸附 I^- 而带负电荷，I^- 是电位离子。由于静电引力，胶核表面带负电荷的 I^- 会吸引部分带正电荷的 K^+，K^+ 是反离子。电位离子 I^- 与反离子 K^+ 组成吸附层，胶核与吸附层组成胶粒，胶粒与扩散层中另一部分反离子 K^+ 形成胶团。

AgI 胶团的结构也可表示为：

$$[(AgI)_m \cdot nI^- \cdot (n-x)K^+]^{x-} \cdot xK^+$$

胶团的核心是 m 个 AgI 粒子，m 约为 10^3。

如果 AgNO$_3$ 过量，则胶团结构式为：

$$[(AgI)_m \cdot nAg^+ \cdot (n-x)NO_3^-]^{x+} \cdot xNO_3^-$$

由于离子的溶剂化作用，胶粒和胶团也是溶剂化的，在溶胶中胶粒是独立的运动单位。通常所说的溶胶粒子带正电或负电仅指胶粒而言，整个胶团总是保持电中性的。胶团没有固定的直径和质量，同一种溶胶中的 m 值也不是固定的数值。因此在讨论溶胶的性质时除注意其高度分散性外，还应注意其结构的复杂性。

（三）溶胶的性质

1. 动力学性质——布朗运动

在超显微镜下可以观察到溶胶粒子不断地做不规则的运动，这一现象是英国植物学家

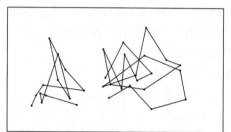

图 2-5　布朗运动示意图

布朗（R. Brown）在 1827 年首先观察到的，所以称为布朗运动。布朗运动是粒子的热运动和分散介质对粒子的不均匀撞击的结果。溶胶粒子周围的分散介质不断地从各个方向撞击粒子，而每一瞬间粒子受到的撞击力在各个方向上是不同的，所以粒子处于无序的运动状态，如图 2-5 所示。布朗运动与粒子大小、温度和分散介质的黏度有关。实验证明，溶胶粒子越小，温度越高，分散介质的黏度越小，布朗运动越剧烈。

布朗运动的存在是溶胶动力学稳定的重要原因，布朗运动使溶胶粒子不易沉降，有利于保持溶胶的稳定性。

2. 光学性质——丁铎尔效应

早在 1869 年，英国物理学家丁铎尔（J. Tyndall）发现，在暗室中，若将一束汇聚的光线照射到溶胶上，在入射光的垂直方向上可以看到一条明亮的光柱，这种现象称为丁铎尔效应（Tyndall effect）。

丁铎尔效应的产生与分散相粒子的大小及入射光线的波长有关。当分散相粒子的直径大于入射光线的波长时，主要发生光的反射，无丁铎尔效应，粗分散系就属此种情况。当分散相粒子的直径小于入射光线的波长时，主要发生光的散射，每个分散相粒子就像一个个的小光源，向各个方向发光，产生明显的丁铎尔效应。真溶液由于分散相粒子的直径太小，对光的散射作用极弱，观察不到丁铎尔效应。因此，利用丁铎尔效应可以判别溶胶、真溶液和悬浊液。

3. 电学性质——电泳和电渗

溶胶粒子由于带电荷，在外加电场作用下，分散相和分散介质会发生相对移动，这种现象称为溶胶的电动现象。应用较多的电动现象是电泳和电渗。

（1）电泳　在外电场作用下，溶胶粒子在分散介质中发生定向移动的现象称为电泳（electrophoresis）。在 U 形管中装入棕红色的 Fe(OH)$_3$ 溶胶，其上加一层水，使溶胶和纯水间

有清晰的界面。插入电极，通电一段时间后，发现 U 形管两侧溶胶液面高度不再相同，负极一端溶胶液面上升，正极一端溶胶液面下降，如图 2-6 所示，这说明 $Fe(OH)_3$ 溶胶粒子带正电荷，称为正溶胶。大多数氢氧化物溶胶是带正电荷的正溶胶。如果将 U 形管中装入 As_2S_3 溶胶，可观察到 As_2S_3 溶胶粒子向正极移动，说明 As_2S_3 胶粒带负电荷，称为负溶胶。大多数金属硫化物溶胶和金、银、硫等单质溶胶都是带负电荷的负溶胶。

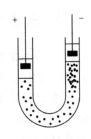

图 2-6　电泳示意图

（2）电渗　如果将上述电泳实验中的 $Fe(OH)_3$ 溶胶封存于半透膜中，使其胶粒固定，通电后可以观察到分散介质在电场作用下通过半透膜向正极移动，说明分散介质带有负电荷。这种在电场作用下，分散介质做定向移动的现象称为电渗（electroosmosis）。电渗现象表明溶胶中分散介质也是带电荷的。

电泳和电渗应用非常广泛。生物化学中，可根据各种蛋白质、氨基酸、核酸等电泳速率的不同对其进行分离和鉴定。

（四）溶胶的稳定性和聚沉

1. 溶胶的稳定性

溶胶是热力学不稳定系统，胶粒间有相互聚结而降低表面能的趋势，但许多溶胶却能长期稳定存在，主要包括几方面的原因。

溶胶粒子的布朗运动所产生的扩散作用，使胶粒不易聚结和沉降，即具有动力学稳定性；同种胶粒都带有相同电性的电荷，胶粒之间有静电斥力，强烈的静电斥力阻止了胶粒间的碰撞，从而减少了聚结的可能性，胶粒带电是多数溶胶能稳定存在的主要原因；溶胶结构中的吸附层和扩散层的离子都是溶剂化的，若溶剂为水，胶粒周围可以形成水化膜，水化膜的存在增加了胶粒间相互接触的难度，从而防止了溶胶的聚结，使之保持稳定。

2. 溶胶的聚沉

溶胶的稳定因素一旦被削弱或破坏，胶粒就会因碰撞而聚结变大并从分散介质中沉淀下来，这种现象称为聚沉。造成溶胶聚沉的因素主要有加入电解质、加入相反电荷的溶胶、加热、溶胶浓度过大等。

（1）电解质的聚沉作用　溶胶对电解质非常敏感，向溶胶中加入少量电解质即可引起溶胶聚沉。因为加入电解质后，溶液中离子浓度增加，大量离子进入扩散层，迫使扩散层中的反离子向胶粒靠近，从而增加了吸附层中反离子的浓度，中和了胶粒的电荷，使胶粒所带电荷量减少，胶粒间的静电斥力减弱，导致溶胶稳定性降低，发生聚沉。

电解质对溶胶聚沉起主要作用的是与胶粒带相反电荷的离子。一般来说，聚沉能力随离子电荷的增加而显著增大。带相同电荷的离子聚沉能力与离子在水溶液中的实际大小有关，通常离子半径越小，电荷密度越大，水化半径也越大，聚沉能力越小。

（2）溶胶的相互聚沉作用　将两种带有相反电荷的溶胶混合，溶胶同样会发生聚沉。相互聚沉的程度与两者的相对量有关。只有当两种溶胶粒子所带电荷全部中和时才能完全聚沉，否则其中一种溶胶的聚沉会不完全。明矾净水的作用就是利用明矾水解产生 $Al(OH)_3$ 正溶胶与水中带负电的胶态悬浮物相互聚沉，从而达到净水目的。

另外，加热、溶胶浓度过大、外力场等因素也会使溶胶聚沉。

二、高分子溶液

（一）高分子溶液的特性

高分子化合物，又称大分子化合物，一般指平均摩尔质量大于 $10kg \cdot mol^{-1}$ 的化合物。许多天然有机物如蛋白质、糖原、纤维素、淀粉以及人工合成的塑料等都是高分子化合物。高分子化合物是由一种或多种小的结构单元重复连接而成的。如纤维素、淀粉由许多葡萄糖单元连接而成，蛋白质中最小的单元是各种氨基酸。高分子化合物一般为链状或分支状结构。当高分子化合物溶解在适当的溶剂中时，即形成高分子化合物溶液，简称高分子溶液。

高分子溶液分散相粒子颗粒大小与溶胶粒子相近，属于胶体分散系，因而表现出溶胶的某些性质，如不能通过半透膜、扩散速率慢等。但由于高分子溶液的分散相粒子是单个大分子，属于单相系统，因此又表现出溶液的某些性质。

高分子化合物在适当的溶剂中其分子能溶剂化而逐步溶胀，形成溶剂化膜，使它能稳定地分散于溶液中而不凝结，最后溶解形成溶液。高分子溶液的溶解是可逆过程，除去溶剂后，重新加入溶剂时仍可溶解，因此高分子溶液是热力学稳定系统。高分子溶液的分散相与分散介质之间没有明显的界面，对光的散射作用很弱，丁铎尔效应不明显。另外，高分子溶液的黏度很大，这与它的链状结构和高度溶剂化有关。可通过测定蛋白质溶液的黏度来推测蛋白质分子的平均摩尔质量。

（二）高分子溶液的盐析

高分子化合物在电解质作用下从溶液中沉淀析出的现象称为高分子溶液的盐析。高分子溶液具有一定的抗电解质聚沉能力，如加入少量电解质，其稳定性不受影响，要使高分子化合物从溶液中沉淀析出，必须加入大量电解质。例如，向蛋白质溶液中加入大量的 $(NH_4)_2SO_4$ 等电解质，可以使蛋白质在水中的溶解度降低而沉淀析出。这是因为高分子溶液的稳定性主要来自分子的高度水化作用，当加入大量电解质时，电解质离子除中和高分子化合物的电荷外，主要是发生强烈水化作用，从而使原来高度水化的高分子化合物分子去水化，失去稳定性而沉淀析出。盐析并不破坏蛋白质的结构，盐析过程是可逆的。

（三）高分子溶液对溶胶的保护作用

向溶胶中加入适量的高分子溶液，能大大提高溶胶的稳定性，这种作用叫高分子溶液对溶胶的保护作用。这是因为，高分子化合物很容易吸附在胶粒表面，卷曲后的高分子化合物可将整个溶胶粒子包裹起来，不但提高了胶粒的溶解度，而且在胶粒表面形成了一个高分子保护膜，增强了溶胶的抗电解质聚沉能力，从而大大提高了溶胶的稳定性。

这种保护作用在生理过程中具有重要意义。例如，健康人的血液中所含的碳酸镁、磷酸钙等难溶物质均以溶胶状态存在，并被血清蛋白等高分子化合物保护着。但发生某些疾病时，这些保护物质在血液中的含量就会减少，溶胶可能发生聚沉而堆积，从而在体内形成肾结石、胆结石等。

 思政案例

傅鹰——新中国胶体科学主要奠基人

傅鹰（1902.1.19～1979.9.7），祖籍福建，著名物理化学家和化学教育家。1919年就读于燕京大学化学系。1922～1928年，赴美国密歇根大学深造，获科学博士学位。他师从巴特尔教授，主攻表面现象和吸附作用，旁及多种胶体系统。他对吸附作用以及影

响固体从溶液中吸附的多种因素进行的综合实验研究和具有指导意义的理论分析，已成为吸附理论的重要组成部分。他潜心研究、勇于探索，取得了系统而有开创性的丰硕成果，受到国际学术界的重视和好评。"我一生的希望就是有一天中国翻身"，带着这样的理想信念，傅鹰先生毅然放弃了美国优越的科研条件和优厚的生活待遇，回到了阔别已久的祖国。傅鹰先生赤诚爱国、严谨求实、高洁磊落的品格影响着一代又一代学生。

【思维导图】

一、单选题

1.与难挥发性非电解质稀溶液的蒸气压降低、沸点升高、凝固点降低有关的因素为（　　）。

　　A.溶液的体积　　　　　　　　　　　　B.溶液的温度

　　C.溶质的本性　　　　　　　　　　　　D.单位体积溶液中溶质质点数

2.含有不挥发溶质的溶液在不断沸腾的过程中其沸点和蒸气压的变化情况是？（　　）。

　　A.沸点逐步升高，蒸气压逐渐下降　　　B.沸点逐渐升高，蒸气压不变

　　C.沸点不变，蒸气压逐渐下降　　　　　D.沸点不变，蒸气压不变

3.会使红细胞发生溶血现象的溶液是（　　）。

　　A.生理盐水　　　　　　　　　　　　　B.2.0%的盐水

　　C.5%的葡萄糖溶液　　　　　　　　　　D.生理盐水和等体积的水的混合液

4.将A(蔗糖$C_{12}H_{22}O_{11}$)及B(葡萄糖$C_6H_{12}O_6$)各称出10g，分别溶入100g水中，成为A、B两溶液，用半透膜将两溶液分开后，发现（　　）。

　　A.A中水渗入B　　　B.B中水渗入A　　　C.没有渗透现象　　　D.无法判断

5.稀溶液的依数性的本质是（　　）。

　　A.溶液的凝固点降低　　　　　　　　　B.溶液的沸点升高

　　C.溶液的蒸气压下降　　　　　　　　　D.溶液的渗透压

6.下列哪种溶液为生理等渗溶液？（　　）

　　A.100g·L^{-1}的葡萄糖溶液　　　　　　B.80g·L^{-1}的葡萄糖溶液

　　C.0.9%的食盐水　　　　　　　　　　　D.9%的食盐水

7.下列不属于溶胶的动力学性质的是（　　）

　　A.布朗运动　　　　　B.电泳　　　　　C.扩散　　　　　D.沉降

二、简答题

1.把一块冰放在273.15K的水中，另一块冰放在273.15K的盐水中，各有什么现象？

2.把下列水溶液按其沸点由小到大的顺序排列：

　　(1) 1mol·L^{-1} KCl；(2) 1mol·L^{-1} $C_6H_{12}O_6$；(3) 1mol·L^{-1} Na_2SO_4；

　　(4) 0.1mol·L^{-1} CH_3COOH；(5) 0.1mol·L^{-1} NaI；(6) 0.1mol·L^{-1} $MgCl_2$

3. 为什么溶胶会产生丁铎尔现象？试说明原因。

4. 简述高分子溶液、胶体溶液和真溶液的主要区别

5. 将 10mL 0.01mol·L^{-1} 的 $AgNO_3$ 溶液与 50mL 0.01mol·L^{-1} 的 KCl 溶液混合制备 AgCl 溶胶，写出胶团的结构式。胶粒通电后向哪极移动？

6. 对于 $Fe(OH)_3$ 溶胶，比较浓度为 0.1mol·L^{-1} 的 NaCl 溶液、Na_2SO_4 溶液和 Na_3PO_4 溶液聚沉能力的大小。

三、计算题

1. 下列几种商品溶液都是常用试剂，分别计算它们的物质的量浓度、质量摩尔浓度和摩尔分数。

（1）浓盐酸含 HCl 37%，密度 1.19g·cm^{-3}；

（2）浓硫酸含 H_2SO_4 98%，密度 1.84g·cm^{-3}；

（3）浓硝酸含 HNO_3 70%，密度 1.42g·cm^{-3}；

（4）浓氨水含 NH_3 28%，密度 0.90g·cm^{-3}。

2. 计算临床上补液用的 50.0g·dm^{-3}（$\omega=0.0500$）葡萄糖溶液的凝固点降低值和在 37℃ 时的渗透压。

3. 将 2.76g 甘油（$C_3H_8O_3$）溶于 200gH_2O 中，测得此溶液的凝固点为 272.87K，求甘油的相对分子质量。

4. 配制 500cm^3 尿素药液，测得凝固点为 272.69K，计算需添加多少克葡萄糖才能成为与血浆等渗的溶液（37℃ 时血浆等渗压为 716kPa）。

项目三
化学反应速率及化学平衡

学习目标

1. 掌握化学平衡的概念、特点、相关计算及各种因素对化学平衡移动的影响；掌握酸碱质子理论、共轭酸碱对、同离子效应、缓冲作用、溶度积、氧化数、电极电势、配合物等基本概念；掌握一元弱酸弱碱、缓冲溶液 pH 值计算；掌握溶度积规则。

2. 熟悉化学反应速率的概念及表示方法，能斯特方程的计算及应用，以及配位平衡。

3. 了解质量作用定律和基元反应、非基元反应等基本概念；了解浓度、温度、催化剂对反应速率的影响。

能力目标

1. 能写出可逆反应的平衡常数表达式，能运用平衡常数表达式进行简单的计算。

2. 能通过标准平衡常数与反应商的比较判断反应进行的方向。

3. 能根据化学反应速率的影响因素改变某些化学反应的反应速率。

4. 能计算一元弱酸弱碱、缓冲溶液 pH 值。

5. 能用溶度积规则判断沉淀能否生成。

6. 能应用电极电势判断原电池的正、负极；比较氧化剂、还原剂的氧化还原能力的相对强弱；判断氧化还原反应的方向；配平氧化还原反应方程式。

7. 能命名配位化合物。

素质目标

1. 培养学生多角度、全方位的思考能力。

2. 培养学生学以致用的思想意识；培养学生辩证唯物主义价值观。

3-1 酸碱质子理论视频

3-2 溶液 pH 值计算视频

3-3 缓冲溶液视频

3-4 沉淀反应视频

3-5 氧化还原反应视频   3-6 配位化合物基本概念视频   3-7 配合物的命名视频

化学反应在实际应用过程中，主要涉及两个问题，一是反应进行的方向和限度以及转化率；二是反应进行的快慢。前者是热力学的研究范畴，而后者则是化学动力学的研究范围。对于反应的研究来说，这两者通常是相辅相成的。某些化学反应，如合成氨，经热力学研究认为是可行的，但实际反应速率太慢，此时就可以借助动力学，研究浓度、温度、压力以及催化剂等因素对反应速率的影响。本项目主要讨论反应速率与化学平衡等内容。

任务一 化学反应速率

化学动力学不仅探讨化学反应进行快慢的规律和因素，还要应用这些规律和理论指导人们如何有效控制反应速率为我们所用。

一、化学反应速率基本概念

化学反应速率是指在一定条件下，某化学反应的反应物转变为生成物的速率。在等容条件下，通常用单位时间内某一反应物或生成物浓度的变化来表示化学反应速率。

1. 平均速率（$\bar{v}$）

对于反应：
$$2HI \rightleftharpoons H_2 + I_2$$

若反应物 HI 在 Δt 时间内减少 $\Delta c(HI)$，生成 H_2 和 I_2 的浓度分别为 $\Delta c(H_2)$ 和 $\Delta c(I_2)$，则反应物和生成物的平均速率分别为：

$$\bar{v}(HI) = -\frac{\Delta c(HI)}{\Delta t}$$

$$\bar{v}(H_2) = \frac{\Delta c(H_2)}{\Delta t} = \bar{v}(I_2) = \frac{\Delta c(I_2)}{\Delta t}$$

从反应式可知，当减少 2mol HI，同时会增加 1mol H_2 和 1mol I_2，在等容条件下满足：

$$\frac{1}{2}\bar{v}(HI) = \bar{v}(H_2) = \bar{v}(I_2)$$

可见，用不同物质浓度变化来表示的反应速率的数值根据化学计量关系可以各不相同，但它们之间能相互换算。

2. 瞬时速率（v）

化学反应速率总是随着反应的进行在不断地发生变化，反应物浓度不断减少，生成物浓度不断增加。

对于一般化学反应 $a\mathrm{A}+b\mathrm{B} \longrightarrow c\mathrm{C}+d\mathrm{D}$，可用求导的方法求得其瞬时速率，如图 3-1 所示，其数学表达式为：

$$v_\mathrm{A} = -\frac{\mathrm{d}c_\mathrm{A}}{\mathrm{d}t}, \quad v_\mathrm{B} = -\frac{\mathrm{d}c_\mathrm{B}}{\mathrm{d}t}, \quad v_\mathrm{C} = \frac{\mathrm{d}c_\mathrm{C}}{\mathrm{d}t}, \quad v_\mathrm{D} = \frac{\mathrm{d}c_\mathrm{D}}{\mathrm{d}t} \tag{3-1}$$

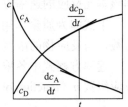

实际在测定反应速率的实验中，通常测出不同时刻 t 时某反应物 A 的浓度 c_A 或某生成物 D 的浓度 c_D，根据实验数据可绘制如图 3-1 所示的 c-t 曲线；然后从 c-t 曲线上可求得时刻 t 时的斜率 $-\mathrm{d}c_\mathrm{A}/\mathrm{d}t$ 或 $\mathrm{d}c_\mathrm{D}/\mathrm{d}t$，即为 t 时刻反应物 A 的瞬时速率或生成物 D 的瞬时速率。

图 3-1　反应物或产物浓度随时间的变化曲线

二、基元反应与质量作用定律

1. 基元反应

反应物转变为产物的具体途径、步骤称为反应历程。化学反应的反应历程一般各不相同，有的很简单，有的却相当复杂。例如：

$$\mathrm{H_2(g)+Cl_2(g) \longrightarrow 2HCl(g)}$$

实际过程并不是由一个 $\mathrm{H_2(g)}$ 分子和一个 $\mathrm{Cl_2(g)}$ 分子直接碰撞就能生成两个 $\mathrm{HCl(g)}$ 分子，经研究已确定该反应在光照条件下是由下列 4 步反应组成的：

$$\mathrm{Cl_2(g)+M \longrightarrow 2Cl(g)+M}$$

$$\mathrm{Cl(g)+H_2(g) \longrightarrow HCl(g)+H(g)}$$

$$\mathrm{H(g)+Cl_2(g) \longrightarrow HCl(g)+Cl(g)}$$

$$\mathrm{Cl(g)+Cl(g)+M \longrightarrow Cl_2(g)+M}$$

式中，M 是惰性物质（其他不参与反应的物质或反应器壁），只起传递能量的作用。

上述四步反应中的每一步都是由反应物分子直接相互作用生成产物分子的。

这种由反应物分子（或原子、离子、自由基等）直接碰撞发生作用而生成产物的反应，即一步完成的反应称为基元反应（elementary reaction）。不是一步完成的反应称为非基元反应。

基元反应亦称为简单反应，常见的基元反应（简单反应）有：

$$\mathrm{C_2H_5Cl \longrightarrow C_2H_4+HCl}$$

$$\mathrm{2NO_2 \longrightarrow 2NO+O_2}$$

基元反应方程式中各反应物分子数之和称为反应分子数，按照反应分子个数可将基元反应划分为单分子反应、双分子反应和三分子反应，上面的基元反应分别为单分子反应和双分子反应。

2. 质量作用定律

基元反应（简单反应）的反应速率与反应物浓度之间的定量关系为：在一定温度下，化学反应速率与各反应物浓度幂的乘积成正比，浓度的幂次为基元反应方程式中各相应组分的化学计量系数，这一规律称为质量作用定律（mass action law）。

如基元反应：

$$aA+bB \longrightarrow cC+dD$$

则该基元反应的速率方程式为：

$$v=kc_A^a \cdot c_B^b \tag{3-2}$$

上式即为质量作用定律的数学表达式，也称基元反应的速率方程式。其中 k 为反应速率常数，与反应物的浓度无关，但与反应的本性、温度、溶剂、催化剂等有关。

速率方程式中各浓度项的幂次 $a, b, \cdots$ 分别称为各反应组分 A, B, $\cdots$ 的级数。该反应总的反应级数 n（reaction order）则是各反应组分 A, B$\cdots$ 的级数之和，即：

$$n=a+b+\cdots$$

当 $n=0$ 时称为零级反应，$n=1$ 时为一级反应，$n=2$ 时为二级反应，依此类推。

对于基元反应，反应级数与它们的化学计量数是一致的。而对于非基元反应，速率方程式中的级数不一定等于 $a+b+\cdots$。

对于非基元反应，一般不能根据化学反应方程式来确定反应速率与浓度的关系，即确定反应速率方程式，其必须通过实验来确定。一般情况下，复杂反应的速率方程式也可写成幂乘积形式：

$$v = kc_A^x \cdot c_B^y \tag{3-3}$$

式中，x、y 的数值必须通过实验来测定，x、y 的值可以是整数、分数或零。同样，k 为反应速率常数，只与反应物本性和反应温度有关，当温度一定时，k 为一定值。同一温度下，比较几个反应的 k 值，可略知道其反应速率的相对大小；其他项相同时，k 值越大，则反应越快。

三、影响化学反应速率的因素

1. 浓度对反应速率的影响

一般反应速率随反应物的浓度增大而增大。

一定温度下，反应物分子中可以反应的分子（称为活化分子）所占的百分数是一定的，因此单位体积内的活化分子的数目与单位体积内反应分子的总数成正比，即与反应物的浓度成正比。当反应物浓度增大时，单位体积内分子总数增多，活化分子的数目相应也增多，因而反应速率加快。

2. 温度对反应速率的影响

一般来说，温度升高反应速率加快。

当温度升高时，分子的运动速率加快，单位时间内的碰撞频率增多，使反应速率加快；更主要的是升高温度，系统的平均能量增加，从而使较多的分子获得能量成为活化分子，活化分子百分数增加，使得单位时间内有效碰撞次数明显增加，因而反应速率大大加快。

荷兰科学家范特霍夫（Vant Hoff）于 1884 年根据实验结果归纳出一条经验规则：对一般反应来说，在反应物浓度（或分压）相同的情况下，温度每升高 10K（或 10℃），反应速率一般增加 2~4 倍。范特霍夫规则可以粗略地估算温度对反应速率的影响。

阿伦尼乌斯（Arrhenius）于 1889 年在大量实验事实的基础上建立了速率常数与温度关系的经验式，称为阿伦尼乌斯方程：

$$k = Ae^{-\frac{E_a}{RT}} \tag{3-4}$$

式中，k 为反应的速率常数，量纲由反应级数而定；A 为指前因子，对于指定反应是一个常数，量纲与 k 相同；R 为摩尔气体常数，常用值为 8.314J·mol^{-1}·K^{-1}；T 为热力学温度，K；

E_a 为活化能，$J \cdot mol^{-1}$，对某一给定反应，E_a 为定值，在反应温度区间变化不大时，E_a 和 A 不随温度而改变。

阿伦尼乌斯方程也可表示为：

$$\ln k = -\frac{E_a}{RT} + \ln A \qquad (3\text{-}5)$$

从式（3-5）可以看出，当温度一定时，对于不同的反应，E_a 大的反应速率慢；E_a 小的反应速率快。活化能小于 $42kJ \cdot mol^{-1}$ 的反应极其迅速，以致反应速率不能用普通方法测定；活化能大于 $420kJ \cdot mol^{-1}$ 的反应非常缓慢，常温下可能看不出有丝毫的反应迹象。

若已知反应的活化能，以 k_1、k_2 分别表示在温度 T_1、T_2 时的速率常数，则：

$$\ln \frac{k_2}{k_1} = \frac{E_a}{R}\left(\frac{T_2 - T_1}{T_1 T_2}\right) \qquad (3\text{-}6)$$

或：

$$\lg \frac{k_2}{k_1} = \frac{E_a}{2.303R}\left(\frac{1}{T_1} - \frac{1}{T_2}\right) = \frac{E_a}{2.303R}\left(\frac{T_2 - T_1}{T_1 T_2}\right) \qquad (3\text{-}7)$$

由式（3-7）可知，若几个反应同时发生，升高温度对活化能大的反应更为有利。以 $\lg k$ 对 $1/T$ 作图应得到一条直线，如图 3-2 所示。

图 3-2 中直线斜率等于 $-\dfrac{E_a}{2.303R}$，由斜率可求得反应的活化能 E_a，直线在纵坐标轴上的截距为 $\lg A$，由截距可求得指前因子 A 的值。

一般来说阿伦尼乌斯方程对复杂反应的每

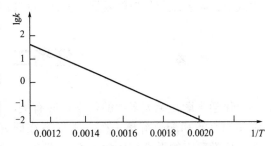

图 3-2 速率常数与温度的关系

一基元反应都适用，且对整个复杂反应也是适用的。但需要指出，并不是所有的反应都符合阿伦尼乌斯方程。如爆炸等反应，当温度升高到某一点时，反应速率会突然增大。

【例 3-1】 某反应的活化能 $E_a = 1.14 \times 10^2 kJ \cdot mol^{-1}$，在 600K 时，$k = 0.750 mol^{-1} \cdot dm^3 \cdot s^{-1}$，计算 500K 时的速率常数 k 的值。

解 将 $T_1 = 500K$，$T_2 = 600K$；$E_a = 1.14 \times 10^2 kJ \cdot mol^{-1}$；$k_2 = 0.750 mol^{-1} \cdot dm^3 \cdot s^{-1}$ 代入式（3-7）得：

$$\lg \frac{0.750}{k_1} = \frac{1.14 \times 10^2 \times 10^3 J \cdot mol^{-1}}{2.303 \times 8.314 J \cdot mol^{-1} \cdot K^{-1}} \times \left(\frac{600K - 500K}{600K \times 500K}\right) = 1.985$$

则有：$\dfrac{0.750}{k_1} = 96.6$

$k_1 = 0.0078 mol^{-1} \cdot dm^3 \cdot s^{-1}$

3. 催化剂对化学反应速率的影响

催化剂是指能改变化学反应的速率，而本身的组成和质量及化学性质在反应前后均保持不变的物质。通常把能加快反应速率的催化剂简称为正催化剂，而把减慢反应速率的催化剂称为负催化剂，或阻化剂、抑制剂。

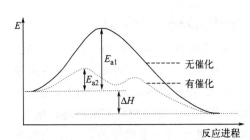

图 3-3 催化反应和非催化反应的活化能与反应途径示意图

E_a—反应的活化能；ΔH—反应的热效应

催化剂的作用机理如图 3-3 所示，催化剂改变了反应的历程，改变了反应的活化能（E_a），正、逆反应的活化能改变值是相等的。这表明催化剂对于正、逆反应的作用是等同的，它可以同时加快正、逆反应的速率，因此催化剂能缩短平衡到达的时间，但不能改变平衡状态，反应的平衡常数不受影响。

催化剂具有选择性。一种催化剂只能适用于某一种或某几种反应。例如合成氨反应中，Fe 催化剂对 N_2 的活化能力极强，但对其他反应（如 CO 加氢制备甲醇）无效。

生物催化剂主要是指酶类化合物，其基本质点的大小与溶胶粒子相近，它们具有高效的催化作用，生物体内的各种化学反应几乎都是在各种特定酶的催化作用下进行的。与一般催化剂相比，生物催化剂有以下特点：①具有很高的催化效率。例如蔗糖酶催化蔗糖水解比盐酸快 20000 亿倍。②催化反应所需条件非常温和。一般在常温、常压、近中性的条件下有效地起催化作用。③具有更高的选择性。酶催化具有专一性，一种酶通常只能催化一种或一类物质的反应。④催化反应历程复杂。

仿生催化剂是指人类模仿天然的生物催化剂的结构、作用特点而设计、合成出来的一类催化剂。

催化剂及催化作用已在化学、医药、生物和工程技术等领域得到广泛的应用并产生巨大的效益，随着现代科技的发展，其应用将日益广泛。

任务二　化学平衡

化学平衡与绝大多数的化学反应有关，如无机化学反应的酸碱平衡、沉淀溶解平衡、氧化还原平衡和配位解离平衡。本任务在研究化学平衡规律基础上，讨论化学平衡建立的条件、化学反应的限度与化学平衡移动的方向等问题。

一、化学平衡和平衡常数

（一）可逆反应与化学平衡

在同一条件下，一个化学反应既能从反应物变为生成物，又能由生成物变为反应物，此反应即为可逆反应（reversible reaction）。通常将从左向右的反应称为正反应，从右向左的反应称为逆反应。用"$\rightleftharpoons$"来表示反应的可逆性。原则上几乎所有的反应都存在可逆性，只是可逆程度不同而已。反应的可逆性和不彻底性是一般化学反应的普遍特征。

对于在一定条件下于密闭容器内进行的可逆反应，如：

$$2SO_2(g)+O_2(g) \underset{v_逆}{\overset{v_正}{\rightleftharpoons}} 2SO_3(g)$$

当反应开始时，系统中只有 SO_2 和 O_2 分子，而 SO_3 的浓度为零。因此反应开始时，正反应速率大，逆反应速率为零。随着反应的进行，反应物 SO_2 和 O_2 的浓度逐渐减小，正反应速率降低；同时，生成物 SO_3 的浓度逐渐增大，逆反应速率增大。当反应进行到一定程度后，正反应速率等于逆反应速率，即 $v_正＝v_逆$，如图 3-4 所示。此时，反应物和生成物的浓度不再发生变化，反应达到了最大极限。这种可逆反应的正反应速率和逆反应速率相等时，反应系

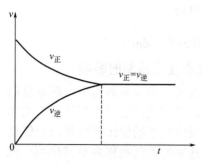

图 3-4　可逆反应速率（v）与时间（t）的关系

统所处的状态称为化学平衡（chemical equilibrium）。

化学平衡状态具有以下特征：

（1）正反应和逆反应的速率相等，无论反应是从正向还是从逆向达到平衡，各反应物、产物的压力或组成均不再变化。

（2）化学平衡是一种动态平衡。任何一个可逆反应向一定方向（无论正向或逆向）自发进行的反应，反应物都不可能百分之百完全转化为生成物，反应进行到一定程度时，必然宏观上停止，即达到化学平衡状态。从微观角度分析，达到化学平衡状态的系统，正向反应和逆向反应均未停止。

（3）化学平衡是反应在一定条件下所能达到的最大限度的状态。

（4）化学平衡是相对的、有条件的，当外界条件改变时，平衡将被破坏，反应继续进行，直到建立新的平衡。

（二）化学平衡常数及其表示

在一定温度下，无论可逆反应从何处开始，反应达到平衡状态后，系统中的各种物质的浓度不再变化，虽然各物质的浓度不相同，但平衡时生成物浓度以计量系数为指数的幂的乘积与平衡时反应物浓度以计量系数为指数的幂的乘积的比值是一个常数，称为平衡常数（equilibrium constant），用 K 表示。这个常数可以由实验直接测得，称为实验平衡常数或经验平衡常数；也可以通过热力学公式间接求算，称为标准平衡常数。下面分别加以说明。

1. 经验平衡常数

对于达到平衡状态的可逆反应 $a\mathrm{A}+b\mathrm{B} \rightleftharpoons c\mathrm{C}+d\mathrm{D}$，其平衡常数（$K_c$）可表示为：

$$K_c = \frac{c_\mathrm{C}^c \cdot c_\mathrm{D}^d}{c_\mathrm{A}^a \cdot c_\mathrm{B}^b} \tag{3-8}$$

式中，c_A，c_B，c_C，c_D 分别表示平衡时各物质的物质的量浓度；K_c 为浓度经验平衡常数。

对于各物质都是气体的化学反应，除了用各物质浓度表示以外，平衡常数（K_p）也可以用各物质的分压表示：

$$K_p = \frac{p_\mathrm{C}^c \cdot p_\mathrm{D}^d}{p_\mathrm{A}^a \cdot p_\mathrm{B}^b} \tag{3-9}$$

式中，p_A，p_B，p_C，p_D 分别表示平衡时各物质的分压；K_p 为压力经验平衡常数。

2. 标准平衡常数

在平衡常数的表达式中，各物质的浓度除以标准浓度（$c^\ominus$），得到平衡的相对浓度；如果是气体参与的反应，将平衡分压除以标准压强（$p^\ominus$），则得到平衡的相对分压。在国标 GB/T 3101-1993 中，给出了标准平衡常数（$K^\ominus$）的定义。在标准平衡常数（standard equilibrium constant）的表示中，如果是气体物质，代入平衡时的相对分压；如果是在溶液中反应，则代入平衡时的相对浓度。

一定温度下，气相反应 $a\mathrm{A(g)}+b\mathrm{B(g)} \rightleftharpoons c\mathrm{C(g)}+d\mathrm{D(g)}$ 的标准平衡常数表达式为：

$$K_p^\ominus = \frac{(p_\mathrm{C}/p^\ominus)^c \cdot (p_\mathrm{D}/p^\ominus)^d}{(p_\mathrm{A}/p^\ominus)^a \cdot (p_\mathrm{B}/p^\ominus)^b} \tag{3-10}$$

对于液相反应，则为

$$K_c^{\ominus} = \frac{(c_C / c^{\ominus})^c \cdot (c_D / c^{\ominus})^d}{(c_A / c^{\ominus})^a \cdot (c_B / c^{\ominus})^b} \qquad (3\text{-}11)$$

以上两式中，$p^{\ominus}$ 为标准压强（100kPa）；$c^{\ominus}$ 为标准浓度（$1\text{mol} \cdot \text{L}^{-1}$）。

有关平衡常数的三点说明：

① 虽然标准平衡常数和经验平衡常数都反映了在到达平衡时反应进行的程度，但两者有所区别：标准平衡常数的量纲为 1，而经验平衡常数若 $a+b \neq c+d$，则 K_c 与 K_p 的量纲不为 1；由于 $K^{\ominus}$ 可从热力学函数计算得到，所以在化学平衡的计算中，多采用 $K^{\ominus}$。但在滴定分析中，按分析化学的习惯，常用经验平衡常数，如解离常数 K_a、K_b。

② 标准平衡常数表达式与反应方程式的系数有关，因此标准平衡常数与方程式的写法有关。如：

$$H_2(g) + I_2(g) \rightleftharpoons 2HI(g); \quad K_1^{\ominus} = \frac{(p_{HI} / p^{\ominus})^2}{(p_{H_2} / p^{\ominus}) \cdot (p_{I_2} / p^{\ominus})}$$

$$\frac{1}{2}H_2(g) + \frac{1}{2}I_2(g) \rightleftharpoons HI(g); \quad K_2^{\ominus} = \frac{p_{HI} / p^{\ominus}}{(p_{H_2} / p^{\ominus})^{\frac{1}{2}} \cdot (p_{I_2} / p^{\ominus})^{\frac{1}{2}}}$$

$$2HI(g) \rightleftharpoons H_2(g) + I_2(g); \quad K_3^{\ominus} = \frac{(p_{H_2} / p^{\ominus}) \cdot (p_{I_2} / p^{\ominus})}{(p_{HI} / p^{\ominus})^2}$$

显然，它们之间的关系是：$K_1^{\ominus} = (K_2^{\ominus})^2 = \dfrac{1}{K_3^{\ominus}}$

一般说来，若化学反应式中各物质的化学计量数均变为原来写法的 n 倍，则对应的标准平衡常数等于原标准平衡常数的 n 次方。

③ 对于复相反应（反应系统中存在着两个以上相的反应），若有纯固体、纯液体参加反应，或在稀薄的水溶液中发生反应，则固体、液体以及溶剂水都不会在平衡常数表达式中出现。如反应：

$$CaCO_3(s) + 2H^+(aq) \rightleftharpoons Ca^{2+}(aq) + CO_2(g) + H_2O(l)$$

该反应的标准平衡常数表达式为：

$$K^{\ominus} = \frac{(c_{Ca^{2+}} / c^{\ominus}) \cdot (p_{CO_2} / p^{\ominus})}{(c_{H^+} / c^{\ominus})^2}$$

【例 3-2】 血红蛋白运载和输送氧的机理以及一氧化碳可以使人中毒死亡的机理，是生物学家与化学家合作而阐明的。血红蛋白可与 O_2，也可与 CO 生成配合物，下列反应表示氧合血红蛋白可转化为一氧化碳合血红蛋白：

$$CO(g) + Hb \cdot O_2(aq) \rightleftharpoons O_2(g) + Hb \cdot CO(aq); \quad K^{\ominus}(310K) = 210$$

实验证明，只要有 10% 的氧合血红蛋白转化为一氧化碳合血红蛋白，人就会中毒身亡。请问空气中 CO 的体积分数达到多少，即会对人造成生命危险？

解 空气的压力约为 100kPa，其中氧气分压约为 21kPa。当有 10% 氧合血红蛋白转化为一氧化碳合血红蛋白时：

$$\frac{c(Hb \cdot CO) / c^{\ominus}}{c(Hb \cdot O_2) / c^{\ominus}} = \frac{1}{9}$$

$$K^{\ominus} = \frac{\{c(Hb \cdot CO)/c^{\ominus}\}\{p(O_2)/p^{\ominus}\}}{\{c(Hb \cdot O_2)/c^{\ominus}\}\{p(CO)/p^{\ominus}\}} = \frac{0.21}{9\{p(CO)/p^{\ominus}\}} = 210$$

得：$p(CO)=0.01kPa$

故：$\varphi(CO) =0.01kPa/100kPa \times 100\%=0.01\%$

即空气中 CO 的体积分数达万分之一时，即可对生命造成威胁。

【例3-3】 298.15K 时，反应 $Ag^+(aq)+Fe^{2+}(aq) \Longleftrightarrow Ag(s)+Fe^{3+}(aq)$ 的标准平衡常数 $K^{\ominus}=$ 3.2。若反应前 $c(Ag^+)=c(Fe^{2+})=0.10mol \cdot L^{-1}$，试计算反应达平衡后各离子的浓度。

解　设平衡时 $c(Fe^{3+})/c^{\ominus}=x$，则根据反应式可知：

$$Ag^+(aq)+Fe^{2+}(aq) \Longleftrightarrow Ag(s)+Fe^{3+}(aq)$$

起始浓度 / mol · L^{-1}：　　0.10　　0.10　　　　　　0

平衡浓度 / mol · L^{-1}：　0.10$-x$　0.10$-x$　　　　　x

$$K^{\ominus} = \frac{c(Fe^{3+})/c^{\ominus}}{\{c(Ag^+)/c^{\ominus}\}\{c(Fe^{2+})/c^{\ominus}\}} = \frac{x}{(0.10-x)^2} = 3.2$$

得：$x=0.020$

即平衡时：$c(Fe^{3+})=0.020mol \cdot L^{-1}$；$c(Fe^{2+})=0.080mol \cdot L^{-1}$；

　　　　　$c(Ag^+)=0.080mol \cdot L^{-1}$。

【例3-4】 已知反应：

$$CO(g)+H_2O(g) \Longleftrightarrow CO_2(g)+H_2(g)$$

在 1123K 时 $K^{\ominus}=1.0$，现将 2.0molCO(g) 和 3.0molH$_2$O(g) 混合，并在该温度下达到平衡，试计算 CO 的转化百分率。

解　设达平衡时 H$_2$ 为 $x$mol，则：

$$CO(g)+H_2O(g) \Longleftrightarrow CO_2(g)+H_2(g)$$

起始时物质的量 / mol　　2.0　　3.0　　　　0　　0

平衡时物质的量 / mol　2.0$-x$　3.0$-x$　　　x　　x

设反应的体积为 V，利用公式 $p = \dfrac{nRT}{V}$，将平衡时各物质的分压代入 $K^{\ominus}$ 表达式：

$$K^{\ominus} = \frac{\left(\dfrac{n_{CO_2} \cdot RT}{V}\right) \cdot \left(\dfrac{n_{H_2} \cdot RT}{V}\right)}{\left(\dfrac{n_{CO} \cdot RT}{V}\right) \cdot \left(\dfrac{n_{H_2O} \cdot RT}{V}\right)} \times \left(\frac{1}{p^{\ominus}}\right)^{\sum v}$$

$\sum v$ 是化学反应式中，产物的系数之和减反应物的系数之和。

$$1.0 = \frac{x^2}{(2.0-x)(3.0-x)}$$

解方程得 $x=1.2(mol)$。

某物质的转化率（α）是指该物质到达平衡时已转化了的量与反应前该物质的总量之比。故：

$$CO \text{ 的转化率} = \frac{1.2}{2.0} \times 100\%=60\%$$

（三）平衡常数的意义

① 在一定温度下，每一个可逆反应都有自己的特征平衡常数。

② 平衡常数是一定温度下可逆反应可能进行的最大限度的量度。平衡常数值越大，说明正反应进行的程度越大，逆反应越不易进行。

（四）判断反应的方向

对于可逆反应 $aA+bB \rightleftharpoons cC+dD$，在任意时刻，产物浓度系数次方的乘积与反应物浓度系数次方的乘积之比称为反应商（Q），如果各物质均在溶液中，用符号 Q_c 表示，如果是气体反应用符号 Q_p 表示。

比较反应的标准平衡常数与反应商大小，即可简单地对反应达到平衡与否做出判断，进而确定反应进行的方向。判断依据为：

① 若 $Q > K^{\ominus}$，反应会逆向自发进行。

② 若 $Q < K^{\ominus}$，反应会正向自发进行。

③ 若 $Q = K^{\ominus}$，反应处于平衡状态，即达到反应可能进行的最大限度。

（五）多重平衡系统

通常见到的化学平衡系统，往往同时包含多个相互关联的平衡。系统内有些物质同时参加了多种平衡的现象称为多重平衡系统。

例如，碳在氧气中燃烧，在达到平衡时，系统内至少含有以下三个有关的平衡：

$$(1)\ C(s) + \frac{1}{2} O_2(g) \rightleftharpoons CO(g);\quad K_1^{\ominus} = \frac{p_{CO}/p^{\ominus}}{\left(p_{O_2}/p^{\ominus}\right)^{\frac{1}{2}}}$$

$$(2)\ CO(g) + \frac{1}{2} O_2(g) \rightleftharpoons CO_2(g);\quad K_2^{\ominus} = \frac{p_{CO_2}/p^{\ominus}}{\left(p_{CO}/p^{\ominus}\right)\left(p_{O_2}/p^{\ominus}\right)^{\frac{1}{2}}}$$

$$(3)\ C(s) + O_2(g) \rightleftharpoons CO_2(g);\quad K_3^{\ominus} = \frac{p_{CO_2}/p^{\ominus}}{\left(p_{O_2}/p^{\ominus}\right)}$$

其中，O_2 同时参与了所有平衡。由于处在同一个系统中，所以 O_2 的相对分压力只可能有一个值，且此值必然同时要满足所有平衡，即在反应（1）、（2）、（3）的标准平衡常数表达式中，p_{O_2} 是相同的。同样道理，CO、CO_2 均参与了两个平衡，它们的相对分压力值也必然要分别同时满足所参与的平衡，即反应（1）、（2）的标准平衡常数表达式中，p_{CO} 相同；反应（2）、（3）的标准平衡表达式中，p_{CO_2} 相同。因此，相关的三个反应的标准平衡常数间必定具有确定的关系，由于反应（3）可看作反应（1）、（2）的总反应，通过计算可得：

$$K_3^{\ominus} = K_1^{\ominus} \cdot K_2^{\ominus}$$

由此可得出结论，当几个平衡反应式相加（或相减）得到另一个平衡反应式时，其平衡常数等于几个反应的平衡常数之积（或商），这个规律叫作多重平衡规则。利用这个结论，可以十分方便地根据有关已知反应的平衡常数求算相关较复杂反应的平衡常数。

二、化学平衡的移动

化学平衡是反应系统在特定条件下达到的动态平衡状态，故一旦条件发生改变，平衡即有可能被破坏，系统的宏观静止状态也就被破坏，反应或正向自发、或逆向自发进行，最终在新的条件下达到新的平衡，这种现象称为化学平衡的移动。改变平衡系统的条件后，反应商或标准平衡常数发生了变化，使 Q 与 $K^\ominus$ 不再相等。事实上，浓度、压力（对于有气体参与的反应）和温度等因素都可对化学平衡产生不同程度的影响。

（一）浓度对化学平衡的影响

对于已达化学平衡的系统，改变任何一种反应物或产物的浓度，都将使反应商 Q 发生变化，导致 $Q \neq K^\ominus$。增大反应物或减小产物浓度，Q 值减小，必使 $Q < K^\ominus$，平衡肯定正向移动；反之，若减小反应物或增大产物浓度，Q 值增大，必使 $Q > K^\ominus$，平衡肯定逆向移动。增大某一种反应物浓度后，要使得被减小的反应商 Q 重新等于 $K^\ominus$ 而达到新的平衡状态，只能减小其他反应物的浓度，使产物浓度增大。所以增大某一种反应物的浓度会使得其他反应物的转化率变大。工业生产中，经常用增大廉价、易得的反应物浓度的方法，提高贵重反应物的转化率。

（二）压力对化学平衡移动的影响

压力对溶液的浓度影响一般不明显，因此对无气体参加的反应，压力对平衡状态的影响可以不考虑。改变平衡状态时气体的压力，可有多种方法，如改变系统的体积，即同样倍数改变参加平衡的所有气体的分压力，在体积不变或总压力不变条件下改变某一种或某几种气体的分压力，在体积不变或总压力不变条件下向系统内加入惰性气体等。无论采用何种方法，只要能引起反应商 Q 发生改变，都会使得化学平衡发生移动。在此，仅讨论改变平衡系统的体积，使系统总压力发生变化时对化学平衡移动的影响。

总而言之，压力增大，平衡向气体物质的量减小的方向移动，压力减小，平衡向气体物质的量增大的方向移动。而对于反应前后气体分子物质的量不变的系统，由于所有气体物质的浓度随压力的变化而同时改变，因此反应商维持不变。在这种情况下，压力的变化将同等程度地改变正反应和逆反应的速率，从而改变反应达到平衡的时间，而不能使平衡移动。此原理被广泛地应用于化工生产中，以提高反应的转化率，如合成氨反应即在高压条件下进行，并通过通入过量的氮气、不断引出生成的氨气，来提高氢气的转化率。

（三）温度对化学平衡移动的影响

温度对化学平衡的影响与前两种情况有着本质的区别。改变浓度或压力，只能使反应的平衡点改变，它们对化学平衡的影响都是从改变反应商得以实现的。而温度的变化却导致了平衡常数的改变。因此，在浓度、压力不变的条件下，温度的变化改变了化学反应的标准平衡常数，进而影响化学平衡。

温度与标准平衡常数之间的关系为：

$$\ln \frac{K_2^\ominus}{K_1^\ominus} = \frac{\Delta_r H^\ominus}{R}\left(\frac{1}{T_1} - \frac{1}{T_2}\right) = \frac{\Delta_r H^\ominus}{R}\left(\frac{T_2 - T_1}{T_1 T_2}\right) \tag{3-12}$$

式（3-12）表明了温度对标准平衡常数的影响，见表 3-1。

因此，升高系统的温度，平衡向着吸热反应的方向移动；降低系统的温度，平衡向着放热反应的方向移动。

表 3-1   温度对化学平衡的影响

温度	放热反应 ($\Delta H^{\ominus} < 0$)	吸热反应 ($\Delta H^{\ominus} > 0$)
升高	K 减小	K 增大
降低	K 增大	K 减小

综合以上影响平衡移动的各种结论，可以得出一个更为概括的规律，这就是勒夏特列（Le Chatelier）原理：如果对平衡系统施加外力，平衡将沿着减少此外力影响的方向移动。当增加反应物浓度时，平衡就向减小反应物浓度的方向移动；当升高温度时，平衡就向能降低温度（即吸热）的方向移动；当增加压力时，平衡就向能减小压力的方向移动。

勒夏特列原理是一条普遍规律，它对于所有的动态平衡（包括物理平衡）都是适用的。但必须注意，它只能应用在已经达到平衡的系统，对于未达到平衡的系统是不适用的。在化学工业生产上，往往应用勒夏特列原理综合考虑各种条件的选择，以求平衡迅速地向人们所希望的方向移动。

三、化学反应热效应

化学反应一般总是伴随着吸热或放热现象。一个化学反应在恒压以及不做非膨胀功的情况下发生后，若使产物的温度回到反应物的起始温度，这时系统放出或吸收的热量，称为化学反应热效应，简称反应热，可用 ΔH 表示。

热力学规定：凡吸热反应，系统从环境吸收热量，$\Delta H > 0$；凡放热反应，系统向环境释放热量，$\Delta H < 0$。

（一）热化学方程式

热化学方程式（thermodynamical equation）用以表示化学反应中的能量变化和物质变化，不仅可表明反应中的反应物和生成物，还可表明一定量物质在反应中吸收或放出的热量，可用 $\Delta_r H_m^{\ominus}$ 表示。符号 $\Delta_r H_m^{\ominus}$ 中，下标 "r" 表示化学反应，上标 "$\ominus$" 表示标准态，"m" 表示 1mol，$\Delta_r H_m^{\ominus}$ 又称为反应的标准摩尔焓变。例如：

$$H_2(g) + \frac{1}{2}O_2(g) =\!=\!=\!= H_2O(g)；\Delta_r H_m^{\ominus} = -241.8kJ \cdot mol^{-1}$$

上式表示，在 298.15K、100kPa 条件下，$1molH_2$ 与 $0.5mol\ O_2$ 反应生成 1mol 气态 H_2O 时，放出 241.8kJ 的热量。

化学热力学中，标准态是指反应体系中各物质压力均在 100kPa 下的纯液体或固体，或在 100kPa 下具有理想气体性质的纯气体，或浓度为 $1mol \cdot L^{-1}$ 的溶液。标准态规定了压力和物态，温度可为任意的。

书写热化学方程式应注意以下几点：反应热与温度和压强等条件有关，所以书写时应指明反应时的温度和压力。当温度为 298.15K、压力为 100kPa 时，一般可不标出。各物质的聚集状态必须标出，可用 g、l、s 分别代表气态、液态、固态。固体还应注明晶型。溶液中的反应物质，则须注明其浓度，以 aq 代表水溶液，（aq，∞）代表无限稀释水溶液。热化学方程式中化学计量系数只表示该物质的物质的量，不表示物质分子个数或原子个数。因此，化学计量系数可以是整数，也可以是分数。同一化学反应，计量系数不同，$\Delta_r H_m^{\ominus}$ 值也不同。正、逆反应的 $\Delta_r H_m^{\ominus}$ 数值相同，符号相反。

（二）赫斯（Hess）定律

化学反应的热效应可以用实验方法测得。但很多重要的化学反应热无法用实验的方法得到，这些反应只能用热化学定律计算得到。

1840 年，俄国科学家赫斯（G. H. Hess）指出，一个化学反应若能分解成几步来完成，总反应的热效应等于各分步反应的热效应之和，这就是赫斯定律。根据赫斯定律，可以由已知的化学反应热来求得某反应的摩尔反应热。

【例 3-5】 已知（1）$C(s)+O_2(g) \Longrightarrow CO_2(g)$，$\Delta_r H_{m_1}^{\ominus} = -393.5 \text{kJ} \cdot \text{mol}^{-1}$；

（2）$CO(g) + \dfrac{1}{2}O_2(g) \Longrightarrow CO_2(g)$，$\Delta_r H_{m_2}^{\ominus} = -283.0 \text{kJ} \cdot \text{mol}^{-1}$；

求：（3）$C(s) + \dfrac{1}{2}O_2(g) \Longrightarrow CO(g)$ 的 $\Delta_r H_{m_3}^{\ominus}$

解 将此三个反应以图表示，

按上图所示，从始态到终态有两种途径，为 (1) 和 (2)+(3)，根据赫斯定律：

$$\Delta_r H_{m_1}^{\ominus} = \Delta_r H_{m_2}^{\ominus} + \Delta_r H_{m_3}^{\ominus}$$

所以，$\Delta_r H_{m_3}^{\ominus} = \Delta_r H_{m_1}^{\ominus} - \Delta_r H_{m_2}^{\ominus} = -393.5 - (-283.0) = -110.5 \ (\text{kJ} \cdot \text{mol}^{-1})$

（三）标准摩尔生成焓（变）

1. 物质的标准摩尔生成焓（$\Delta_f H_m^{\ominus}$）

在标准压力和 298.15K 时，最稳定单质如 $H_2(g)$、$O_2(g)$、$Br_2(1)$、C（石墨）等生成 1mol 相应化合物时反应的热效应，称为该化合物的标准摩尔生成焓，用符号 $\Delta_f H_m^{\ominus}$ 表示。下标"f"表示生成，"$\ominus$"表示标准态，"m"为 1mol，单位常用 $\text{kJ} \cdot \text{mol}^{-1}$。

热力学规定在指定温度和压力为 100kPa 时最稳定单质的标准摩尔生成焓为零，即 $\Delta_f H_m^{\ominus}$（最稳定单质）=0。常见物质在 298.15K 时的标准摩尔生成焓可查热力学数据表。

2. 物质的标准摩尔生成焓的应用

利用物质的标准摩尔生成焓（$\Delta_f H_m^{\ominus}$）可以方便地计算出 298.15K 时化学反应的标准摩尔焓：

$$\Delta_r H_m^{\ominus} = \sum_i v_i \Delta_f H_m^{\ominus}（生成物）- \sum_i v_i \Delta_f H_m^{\ominus}（反应物） \tag{3-13}$$

式中，v_i 为各物质前面的化学计量系数。

式（3-13）说明，化学反应的标准摩尔焓变等于产物的标准摩尔生成焓之和减去反应物的标准摩尔生成焓之和。

【例 3-6】 计算反应 $CO(g)+H_2O(g) \Longleftrightarrow CO_2(g)+H_2(g)$ 在 298.15K、100kPa 时的 $\Delta_r H_m^{\ominus}$。

解 查热力学数据表可知

$$CO(g) + H_2O(g) \Longrightarrow CO_2(g) + H_2(g)$$

$$\Delta_f H_m^{\ominus}(kJ \cdot mol^{-1}) -110.525 \quad -241.80 \quad\quad -393.509 \quad\quad 0$$

$$\begin{aligned}
\Delta_r H_m^{\ominus} &= \Delta_f H_m^{\ominus}(CO_2) + \Delta_f H_m^{\ominus}(H_2) - \Delta_f H_m^{\ominus}(CO) - \Delta_f H_m^{\ominus}(H_2O) \\
&= -393.509 + 0 - (-110.525) - (-241.80) \\
&= -41.184 (kJ \cdot mol^{-1})
\end{aligned}$$

从例题可以看出，应用物质的标准摩尔生成焓计算反应热非常简单，可用少量的实验数据获得大量的化学反应的焓变值。

$\Delta_r H_m^{\ominus}$ 和反应的温度有关，但是一般受温度影响较小。在普通化学中认为一般的温度范围内 $\Delta_r H_m^{\ominus}$ 和 298.15K 的 $\Delta_r H_m^{\ominus}$ 相等，即 $\Delta_r H_m^{\ominus}(T) \approx \Delta_r H_m^{\ominus}(298.15K)$。

想一想 7. 能改变反应速率，也能影响化学平衡的因素包括（　　）。
A. 浓度、压强、催化剂　　B. 温度、压强、催化剂
C. 温度、浓度、压强　　　　D. 催化剂、温度、浓度、压强

任务三　酸碱平衡

酸碱理论的研究是化学理论研究领域中的重要内容，随着科学的发展相继产生一系列的酸碱理论，其中比较重要的有阿伦尼乌斯（Arrhenius）的电离理论，布朗斯特（Brnsted）和劳里（Lowry）的质子理论，路易斯（Lewis）的电子理论等，这些理论使酸碱的范围越来越广泛，更多的化学反应被归属于酸碱反应的范畴。阿伦尼乌斯的电离理论在化学发展的过程中发挥了重大的作用，但此理论把酸碱反应限制在水溶液中进行。事实上，有许多酸碱反应是在非水溶液或非溶液中进行的。例如，HCl 和 NH₃ 的反应无论是在苯溶液中或在气相中，其实质都和水溶液中一样，HCl 是酸，NH₃ 是碱，因此，电离理论有很大的局限性。所以，在 1923 年，布朗斯特和劳里分别提出了酸碱质子理论，从而使酸碱的范围扩展到了非水溶剂和无溶剂系统，进一步发展了酸碱理论。

一、酸碱质子理论

（一）酸碱的定义

酸碱质子理论认为，凡能提供质子（H^+）的任何分子或离子都是酸，凡能接受质子的任何分子或离子都是碱。如 HCl、NH_4^+、HCO_3^- 等都是酸，OH^-、NH_3、CO_3^{2-} 等都是碱。根据质子理论，酸给出质子变成碱，碱接受质子变成酸，酸和碱不是孤立的。酸碱的对应关系可表示为：

$$酸 \Longrightarrow 质子 + 碱$$

HCl 是酸，因为它能给出 H^+ 变成 Cl^-；Cl^- 是碱，因为它能接受 H^+ 变成 HCl。即酸给出质子后变成碱（或称质子碱）；碱接受质子变成酸（或称质子酸）。这种仅差一个质子的对应酸碱称为共轭酸碱对（conjugate pair of acid-base），酸和碱之间的这种对应关系叫作酸碱共轭关系，即左边的酸是右边的碱的共轭酸（conjugate acid），右边的碱是左边的酸的共轭碱（conjugate base）。共轭酸与共轭碱必定同时存在。酸给出质子的能力越强，则其共轭碱接受

质子的能力就越弱，也就是共轭酸的酸性越强，它的共轭碱的碱性就越弱；反之，共轭碱的碱性越强，它的共轭酸的酸性就越弱。常见共轭酸碱对的强度顺序见表 3-2。

表3-2 常见共轭酸碱对的相对强弱顺序

共轭酸	⟶	质子	+	共轭碱	pK_a
HAc	⟶	H$^+$	+	Ac$^-$	4.76
H$_2$CO$_3$	⟶	H$^+$	+	HCO$_3^-$	6.35
H$_2$PO$_4^-$	⟶	H$^+$	+	HPO$_4^{2-}$	7.21
NH$_4^+$	⟶	H$^+$	+	NH$_3$	9.24
H$_2$O	⟶	H$^+$	+	OH$^-$	14.00

从上述酸碱的对应关系可以看出：

① 质子理论中的酸和碱可以是中性分子，也可以是带电荷的阴、阳离子。

② 酸碱是相对的，如：HCO$_3^-$，在 H$_2$CO$_3$ / HCO$_3^-$ 的共轭酸碱对中是碱，而在 HCO$_3^-$ / CO$_3^{2-}$ 的共轭酸碱对中是酸，这类物质又称为两性物质。两性物质当遇到比它更强的酸时，它就接受质子表现出碱的特征；而遇到比它更强的碱时，它就放出质子，表现出酸的特征。

③ 质子理论把物质分为酸、碱和非酸非碱物质，没有盐的概念。按质子理论，NH$_4$Ac 中 NH$_4^+$ 是质子酸，Ac$^-$ 是质子碱；KCN 中 CN$^-$ 是质子碱，K$^+$ 是非酸非碱物质。总之，质子理论中，酸碱总是互相依存的，酸中有碱，碱可变酸，共轭酸碱通过质子联系在一起。

想一想 8. 下列哪些物质既属于酸又属于碱？( )
A. NH$_3$ B. H$_2$S   C. H$_2$O   D. OH$^-$

（二）酸碱反应的实质

酸碱质子理论认为，酸碱反应的实质是共轭酸碱之间的质子传递过程，酸碱中和反应不一定生成水。如气体 HCl 和气体 NH$_3$ 反应时：

$$\overset{\displaystyle H^+}{\overbrace{HCl(g) + NH_3(g)}} \Longrightarrow NH_4^+ + Cl^-$$
$$\text{酸1} \quad \text{碱2} \qquad\quad \text{酸2} \quad \text{碱1}$$

HCl 给出质子是酸，NH$_3$ 接受质子是碱，HCl 把质子传递给 NH$_3$ 后变为共轭碱 Cl$^-$；NH$_3$ 接受质子后变成共轭酸 NH$_4^+$。由于 HCl 给出质子的能力比 NH$_4^+$ 强（酸 1 比酸 2 强），NH$_3$ 接受质子的能力比 Cl$^-$ 强（碱 2 比碱 1 强），所以酸碱中和反应总是强酸强碱反应生成弱酸与弱碱，上述反应从左向右进行，质子传递方向是 HCl 把质子传递给了 NH$_3$。

用酸碱质子理论同样可以解释电离理论中的电离过程、酸碱中和过程和水解反应等。

（1）电离过程　在水溶液中 HAc 的电离可表示为：

$$\overset{\displaystyle H^+}{\overbrace{HAc + H_2O}} \Longrightarrow H_3O^+ + Ac^-$$

HAc 作为酸放出质子生成相应的共轭碱 Ac$^-$，H$_2$O 接受质子成为共轭酸 H$_3$O$^+$。HAc 是弱酸，给出质子的能力较弱；其共轭碱 Ac⁻ 结合质子的能力较强，又可接受质子成为 HAc，所以反应进行的程度较小。

（2）水解反应   例如 NH₄Cl 的水解反应可表示为：

$$\overset{\displaystyle H^+}{\overbrace{NH_4^+ + H_2O}} \rightleftharpoons H_3O^+ + NH_3$$

NH_4^+ 作为酸给出质子变成 NH_3，H_2O 作为溶剂接受质子成为共轭酸 H_3O^+。盐的水解就是组成它的酸或碱与溶剂水分子间的质子传递过程。

（三）酸碱的相对强度

质子理论认为，酸和碱的强弱除了主要取决于物质给出或接受质子的能力，即由酸碱本身的性质决定外，还与反应对象或溶剂的性质有关，同一种物质在不同的溶剂中，由于溶剂接受或给出质子的能力不同而显出不同的酸碱性。如 NH_3 在水中是弱碱，而在冰醋酸中则表现出强碱性。

$$H_2O+NH_3 \rightleftharpoons NH_4^+ + OH^-$$

$$HAc+NH_3 \rightleftharpoons NH_4^+ + Ac^-$$

因 HAc 比 H_2O 更容易给出质子，则 NH_3 在 HAc 中就更容易得到质子，所以在冰醋酸中 NH_3 的碱性就增强。

又如 HNO_3 在水中为强酸，而在纯硫酸中却表现出碱性。

$$HNO_3+H_2O \rightleftharpoons H_3O^+ + NO_3^-$$

$$HNO_3+H_2SO_4 \rightleftharpoons H_2NO_3^+ + HSO_4^-$$

因此物质的酸碱性是相对的，将弱碱溶于酸性溶剂可增强其碱性；将弱酸溶于碱性溶剂可增强其酸性。

总之，酸碱质子理论扩大了酸碱的范围，加深了人们对酸碱反应本质的认识，但由于质子理论的观点是质子的授受，对于无质子参加的酸碱反应仍不能解释，所以质子理论还有它的局限性。

扫一扫

3-1 酸碱质子理论视频

二、酸碱解离平衡和酸碱强弱

根据酸碱质子理论，酸或碱的强度取决于酸碱本身释放质子或接受质子的能力大小，同时也取决于溶剂接受和释放质子的能力。因此比较各种酸碱的强度，必须固定溶剂，一般以水作溶剂来比较各种酸（碱）释放（接受）质子的能力。

（一）水的质子自递反应

水是两性物质，既可以给出质子，又可以接受质子，所以水中也存在质子传递过程，称为质子的自递过程。

$$H_2O+H_2O \rightleftharpoons H_3O^+ + OH^-$$

当水给出质子和接受质子的速度达到相等时，反应的平衡常数称为水的质子自递常数，也称水的离子积常数，用 K_w 表示。

$$K_w=[H_3O^+][OH^-] \quad 或 \quad K_w=[H^+][OH^-]$$

水的离子积常数只与温度有关，温度升高，水的离子积增大，反之减小。

（二）酸碱解离平衡

1. 一元弱酸、弱碱的解离平衡

一定温度下，一元弱酸（HA）和共轭碱（A^-）在水溶液中存在着如下质子转移平衡：

$$HA+H_2O \Longrightarrow H_3O^++A^-$$

$$K_a = \frac{[H_3O^+][A^-]}{[HA]} \tag{3-14}$$

式中，K_a 称为酸的质子转移平衡常数，或酸的解离常数（简称酸常数）。一定温度下，K_a 为一常数，其值大小反映了酸给出质子的能力大小。K_a 值较大的酸的强度较大，给出质子的能力较强，K_a 值较小的酸的强度较小，给出质子的能力较弱。K_a 是水溶液中酸强度的量度。

碱在水溶液中的解离，即碱与水之间发生质子传递反应，也就是水给出质子，而碱接受质子，在水溶液中存在解离平衡：

$$H_2O+A^- \Longrightarrow HA+OH^-$$

$$K_b = \frac{[HA][OH^-]}{[A^-]} \tag{3-15}$$

式中，K_b 简称为碱的解离常数，简称碱常数。一定温度下，K_b 为一常数，其大小能表示碱的强弱，K_b 数值越大，碱的强度越大，接受质子的能力越强。

通常一般认为 $K_a(K_b)$ 在 10^{-2} 左右为中强酸（碱），$K_a(K_b)=10^{-2}\sim10^{-7}$ 的酸（碱）称为弱酸（弱碱），$K_a(K_b) < 10^{-7}$ 的酸（碱）称为极弱酸（极弱碱）。对于一定的酸、碱，K_a 或 K_b 的大小同样与浓度无关，主要与温度、溶剂有关。温度对平衡常数虽有影响，但由于酸碱解离平衡过程的焓变较小，在室温范围内，一般可以不考虑温度的影响。

2. 共轭酸碱对的 K_a 与 K_b 的关系

共轭酸碱对因得失质子而相互转换，相互依存，其 K_a、K_b 之间有一定的联系。例如共轭酸碱对 HAc-Ac^- 的解离方程式为：

$$HAc+H_2O \Longrightarrow Ac^-+H_3O^+ \text{；} K_{a, HAc} = \frac{[H^+][Ac^-]}{[HAc]}$$

$$Ac^-+H_2O \Longrightarrow HAc+OH^- \text{；} K_{b, Ac^-} = \frac{[OH^-][HAc]}{[Ac^-]}$$

将其 K_a 与 K_b 相乘，得如下的关系式：

$$K_{a, HAc} \cdot K_{b, Ac^-} =[H^+][OH^-]=K_w$$

上式不仅适用于共轭酸碱对 HAc 和 Ac^-，而且具有普遍性，对于任何一对共轭酸碱对都有 $K_a \cdot K_b=[H^+][OH^-]=K_w$。分子酸或碱的 K_a 和 K_b 值在一般的化学手册中都能查到，根据此关系式可以求出离子酸和离子碱的 K_a 和 K_b。如，已知 25℃ 时，HAc 的 $K_a=1.75\times10^{-5}$，则 HAc 的共轭碱 Ac^- 的解离常数为：$K_{b, Ac^-} = \dfrac{1.0\times10^{-14}}{1.75\times10^{-5}} =5.7\times10^{-10}$。

3. 多元弱酸、弱碱的解离平衡

凡是能释放出两个或更多质子的弱酸称为多元弱酸，如 H_2CO_3、H_2S、H_3PO_4 等，它们的解离是分步进行的，每一步的解离都有相应的解离常数，通常用 K_{a_1}、K_{a_2}、K_{a_3} 表示。

例如二元弱酸 H_2CO_3 第一步解离生成 H^+ 和 HCO_3^-，生成的 HCO_3^- 又发生第二步解离，生成 H^+ 和 CO_3^{2-}，这两步解离平衡同时存在于溶液中，K_{a_1}、K_{a_2} 分别为 H_2CO_3 的第一、第二步解离的平衡常数。

$$H_2CO_3 \rightleftharpoons H^+ + HCO_3^- ; \quad K_{a_1} = \frac{\left[H^+\right]\left[HCO_3^-\right]}{\left[H_2CO_3\right]} = 4.45 \times 10^{-7}$$

$$HCO_3^- \rightleftharpoons H^+ + CO_3^{2-} ; \quad K_{a_2} = \frac{\left[H^+\right]\left[CO_3^{2-}\right]}{\left[HCO_3^-\right]} = 4.81 \times 10^{-11}$$

多元弱酸的解离常数都是 $K_{a_1} \gg K_{a_2} \gg K_{a_3}$，一般相差 10^4 倍以上。多元弱碱如 Na_2S、Na_2CO_3、Na_3PO_4，它们在水中也是分步接受质子的，每一步的解离也有相应的解离常数，通常用 K_{b_1}、K_{b_2}、K_{b_3} 表示。其解离常数也是 $K_{b_1} \gg K_{b_2} \gg K_{b_3}$，在比较多元弱碱的强弱时，只需比较它们的第一步解离常数值。

三、溶液 pH 值的计算

（一）一元强酸、一元强碱溶液 pH 值计算

强酸和强碱都是强电解质，在水溶液中可以全部解离，酸碱的浓度与解离出的离子浓度相等，以此计算 H^+ 浓度，求出 pH 值。

【例 3-7】　计算 $1.0 \times 10^{-5} mol \cdot L^{-1}$ 的 HCl 溶液的 pH 值。

解　HCl 是强酸，在水溶液中完全解离，产生 H^+ 的浓度等于酸的浓度，即：

$$[H^+] = 1.0 \times 10^{-5} (mol \cdot L^{-1})$$

$$pH = -lg[H^+] = -lg(1.0 \times 10^{-5}) = 5.00$$

【例 3-8】　计算 $0.01 mol \cdot L^{-1}$ 的 NaOH 溶液的 pH 值。

解　NaOH 是强碱，在水溶液中完全解离，产生 OH^- 的浓度为 $0.01 mol \cdot L^{-1}$，因为 $[H^+][OH^-] = 1.0 \times 10^{-14}$，则：

$$[H^+] = \frac{1.0 \times 10^{-14}}{[OH^-]} = \frac{1.0 \times 10^{-14}}{0.01} = 1.0 \times 10^{-12} (mol \cdot L^{-1})$$

$$pH = -lg[H^+] = -lg(1.0 \times 10^{-12}) = 12.0$$

（二）一元弱酸、一元弱碱溶液 pH 值计算

起始浓度为 c 的一元弱酸（HA）在水溶液中的质子转移平衡为：

$$HA + H_2O \rightleftharpoons H_3O^+ + A^-$$

$$H_2O + H_2O \rightleftharpoons H_3O^+ + OH^-$$

水溶液中 H^+ 分别来自弱酸和水，通常当 $K_a \times c > 20K_w$ 时可忽略水的质子转移平衡，只考虑弱酸解离出的 H^+ 的浓度。

假设当弱酸解离平衡时 $[H^+]=x\,mol \cdot L^{-1}$，则有：

$$HA+H_2O \rightleftharpoons H_3O^++A^-$$

起始浓度 $/mol \cdot L^{-1}$　　　　　　c　　　　　0　0

平衡浓度 $/mol \cdot L^{-1}$　　　　　$c-x$　　　x　x

$$K_a = \frac{[H^+][A^-]}{[HA]} = \frac{x^2}{c-x} \tag{3-16}$$

根据 K_a 值可求出一元弱酸中的 H^+ 的浓度，但是当 $\dfrac{c}{K_a} \geqslant 500$ 时，质子转移平衡中 $[H^+] \ll c$，则 $[HA]=c-x \approx c$，式（3-16）可近似为：

$$K_a = \frac{x^2}{c}, \quad x=[H^+]=\sqrt{K_a \cdot c}$$

即，对于一元弱酸，当 $\dfrac{c_a}{K_a} \geqslant 500$ 时：

$$[H^+]=\sqrt{K_a \cdot c_a} \tag{3-17}$$

同理，对于一元弱碱，当 $\dfrac{c_b}{K_b} \geqslant 500$ 时：

$$[OH^-]=\sqrt{K_b \cdot c_b} \tag{3-18}$$

【例 3-9】　已知 298.15K 时，HAc 的 $K_a=1.75 \times 10^{-5}$，试计算 $0.10\,mol \cdot L^{-1}$ HAc 溶液的 pH 值。

解　因为 $c_a/K_a > 500$，所以：

$$[H^+]=\sqrt{K_a \cdot c_a} = \sqrt{1.75 \times 10^{-5} \times 0.10} = 1.32 \times 10^{-3}(mol \cdot L^{-1})$$

$$pH=-lg[H^+]=-lg(1.32 \times 10^{-3})=2.88$$

【例 3-10】　计算 298.15K 时 $0.10\,mol \cdot L^{-1}$ NH_4Cl 溶液中 H^+ 的浓度和溶液的 pH 值。已知 $K_b=1.75 \times 10^{-5}$。

解　根据质子理论，NH_4^+ 是质子酸，其共轭碱是 NH_3，NH_4^+ 在水中的质子传递反应为 $NH_4^++H_2O \rightleftharpoons NH_3+H_3O^+$，则：

$$K_{a,\,NH_4^+} = \frac{[NH_3][H_3O^+]}{[NH_4^+]} = \frac{[NH_3][H_3O^+]}{[NH_4^+]} \times \frac{[OH^-]}{[OH^-]}$$

$$= \frac{K_w}{K_{b,\,NH_3}} = \frac{1.0 \times 10^{-14}}{1.75 \times 10^{-5}} = 5.7 \times 10^{-10}$$

因为 $c_a/K_a > 500$，所以：

$$[H^+]=\sqrt{K_{a,\,NH_4^+} \cdot c_a} = \sqrt{5.7 \times 10^{-10} \times 0.10} = 7.5 \times 10^{-6}(mol \cdot L^{-1})$$

$$pH=-lg[H^+]=-lg(7.5 \times 10^{-6})=5.12$$

【例 3-11】　计算 298.15K 时 $0.10\,mol \cdot L^{-1}$ $NH_3 \cdot H_2O$ 的 pH 值（$K_b=1.75 \times 10^{-5}$）。

解　因为 $c/K_b > 500$，所以：

$$[OH^-]=\sqrt{K_b\cdot c_b}=\sqrt{1.75\times10^{-5}\times0.10}=1.32\times10^{-3}(mol\cdot L^{-1})$$

$$pOH=-lg[OH^-]=-lg(1.33\times10^{-3})=2.88$$

$$pH=14-2.88=11.12$$

【例 3-12】 计算 $0.1mol\cdot L^{-1}$ NaCN 溶液中 OH^-、H^+ 的浓度和溶液的 pH 值（已知 $K_{a,HCN}=6.2\times10^{-10}$）。

解 根据质子理论 CN^- 是质子碱，CN^- 在水中的质子传递反应为：

$$CN^-+H_2O\rightleftharpoons HCN+OH^-$$

$$K_{b,CN^-}=\frac{[HCN][OH^-]}{[CN^-]}=\frac{[HCN][OH^-]}{[CN^-]}\times\frac{[H^+]}{[H^+]}=\frac{K_w}{K_{a,HCN}}=\frac{1.0\times10^{-14}}{6.2\times10^{-10}}=1.6\times10^{-5}$$

因为 $c_b/K_b>500$，所以：

$$[OH^-]=\sqrt{K_{b,CN^-}\times c_b}=\sqrt{1.6\times10^{-5}\times0.1}=1.3\times10^{-3}(mol\cdot L^{-1})$$

$$[H^+]=\frac{K_w}{[OH^-]}=\frac{1.0\times10^{-14}}{1.3\times10^{-3}}=7.7\times10^{-12}(mol\cdot L^{-1})$$

$$pH=-lg[H^+]=-lg(7.7\times10^{-12})=11.11$$

（三）多元弱酸（碱）溶液 pH 值计算

由于多元弱酸水溶液中的 $[H^+]$ 大小主要取决于第一步的质子传递平衡，第二步的质子传递所产生的 $[H^+]$ 可忽略不计。因此，多元弱酸溶液中的 $[H^+]$ 计算可按一元弱酸对待。即，当 $K_{a_1}\cdot c_a\geqslant20K_w$，$c_a/K_{a_1}\geqslant500$，$[H^+]=\sqrt{K_{a_1}\cdot c_a}$。

CO_3^{2-}、PO_4^{3-} 等多元弱碱在溶液中接受质子的过程也是分步进行的，与多元弱酸相似。多元弱碱溶液中 pH 值的计算，也可采用类似多元弱酸溶液的近似计算公式，根据类似的条件，按一元弱碱溶液计算其 $[OH^-]$。即，当 $K_{b_1}\cdot c_b\geqslant20K_w$，$c_b/K_{b_1}\geqslant500$ 时，$[OH^-]=\sqrt{K_{b_1}\cdot c_b}$。

【例 3-13】 计算 $0.1mol\cdot L^{-1}$ Na_2CO_3 溶液的 pH 值（已知 H_2CO_3 的 $K_{a_1}=4.45\times10^{-7}$，$K_{a_2}=4.81\times10^{-11}$）。

解 Na_2CO_3 作为二元弱碱，其质子转移分为两步：

第一步： $$CO_3^{2-}+H_2O\rightleftharpoons HCO_3^-+OH^-$$

$$K_{b_1,CO_3^{2-}}=\frac{[HCO_3^-][OH^-]}{[CO_3^{2-}]}=\frac{[HCO_3^-][OH^-]}{[CO_3^{2-}]}\times\frac{[H^+]}{[H^+]}=\frac{K_w}{K_{a_2,H_2CO_3}}=\frac{1.0\times10^{-14}}{4.81\times10^{-11}}=2.1\times10^{-4}$$

第二步： $$HCO_3^-+H_2O\rightleftharpoons H_2CO_3+OH^-$$

$$K_{b_2,CO_3^{2-}}=\frac{[H_2CO_3][OH^-]}{[HCO_3^-]}=\frac{[H_2CO_3][OH^-]}{[HCO_3^-]}\times\frac{[H^+]}{[H^+]}=\frac{K_w}{K_{a_1,H_2CO_3}}=\frac{1.0\times10^{-14}}{4.45\times10^{-7}}=2.2\times10^{-8}$$

因为 $K_{b_1,CO_3^{2-}}\gg K_{b_2,CO_3^{2-}}$，溶液中的 OH^- 主要来源于第一步质子转移，所以可以忽略第二步质子转移所产生的 OH^-，将 CO_3^{2-} 作为一元弱碱处理。

当 $c_b/K_{b_1}\geqslant500$ 时，$[OH^-]=\sqrt{K_{b_1}\cdot c_b}=\sqrt{2.1\times10^{-4}\times0.1}=4.6\times10^{-3}(mol\cdot L^{-1})$

$$pOH=-lg[OH^-]=-lg(4.6\times10^{-3})=2.34$$

$$pH=14-pOH=11.66$$

（四）两性物质溶液酸碱性

既能给出质子又能接受质子的物质称为两性物质，如 $NaHCO_3$、$NaHSO_4$、NH_4Ac 和氨基酸等。在两性物质中，会有弱酸的解离常数 K_a 和弱碱的解离常数 K_b 来表示质子转移能力的大小。它们的大小与溶液酸碱性的关系如下：

当 $K_a > K_b$，表示给出质子的能力大于得到质子的能力，所以溶液呈酸性。

当 $K_a < K_b$，表示给出质子的能力小于得到质子的能力，所以溶液呈碱性。

当 $K_a = K_b$，表示给出质子的能力等于得到质子的能力，所以溶液呈中性。

如 $H_2PO_4^-$ 既能给出质子又能接受质子。

作为酸：$H_2PO_4^- + H_2O \rightleftharpoons H_3O^+ + HPO_4^{2-}$；$K_{a_2} = \dfrac{[HPO_4^{2-}][H_3O^+]}{[H_2PO_4^-]} = 6.2 \times 10^{-8}$

作为碱：$H_2PO_4^- + H_2O \rightleftharpoons OH^- + H_3PO_4$；$K_{b_3} = \dfrac{[H_3PO_4][OH^-]}{[H_2PO_4^-]} = 1.4 \times 10^{-12}$

在两个平衡中，因为 $K_{a_2} \gg K_{b_3}$，表示 $H_2PO_4^-$ 失去质子的能力大于获取质子的能力，所以溶液呈酸性。同样方法可说明 HPO_4^{2-} 溶液呈碱性。

扫一扫

3-2 溶液pH值
计算视频

四、缓冲溶液

（一）缓冲溶液的概念

在一定浓度的 NaCl 溶液中，加入强酸或强碱时，其 pH 值会迅速改变。例如向 1L NaCl 溶液中加入 0.01mol NaOH 固体，溶液的 pH 值由 7 变为 12，加入 0.01mol HCl，溶液的 pH 值由 7 变为 2，变化都较大。

也有一些溶液加入少量强酸或强碱时其 pH 值没有明显变化。例如在浓度均为 $0.1mol \cdot L^{-1}$ HAc 和 NaAc 混合溶液中，加入 0.01mol HCl，其 pH 值仅由 4.76 变为 4.75；或者加入 0.01mol NaOH 固体，其 pH 值由 4.76 变为 4.77。能在一定程度上抵消、减轻外加少量强酸或强碱或者少量稀释对溶液酸碱度的影响，从而使溶液的 pH 值保持基本不变的溶液，称为缓冲溶液。例如 HAc 和 NaAc 组成的溶液、NH_3-NH_4Cl 组成的溶液均是缓冲溶液。

（二）缓冲原理

以 HAc-NaAc 缓冲溶液为例，来说明缓冲溶液的缓冲原理。HAc 和 NaAc 在水溶液中的解离平衡如下：

$$HAc + H_2O \rightleftharpoons H_3O^+ + Ac^-$$

$$NaAc \rightleftharpoons Na^+ + Ac^-$$

NaAc 为强电解质，可完全电离为 Na^+ 和 Ac^-，大量的 Ac^- 对 HAc 的解离产生同离子效应，使 HAc 在水溶液中的解离度更小，HAc 几乎全部以分子的形式存在。

当向缓冲溶液中加入少量强酸如 HCl 时，溶液中 H_3O^+ 浓度增加，这时 Ac^- 可接受 H_3O^+ 变成 HAc，使平衡向左移动。由于加入的是少量强酸，所消耗的 Ac^- 仅是少部分，反应完成后，溶液中原来的 H_3O^+ 浓度几乎不变，所以溶液的 pH 值基本不变，因此弱碱 Ac^- 称为抗酸成分。

当向缓冲溶液中加入少量强碱如 NaOH 时，溶液中 H_3O^+ 立即与 OH^- 反应生成 H_2O，使 H_3O^+ 的浓度减少，平衡向右移动。原溶液中大量的 HAc 分子可继续解离出 H_3O^+，使原来的 H_3O^+，浓度几乎不变，从而使溶液的 pH 值基本不变，因此弱酸 HAc 称为抗碱成分。

综上所述，由弱酸及其共轭碱所组成的溶液，只要共轭酸和共轭碱具备足够的浓度，就都具有缓冲作用。其中，共轭酸称为抗碱成分，共轭碱称为抗酸成分，这两种成分可称为缓冲对。常见的缓冲溶液如表 3-3 所示。

表 3-3　一些常见缓冲溶液

缓冲溶液	共轭酸	共轭碱	pK_a
HAc-NaAc	HAc	Ac^-	4.76
NaH_2PO_4-Na_2HPO_4	$H_2PO_4^-$	HPO_4^{2-}	7.21
NH_3-NH_4Cl	NH_4^+	NH_3	9.24
$NaHCO_3$-Na_2CO_3	HCO_3^-	CO_3^{2-}	10.32

（三）缓冲溶液的计算

假设共轭酸 HA 和共轭碱 A^- 组成缓冲溶液，共轭酸 HA 的转移平衡如下：

$$HA+H_2O \Longrightarrow H_3O^++A^-$$

共轭酸的解离常数则为：

$$K_a= \frac{[H_3O^+][A^-]}{[HA]} \quad 或 \quad [H_3O^+]= \frac{K_a[HA]}{[A^-]}$$

上式两边取负对数得：

$$-lg[H_3O^+]=-lgK_a-lg \frac{[HA]}{[A^-]}$$

$$pH=pK_a+lg \frac{[A^-]}{[HA]}$$

即

$$pH=pK_a+lg \frac{[共轭碱]}{[共轭酸]} \tag{3-19}$$

式（3-19）为缓冲溶液 pH 值的计算公式。其中共轭酸、共轭碱的平衡浓度基本上等于混合溶液中酸碱的浓度，即 [共轭酸]$\approx c_{共轭酸}$，[共轭碱]$\approx c_{共轭碱}$，因此还可表示为：

$$pH=pK_a+lg \frac{c_{共轭碱}}{c_{共轭酸}} \tag{3-20}$$

由式（3-20）可知，缓冲溶液的 pH 值，与共轭酸的解离常数 K_a 以及 $\frac{c_{共轭碱}}{c_{共轭酸}}$ 有关，对同一缓冲对组成的缓冲溶液，温度一定时，K_a 是常数，此时溶液的 pH 值就取决于共轭碱与共轭酸浓度的比值 $\frac{c_{共轭碱}}{c_{共轭酸}}$，此比值称为缓冲比。当缓冲比等于 1 时，pH=pK_a。

在同一份缓冲溶液中，如果以 n_A 和 n_B 分别表示一定体积（V）的溶液中所含共轭酸和共轭碱溶质的物质的量，即 $c_{共轭酸}=\dfrac{n_A}{V}$，$c_{共轭碱}=\dfrac{n_B}{V}$，则可得出缓冲溶液 pH 值计算公式：

$$pH=pK_a+\lg\frac{n_B}{n_A} \tag{3-21}$$

【例 3-14】　计算 0.10mol·L^{-1} HAc 和 0.10mol·L^{-1} NaAc 所组成的缓冲溶液的 pH 值（已知 HAc 的 K_a=1.75×10^{-5}）。

解　HAc-Ac$^-$ 组成缓冲溶液，则：

$$pH=pK_a+\lg\frac{c_{Ac^-}}{c_{HAc}}=-\lg(1.75\times10^{-5})+\lg\frac{0.10}{0.10}=4.76$$

【例 3-15】　计算 10 mL 浓度为 0.20mol·L^{-1} 的 NH$_3$ 和 20mL 浓度为 0.10mol·L^{-1} 的 NH$_4$Cl 组成的缓冲溶液的 pH 值（已知 NH$_3$ 的 K_b=1.75×10^{-5}）。

解　混合溶液中的缓冲对是 NH$_4^+$-NH$_3$，K_b=1.75×10^{-5}，则

$$K_{a,NH_4^+}=\frac{K_w}{K_{b,NH_3}}=\frac{1.0\times10^{-14}}{1.75\times10^{-5}}=5.7\times10^{-10}$$

n_{NH_3}=10×0.20=2.0(mmol)，$n_{NH_4^+}$=20×0.10=2.0(mmol)，则：

$$pH=pK_a+\lg\frac{n_{NH_3}}{n_{NH_4^+}}$$

$$=-\lg(5.7\times10^{-10})+\lg\frac{2.0}{2.0}=9.24$$

【例 3-16】　计算在 90mL 含 0.1mol·L^{-1} HAc 和 0.1mol·L^{-1} NaAc 的缓冲溶液中加入 10mL 0.01mol·L^{-1} HCl 或 10mL 0.01mol·L^{-1} NaOH 溶液后，溶液的 pH 值的变化。

解　混合溶液中的缓冲对是 HAc-Ac$^-$，K_a=1.75×10^{-5}。

首先计算混合溶液的 pH=pK_a+lg$\dfrac{c_{共轭碱}}{c_{共轭酸}}$=4.76

当加入 HCl 后溶液中 HAc 和 NaAc 的浓度为：

$$c_{HAc}=0.1\times\frac{90}{100}+0.01\times\frac{10}{100}=0.091(mol·L^{-1})$$

$$c_{Ac^-}=0.1\times\frac{90}{100}-0.01\times\frac{10}{100}=0.089(mol·L^{-1})$$

则：　　　　　$$pH=pK_a+\lg\frac{c_{共轭碱}}{c_{共轭酸}}=4.76+\lg\frac{0.089}{0.091}=4.75$$

当加入 NaOH 后溶液中 HAc 和 NaAc 的浓度为：

$$c_{HAc}=0.1\times\frac{90}{100}-0.01\times\frac{10}{100}=0.089(mol·L^{-1})$$

$$c_{Ac^-}=0.1\times\frac{90}{100}+0.01\times\frac{10}{100}=0.091(mol·L^{-1})$$

则：　　　　　$$pH=pK_a+\lg\frac{c_{共轭碱}}{c_{共轭酸}}=4.76+\lg\frac{0.091}{0.089}=4.77$$

所以当加入 10mL 0.01mol·L^{-1} HCl 或 10mL 0.01mol·L^{-1} NaOH 时缓冲溶液的 pH 值只

变化了 0.01。

（四）缓冲容量

在缓冲溶液中，加入少量的酸碱，溶液的 pH 基本可以保持不变，但是加入酸碱的量是有限的，即缓冲溶液的缓冲能力是有一定限度的。超过这个限度，溶液的 pH 值会发生很大变化。通常可用缓冲容量来表示缓冲溶液的缓冲能力。缓冲容量是指使 1L 缓冲溶液的 pH 值改变 1 个单位所需加入的强酸或强碱的量，用 β 表示。β 值越大，溶液的缓冲能力越强。缓冲容量的大小与共轭酸碱对的浓度和其比值有关，当溶液的缓冲比即 $\dfrac{c_{共轭碱}}{c_{共轭酸}}=1$ 时，pH=pK_a，此时缓冲容量最大；当溶液的缓冲比一定时，缓冲溶液的总浓度（$c_{共轭酸}+c_{共轭碱}$）越大，缓冲容量也越大；反之总浓度越小，缓冲容量也越小。通常情况下缓冲比控制在 0.1～10 之间，这样缓冲溶液的缓冲范围为 pH=pK_a±1，此时缓冲溶液的缓冲效果是最好的。

（五）缓冲溶液的配制

在实验室或实际工作中经常需要配制一定 pH 值的缓冲溶液，配制方法可按下面步骤进行：

（1）选择合适的缓冲对　选择的原则是弱酸的 pK_a 值与所需 pH 值相等或相近，这样可以保证有较大的缓冲能力。例如配制 pH=5.00 的缓冲溶液，可选择 HAc–NaAc（pK_a=4.76）；配制 pH=10.00 的缓冲溶液，可选 NH$_3$-NH$_4$Cl（pK_{a,NH_4^+}=9.24）。

（2）选择适当的总浓度　为了有较大的缓冲能力，溶液浓度一般控制在 0.05～0.2mol·L^{-1} 之间。

（3）计算组成缓冲溶液所需共轭酸和共轭碱的量　为计算方便，配制常用相同浓度的共轭酸和共轭碱混合。

如配制缓冲溶液总体积为 V，共轭酸的体积为 $V_{共轭酸}$，共轭碱的体积 $V_{共轭碱}=V-V_{共轭酸}$，混合前共轭酸和共轭碱的浓度均为 c，则混合后浓度分别为：

$$c_{共轭酸}=\frac{cV_{共轭酸}}{V};\quad c_{共轭碱}=\frac{cV_{共轭碱}}{V};$$

$$\text{pH}=\text{p}K_a+\lg\frac{c_{共轭碱}}{c_{共轭酸}}=\text{p}K_a+\lg\frac{V_{共轭碱}}{V_{共轭酸}} \tag{3-22}$$

根据 pK_a 值与所需 pH 值即可计算出所需共轭酸和共轭碱的体积。

（4）配制缓冲液并校正　根据计算结果，配制缓冲溶液，用酸度计进行校正。

在选择缓冲对时，还应考虑所选用的共轭酸碱是否与主药发生配伍禁忌，共轭酸碱对在高压灭菌和储存期内是否稳定以及是否有毒等。例如，因为硼酸盐有毒，所以不能用作口服液或注射用药液的缓冲剂。若配制精确 pH 值的缓冲溶液还需要用 pH 计进行校准。

如现需要 1000mL pH=5.00 的缓冲溶液，可选 HAc-NaAc 缓冲对（HAc 的 pK_a=4.76）；常选用浓度为 0.10mol·L^{-1} 的 HAc 和 0.10mol·L^{-1} 的 NaAc 配制；计算所需 HAc-NaAc 的量：

根据 $\text{pH}=\text{p}K_a+\lg\dfrac{V_{Ac^-}}{V_{HAc}}$，有：

$$\lg\frac{V_{Ac^-}}{V_{HAc}}=\text{pH}-\text{p}K_a=5.00-4.76=0.24$$

得：$\dfrac{V_{Ac^-}}{V_{HAc}}=1.74$，且 $V_{HAc}+V_{NaAc}=1000mL$

因此：$V_{HAc}=365mL$，$V_{NaAc}=635mL$

即将 365mL 0.1mol·L^{-1} 的 HAc 溶液与 635mL 0.1mol·L^{-1} 的 NaAc 溶液混合即可。

扫一扫

3-3　缓冲溶液视频

任务四　沉淀溶解平衡

一、沉淀溶解平衡概述

沉淀是指从溶液中析出固体物质的过程，也可以是发生化学反应时生成了不溶于反应物所在溶液的物质。但是实际上，不溶只是相对的，完全不溶的物质是不存在的。通常把 20℃ 时每 100g 水中溶解的质量小于 0.01g 的难溶电解质称为沉淀。一定温度下，在溶液中难溶电解质的沉淀和溶解是一个平衡过程。在实际工作中可利用这一平衡理论来进行物质制备、纯化或定量分析。

在一定温度下，把难溶电解质 AgCl 放入水中，AgCl 在溶液中存在下述两个过程：①在水分子作用下，少量 Ag$^+$、Cl$^-$ 脱离 AgCl 表面溶入水中，这个过程叫作溶解；②溶液中的 Ag$^+$ 和 Cl$^-$ 受 AgCl 表面正负离子的吸引，回到固体表面形成沉淀。当沉淀溶解和沉淀生成的速率相等时，得到 AgCl 的饱和溶液，即建立下列动态平衡：

$$AgCl(s) \underset{\text{沉淀}}{\overset{\text{溶解}}{\rightleftharpoons}} Ag^+ + Cl^-$$

因此在一定温度下难溶电解质与溶解在溶液中的离子之间存在溶解和沉淀的平衡，称为沉淀溶解平衡，是一种多相离子平衡。沉淀溶解平衡是动态平衡，即溶解速率等于沉淀速率，且不等于零。达到平衡后，各离子浓度保持不变。

（一）溶度积常数

对于任一难溶电解质 M_aX_b，都会存在沉淀溶解平衡：

$$M_aX_b(s) \rightleftharpoons aM^{b+} + bX^{a-}$$

其平衡常数表达式为：

$$K = \frac{[M^{b+}]^a[X^{a-}]^b}{[M_aX_b]}$$

$[M_aX_b]$ 的浓度是常数，所以上式可以写为：

$$K_{sp}=[M^{b+}]^a[X^{a-}]^b \tag{3-23}$$

式（3-23）表明，一定温度下，难溶电解质饱和溶液中各离子浓度系数次方的乘积为一常数，称为溶度积常数，简称溶度积，用符号 K_{sp} 表示。它反映了难溶电解质在水中的溶解能力大小。

溶度积只与温度有关，因此在提到溶度积时，必须注明温度。当溶液中离子浓度发生变化，会使沉淀溶解平衡移动，但溶度积常数保持不变。实际工作中常采用 298.15K 时的溶度积。一些常见物质的溶度积见附录电子资源。

（二）溶度积与溶解度的关系

溶度积与溶解度都可以表示难溶电解质的溶解性，但二者也有差异。溶度积只与温度有关；溶解度不仅与温度有关，还与系统的组成、pH 值的改变、配合物的生成等因素有关。

对于任一难溶电解质 M_aX_b，若其溶解度为 $s(mol \cdot L^{-1})$，达到溶解平衡时：

$$M_aX_b(s) \rightleftharpoons aM^{b+}+bX^{a-}$$

$$
\begin{aligned}
K_{sp} &= [M^{b+}]^a \cdot [X^{a-}]^b \\
&= (as)^a \cdot (bs)^b \\
&= a^a \cdot b^b \cdot s^{(a+b)}
\end{aligned}
\tag{3-24}
$$

对于不同类型的难溶电解质，溶解度与溶度积的关系可表示为：

对于 AB 型电解质（$AgCl$、$CaCO_3$、FeS 等），$K_{sp}=s^2$；

对于 AB_2 或 A_2B 型电解质 [Ag_2CrO_4、PbI_2、$Mg(OH)_2$ 等]，$K_{sp}=(2s)^2 \times s=4s^3$；

AB_3 或 A_3B 型电解质 [$Fe(OH)_3$ 等]，$K_{sp}=(3s)^3 \times s=27s^4$。

【例 3-17】 已知 298.15K 时，$CaCO_3$ 的溶解度为 $7.0 \times 10^{-5} mol \cdot L^{-1}$，求溶度积 K_{sp}。

解 设 $CaCO_3$ 的溶解度为 s，在溶解平衡中：

$$CaCO_3(s) \rightleftharpoons Ca^{2+}(aq)+CO_3^{2-}(aq)$$

饱和浓度 /mol $\cdot$ L^{-1} 　　　　　　　　　s　　　　s

$$K_{sp}=[Ca^{2+}][CO_3^{2-}]=(7.0 \times 10^{-5})^2=4.9 \times 10^{-9}$$

【例 3-18】 已知室温时，$AgCl$ 和 Ag_2CrO_4 的 K_{sp} 分别为 1.77×10^{-10} 和 1.1×10^{-12}，求它们的溶解度 s。

解 设 $AgCl$ 的溶解度为 s_1，在溶解平衡中：

$$AgCl(s) \rightleftharpoons Ag^+(aq)+Cl^-(aq)$$

饱和浓度 /mol $\cdot$ L^{-1} 　　　　　　　　s_1　　　　s_1

$$K_{sp}=[Ag^+][Cl^-]=s_1 \times s_1=1.77 \times 10^{-10}$$

$$s_1= \sqrt{1.77 \times 10^{-10}} =1.33 \times 10^{-5}(mol \cdot L^{-1})$$

设 Ag_2CrO_4 的溶解度为 s_2，则：

$$Ag_2CrO_4(s) \rightleftharpoons 2Ag^+(aq)+CrO_4^{2-}(aq)$$

饱和浓度 /mol $\cdot$ L^{-1} 　　　　　　　　$2s_2$　　　　s_2

$$K_{sp}=[Ag^+]^2[CrO_4^{2-}]=(2s_2)^2 \times s_2=1.1 \times 10^{-12}$$

$$s_2= \sqrt[3]{\frac{1.1 \times 10^{-12}}{4}} = 6.5 \times 10^{-5}(mol \cdot L^{-1})$$

可以看出，$AgCl$ 的溶度积大于 Ag_2CrO_4，但是 $AgCl$ 溶解度反而小。这是因为两者的化学式不同，换算关系也不同。因此，只有同种类型的难溶电解质（例如 $AgCl$ 和 $AgBr$），可以通过溶度积比较溶解度大小，其溶度积越大，溶解度也越大。

需要注意，溶度积和溶解度之间的换算是有条件的，只适用于难溶强电解质（即溶解度要小，且溶解部分一步完全解离）溶液，否则误差较大。

二、溶度积规则

在一定温度下，K_{sp} 是一个常数，此时溶液中相应离子处于饱和状态，如果增大离子浓度超过饱和状态时，就会产生沉淀。

对于任一难溶电解质 M_aX_b 在任一时刻，溶液中各离子浓度系数次方的乘积，称离子积，用符号 Q 表示，例如，

$$M_aX_b(s) \rightleftharpoons aM^{b+} + bX^{a-}$$

$$Q = c_{M^{b+}}^a c_{X^{a-}}^b$$

在任意条件下，Q 和 K_{sp} 间的关系有以下三种可能：

当 $Q > K_{sp}$，溶液为过饱和溶液，会有沉淀析出。

当 $Q = K_{sp}$，溶液为饱和溶液，此时溶液中离子的沉淀与溶解达到动态平衡，没有沉淀析出。

当 $Q < K_{sp}$，溶液为不饱和溶液，没有沉淀析出。

据此，可用来判断化学反应中沉淀的生成和溶解的可能性，此规则称为溶度积规则。

【例 3-19】 将浓度为 $0.001 \text{mol} \cdot \text{L}^{-1}$ 的 $AgNO_3$ 和 $0.002 \text{mol} \cdot \text{L}^{-1}$ 的 KCl 等体积混合，有无 AgCl 沉淀生成（已知 $K_{sp, AgCl} = 1.77 \times 10^{-10}$）？

解 等体积混合后，混合液中 Ag^+ 和 Cl^- 的浓度分别为：

$$c_{Ag^+} = 0.0005 \text{mol} \cdot \text{L}^{-1} ; \quad c_{Cl^-} = 0.001 \text{mol} \cdot \text{L}^{-1}$$

混合液中离子积：

$$Q = c_{Ag^+} \cdot c_{Cl^-} = (0.0005) \times (0.001) = 5 \times 10^{-7} (\text{mol} \cdot \text{L}^{-1})$$

经计算 $Q > K_{sp}$，有 AgCl 沉淀生成。

三、沉淀的生成与溶解

（一）沉淀生成

1. 加入沉淀剂

溶液中某种离子需要沉淀时，需加入一种试剂与该离子发生沉淀反应，这种可使离子沉淀的试剂称为沉淀剂。在一定条件下，当加入离子的浓度大于其饱和程度时，即产生沉淀。但是，沉淀剂的用量不是越多越好，一般加入沉淀剂通常以过量 20%~50% 为宜。

2. 同离子效应

难溶电解质的溶解和沉淀是一种动态平衡，此时增大其中一种离子的浓度，平衡会向生成沉淀的方向移动。这种在难溶电解质的溶液中，加入含有相同离子的强电解质溶液，使平衡逆向移动，降低原难溶电解质的溶解度的现象叫同离子效应。

【例 3-20】 计算 AgCl 在 $0.010 \text{mol} \cdot \text{L}^{-1}$ KCl 溶液中的溶解度。已知 $K_{sp, AgCl} = 1.77 \times 10^{-10}$。

解 设 AgCl 在 $0.010 \text{mol} \cdot \text{L}^{-1}$ KCl 溶液中的溶解度为 s，平衡时：

$$AgCl(s) \rightleftharpoons Ag^+(aq) + Cl^-(aq)$$

平衡浓度 /mol · L⁻¹ 　　　　　　　　　　　　s　0.010+s≈0.010

$$K_{sp} = [Ag^+][Cl^-] = 0.010s$$

$$s= \sqrt{\frac{K_{sp}}{0.010}} =1.77\times10^{-8}(mol \cdot L^{-1})$$

AgCl 在纯水中的溶解度为 $1.33\times10^{-5}mol \cdot L^{-1}$，在 $0.010mol \cdot L^{-1}$ KCl 溶液中溶解度下降为 $1.77\times10^{-8}mol \cdot L^{-1}$。由此可以得出，在难溶电解质的沉淀溶解平衡系统中，加入含有相同离子的强电解质，会发生同离子效应，使平衡向着生成沉淀的方向移动，并达到新的沉淀溶解平衡，此时难溶电解质的溶解度变小。因此，可利用同离子效应加入过量沉淀剂，使被沉淀离子趋于完全沉淀，以达到分离的目的。

利用同离子效应降低沉淀的溶解度时，沉淀剂的用量不是越多越好，过量的沉淀剂会增大溶液电荷总数，使每个离子周围吸引异性电荷形成"离子氛"，使离子与沉淀表面碰撞次数减少，生成沉淀速率变小，进而使沉淀溶解度增大，此现象称为盐效应（salt effect）。例如在 $BaSO_4$ 饱和溶液中加入强电解质 KNO_3，发现沉淀的溶解度比在水中的溶解度稍有增大。同离子效应与盐效应同时存在，但前者比后者影响显著。

（二）沉淀溶解

根据溶度积规则，沉淀溶解的必要条件是 $Q < K_{sp}$。只要采取一定的措施，降低难溶电解质沉淀溶解平衡系统中有关离子的浓度，就可以使平衡向着沉淀溶解的方向移动。溶解方法有以下几种：

1. 生成弱电解质

利用酸、碱或某些盐类（如 NH_4^+ 盐）与难溶电解质发生反应，生成弱电解质（如弱酸、弱碱或 H_2O）使难溶电解质溶解。

（1）生成弱酸　碳酸盐、亚硫酸盐和某些硫化物与稀酸作用都能生成弱酸，使难溶电解质不断溶解。

$$CaCO_3(s)+2HCl \Longrightarrow CaCl_2+H_2O+CO_2\uparrow$$

（2）生成弱碱　难溶氢氧化物如 $Mg(OH)_2$ 可与 NH_4^+ 发生反应，NH_4^+ 与溶液中 OH^- 生成弱碱 $NH_3 \cdot H_2O$，难溶电解质向溶解的方向移动。

$$Mg(OH)_2(s)+2NH_4Cl \Longrightarrow MgCl_2+2NH_3 \cdot H_2O$$

（3）生成水　溶液的酸度对难溶氢氧化物如 $Cu(OH)_2$、$Fe(OH)_3$ 等的溶解产生影响，加入酸可与 OH^- 生成弱电解质 H_2O，使沉淀溶解。例如，$Mg(OH)_2$ 沉淀可溶于盐酸，其反应如下：

$$Mg(OH)_2(s)+2HCl \Longrightarrow MgCl_2+2H_2O$$

2. 发生氧化还原反应

某些难溶电解质如硫化物不能溶于盐酸，但可溶于硝酸，因为硝酸是一种强氧化剂，能将溶液中的 S^{2-} 氧化为 S，使 S^{2-} 的浓度降低，使硫化铜溶解。反应如下：

$$3CuS+8HNO_3 \Longrightarrow 3Cu(NO_3)_2+3S+2NO\uparrow+4H_2O$$

3. 生成更稳定的配离子

某些难溶电解质如卤化物在氨性溶液中可以溶解，与配体 NH_3 形成更稳定的配离子，使难溶电解质溶解。

$$AgX+2NH_3 \Longrightarrow [Ag(NH_3)_2]^++X^-$$

如果沉淀剂本身也可作为配体，适量的沉淀剂可以使沉淀的溶解度减小，但是过量的沉淀剂又可形成配离子使沉淀的溶解度增大，过量越多，沉淀越易溶解。

（三）沉淀的转化

两种溶解度不同的沉淀共存于同一种溶液中，可发生沉淀的转化，转化的趋势是向着溶解度更小的沉淀方向进行。例如向盛有白色 AgCl 固体的烧杯中加入 KI 溶液并搅拌，在搅拌过程中会发现溶液中白色固体逐渐消失，而转变为黄色的 AgI 沉淀。此过程可表示为：

$$AgCl + I^- \rightleftharpoons AgI + Cl^-$$

因为 AgCl 沉淀的 K_{sp} 为 1.77×10^{-10}，而 AgI 的 K_{sp} 为 8.52×10^{-17}，可得出 AgCl 的溶解度比 AgI 溶解度约大 10^4 倍，因此加入 KI 溶液时，AgCl 可转化为更难溶解的 AgI 沉淀，此时溶液中 Ag^+ 变少，只要加入足够多的 KI，就可以不断生成 AgI 沉淀，直到 AgCl 完全转化为 AgI。但是如果两种物质的溶解度比较接近或相差不大，则转化不明显甚至不容易转化。

利用沉淀转化原理，在工业废水的处理过程中，常用 FeS、MnS 等难溶物质作为沉淀剂除去废水中的 Hg^{2+}、Cu^{2+}、Pb^{2+} 等重金属离子。

（四）分步沉淀

当溶液中同时含有多种离子时，加入某种试剂，其可能与溶液中的多种离子都能发生沉淀反应，生成难溶电解质而沉淀，此时离子积先达到或超过溶度积的先沉淀，后达到的后沉淀。这种在混合溶液中逐渐加入一种试剂，使不同离子按先后次序析出沉淀的现象称为分步沉淀。在实际工作中，常利用分步沉淀原理，以达到分离溶液中共存离子的目的。

扫一扫

3-4 沉淀反应视频

任务五　氧化还原平衡

氧化还原反应在工农业生产、科学技术、日常生活中都有广泛的应用。许多重要的化工产品、各种金属、电池等，主要都是从氧化还原反应获取的；农业生产中植物光合作用、呼吸作用是复杂的氧化还原反应；日常所需的煤、天然气、石油等燃料的燃烧都离不开氧化还原反应。

一、氧化还原反应

氧化还原反应的实质是电子的得失或偏移。有些结构复杂的化合物，电子结构式不易给出，因此很难确定其在反应中是否有电子的得失或转移。为此，引入氧化数（oxidation number）的概念来表示各原子在化合物中所处的化合状态。

1970 年，国际纯粹与应用化学联合会（IUPAC）提出了氧化数的概念：在单质或化合物中，假设把每个化学键中的电子指定给所连接的两原子中电负性较大的一个原子，这样所得的某元素一个原子的电荷数就是该元素的氧化数。

（一）元素氧化数规则

① 单质中，元素的氧化数为零；化合物中各元素的氧化数代数和为零。

② 单原子离子中，元素的氧化数等于离子所带电荷数；复杂离子中各元素氧化数的代数和等于离子所带电荷数。

③ 氧在化合物中的氧化数为 –2，但在过氧化物如 H_2O_2 和 Na_2O_2 中，氧的氧化数为 –1。氢在其他化合物中的氧化数一般都为 +1，而在金属氢化物中 H 为 –1。氟是电负性最大的元素，在它的全部化合物中都具有 –1 的氧化数，其他卤素，除了与电负性更大的卤素结合时（如 ClF、ICl_3）或与氧结合时具有正的氧化数外，氧化数都为 –1。

【例 3-21】　计算 Fe_2O_3 中铁的氧化数。

解　设 Fe_2O_3 中铁的氧化数为 x，氧的氧化数为 –2，则根据氧化数规则得：

$$2x+(-2)\times3=0$$

$$x=+3$$

【例 3-22】　计算 $S_4O_6^{2-}$ 离子中硫的氧化数。

解　设 $S_4O_6^{2-}$ 中硫的氧化数为 x，则根据氧化数的规则求得：

$$4x+(-2)\times6=-2$$

$$x=+\frac{5}{2}$$

因此 $S_4O_6^{2-}$ 中硫的氧化数为 $+\dfrac{5}{2}$ 或 +2.5。

氧化数的概念是经验性的。氧化数可以是整数、分数或小数。而化合价只能为整数。可以借用氧化数的概念定义氧化还原反应。氧化数升高的过程称为氧化；氧化数降低的过程称为还原。氧化数升高的物质称为还原剂；氧化数降低的物质称为氧化剂。

（二）氧化还原电对

在氧化还原反应中，还原剂与它的氧化产物、氧化剂与它的还原产物组成的系统，称为氧化还原电对（redox electric couple），简称为电对。例如下面的反应中，存在这样两个电对，即 Zn^{2+}/Zn 和 Cu^{2+}/Cu：

$$Cu^{2+} + Zn \Longrightarrow Cu + Zn^{2+}$$

可以分为：

$$Zn - 2e^- \longrightarrow Zn^{2+}（氧化反应）$$

$$Cu^{2+} + 2e^- \longrightarrow Cu（还原反应）$$

上面两个反应只表示氧化还原反应的一半，其中得到电子的半反应称为还原半反应，而失去电子的半反应称为氧化半反应。

实际上，氧化还原半反应就是氧化还原电对中氧化型物质和还原型物质之间发生的电子转移，即：

$$Ox + ne^- \Longrightarrow Red$$

式中，n 表示半反应中电子转移的数目。

在氧化还原电对中，氧化数较高的物质称为氧化型物质（oxidized species），用 Ox 表示，如 Zn^{2+}、Cu^{2+}；氧化数较低的物质称为还原型物质（reduced species），用 Red 表示，如 Zn、Cu。书写电对时，氧化型物质写在左侧，还原型物质写在右侧，中间用斜线"/"隔开，即"氧化型 / 还原型"。如 Zn^{2+}/Zn 电对中，Zn^{2+} 是氧化态，Zn 是还原态。

氧化型物质的氧化能力越强，对应还原型物质的还原能力越弱；反之，氧化型物质的氧化能力越弱，对应还原型物质的还原能力越强。如 Zn^{2+}/Zn 电对中，Zn^{2+} 是弱氧化剂，Zn 是强还原剂。同一物质在不同的电对中可以表现出不同的性质，即物质的氧化还原性是相对的。如 Fe^{3+}/Fe^{2+} 电对中，Fe^{2+} 是还原型，反应中作还原剂；而 Fe^{2+}/Fe 电对中，Fe^{2+} 是氧化型，反应中作氧化剂。

值得注意的是，在氧化还原反应中电子有得必有失，并且得失电子的数目相等；氧化半反应和还原半反应同时存在，不能单独存在。

（三）氧化还原反应方程式的配平

氧化还原反应方程式配平方法有很多，这里只介绍氧化数法和离子 - 电子法。

1. 氧化数法

基本原则是：在氧化还原反应中，氧化剂原子氧化数降低总数等于还原剂原子氧化数升高总数，且反应前后各原子总数必须相等。

以配平下列反应为例：

$$Cu + HNO_3 \longrightarrow Cu(NO_3)_2 + NO + H_2O$$

① 标出氧化数变化的原子。

$$\overset{0}{Cu} + \overset{+5}{HNO_3} \longrightarrow \overset{+2}{Cu}(NO_3)_2 + \overset{+2}{NO} + H_2O$$

② 找出还原剂氧化数升高数与氧化剂氧化数降低数。

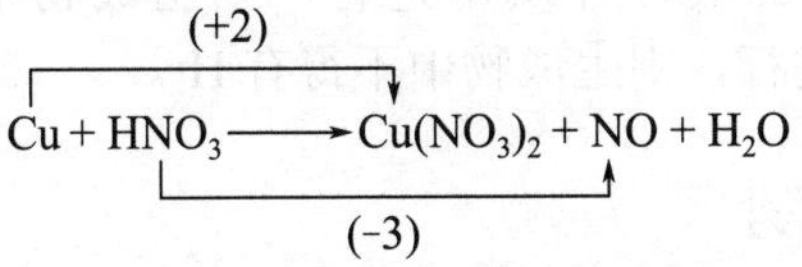

$$Cu + HNO_3 \overset{(+2)}{\underset{(-3)}{\longrightarrow}} Cu(NO_3)_2 + NO + H_2O$$

③ 按最小公倍数原则，使氧化数的升高数与氧化数的降低数相等，确定系数。

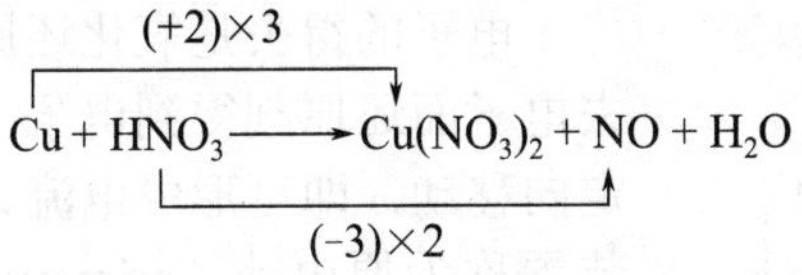

$$Cu + HNO_3 \overset{(+2)\times 3}{\underset{(-3)\times 2}{\longrightarrow}} Cu(NO_3)_2 + NO + H_2O$$

④ 将所有元素的原子数目配平，必要时可加上适当数目的酸、碱及水分子。上式中有 6 个 NO_3^- 未参与氧化还原反应，所以左边 HNO_3 总数为 8。

$$3Cu + 8HNO_3 = 3Cu(NO_3)_2 + 2NO + 4H_2O$$

⑤ 检查，以确保反应前后所有原子个数总数相等。

2. 离子 - 电子法

基本原则是：在溶液中，还原剂所失去的电子总数与氧化剂得到的电子总数相等，反应前后各元素的原子总数相等。

以配平下列反应为例：

$$Cr_2O_7^{2-} + SO_3^{2-} + H^+ \longrightarrow Cr^{3+} + SO_4^{2-}$$

① 写出两个半反应。

$$H^+ + Cr_2O_7^{2-} + 6e^- \longrightarrow 2Cr^{3+}$$

$$SO_3^{2-} - 2e^- \longrightarrow SO_4^{2-}$$

② 配平半反应，反应前后原子数和电荷数均相等。

$$14H^+ + Cr_2O_7^{2-} + 6e^- \rightarrow 2Cr^{3+} + 7H_2O$$

$$H_2O + SO_3^- - 2e = SO_4^{2-} + 2H^+$$

③ 得失电子数必须相等，确定氧化剂和还原剂的系数，合并两个半反应。

$$Cr_2O_7^{2-} + 3SO_3^{2-} + 8H^+ \Longrightarrow 2Cr^{3+} + 3SO_4^{2-} + 4H_2O$$

值得注意的是，如果方程式不是离子方程式，配平前应该先写成离子方程式。

配平半反应式时，如果氧化剂或还原剂与其产物内所含的氧原子数目不同，可以根据介质的酸碱性，分别在半反应式中加 H^+、OH^- 和 H_2O，使两边的氢和氧原子数目相等。不同介质条件下配平氧原子的经验规则见表 3-4。

表 3-4   不同介质条件下配平氧原子数的经验规则

酸性介质	碱性介质	中性介质
① 左侧多氧 $+H^+ \longrightarrow H_2O$ ② 左侧少氧 $+H_2O \longrightarrow H^+$	① 左侧多氧 $+H_2O \longrightarrow OH^-$ ② 左侧少氧（或多氢）$+OH^- \longrightarrow H_2O$	① 左侧多氧 $+H_2O \longrightarrow OH^-$ ② 左侧少氧 $+H_2O \longrightarrow H^+$

需要注意的是，若反应在酸性介质中进行，则生成物中不得有 OH^-；若反应在碱性介质中进行，则生成物中不得有 H^+。

二、原电池和电极电势

（一）原电池

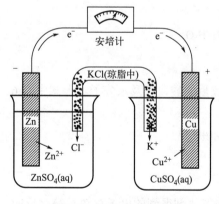

图 3-5   铜锌电池示意图

电子的得失是氧化还原反应的标志之一，氧化剂失去电子而还原剂得到电子，通过一定的方式使电子持续定向移动，即可形成电流。这种把化学能转变为电能的装置称为原电池（primary cell）。1836 年，丹尼尔发明了世界上第一个原电池，该电池由两个半电池组成，Zn 片置于 $ZnSO_4$ 溶液中，Cu 片置于 $CuSO_4$ 溶液中，两份溶液分别置于不同容器，溶液之间用盐桥（由充满饱和 KCl 溶液的琼脂置于倒置的 U 型管中制成）相连，金属片之间以导线相连，中间串联一个检流计，如图 3-5 所示。

此时可观察到，Zn 片开始溶解，Cu 片上有金属铜析出，检流计指针也发生偏转。显然，在两极上分别发生氧化反应和还原反应，称为半电池反应，反应如下：

负极： $Zn - 2e^- \Longrightarrow Zn^{2+}$

正极： $Cu^{2+} + 2e^- \Longrightarrow Cu$

电池反应： $Zn + Cu^{2+} \Longrightarrow Zn^{2+} + Cu$

为了应用方便，常用电池符号来表示原电池的组成。电池符号书写规则如下：

① 左负右正。负极写在左边，正极写在右边。负极发生氧化反应，正极发生还原反应。

② 不同界面用"|"分开；盐桥用" ‖ "表示。

扫一扫

3-5 氧化还原反应视频

③ 电池内物质组成用化学式表示，同时注明物质的状态，气体需注明分压，溶液注明浓度。若不注明，一般指气体分压为 $1.00 \times 10^5 Pa$，溶液浓度为 $1mol \cdot L^{-1}$。

④ 气体参与电极反应，须用一个惰性金属材料作为电子载体，如铂或石墨等。

根据电池符号书写规则，铜锌原电池可表达为：

$$(-)Zn \mid Zn^{2+}(c_1) \parallel Cu^{2+}(c_2) \mid Cu(+)$$

（二）电极电势及标准电极电势

1. 电极电势的产生

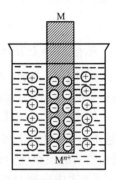

德国化学家能斯特（H. W. Nernst）提出了双电层理论（electrical double layers theory），以解释电极电势产生的原因。当金属放入溶液中时，一方面金属晶体中处于热运动的金属离子在极性水分子的作用下，脱离金属表面进入溶液，金属性质愈活泼，这种趋势就愈大；另一方面溶液中的金属离子，受金属表面电子的吸引，重新得到电子，在金属表面沉积，溶液中金属离子的浓度愈大，这种趋势也愈大。在一定浓度的溶液中两个过程达到平衡后，金属和溶液的界面上即形成金属带负电荷、溶液带正电荷的双电层（electrical double layers），如图 3-6 所示。双电层的厚度虽然很小（约为 $10^{-8}cm$ 数量级），但在金属和溶液之间产生了电势差。通常把产生在金属和盐溶液之间的双电层间的电势差称为金属的电极电势，用来描述电极得失电子能力的相对强弱。

图 3-6　双电层电子结构示意图

一般金属活泼性越高，对应盐溶液浓度越小，电极电势越低；反之，电极电势越高。电极电势用符号 $\varphi_{M^{n+}/M}$ 表示，单位为 V（伏）。如 $\varphi_{Cu^{2+}/Cu}$ 表示电对 Cu^{2+}/Cu 的电极电势。电极电势的大小主要取决于电极的本性，并受温度、介质和离子浓度等因素的影响。

2. 标准氢电极

由于单个电极的电势无法确定，IUPAC 规定统一采用标准氢电极作为比较电极电势高低的标准。常用的标准氢电极如图 3-7 所示，其表达式为：

$$Pt \mid H_2 \ (p_{H_2} = 100kPa) \mid H^+ \ (a_{H^+} = 1)$$

发生的电极反应为：$2H^+ + 2e^- \rightleftharpoons H_2(g)$

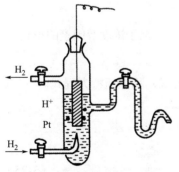

在 298.15K 时，将镀有铂黑的铂片插入浓度为 $1mol \cdot L^{-1}$ 的盐酸溶液中，不断通入压力为 100kPa 的纯氢气流，使铂黑吸附氢气达到饱和，被铂黑所吸附的氢气（H_2）与溶液中的 H^+ 存在电势差，此时各物质均处于标准状态，因此称为标准氢电极。规定，298.15K 时，标准氢电极的电极电势为零，表示为：$\varphi_{H^+/H_2}^{\ominus} = 0 \ V$。

图 3-7　标准氢电极构造简图

3. 标准电极电势

为了便于计算和比较，提出了标准电极电势的概念。规定在温度为 298.15K 时，组成电极的有关离子的浓度为 $1mol \cdot L^{-1}$（严格地说应是活度 $a=1$），气体的分压为 100kPa 时，液体和固体都是纯净物质，所测得的电极电势为该电极的标准电极电势（standard electrode potential），用符号 $\varphi^{\ominus}$ 表示，单位伏特（V）。用标准状态下待测电极与标准氢电极组成原电池，测定原电池的电动势，就可以确定待测电极的标准电极电势。

$$待测电极 \parallel 标准氢电极$$

$$E^{\ominus} = \varphi_{正}^{\ominus} - \varphi_{负}^{\ominus}$$

从电流表指针偏转的方向得出电流的方向，可确定待测电极是正极还是负极，因为 $\varphi_{H^{+}/H_2}^{\ominus}$ =0V，所以测出电池的电动势就可以确定待测电极的标准电极电势。

例如，标准氢电极与标准锌电极组成原电池，从电流表指针偏转可知电流从氢电极流向锌电极，因此氢电极为正极，电池符号为：

$$(-)Zn \mid Zn^{2+}(1mol \cdot L^{-1}) \parallel H^{+}(1mol \cdot L^{-1}) \mid H_2(p^{\ominus}) \mid Pt(+)$$

测得 $E^{\ominus}$ = 0.7618V，所以 $\varphi_{Zn^{2+}/Zn}^{\ominus}$ =-0.7618V。

用同样的方法，理论上可测得各电极的标准电极电势，常见电极的标准电极电势见附录数字资源。在使用此表时应注意以下几点：

① 表中所列电极反应一律用还原过程 $M^{n+} + ne^- \rightleftharpoons M$ 表示。标准电极电势数值越大（越正），说明氧化态物质的氧化能力越强；反之，标准电极电势数值越小（越负），说明还原态物质的还原能力越强。

② 表中电极电势按从小到大的顺序排列，因此表中右上方物质的还原性最强，左下方物质的氧化性最强。

③ 标准电极电势的数值与电极反应的方向无关。例如，无论电极反应是 $Cu^{2+} + 2e^- \rightleftharpoons$ Cu，还是 $Cu \rightleftharpoons Cu^{2+} + 2e^-$，标准电极电势都是相同的。

④ 电极电势是强度性质，其数值与电极反应计量系数无关。例如，无论反应式是 $Cu^{2+} + 2e^- \rightleftharpoons$ Cu，还是 $2Cu^{2+} + 4e^- \rightleftharpoons 2Cu$，标准电极电势 $\varphi_{Cu^{2+}/Cu}^{\ominus}$ 均为 0.337V。

⑤ 标准电极电势分为酸性溶液表和碱性溶液表，电极反应中 H^+ 无论在反应物或产物中出现均查酸表；OH^- 只要出现均查碱表；若无 H^+ 或 OH^- 出现，则从存在状态分析选用。

三、影响电极电势的因素

电极电势的大小主要取决于电极的本性，并受温度、气体分压、离子浓度等因素的影响。

（一）能斯特方程

德国化学家能斯特将影响电极电势大小的因素概括为一个公式，称能斯特方程式。

对任意电极反应，电极反应的通式为：

$$a\,氧化态 + ne^- \rightleftharpoons b\,还原态$$

$$\varphi = \varphi^{\ominus} + \frac{RT}{nF} \ln \frac{[氧化态]^a}{[还原态]^b} \tag{3-25}$$

式中，a，b 分别表示电极反应中氧化态、还原态物质的计量系数；φ 为非标准状态的电极电势；$\varphi^{\ominus}$ 为标准电极电势；[氧化态] 和 [还原态] 分别表示电极反应中氧化态与还原态一侧各物种平衡浓度幂的乘积；F 为法拉第常数，F=96500C $\cdot$ mol^{-1}；R 为摩尔气体常数，R=8.314J $\cdot$ mol$^{-1} \cdot$ K^{-1}；T 为热力学温度，K；n 为电极反应中电子的得失数。

当温度为 298.15K 时，代入 R、F 数值，并改为常用对数表示，可得出：

$$\varphi = \varphi^{\ominus} + \frac{0.0592}{n} \lg \frac{[氧化态]^a}{[还原态]^b} \tag{3-26}$$

应用能斯特方程应注意以下几点：

① 电极反应式中如果有 H^+、OH^-，也要写入相应的氧化态或还原态物质一侧。

② 电极反应中某一物质为固体、纯液体或水溶液中的 H_2O，它们的浓度可视为 $1mol \cdot L^{-1}$；若有气体则用相对分压表示。

（二）各种因素对电极电势的影响

1. 浓度对电极电势的影响

对一个指定电极，氧化态物质的浓度增大或还原态物质浓度减小都可使电极电势增大；反之，则减小。

【例 3-23】 已知电极反应 $Cu^{2+}(aq)+2e^- \rightleftharpoons Cu$；当 $c_{Cu^{2+}}=1.0\times10^{-3}mol \cdot L^{-1}$ 时，计算 298.15K 时，$\varphi_{Cu^{2+}/Cu}$ 为多少。已知 $\varphi^{\ominus}_{(Cu^{2+}/Cu)}=0.345V$。

解 电极反应为 $Cu^{2+}(aq)+2e^- \rightleftharpoons Cu$，则：

$$\varphi_{Cu^{2+}/Cu} = \varphi^{\ominus}_{Cu^{2+}/Cu} + \frac{0.0592}{2} \lg c_{Cu^{2+}}$$

$$= 0.345 + \frac{0.0592}{2} \lg(1.0\times10^{-3}) = 0.256(V)$$

2. 酸度对电极电势的影响

电极反应中如果有 H^+、OH^- 参加，则它们浓度的变化将对电极电势 φ 有影响。

【例 3-24】 电极反应为 $MnO_4^- + 8H^+ + 5e^- \rightleftharpoons Mn^{2+} + 4H_2O$，求 298.15K 时，$c_{MnO_4^-} = c_{Mn^{2+}}=1.0mol \cdot L^{-1}$，$c_{H^+}=0.010mol \cdot L^{-1}$ 时，$\varphi_{MnO_4^-/Mn^{2+}}$ 的值。已知 $\varphi^{\ominus}_{MnO_4^-/Mn^{2+}}=1.51V$。

解 $\varphi_{MnO_4^-/Mn^{2+}} = \varphi^{\ominus}_{MnO_4^-/Mn^{2+}} + \frac{0.0592}{5} \lg \frac{c_{MnO_4^-}c_{H^+}^8}{c_{Mn^{2+}}}$

$$= 1.51 + \frac{0.0592}{5} \lg \frac{1.0\times(0.010)^8}{1.0} = 1.32(V)$$

结果表明，当 $c_{H^+}=0.010mol \cdot L^{-1}$ 时，$\varphi_{MnO_4^-/Mn^{2+}}$ 比 $\varphi^{\ominus}_{MnO_4^-/Mn^{2+}}$ 减小了 0.19V。故含氧酸盐在酸性介质中有较强的氧化性。

3. 沉淀的生成对电极电势的影响

电极电对的氧化态或还原态物质生成沉淀时，会使物质的浓度减小，从而导致电极电势的变化。

【例 3-25】 在含有电对 Ag^+/Ag 的体系中，电极反应为 $Ag^++e^- \rightleftharpoons Ag$，$\varphi^{\ominus}_{(Ag^+/Ag)}=0.7996V$，若加入 NaCl 至溶液中，维持 $c_{Cl^-}=1.00mol \cdot L^{-1}$ 时，计算 $\varphi_{(Ag^+/Ag)}$ 的值。

解 当加入 NaCl 溶液时

$$Ag^++Cl^- \longrightarrow AgCl\downarrow$$

此时，$c_{Ag^+} = \dfrac{K_{sp,AgCl}}{c_{Cl^-}}$

当 $c_{Cl^-} = 1.00 mol \cdot L^{-1}$ 时，$c_{Ag^+} = \dfrac{1.77 \times 10^{-10}}{1.00} = 1.77 \times 10^{-10}$（$mol \cdot L^{-1}$）

将 c_{Ag^+} 值代入电极反应的能斯特方程，则有：

$$\varphi_{(Ag^+/Ag)} = \varphi_{(Ag^+/Ag)}^{\ominus} + \frac{0.0592}{1} \lg c_{Ag^+}$$

$$= 0.7996 + 0.0592\lg(1.77 \times 10^{-10}) = 0.22(V)$$

由于 AgCl 沉淀的生成，Ag^+ 平衡浓度减小，电对的电极电势下降了 0.58V，使 Ag^+ 氧化能力降低。

四、电极电势的应用

（一）判断原电池的正、负极，计算原电池的电动势

两对氧化还原电对构成电池时，φ 值大的为正极，φ 值小的为负极。电池的电动势按下式计算：

$$E = \varphi_{正} - \varphi_{负}$$

【例 3-26】 两个电极反应 $Cu^{2+}(aq)+2e^- \rightleftharpoons Cu$，$Zn^{2+}(aq)+2e^- \rightleftharpoons Zn$，在标准状态时组成原电池，反应为 $Zn+Cu^{2+} \rightleftharpoons Cu+Zn^{2+}$，请判断电池的正负极并计算其电动势。已知 $\varphi_{Cu^{2+}/Cu}^{\ominus} = 0.345V$，$\varphi_{Zn^{2+}/Zn}^{\ominus} = -0.76V$。

解 根据 φ 值大小可知 Cu^{2+}/Cu 作正极，Zn^{2+}/Zn 做负极，

电池电动势：$E = \varphi_{正} - \varphi_{负} = +0.345 - (-0.76) = +1.105V$

（二）比较氧化剂和还原剂的相对强弱

电极电势 φ 的大小反映了氧化还原电对中物质氧化还原能力的强弱。φ 值越小，则电对中还原态物质的还原性越强，对应的氧化态物质的氧化性越弱；φ 值越大，则电对中氧化态物质的氧化性越强，对应的还原态物质的还原性越弱。

【例 3-27】 在下列电对 Cu^{2+}/Cu，Fe^{3+}/Fe^{2+}，MnO_4^-/Mn^{2+} 中找出最强的氧化剂和最强的还原剂，并列出各氧化态物质的氧化能力及还原态物质的还原能力的强弱顺序。

解 查附录数字资源可得：

$$\varphi_{Cu^{2+}/Cu}^{\ominus} = 0.345V，\quad \varphi_{(Fe^{3+}/Fe^{2+})}^{\ominus} = 0.771V，\quad \varphi_{(MnO_4^-/Mn^{2+})}^{\ominus} = 1.51V$$

比较各电对电极电势大小可知，MnO_4^-/Mn^{2+} 的 $\varphi^{\ominus}$ 值最大，其氧化态物质 MnO_4^- 的氧化性最强，故 MnO_4^- 是最强的氧化剂；电对 Cu^{2+}/Cu 的 $\varphi^{\ominus}$ 值最小，其还原态物质 Cu 还原性最强，是最强的还原剂。

各氧化态物质氧化能力的顺序为：$MnO_4^- > Fe^{3+} > Cu^{2+}$；

各还原态物质还原能力的顺序为：$Cu > Fe^{2+} > Mn^{2+}$。

（三）判断氧化还原反应进行的方向

氧化还原反应自发进行的方向总是：

$$强氧化剂 + 强还原剂 \rightleftharpoons 弱还原剂 + 弱氧化剂$$

即 φ 值大的氧化态物质能氧化 φ 值小的还原态物质。要判断一个氧化还原反应的方向可

构建原电池，使反应物中氧化剂对应的电对为正极，还原剂对应的电对为负极，计算原电池的电动势。

① 若 $E > 0$，即 $\varphi_正 > \varphi_负$，反应可以正向自发进行；

② 若 $E=0$，即 $\varphi_正 = \varphi_负$，反应处于平衡状态；

③ 若 $E < 0$，即 $\varphi_正 < \varphi_负$，反应可以逆向自发进行。

【例 3-28】 判断 $2Fe^{3+}+Cu \rightleftharpoons 2Fe^{2+}+Cu^{2+}$ 在标准态时反应进行的方向以及在 $c_{Fe^{3+}} = c_{Fe^{2+}} = 0.1mol \cdot L^{-1}$，$c_{Cu^{2+}} = 2mol \cdot L^{-1}$ 时的反应进行方向。已知 $\varphi^\ominus_{Fe^{3+}/Fe^{2+}} = 0.771V$，$\varphi^\ominus_{Cu^{2+}/Cu} = 0.345V$。

解 在标准状态时：

$$E^\ominus = \varphi^\ominus_{Fe^{3+}/Fe^{2+}} - \varphi^\ominus_{Cu^{2+}/Cu} = 0.771 - 0.345 = 0.426(V) > 0$$

故反应可以正向自发进行。

当 $c_{Fe^{3+}} = c_{Fe^{2+}} = 0.1mol \cdot L^{-1}$，$c_{Cu^{2+}} = 2mol \cdot L^{-1}$ 时：

$$\varphi_{Fe^{3+}/Fe^{2+}} = \varphi^\ominus_{Fe^{3+}/Fe^{2+}} + 0.0592 \lg \frac{0.1}{0.1} = 0.771(V)$$

$$\varphi_{Cu^{2+}/Cu} = \varphi^\ominus_{Cu^{2+}/Cu} + \frac{0.0592}{2} \lg c_{Cu^{2+}} = 0.345 + \frac{0.0592}{2} \lg 2 = 0.354V$$

则：$E = \varphi_{Fe^{3+}/Fe^{2+}} - \varphi_{Cu^{2+}/Cu} = 0.771 - 0.354 = 0.417(V) > 0$

即反应正向自发进行。

（四）判断氧化还原反应的限度

反应的化学平衡常数 K 可以反映氧化还原反应进行到什么程度。如果是标准状态，则可用标准平衡常数 $K^\ominus$ 表示。298.15K 时：

$$\lg K^\ominus = \frac{nE^\ominus}{0.0592} \tag{3-27}$$

式中，$K^\ominus$ 为反应的标准平衡常数；n 为反应中的电子得失数；$E^\ominus$ 为标准电池电动势。

两个电对的电极电势相差越大，则组成的原电池的氧化还原反应平衡常数越大，反应进行得越彻底。

【例 3-29】 计算 298.15K 时反应 $Cr_2O_7^{2-}+6Fe^{2+}+14H^+ \rightleftharpoons 2Cr^{3+}+6Fe^{3+}+7H_2O$ 的标准平衡常数。

解 由附录数字资源查得，$\varphi^\ominus_{Cr_2O_7^{2-}/Cr^{3+}} = +1.33V$，$\varphi^\ominus_{Fe^{3+}/Fe^{2+}} = +0.771V$，则：

$$E^\ominus = \varphi^\ominus_正 - \varphi^\ominus_负 = 1.33 - 0.771 = 0.559(V)$$

由反应式知 $n=6$，代入式（3-27），得：

$$\lg K^\ominus = \frac{6 \times 0.559}{0.0592}$$

$$K^\ominus = 4.57 \times 10^{56}$$

$K^\ominus$ 很大，说明反应进行得很完全。

任务六　配位平衡

配位化合物简称配合物，是组成复杂、应用广泛的一类化合物。例如生物学中，很多生物分子都是配位化合物，如人体中的血红素是亚铁的配位化合物，植物中的叶绿素是镁的配位化合物。配位化学无论在基础理论研究或实际应用方面都具有非常重要的意义，并渗透到生物化学、环境化学、药物化学、催化、冶金等其他学科领域。

一、配位化合物的基本概念

1. 配位化合物的定义

向 $CuSO_4$ 稀溶液中逐滴加入浓氨水，边加边振荡，开始时有蓝色沉淀生成，继续滴加氨水，沉淀逐渐消失，生成深蓝色的溶液。向溶液中加入适量乙醇，会析出深蓝色晶体。经 X 射线结构分析，该结晶的化学组成是 $[Cu(NH_3)_4]SO_4$，不同于以往的离子化合物和共价化合物，这类化合物结构复杂，性质稳定，溶液中基本上不呈现 Cu^{2+} 和 NH_3 的性质。这一类化合物都是通过配位键结合起来的，故称为配位化合物。

配位化合物是由可以给出孤电子对的一定数目的离子或分子（称为配体）和具有可接受孤电子对的原子或离子（统称为中心原子）按一定的组成和空间构型所形成的化合物。如 $[Zn(NH_3)_4]SO_4$、$[Ag(NH_3)_2]NO_3$ 等。

2. 内界与外界

一般配合物分子是由内界（inner sphere）和外界（outer sphere）组成的。中心原子和配体通过配位键结合是配合物的内界，是配位化合物的特征部分，写在方括号内。内界可能带有电荷称为配离子，外界是与配离子带有相反电荷的部分。以 $[Cu(NH_3)_4]SO_4$ 为例，其组成表示为：

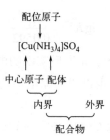

3. 中心原子

中心原子（central atom）具有空的价电子轨道，是可以接受配位体提供的孤电子对形成配位键或接受配位体的 π 键电子成键的金属原子或离子。中心原子是配离子的中心，通常是一些过渡元素金属，如 Cu、Fe 和 Ni 等。非金属元素的原子也可以作为中心原子，如 Si 形成的 $[SiF_6]^{2-}$ 配离子。

4. 配位体与配位原子

配位体（ligand）（简称配体）是配合物中能提供电子对与中心原子相结合的阴离子或中性分子，如含有孤电子对的卤素离子、H_2O、CN^-、NH_3 等。配位体中直接向中心原子提供孤电子对形成配位键的原子称为配位原子，如 NH_3 中的 N、F^- 中的 F、H_2O 中的 O 等。配位原子最外层电子都有孤电子对，常见的是周期表中电负性较大的原子，如 N、O、C、S、F、Cl、Br、I 等。

配体分类的标准有很多。根据是否带有电荷可分为分子配体和离子配体，如 H_2O、NH_3、乙二胺（简写为 en）等是分子配体；CN^-、Cl^-、Br^-、I^- 等是离子配体。根据配体的种类可分为无机配体和有机配体，如 H_2O、Cl^- 等属于无机配体；如 en、乙二胺四乙酸（简写为 EDTA）等属于有机配体。根据配体中配位原子的个数可分为单齿配体和多齿配体，单齿配体是只含有一个配位原子的配体，如 X^-、CN^-、SCN^-、NH_3、H_2O、CO（羰基）等；多齿配体含有两个或两个以上的配位原子，与中心原子可形成多个配位键，如常见的 en 有两个氮原子是配位原子，EDTA 有 6 个配位原子（2 个氨基氮原子，4 个羧基氧原子）。

有少数配体虽然化学式相同，但是写法不同，配位原子也不相同。例如，硝基 NO_2^-（N 是配位原子）与亚硝酸根 ONO^-（O 是配位原子），硫氰根 SCN^-（S 是配位原子）与异硫氰根 NCS^-（N 是配位原子）。

5. 配位数

在配合物中直接同中心原子（或离子）配位的配位原子的数目称为中心原子的配位数（coordination number）。一般中心原子的配位数为 2、4、6、8。常见的配位数是 6 和 4。若配体是单齿的，则配位数与配体数相同。若配体是多齿的，则配位数与配体数不相等，而是配位数 = 配体数 × 每个配体的配位原子数。例如：$[Cu(NH_3)_4]SO_4$ 的配位数是 4，配体数是 4，为单齿配位；$[Cu(en)_2]^{2+}$ 的配位数是 4，配体数是 2，为多齿配位，因为每个 en 中有两个配位原子，所以 $[Cu(en)_2]^{2+}$ 中 Cu^{2+} 的配位数是 4。

6. 配离子的电荷

配离子的电荷数等于中心原子和配体总电荷的代数和。由于配合物是电中性的，外界离子的电荷总数和配离子的电荷总数相等，符号相反。因此可根据外界离子的电荷推断出配离子的电荷及中心原子的氧化数。例如 $K_3[Fe(CN)_6]$ 和 $K_4[Fe(CN)_6]$ 中，配离子的电荷分别为 –3 和 –4。

3-6 配位化合物基本概念视频

二、配合物的命名

配合物的命名与一般无机化合物的命名原则大致相同，先阴离子后阳离子。内外界之间以"某化某"或"某酸某"命名。若内界为阳离子，外界酸根是一个简单离子（如 Cl^-、OH^-），称"某化某"，外界酸根是复杂阴离子（如 SO_4^{2-}），称某酸某；若内界为阴离子，外界是阳离子，则在内外界之间称"某酸某"，外界是 H 原子时，则称"某酸"。1980 年中国化学会无机专业委员会制定了配合物的汉语命名原则，具体如下：

① 命名配离子时，配位体的名称放在前，中心原子名称放在后。

② 配位体和中心原子的名称之间用"合"字相连。

③ 中心原子为离子，在金属离子的名称之后附加带圆括号的罗马数字，以表示离子的氧化数。

④ 配位数用中文数字写在配位体名称之前。

⑤ 如果配合物中有多种配体，则它们的排列次序为：阴离子配体在前，中性分子配体在后，无机配体在前，有机配体在后，不同配体的名称之间还要用中圆点"·"分开。在同类配体中（同为阴离子或同为中性分子），按配位原子的元素符号的英文字母顺序列出配体先后次序。

即：配位数＋配体名称＋"合"＋中心原子名称（氧化数）。

例如：

[Ag(NH$_3$)$_2$]$^+$	二氨合银（Ⅰ）离子
[PtCl$_2$(NH$_3$)$_2$]$^{2+}$	二氯·二氨合铂（Ⅳ）离子
[Cu(H$_2$O)$_4$]SO$_4$	硫酸四水合铜（Ⅱ）
[Zn(NH$_3$)$_4$](OH)$_2$	氢氧化四氨合锌（Ⅱ）
(NH$_4$)$_3$[Fe(CN)$_6$]	六氰合铁（Ⅲ）酸铵
K$_2$[PtCl$_6$]	六氯合铂（Ⅳ）酸钾
[Ni(CO)$_4$]	四羰基合镍
[Co(NH$_3$)$_2$(en)$_2$]Cl$_3$	三氯化二氨·二（乙二胺）合钴（Ⅲ）

三、螯合物

生物体内的配位化合物中，配体多数是有机多齿配体，在与中心原子形成配位键时，多齿配体像螃蟹一样用两只大钳紧紧夹住中心原子，形成具有特殊稳定性的环状结构。由中心原子与多齿配体所形成的具有环状结构的配合物称为螯合物。如 EDTA 与 Cu^{2+} 形成的螯合物如图 3-8 所示。

3-7　配合物的命名视频

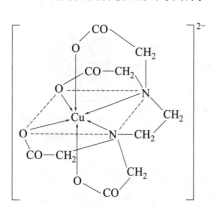

图 3-8　EDTA-Cu 配合物的结构

能生成螯合物的这种配体称为螯合剂。螯合剂应具备以下两个条件：①必须含有两个或两个以上的配位原子，配位原子主要是 O、N、S 等。②配位原子之间一般有 2～3 个其他原子，以利于形成五元环或六元环。常用的螯合剂有多磷酸盐、氨基羧酸、羟基羧酸等。螯合物比具有相同配位原子的非螯合物稳定性更高。这种稳定性是由于形成螯合结构所产生的，称为螯合效应。一个配体与中心离子所形成的螯合环越多，螯合物越稳定。

四、配合物的稳定性

配合物的稳定性一般是指配合物在水溶液中的解离程度，解离程度越大，说明配合物的稳定性越小，反之越大。通常用稳定常数来表示配合物的解离程度。

（一）稳定常数

金属离子与自由配体形成配合物的平衡常数，称为稳定常数。一定温度下，在 CuSO$_4$ 溶液中加入过量氨水，会生成深蓝色的 [Cu(NH$_3$)$_4$]$^{2+}$ 配离子，同时 [Cu(NH$_3$)$_4$]$^{2+}$ 还可以解离，反应式如下：

$$Cu^{2+}+4NH_3 \rightleftharpoons [Cu(NH_3)_4]^{2+}$$

当配位反应和解离反应速率相等时，系统达到动态平衡，称为配位平衡。其平衡常数即为稳定常数，用$K_稳$表示，表达式为：

$$K_稳 = \frac{[Cu(NH_3)]_4^{2+}}{[Cu^{2+}][NH_3]^4}$$

稳定常数越大，说明生成配离子的倾向越大，配离子越稳定。配合物在溶液中的生成与解离，是分级进行的，而且各级离解或生成常数也不一样。如Cu^{2+}与NH_3生成$[Cu(NH_3)_4]^{2+}$配离子的反应过程如下：

$$Cu^{2+}+NH_3 \rightleftharpoons [Cu(NH_3)]^{2+}；K_{稳1} = \frac{[Cu(NH_3)]^{2+}}{[Cu^{2+}][NH_3]} = 1.35 \times 10^4$$

$$[Cu(NH_3)]^{2+}+NH_3 \rightleftharpoons [Cu(NH_3)_2]^{2+}；K_{稳2} = \frac{[Cu(NH_3)_2]^{2+}}{[Cu(NH_3)]^{2+}[NH_3]} = 3.01 \times 10^3$$

$$[Cu(NH_3)_2]^{2+}+NH_3 \rightleftharpoons [Cu(NH_3)_3]^{2+}；K_{稳3} = \frac{[Cu(NH_3)_3]^{2+}}{[Cu(NH_3)_2]^{2+}[NH_3]} = 7.41 \times 10^2$$

$$[Cu(NH_3)_3]^{2+}+NH_3 \rightleftharpoons [Cu(NH_3)_4]^{2+}；K_{稳4} = \frac{[Cu(NH_3)_4]^{2+}}{[Cu(NH_3)_3]^{2+}[NH_3]} = 1.29 \times 10^2$$

$K_{稳1}$、$K_{稳2}$、$K_{稳3}$、$K_{稳4}$称为逐级稳定常数。一般认为，随着配位体数目增多，配位体之间的排斥作用加大，稳定性下降，故其逐级稳定常数随着配位数的增加而下降。配合物的逐级稳定常数和稳定常数间有以下关系：

$$K_稳 = K_{稳1} \times K_{稳2} \times K_{稳3} \times K_{稳4} \cdots$$

在实际工作中，一般总是加入过量的配位剂，因此溶液中以最高配位数的配离子为主，其他各级配离子可忽略不计，这样计算就大为简化。

（二）配位平衡移动

金属离子 M 与配位体 L 形成的配合物ML_x（为书写简便略去离子电荷），在水溶液中存在解离平衡：

$$M+xL \rightleftharpoons ML_x$$

配位平衡与其他化学平衡一样，也是相对的、有条件的动态平衡。这种平衡受外界因素的影响，外界条件变化，则平衡就会发生移动。配位平衡同溶液的 pH 值、沉淀反应、氧化还原反应等有密切的关系，下面将分别加以讨论。

1. 溶液 pH 值的影响

溶液 pH 值可使配位平衡发生移动，主要是因为酸度对中心离子和配体可造成影响。如配体X^-、CN^-、SCN^-、OH^-、NH_3等都是碱，可接受质子，生成难解离的弱酸，促使配合物解离。如：

因溶液酸度增大而导致配离子稳定性减弱的作用称为酸效应。当溶液酸度一定时，配体的碱性越强，配离子越不稳定，酸效应越明显。溶液的酸度对中心离子也有影响。配合物的中心离子大多是过渡金属离子，可与水溶液中的 OH^- 发生反应，导致中心原子浓度降低，配位反应向解离方向移动，这种现象称为水解效应。溶液的碱性强，利于中心原子水解反应的进行。如：

$$[FeF_6]^{3-}+3OH^- \Longleftrightarrow Fe(OH)_3+6F^-$$

因此，要想使配合物在溶液中能够稳定存在，必须使溶液维持合适的酸度。一般在不发生水解反应的前提下，提高溶液的 pH 值有利于提高配合物的稳定性。

2. 沉淀反应的影响

很多金属离子能与沉淀剂生成难溶电解质。当配离子的稳定性很高，难溶物的溶解度较大，则平衡向配位方向移动生成配离子；反之，若配离子的稳定性较低，难溶物的溶解度很小，则导致中心离子浓度降低，平衡向解离方向移动。如：

$$[Ag(NH_3)_2]^+ \Longleftrightarrow Ag^+ + 2NH_3$$
平衡移动方向   +
Br$^-$
AgBr↓

3. 氧化还原反应的影响

配合物的中心原子大多是氧化数高的金属离子，如 Fe^{3+}、Co^{3+}，具有氧化性。在配离子溶液中加入还原性物质时，中心离子会发生氧化还原反应而导致浓度减小，使平衡向解离方向移动。如在 $[FeCl_4]^-$ 离子溶液中加入 KI 试剂，因为 I^- 与 Fe^{3+} 发生氧化还原反应，则 $[FeCl_4]^-$ 发生离解：

$$[FeCl_4]^-+2I^- \Longleftrightarrow Fe^{2+}+I_2+4Cl^-$$

同样，配位反应也会影响氧化还原反应平衡。在氧化还原反应达到平衡时，加入配位剂，可与金属离子发生配位反应，使金属离子浓度降低，进而可改变金属的电极电势与氧化还原反应的方向。如 Au 不与 HNO_3 发生氧化还原反应，却溶于王水（浓硝酸与浓盐酸体积比为 1∶3），因为 Au 与 Cl^- 形成了 $[AuCl_4]^-$，导致 Au 溶解。

$$Au+4HCl+HNO_3 \Longrightarrow H[AuCl_4]+NO\uparrow+2H_2O$$

4. 配离子之间的转化

配离子之间的转化指一种配离子可以转化为另一种更稳定的配离子，平衡总是向着生成更稳定的配离子的方向移动，转化的程度与配离子的稳定常数有关。对同一中心离子形成的相同配位数的配离子，两者稳定常数相差越大，转化越完全。例如，判断 $[Ag(NH_3)_2]^+$ 能否转化为 $[Ag(CN)_2]^-$：

$$[Ag(NH_3)_2]^++2CN^- \Longleftrightarrow [Ag(CN)_2]^-+2NH_3$$

$$K = \frac{[Ag(CN)_2]^-[NH_3]^2}{[Ag(NH_3)_2]^+[CN^-]^2} = \frac{[Ag(CN)_2]^-[NH_3]^2}{[Ag(NH_3)_2]^+[CN^-]^2} \times \frac{[Ag^+]}{[Ag^+]}$$

$$= \frac{K_{稳,[Ag(CN)_2]^-}}{K_{稳,[Ag(NH_3)_2]^+}} = \frac{1.3 \times 10^{21}}{2.5 \times 10^7} = 5.2 \times 10^{13}$$

K 值很大，说明反应向右进行的趋势很大，转化反应可以进行得很完全。由此可见，转化反应总是向 $K_稳$ 值更大的配离子的方向进行。

 **思政案例**

配位场理论

配位场理论与分子轨道理论、价键理论是当代最新发展起来的有关分子结构的三大理论，它是现代无机化学和元素有机化学的重要理论基础。在 20 世纪 60 年代，唐敖庆（1914～2008）和他的研究团队开展了配位场理论及其方法的研究，成功地定义了三维旋转群到分子点群间的耦合系数，建立了一套完整的从连续群到分子点群的不可约张量方法，并构建出三维旋转群到分子点群间的耦合系数的数值表，从而统一了配位场理论的各种方案，创造性地发展和完善了配位场理论及其研究方法，为发展化学工业催化剂和受激光发射的科学技术提供了新的理论依据。该项研究成果获 1982 年国家自然科学奖一等奖。

扫一扫

【思维导图】

 **目标练习**

一、单选题

1. 判断下列说法，哪项是正确的？（　　）

　A. 质量作用定律是一个普遍的规律，适用于一切化学反应

　B. 反应速率常数与温度有关，而与物质的浓度无关

　C. 同一反应，加入的催化剂不同，但活化能的降低是相同的

　D. 反应级数与反应分子数总是一致的

2. 下列哪项不是化学平衡的特征？（　　）

　A. 正反应和逆反应的速率都等于零　　　　B. 化学平衡是一种动态平衡

　C. 平衡状态是可逆反应进行的最大限度　　D. 化学平衡是相对的、有条件的

3. 已知 $0.1 \text{mol} \cdot \text{L}^{-1}$ 一元弱酸 HR 溶液的 pH=5.0，则 $0.1 \text{mol} \cdot \text{L}^{-1}$ NaR 溶液的 pH 值为（　　）。

　A. 9.0　　　　　　　　　　　　　　　　B. 10.0

　C. 11.0　　　　　　　　　　　　　　　　D. 12.0

4. 按质子理论，Na_2HPO_4 是（　　）。

　A. 中性物质　　　　　　　　　　　　　　B. 酸性物质

　C. 碱性物质　　　　　　　　　　　　　　D. 两性物质

5. 用纯水将下列溶液稀释 10 倍时，其中 pH 值变化最小的是（　　）。

    A. $0.1mol \cdot L^{-1}$ HCl 溶液

    B. $0.1mol \cdot L^{-1}$ $NH_3 \cdot H_2O$ 溶液

    C. $0.1mol \cdot L^{-1}$ HAc 溶液

    D. $0.1mol \cdot L^{-1}$ HAc 溶液 $+0.1mol \cdot L^{-1}$ NaAc 溶液

6. 欲配制 pH=5 的缓冲溶液，应选择下面哪个缓冲对？（　　）

    A. HCN−NaCN(K_a=6.2×10^{-10})　　　　　　B. HAc−NaAc(K_a=1.75×10^{-5})

    C. NH_3−NH_4Cl(K_b=1.75×10^{-5})　　　　　D. KH_2PO_4−Na_2HPO_4(K_{a_2}=6.2×10^{-8})

7. CaF_2 饱和溶液的浓度是 $2×10^{-4}mol \cdot L^{-1}$，则其溶度积常数为（　　）。

    A. 2.6×10^{-9}　　　　　　　　　　　　B. 4×10^{-8}

    C. 3.2×10^{-11}　　　　　　　　　　　　D. 8×10^{-12}

8. 将反应 $Fe^{2+}+Ag^+ \rightleftharpoons Fe^{3+}+Ag$ 组成原电池，下列哪种表示符号是正确的？（　　）

    A. (−)Pt | Fe^{2+}，Fe^{3+} ‖ Ag^+ | Ag(+)　　　B. (−)Cu | Fe^{2+}，Fe^{3+} ‖ Ag^+ | Ag(+)

    C. (−)Ag | Fe^{2+}，Fe^{3+} ‖ Ag^+ | Ag(+)　　　D. (−)Pt | Fe^{2+}，Fe^{3+} ‖ Ag^+ | Cu(+)

9. 下列说法正确的是（　　）。

    A. 配位数就是配位体的数目　　　　　　B. 配合物中配位键数目称为配位数

    C. 配离子电荷数等于中心原子的电荷数　　D. 只有金属离子才能作中心原子

10. $K_4[Fe(CN)_6]$ 中配离子电荷和中心原子的氧化数分别为（　　）。

    A. −2，+4　　　　　　　　　　　　　B. −4，+2

    C. +3，−3　　　　　　　　　　　　　D. −3，+3

二、简答题

1. 根据酸碱质子理论，分析下列物质哪些是酸？哪些是碱？哪些既是酸又是碱？

    HS^-　　HCO_3^-　　$H_2PO_4^-$　　H_2S　　NO_3^-　　Ac^-　　OH^-　　H_2O

2. 写出下列各分子或离子的共轭碱的化学式。

    NH_4^+　　HS^-　　HPO_4^{2-}　　H_2O

3. 试以 $NH_3 \cdot H_2O$-NH_4Cl 为例，简要说明缓冲溶液抵抗外来少量酸（碱）和稀释作用的原理。

4. 将 1mL $0.1mol \cdot L^{-1}$ $MgCl_2$ 与 1mL $0.1mol \cdot L^{-1}$ 氨水溶液混合后有无 $Mg(OH)_2$ 沉淀生成？

5. 写出 H_2S、SCl_2、$Na_2S_2O_3$、$Na_2S_4O_6$、$Na_2S_2O_5$ 中硫元素的氧化数。

6. 配平下列反应方程式：

    （1）$MnO_4^-+SO_3^{2-}+H_2O \longrightarrow MnO_2+SO_4^{2-}+OH^-$

    （2）$Cu_2S+HNO_3 \longrightarrow Cu(NO_3)_2+H_2SO_4+NO\uparrow+H_2O$

    （3）$S+HNO_3 \longrightarrow SO_2\uparrow+NO\uparrow+H_2O$

    （4）$Cr_2O_7^{2-}+H_2S+H^+ \longrightarrow Cr^{3+}+3S+H_2O$

7. 判断反应 $Pb^{2+}+Sn \rightleftharpoons Pb+Sn^{2+}$ 在标准态时及 $c_{Pb^{2+}}$=0.010mol·L^{-1}，$c_{Sn^{2+}}$=1.0mol·L^{-1} 时的反应方向。已知 $\varphi_{(Pb^{2+}/Pb)}^{\ominus}$=−0.13V，$\varphi_{(Sn^{2+}/Sn)}^{\ominus}$=−0.14V。

8. 指出下列配合物的中心离子（或原子）、配体、配位数、配离子电荷。

    （1）$[PtCl_4(NH_3)_2]$；（2）$[CoCl(NH_3)(en)_2]Cl$；（3）$Ni(CO)_4$

三、计算题

1. 计算下列溶液的 pH 值

（1）计算 25℃ 时，0.010mol·L^{-1}HAc 溶液的 pH 值。已知 K_a=1.75×10^{-5}。

（2）计算 0.1mol·L^{-1} NH$_4$Cl 溶液中 H$^+$ 的浓度和溶液的 pH 值。已知 K_{b,NH_3}=1.75×10^{-5}。

2. 欲配制 1.00L HAc 浓度为 0.10mol·L^{-1}，pH=4.50 的缓冲溶液，需加入多少克 NaAc·3H$_2$O 固体？已知 NaAc·3H$_2$O 的相对分子质量为 136。

3. 已知室温时，AgBr 和 Mg(OH)$_2$ 的 K_{sp} 分别为 5.35×10^{-13} 和 2.06×10^{-13}，求它们的溶解度 s。

4. 298.15K 时，电极反应 $MnO_4^- + 8H^+ + 5e^- \rightleftharpoons Mn^{2+} + 4H_2O$，$\varphi^{\ominus}$=1.51V。

（1）计算 pH=1.0，其他电极物质均处于标准态时的电极电势。

（2）计算 pH=7.0，其他电极物质均处于标准态时的电极电势。

模块二

分析化学

项目四
分析化学概述

学习目标

1. 掌握误差、偏差的表示方法；准确度和精密度的关系；提高分析结果准确度的方法。
2. 熟悉有效数字的定义、修约及运算规则。
3. 了解分析化学的分类和定量分析的一般程序。

能力目标

1. 能根据分析对象选择合适的分析方法。
2. 能评价实验分析结果的准确度和精密度。

素质目标

1. 培养耐心专注的工匠精神。
2. 培养严谨细致、诚实守信的职业素养。

扫一扫　4-1　误差和数据处理视频

扫一扫　4-2　有效数字及其运算规则视频

　　分析化学（analytical chemistry）是一门研究物质的化学组成、含量、结构和形态等化学信息和相关理论的学科，也是化学学科的一个重要分支。分析化学在医药卫生、食品和环境检测等领域中应用广泛。本项目主要介绍分析化学的基础知识。

任务一　定量分析概述

一、分析化学的分类

　　根据分析对象、分析任务、测定原理、试样的用量和分析要求的不同，分析化学有以下几种分类方法。

（一）无机分析和有机分析

根据分析对象不同，分析化学可分为无机分析（inorganic analysis）和有机分析（organic analysis）。前者的分析对象是无机物；后者的分析对象为有机物。无机分析要求鉴定试样是由哪些元素、离子、基团或化合物组成以及各组分的相对含量。而有机分析不但要求做元素分析、含量测定，更重要的是要进行官能团分析及结构分析。

（二）定性分析、定量分析与结构分析

根据分析任务不同，分析化学主要分为三类。定性分析（qualitative analysis）确定物质的组分；定量分析（quantitative analysis）测定物质中有关组分的含量；结构分析（structural analysis）确定各组分的化学结构。

（三）化学分析和仪器分析

根据测定原理不同，分析化学被分为化学分析（chemical analysis）和仪器分析（instrumental analysis）两类。

化学分析是以物质的化学反应为基础的分析方法，它是分析化学的基础，包括化学定性分析和化学定量分析。化学定性分析是根据化学反应的现象来判断某种组分是否存在；化学定量分析是根据待测组分与所加的化学试剂按照确定的计量关系发生化学反应来测定该组分的含量。化学分析法所用的仪器比较简单，结果准确，因此应用范围广，但灵敏度较低，不适用微量成分的测定。

仪器分析是以物质的物理或物理化学性质为基础并借助仪器来确定待测物质的组成、结构或含量的分析方法。常用的仪器分析方法有光谱分析法、色谱分析法、质谱法、电化学分析法等。仪器分析法需要用到较精密的仪器，具有简便快速、试样用量少和灵敏度高等优点，适用于微量和痕量组分的分析。

化学分析和仪器分析相辅相成。尽管目前仪器分析的应用越来越广泛，但是化学分析仍然是分析测试的基础。仪器分析大多需要化学纯品作标准，而这些化学纯品的成分必须要用化学分析方法来确定。

（四）常量分析、半微量分析、微量分析和超微量分析

根据试样的用量不同，分析化学可分为常量分析（macro analysis）、半微量分析（semi-micro analysis）、微量分析（micro analysis）和超微量分析（ultra-micro analysis）。各种分析方法的试样用量具体如表 4-1 所示。

表 4-1　各种分析方法的试样用量

分析方法	试样质量 /mg	试液体积 /mL
常量分析	＞ 100	＞ 10
半微量分析	10 ～ 100	1 ～ 10
微量分析	0.1 ～ 10	0.01 ～ 1
超微量分析	＜ 0.1	＜ 0.01

在化学定量分析中，多采用常量分析法；在化学定性分析中，多采用半微量分析法；而进行微量和超微量分析时，往往采用仪器分析法。

此外，根据样品中待测组分的含量不同，又可将待测组分粗略地分为常量组分（＞1%）、微量组分（0.01%～1%）和痕量组分（＜ 0.01%），这些组分的分析方法可分别称为常

量组分分析、微量组分分析和痕量（组分）分析。特别要注意的是，这种分类法与试样用量分类法角度不同，两种概念容易混淆，比如痕量分析不一定是微量分析。

二、定量分析的一般程序

定量分析的过程一般分为以下几个步骤：取样；分析方法的选择；试样的预处理；样品测定；分析结果的处理和评价。

1. 取样

在实际分析过程中常需要测定大量样品中某些组分的平均含量，必须使被测样品具有代表性，即能代表所有样品的真实情况。在进行分析之前必须了解试样的来源，明确分析的目的，做好取样工作。

2. 分析方法的选择

根据分析测定的具体要求以及被测组分和共存组分的性质与含量，来选择合适的分析方法，最终确定分析方案。在选择分析方法时，应以国家相关的分析标准为原则，并结合自身的实验室条件。

3. 试样的预处理

预处理包括两个过程，即分解试样和消除干扰。

在分析工作中，除了少数分析方法（如差热分析、红外光谱等）为干法分析，大多是湿法分析，即先将试样分解后制成溶液再进行分析。在分解试样的过程中，应遵循以下三个原则：①试样分解必须完全；②待测组分不能损失；③不引入待测组分和干扰物质。

试样的性质不同，预处理的方法也不同。无机物试样的预处理方法通常有酸溶、碱溶和熔融法。有机物试样的预处理方法通常有灰化、挥发、蒸馏等。

4. 样品测定

选定分析方法并预处理样品后，在分析测定过程中，应全面考虑分析条件的选择和优化，并进行分析质量控制，以保证分析结果的精密度和准确度。

5. 分析结果的处理和评价

整个分析过程的最后一个环节是计算待测组分的含量，对分析测定所得的数据进行处理和计算，并能正确表达结果，按照要求给出报告。与此同时，应对分析结果进行评价，判断分析结果的灵敏度、准确度、选择性等是否达到要求。随着现代分析化学的发展，分析化学可以借助计算机技术从分析数据中获取有用的信息和知识，帮助解决更多的实际问题。

任务二　定量分析中的误差和分析数据处理

在实际的分析过程中，由于某些客观或主观因素，会使测定结果和真实值之间产生一定的差值，该差值被称为误差（error）。因此，作为分析工作者不仅要掌握正确的实验操作方法，还要掌握分析过程中产生误差的原因以及规律，从而正确地处理实验数据并给出测定结果。

一、误差的分类及其产生原因

在定量分析中，根据误差的性质不同可以将其分为两类，即系统误差和偶然误差。

（一）系统误差（system error）

系统误差又称可测误差或恒定误差，是由分析过程中某种确定的原因造成的。该误差重复测定时会重复出现，测定结果具有单向性，其数值大小具有一定的规律性。系统误差产生的主要原因有以下几个方面。

1. 方法误差（method error）

由于分析方法本身的缺陷或者不够完善所引起的误差，称为方法误差。例如，在滴定分析中，滴定反应不完全、干扰离子的影响、配合物解离、化学计量点与滴定终点不一致及副反应的发生等引起的误差，都是方法误差；在重量分析中，共沉淀现象、沉淀的溶解、灼烧时沉淀的分解或挥发等引起的误差，都是方法误差。

2. 仪器误差（instrumental error）

由于仪器本身不够准确（精度所限）或未经校准而引起的误差，称为仪器误差。例如，砝码腐蚀，天平不等臂，滴定管、容量瓶、移液管等容量仪器未经校准，分光光度法中单色光不纯等引起的误差。

3. 试剂误差（reagent error）

由于试剂不纯或被污染以及所用蒸馏水不合规格，含有微量杂质和干扰测定的物质而引起的误差，称为试剂误差。

4. 操作误差（operation error）

分析工作者在正常操作情况下由于主观因素或习惯所引起的误差，称为操作误差。例如，由于对滴定终点颜色转换及深浅辨别的敏感度，对仪器指针位置的判断，对容量仪器所显示的体积读数判断等引起的误差。

（二）偶然误差（accidental error）

偶然误差也可称为不可测误差或随机误差。它是由某些无法控制和预测的因素随机变化而引起的。该误差的大小、方向都不固定。如测定时环境的温度、湿度、压力的微小变化，仪器性能的微小波动等引起的测量数据的波动。

但是在消除系统误差以后，在相同的条件下进行多次测定发现，偶然误差服从正态分布的统计规律：①大小相等的正、负误差出现的概率是相同的；②偶然误差出现的概率与其大小有关，小误差出现的机会多，大误差出现的机会少，个别特别大的正、负误差出现的次数极少。偶然误差中绝对值相同的正负误差之间常可以相互抵消，因此，可以增加测定次数，并取平均值来减小偶然误差。

过失误差（gross error）是由于分析工作者的粗心大意或操作不正确而引起的误差。过失误差的数据不应列入误差范畴，而必须予以剔除，不能参加测定结果平均值的计算。只要分析工作者能够认真细致，严格遵守操作的规程，过失误差是可以完全避免的。

想一想 9. 实验中，因为滴定管没有校准引起体积读数偏大属于（   ）。
A. 过失误差   B. 方法误差   C. 系统误差   D. 偶然误差

二、误差和偏差的表示方法

（一）准确度与误差

准确度（accuracy）是指测定值与真实值之间接近的程度。准确度的高低用误差来表示。误差越小，表示测量值与真实值越接近，准确度越高；反之，误差越大，表示准确度越低。

误差的表示方法有绝对误差和相对误差两种。

（1）绝对误差（absolute error）　是指测定值（x_i）与真实值（x_t）之差，用 E 表示：

$$E = x_i - x_t \tag{4-1}$$

（2）相对误差（relative error）　是指绝对误差 E 在真实值中所占的百分率，用 RE 表示：

$$RE = \frac{E}{x_t} \times 100\% \tag{4-2}$$

绝对误差和相对误差可以是正值，也可以是负值。正值表示分析结果偏高，反之，则偏低。

如用分析天平称量两份样品，结果如下：

	样品 1	样品 2
实际测定值（x）	1.0001g	0.1001g
真实值（x_t）	1.0000g	0.1000g
绝对误差（E）	+0.0001g	+0.0001g
相对误差（RE）	+0.01%	+0.1%

由此可知，对于同一台分析天平，称量值越大，相对误差越小，准确度就越高。虽然绝对误差可以直观地表示任意一个测量值的准确度大小，但是不能用于比较两个或多个测量值的准确度。因此，常用相对误差来表示分析结果的准确性；而用绝对误差来表示仪器测量的准确度。

（二）精密度与偏差

精密度（precision）是指同一个样品在相同条件下多次平行测定结果相互接近的程度。精密度的高低用偏差（deviation）表示。偏差越小，表示测定值之间越接近，分析结果的精密度越高。它体现了测定结果的重复性和再现性。偏差有以下几种表示方法。

（1）绝对偏差（absolute deviation）　是指单个测定值（x_i）与平均值（$\bar{x}$）之差，用 d_i 表示：

$$d_i = x_i - \bar{x} \tag{4-3}$$

（2）相对偏差（relative deviation）　是指绝对偏差（d_i）占平均值（$\bar{x}$）的百分率，用 Rd 表示：

$$Rd = \frac{d_i}{\bar{x}} \times 100\% = \frac{x_i - \bar{x}}{\bar{x}} \times 100\% \tag{4-4}$$

（3）平均偏差（average deviation）　是指各单个绝对偏差的绝对值的平均值，用 $\bar{d}$ 表示：

$$\overline{d} = \frac{1}{n}\sum_{i=1}^{n}|d_i| \qquad (4\text{-}5)$$

（4）相对平均偏差（relative average deviation） 是指平均偏差 $\overline{d}$ 占平均值 $\overline{x}$ 的百分率，用 $R\overline{d}$ 表示：

$$R\overline{\mathrm{d}} = \frac{\overline{d}}{\overline{x}} \times 100\% = \frac{\sum_{i=1}^{n}|d_i|}{n\overline{x}} \times 100\% \qquad (4\text{-}6)$$

（5）标准偏差（standard deviation） 用来衡量数据的离散程度和测定的精密度，用 S 表示：

$$S = \sqrt{\frac{\sum_{i=1}^{n}(x_i - \overline{x})^2}{n-1}} \qquad (4\text{-}7)$$

（6）相对标准偏差（relative standard deviation） 是指标准偏差（S）占平均值 $\overline{x}$ 的百分率，用 RSD 表示：

$$RSD = \frac{S}{\overline{x}} \times 100\% = \frac{\sqrt{\dfrac{\sum_{i=1}^{n}(x_i - \overline{x})^2}{n-1}}}{\overline{x}} \times 100\% \qquad (4\text{-}8)$$

【例 4-1】 四次标定某溶液的浓度，标定结果分别为 0.2040mol·L⁻¹、0.2045mol·L⁻¹、0.2043mol·L⁻¹、0.2047mol·L⁻¹，试计算其平均值、相对平均偏差、标准偏差、相对标准偏差。

解　$\overline{x}$ =(0.2040+0.2045+0.2043+0.2047)÷4=0.2044(mol·L⁻¹)

　　　　　d_1=−0.0004(mol·L⁻¹)；d_3=−0.0001(mol·L⁻¹)；

　　　　　d_2=+0.0001(mol·L⁻¹)；d_4=+0.0003(mol·L⁻¹)

$$\overline{d} = (|-0.0004| + |0.0001| + |-0.0001| + |0.0003|) \div 4 = 0.0002(\text{mol·L}^{-1})$$

$$R\overline{d} = \frac{\overline{d}}{\overline{x}} \times 100\% = \frac{0.0002}{0.2044} \times 100\% = 0.10\%$$

$$S = \sqrt{\frac{\sum_{i=1}^{n}(x_i - \overline{x})^2}{n-1}} = \sqrt{\frac{0.0004^2 + 0.0001^2 + 0.0001^2 + 0.0003^2}{4-1}} = 0.0002$$

$$RSD = \frac{S}{\overline{x}} \times 100\% = \frac{0.0002}{0.2044} \times 100\% = 0.10\%$$

（三）准确度与精密度的关系

准确度是指测定值与真实值之间的接近程度，反映了测量的系统误差和偶然误差的大小。精密度是指平行测定结果之间的接近程度，只能反映测量的偶然误差的大小。例如，甲、乙、丙三人比赛打靶，各发五枪，成绩如图 4-1 所示。由图可以看出，甲的三个弹着点（测定值）较分散，距离靶心（代表真实值）有近有远，说明精密度和准确度都不好；乙的三个弹着点比较密集，但是都离靶心很远，说明精密度好，准确度较差，系统误差较大；丙的三个弹着点平均值靠近靶心且密集，说明精密度和准确度都好。

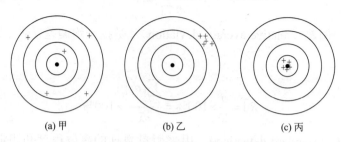

图 4-1　三位运动员打靶比赛成绩示意图

"●"表示靶心；"+"表示弹着点

由上面的这个例子可以得出以下结论：精密度是保证准确度的先决条件。精密度高不一定保证有高的准确度，因为可能存在系统误差。只有在消除或校正了系统误差的情况下，精密度高，准确度才会高。

三、提高分析结果准确度的方法

若想要获得准确的分析结果，必须设法减免在分析过程中的各种误差。

1. 选择适当的分析方法

根据分析的对象、试样的情况、实验条件以及对分析结果的要求等来选择适当的分析方法。如重量分析法和滴定分析法的灵敏度虽然不高，但对于常量组分的测定能获得较准确的结果，而对微量或痕量组分的测定则无法这么准确。而仪器分析法则可以用于微量或痕量组分的测定，其灵敏度较高。另外，选择分析方法时，还应考虑共存组分的干扰等问题。

2. 减小测量误差

为了保证分析结果的准确度，应尽量减小每个步骤的测量误差。如在称量步骤中，一般分析天平称量的绝对误差为 ±0.0001g，用减量法称两次，可能引起的最大绝对误差是 ±0.0002g。为了使称量的相对误差 ≤ 0.1%，所需称样量就必须 ≥ 0.2g；又如，在滴定过程中，一般滴定管的读数允许有 ±0.01mL 的绝对误差，每次滴定需读数两次，可能产生的最大误差是 ±0.02mL。为使滴定读数的相对误差 ≤ 0.10%，则消耗滴定剂的体积就必须 ≥ 20mL。一般来说，对于测量准确度的要求，与所选择的分析方法的准确度相适应即可，过度的准确测量也无必要。如采用相对误差 ≤ 2% 的某仪器分析法时，则称量的绝对误差 ≤ 0.004g(0.2g×2%) 即可（准确至小数点第三位）。

3. 减小偶然误差

通过增加平行测定的次数，可以减小偶然误差。在化学分析中，通常要求平行测定 3～4 次，使分析结果的精密度符合要求，以获得较准确的分析结果。

4. 消除测量中的系统误差

（1）校正仪器，减免仪器误差　如对砝码、天平、容量仪器等进行定期校准。

（2）空白试验，减免试剂误差　不加样品或用蒸馏水代替试样溶液，在相同条件下，用测样品相同的方法和步骤做试验（平行试验），所得空白值从样品的分析结果中扣除。

（3）对照试验，减免方法误差　对照试验是检验方法误差的有效方法。它可以用标准对照法、标准品以及加入回收法进行。标准品是指待测组分含量已知的试样。用待检验的分析方法测定某标准品，最后将测定结果和标准值对照，可以找出方法误差的大小并校正。还可以用标准对照法和所采用的分析方法对同一个试样进行测定，再比较结果。

在许多生产单位，为了检查分析工作者之间是否存在系统误差和其他问题，常常采用内检和外检两种方法。内检指几个分析工作者在相同条件下，同时做同一样品，结果进行比较，以消除操作者之间或环境、仪器等之间所存在的系统误差。外检指将样品送到外单位进行检验，以消除环境之间的系统误差。

扫一扫

4-1　误差和数据的处理视频

四、有效数字及其运算规则

在定量分析过程中，为了得到正确的测定结果，首先要准确地测定，并且要准确地记录和计算。分析结果表达的不仅是被测组分的含量大小，还反映了分析结果的准确度和精密度，即反映客观实际。因此，在记录和计算实验数据时，应该根据仪器和分析方法等的准确度来决定保留有效数字的位数。

（一）有效数字

有效数字（significant digit）是指在分析工作中，仪器实际能测量到的有实际意义的数字。在有效数字中，最后一位数值是估读数字，称为可疑值，其他数值都是准确数字。例如，用万分之一的分析天平称量某物品的质量为0.2014g，最后一位"4"就是估读数字。有效数字可以反映测量仪器的准确度。

有效数字位数的计位规则：

（1）非"0"数字都是有效数字。

（2）数字"0"具有双重意义。

① 当用于定位时，"0"不是有效数字，如0.23、0.054有效数字只有两位。

② 当"0"位于非零数字之间，"0"要计位；小数尾数的"0"为有效数字，如24.00、1.002都是四位有效数字。

③ 以整数结尾的"0"，有效位数难以确定。比如100、1100这样的数字，有效数字是无法确定的。此类数值要按科学记数法，才能准确地判断有效数字的位数。如1100记为1.10×10^3，有效数字就为三位。

（3）圆周率 π、自然数 e 等常数及表示分数或倍数关系的数字，可以看作是无误差数字或者无限多位有限数字，因为其是非测量所得。

（4）以 pH、pM 和 lgK 等负对数或对数表示的数值，其有效数字的位数取决于小数点后数字的位数。因为整数部分只代表原真数的方次。如 pH=11.20，对应的 $c_{H^+}=6.3 \times 10^{-12}$ mol·L^{-1}。因此，其有效数字的位数应该是两位。

（5）有效数字的位数不会因为单位的改变而改变。如2.45L，若以 mL 为单位，则应表示为2.45×10^3mL。

（6）数字的首位数 $\geqslant$ 8，其有效数字的位数可以多算一位。如8.45、9.11均可认为是四位有效数字。

【例4-2】 指出下列数字的有效数字的位数：

	0.0321	pH=11.36	1/11	300.0	1.74×10^{-5}	0.0010
解	0.0321	pH=11.36	1/11	300.0	1.74×10^{-5}	0.0010
	三位	两位	不定	四位	三位	两位

（二）有效数字的修约规则

在分析处理数据的过程中，涉及的各测量值有效数字位数可能不同，计算结果有效数字的位数会受到测量值（尤其是误差最大的测量值）有效数字位数的制约。因此，在运算时必须按照一定的运算规则，合理保留有效数字的位数。对有效数字位数较多的测量值，在确定应保留的有效数字后，其余尾数都舍弃的过程称为修约。目前，大多采用"四舍六入五留双"规则对数字进行修约，具体如下：

① 当被修约的尾数≤4时，舍去；≥6时，进位。如分别将0.5464、3.2349和5.226修约为三位有效数字，应为0.546、3.23和5.23。

② 当被修约的尾数等于5时，若5的后面无数字或数字为"0"，且5前面的数字为偶数或"0"时，舍去；为奇数时，进位。如将7.7645、7.7635修约为四位有效数字，修约后均为7.764。

③ 当被修约的尾数等于5时，若5的后面有非零数字，进位。如6.56551、1.33452修约为四位有效数字，应为6.566、1.335。

需要注意的是，修约应一次完成，不能多次层层修约。如上面的例子3.2349须一次修约至3.23，而不能先修约至3.235，再修约至3.24。

此外，在修约用于表示分析结果精密度（如标准偏差）或准确度（如相对误差）等数据时，如果尾数欲舍去，不管其是否≥5（只要是非零数字！），应一律进位。

【例4-3】 将下列数字修约为两位有效数字：

　　　　1.6647　　1.2499　　　　1.3503　　1.4500　　　1.05　　　0.760

解　1.6647 → 1.7　　　　　1.2499 → 1.2　　　　1.3503 → 1.4

　　　1.4500 → 1.4　　　　1.05 → 1.0　　　　　0.760 → 0.76

（三）有效数字的运算规则

在分析计算结果时，每个测量值的误差都会传递到最后的分析结果中，因而分析结果的准确度肯定会受到分析过程中每个测量值误差的制约，所以在运算过程中，既不能毫无原则地保留过多的不必要的有效数字，也不能随意舍弃任何尾数来改变准确度。因此，必须确立有效数字的运算规则，然后在运算过程中，先按照运算规则将各个数据修约后，再计算结果。

1. 加减法

当一组数据相加或相减时，应以小数点后位数最少的数据（绝对误差最大）为依据，依次对其余的数据进行修约，然后进行计算。例如：

$$0.202+1.0249+22.64+1.06889= ?$$

显然，其绝对误差最大的数据是22.64，其小数点后位数最少。因此，应以22.64为准，将其他数据分别修约为0.20、1.02、1.07，然后相加：

$$0.20+1.02+22.64+1.07=24.93$$

2. 乘除法

当一组数据相乘或相除时，应以有效数字位数最少的数据（相对误差最大）为依据，依次对其余的数据进行修约，然后进行计算。计算结果的有效数字再修约至与乘除法运算前有效数字位数最少的数据相等。例如：

$$0.102×1.0149×23.64×1.05998= ?$$

以 0.102 为准，将其他数据分别进行修约为 1.01、23.6、1.06，再相乘：

$$0.102×1.01×23.6×1.06=2.57714832 → 2.58$$

3.四则运算

同样先修约后运算，遵守先乘除后加减，有括号要优先的基本原则；首位为 8、9 的数据在运算中，其有效数字位数视为两位。如药品含量为 91.8%，为 4 位有效数字。

（四）有效数字及运算在分析化学中的运用

1.正确记录实验数据

如托盘天平称量记为 10.2g；万分之一的分析天平称量记为 0.3025g；用量筒量取体积的溶液记为 50mL；用 10mL 移液管移取溶液，体积记为 10.00mL。

2.正确表示分析结果

分析结果是由实验数据计算而得，要正确表示结果，就要按照有效数字的定义记录数据，按照有效数字的运算规则计算数据，按照分析项目的准确度要求正确表示结果。在分析化学的实际计算中，测量数据的有效数字多为四位。精密测量时，为确保计算的准确，分析结果一般保留有效数字如下：对于微量组分（＜1%），分析结果一般只要求两位有效数字；对于中含量组分（1%～10%），分析结果一般要求三位有效数字；对于高含量组分（＞10%），分析结果要求四位有效数字。

4-2 有效数字及其运算规则视频

对于表示准确度、精密度的数据，一般保留一位有效数字，最多保留两位有效数字。

五、可疑值的取舍

在分析测量过程中，一组平行测定的实验数据中，有时候会出现过低或者过高的测量值，这种数据被称为可疑值（questionable value）或逸出值（outlier）。如果发现这个值确实是由于过失误差（如滴定管漏液）所造成的应舍去；否则，应按统计学的方法处理，经计算后决定其取舍。在统计学中，处理可疑值的方法有几种，在此只介绍 Q 检验法。

Q 检验法（Q-test）适用于 3～10 次的测定。根据所要求的置信度（常取 95% 或 90%），按下述检验步骤确定可疑值的取舍。

① 将数据按从小到大的顺序排列：x_1，x_2，x_3，…，x_{n-1}，x_n；

② 算出极差（x_n-x_1）；

③ 算出可疑值与其最邻近值（即与可疑值最接近之值）之差，取绝对值；

④ 假设 x_n 为可疑值，按下式计算舍弃商 $Q_{计}$ 值：

$$Q_{计} = \frac{邻差}{极差} = \frac{|x_n - x_{n-1}|}{x_n - x_1} \tag{4-9}$$

⑤ 根据测定次数，从 Q 的临界值表（见表 4-2）中查出指定置信度（一般为 90% 或 95%）下 $Q_表$。若 $Q_计 > Q_表$，可疑值应舍去，否则应予保留。

表 4-2　Q 的临界值

测定次数（n）	3	4	5	6	7	8	9	10
$Q_{90\%}$	0.94	0.76	0.64	0.56	0.51	0.47	0.44	0.41
$Q_{95\%}$	0.97	0.84	0.73	0.64	0.59	0.54	0.51	0.49
$Q_{99\%}$	0.99	0.93	0.82	0.74	0.68	0.63	0.60	0.57

【例4-4】　用原子吸收光度法测定某样品中铁的含量，平行测定 5 次，其含量（mg·L⁻¹）数据从小到大排列为 0.132、0.140、0.145、0.147、0.148，计算 0.132 是否应舍去？（置信度为 95%）

解　$Q_{计} = \dfrac{邻差}{极差} = \dfrac{|x_n - x_{n-1}|}{x_n - x_1} = \dfrac{|0.132 - 0.140|}{0.148 - 0.132} = 0.50$

查表得 $Q_{95\%}=0.73(n=5) > 0.50$，故 0.132 应保留。

【思维导图】

目标练习

一、单选题

1. 减小偶然误差常用的方法是（　　）。
   A. 对照实验　　　　　B. 空白实验　　　　　C. 校准仪器　　　　　D. 多次平行实验

2. 下列说法正确的是（　　）。
   A. 精密度越好则准确度越高
   B. 准确度越高则精密度越好
   C. 只有消除系统误差后，精密度才越好
   D. 只有消除系统误差后，精密度越好准确度才越高

3. 甲、乙两人同时分析一试剂中的含铅量，每次采用试样 4.5g，分析结果的报告为甲 0.042%，乙 0.04199%，则下面叙述正确的是（　　）。
   A. 甲的报告精密度高　　　　　　　B. 乙的报告精密度高
   C. 甲的报告比较合理　　　　　　　D. 乙的报告比较合理

4. 下列数据包括 3 位有效数字的是（　　）。
   （1）196.03　　　（2）0.00230　　　（3）200.40　　　（4）1.77×10⁵
   （5）pH=7.04　　（6）10000　　　（7）pK=0.57　　（8）57.30%
   A.（2）（5）（7）　　　　　　　　B.（2）（4）（7）（8）
   C.（1）（6）（7）　　　　　　　　D.（2）（4）

5. 在滴定分析中出现的下列情况，可导致系统误差的是（　　）。
   A. 滴定管读数错误　　　　　　　　B. 砝码未经校正
   C. 试样未经充分混匀　　　　　　　D. 滴定时有液体溅出

6. 有含铁量为 34.36% 的标准样品，某分析人员测得值为 34.20%，那么此次分析结果的相对误差为（　　）。

A. −0.0047　　　　　B. 0.47%　　　　　C. 0.0047　　　　　D. −0.47%

7. pH=3.75，它的有效数字是（　　）位。

A. 1　　　　　　　B. 2　　　　　　　C. 3　　　　　　　D. 4

二、简答题

1. 将下列数据均修约成三位有效数字：

(1) 2.602；(2) 2.605；(3) 2.625；(4) 2.6559；(5) 2.667；(6) 2.605001

2. 名词解释：绝对误差、相对误差、绝对偏差、相对偏差、标准偏差、相对标准偏差、有效数字。

3. 判断下列误差是系统误差还是偶然误差？如果是系统误差，区分是方法误差、仪器误差、试剂误差，还是操作误差，并说明消除的方法。

(1) 称量时试样吸收了空气中的水分；

(2) 容量瓶和移液管未经过校准；

(3) 蒸馏水含有待测组分；

(4) 滴定管读数最后一位估计不准；

(5) 滴定过程中，溶液有溅出。

4. 简述定量分析的一般程序。

5. 简述误差与偏差、准确度与精密度之间的区别与联系。

三、计算题

1. 某一分析天平的称量误差为 ±0.0001g，如果称取试样为 0.2000g，相对误差为多少？如果称取试样为 0.0200g，相对误差又为多少？两者相对误差的数值说明什么问题？

2. 用气相色谱法测定维生素 E 的标示百分含量，共测定 6 次，数据为：98.2%、97.2%、99.8%、97.5%、98.5%、99.4%。求算：平均值、标准偏差、相对标准偏差。

3. 某学生在高锰酸钾溶液标定时，得到如下数据：$0.1015mol \cdot L^{-1}$、$0.1012mol \cdot L^{-1}$、$0.1017mol \cdot L^{-1}$、$0.1024mol \cdot L^{-1}$。按 Q 检验法进行判断（$Q_{0.95}$=0.84），最后一个数据是否应该保留？

4. 某铁矿石中含铁量为 38.17%，若甲的分析结果是 38.16%、38.15%、39.18%；乙的分析结果是 38.12%、38.14%、38.18%。试比较甲、乙两人分析结果的准确度和精密度。

项目五
滴定分析法

知识目标

1. 掌握酸碱滴定法的原理和酸碱指示剂的选择；沉淀滴定法的原理和主要应用条件；常见氧化还原滴定法的基本原理和实际应用；配位滴定法的基本原理及条件的选择。

2. 熟悉滴定分析特点、主要方法、滴定方式及计算，常用各种标准溶液的配制方法与标定，以及金属指示剂的作用原理。

3. 了解多元酸（碱）的滴定、非水滴定法的概念、亚硝酸钠法的原理。

能力目标

1. 能根据酸碱滴定类型合理选择指示剂；能熟练进行一元强酸与强碱的滴定。

2. 能完成各种标准溶液的配制与标定。

3. 能使用沉淀滴定法分析样品的含量。

4. 能使用高锰酸钾法、碘量法分析样品的含量。

5. 能根据样品要求选择合适的金属指示剂和配位滴定条件。

素质目标

1. 提高学生运用辩证唯物主义观点和科学的方法分析处理实际问题的能力。

2. 培养学生严谨求实的科学态度。

扫一扫

5-1　酸碱指示剂视频

扫一扫

5-2　酸碱滴定曲线和指示剂的选择视频

扫一扫

5-3　强碱滴定一元弱酸视频

　　滴定分析法属于化学分析法，是分析化学中非常重要的一类分析方法，在生产生活和科学研究中具有举足轻重的地位。在工业生产中，对原料或产品进行分析检验，可以确保产品质量；在日常生活中对水硬度进行检测，可保证居民饮水安全；在药学中，许多药物成分分析检验都可以通过滴定分析法进行。本项目主要介绍滴定分析法相关知识及其应用。

任务一　滴定分析法概述

滴定分析法又称容量分析法，是以物质发生的化学反应为基础的分析方法。具体做法为，将一种已知准确浓度的溶液，滴加到被测物质溶液中，直到所加的溶液与被测物质溶液按化学计量关系恰好反应完全，测量已知浓度溶液消耗的体积，然后根据此溶液的浓度和所消耗的体积，计算出待测物质的含量。滴定分析法是一种操作简单、仪器设备简便、测定快速、应用广泛的定量分析方法，在常量分析中有较高的准确度，一般情况下，相对平均偏差可以控制在 ±0.2% 以内，因此在食品、药品、化妆品等含量测定方面仍具有很大的实用价值。

一、滴定分析法基本概念及条件

（一）基本概念

（1）标准溶液　已知准确浓度的溶液称作标准溶液，又称滴定液。

（2）滴定　将标准溶液滴加到待测溶液中去的过程称为滴定。

（3）标定　测定溶液准确浓度的过程。

（4）化学计量点　加入标准溶液物质的量与被测组分物质的量恰好按照化学反应式所表示的化学计量关系完全反应的点称为化学计量点。

（5）指示剂　是帮助确定化学计量点所加入的辅助试剂，其能借助颜色的改变指示化学计量点的到达。

（6）滴定终点　在滴定过程中，指示剂颜色恰好发生变化的转变点称为滴定终点。

（7）滴定误差　化学计量点与滴定终点不完全一致所引起的误差称为终点误差或者滴定误差。

（二）滴定分析对化学反应的要求

滴定分析法虽然应用广泛，但是并不是所有的化学反应都能用于滴定分析，适合滴定分析法的化学反应必须具备以下三个要求：

① 反应必须定量完成。即化学反应按反应方程式进行，无副反应，反应完成程度达99.9% 以上，这是定量计算的基础。

② 反应迅速完成。反应速率快，必须瞬间完成，如果反应速率慢，通常可以用加热或加入催化剂等方法来加快反应。

③ 有适当的方法确定滴定终点。通常用指示剂颜色改变确定终点，也可以借助仪器指示终点。

二、滴定分析法的分类及滴定方式

（一）滴定分析法的分类

根据标准溶液和被测物质发生的反应类型可将滴定分析法分为酸碱滴定法、沉淀滴定法、氧化还原滴定法和配位滴定法。

1. 酸碱滴定法

以质子传递反应为基础的滴定分析法，主要测定酸、碱等物质。常用的酸标准溶液是

HCl 溶液和 H_2SO_4 溶液，常用的碱标准溶液是 NaOH 溶液和 KOH 溶液。

2. 沉淀滴定法

利用沉淀反应进行滴定的方法。用 $AgNO_3$ 作为标准溶液，测定能与 Ag^+ 生成银盐沉淀的 X^- 是最常用的沉淀滴定法，也称为银量法，主要测定 Cl^-、Br^-、I^-、CN^- 及 SCN^- 等离子。

3. 氧化还原滴定法

利用氧化还原反应进行滴定的方法。根据所用的标准溶液不同，氧化还原滴定法又可分为高锰酸钾法、碘量法、亚硝酸钠法等。

4. 配位滴定法

利用配位反应进行滴定的方法，也称为络合滴定法。常用的标准溶液是氨羧配位剂，如乙二胺四乙酸（EDTA）。

滴定一般在水溶液中进行，水是常用的溶剂，具有安全、价廉的优点，但也有些物质由于在水溶液中溶解度小、难电离等原因不能被滴定，因此，也可以选择有机溶剂或者不含水的无机溶剂。通常把在非水溶剂中进行的滴定称为非水滴定，在药物分析中，比较常用的是在非水溶液中进行的酸碱滴定，常用来测定弱酸、弱碱或者弱酸弱碱盐等。

（二）滴定方式

滴定分析中并不是所有的化学反应都满足滴定分析法对化学反应的要求，但可以通过不同的滴定方式，使最终的滴定反应满足要求。根据滴定方式的不同可将滴定法分为直接滴定法、返滴定法、置换滴定法和间接滴定法。

1. 直接滴定法

标准溶液和被测物质的反应能满足滴定分析法对化学反应的要求，可直接用标准溶液滴定被测物质，这类滴定方式称为直接滴定法，是滴定分析中最常用和最基本的滴定方法。如 HCl 滴定 NaOH，$AgNO_3$ 滴定 NaCl 等都属于直接滴定法。

2. 返滴定法（剩余滴定法）

当被测物质与标准溶液的反应速率比较慢，或者由于某些反应没有合适的指示剂，或用标准溶液测定固体试样，反应不能立即完成时，可先准确加入定量过量的标准溶液，待标准溶液与被测物质完全反应后，剩余标准溶液再用另一种标准溶液滴定，这种滴定方式称为返滴定法。例如，在测定样品中 $CaCO_3$ 的含量时，先加入过量的 HCl 标准溶液与被测组分 $CaCO_3$ 完全反应，剩余 HCl 再用 NaOH 标准溶液滴定，根据 HCl 物质的量和所消耗 NaOH 的物质的量之差即可求出 $CaCO_3$ 的含量。反应式如下：

$$CaCO_3 + 2HCl \Longrightarrow CaCl_2 + CO_2\uparrow + H_2O$$
（定量，过量）

$$HCl + NaOH \Longrightarrow NaCl + H_2O$$
（剩余）

3. 置换滴定法

对于那些不按确定计量关系或伴有副反应的反应物质，或受空气等条件影响不能直接滴定的物质，可先加入适合的过量试剂与被测物质反应，置换出一定量的另一种生成物，再用标准溶液滴定此生成物，这种滴定方式称为置换滴定法。如在酸性条件下，$Na_2S_2O_3$ 不能直

接滴定 $K_2Cr_2O_7$ 及其他氧化剂,有副反应,反应没有定量关系。若在 $K_2Cr_2O_7$ 的酸性溶液中加入过量的 KI,定量置换出 I_2,再用 $Na_2S_2O_3$ 滴定 I_2,就可以算出 $K_2Cr_2O_7$ 的含量。反应式如下:

$$K_2Cr_2O_7+6KI+14HCl \!\!=\!\!=\!\! 2CrCl_3+3I_2+7H_2O+8KCl$$

$$I_2+2\,Na_2S_2O_3 \!\!=\!\!=\!\! 2NaI+Na_2S_4O_6$$

4. 间接滴定法

当被测物质不能直接与标准溶液反应,却能和另外一种可与标准溶液反应的物质定量反应时,可以采用间接滴定法进行测定。例如,Ca^{2+} 不能直接和 $KMnO_4$ 标准溶液反应,但可与 $C_2O_4^{2-}$ 发生反应,定量沉淀为 CaC_2O_4,过滤后用 H_2SO_4 溶解 CaC_2O_4,再用 $KMnO_4$ 标准溶液滴定与 Ca^{2+} 结合的 $C_2O_4^{2-}$,即可间接测定 Ca^{2+} 的含量。反应式如下:

$$Ca^{2+}+C_2O_4^{2-} \!\!=\!\!=\!\! CaC_2O_4\downarrow$$

$$CaC_2O_4+H_2SO_4 \!\!=\!\!=\!\! H_2C_2O_4+CaSO_4$$

$$2MnO_4^-+5C_2O_4^{2-}+16H^+ \!\!=\!\!=\!\! 2Mn^{2+}+10CO_2\uparrow+8H_2O$$

三、标准溶液

标准溶液在滴定分析中常用作滴定剂,学会标准溶液的配制在分析化学中显得尤为重要。

(一)基准试剂

在化学分析中,能够用于直接配制标准溶液或标定其他非基准物质的溶液,称为基准试剂。基准试剂应满足以下条件:

① 物质的组成和化学式严格相符。若包括结晶水,其结晶水的含量也应与化学式完全相符。

② 试剂的纯度应足够高,一般要求其纯度达 99.9% 以上,杂质含量应少到不影响分析的准确度。

③ 参加反应时,按反应式定量进行,没有副反应。

④ 试剂在一般情况下性质稳定。在加热干燥时不挥发、不分解,称量时不吸湿,不与空气中的氧气及二氧化碳反应,可长期保存。

⑤ 试剂具有较大的摩尔质量,在配制标准溶液时可以减少称量误差。

表 5-1 所列为常用基准物质的贮存方法或干燥条件和应用范围。

表 5-1 常用基准物质的贮存方法或干燥条件和应用范围

基准物质		干燥后的组成	贮存方法或干燥条件 /℃	标定物质
名称	分子式			
碳酸氢钠	$NaHCO_3$	Na_2CO_3	$270 \sim 300$	酸
十水合碳酸钠	$Na_2CO_3 \cdot 10H_2O$	Na_2CO_3	$270 \sim 300$	酸
硼砂	$Na_2B_4O_7 \cdot 10H_2O$	$Na_2B_4O_7$	放在装有 NaCl 和蔗糖饱和溶液的密闭容器中	酸

续表

基准物质		干燥后的组成	贮存方法或干燥条件 /℃	标定物质
名称	分子式			
碳酸氢钾	$KHCO_3$	K_2CO_3	270 ～ 300	酸
二水合草酸	$H_2C_2O_4 \cdot 2H_2O$	$H_2C_2O_4 \cdot 2H_2O$	室温空气干燥	碱或 $KMnO_4$
邻苯二甲酸氢钾	$KHC_8H_4O_4$	$KHC_8H_4O_4$	110 ～ 120	碱
重铬酸钾	$K_2Cr_2O_7$	$K_2Cr_2O_7$	140 ～ 150	还原剂
溴酸钾	$KBrO_3$	$KBrO_3$	130	还原剂
碘酸钾	KIO_3	KIO_3	130	还原剂
铜	Cu	Cu	室温干燥器中保存	还原剂
三氧化二砷	As_2O_3	As_2O_3	室温干燥器中保存	氧化剂
草酸钠	$Na_2C_2O_4$	$Na_2C_2O_4$	130	氧化剂
碳酸钙	$CaCO_3$	$CaCO_3$	110	EDTA
锌	Zn	Zn	室温干燥器中保存	EDTA
氧化锌	ZnO	ZnO	900 ～ 1000	EDTA
氯化钠	$NaCl$	$NaCl$	500 ～ 600	$AgNO_3$
氯化钾	KCl	KCl	500 ～ 600	$AgNO_3$
硝酸银	$AgNO_3$	$AgNO_3$	220 ～ 250	氯化物

（二）标准溶液的配制方法

在滴定分析中，无论采用哪种滴定分析方法，都需要标准溶液，否则无法准确计算分析结果。通常要求标准溶液的浓度准确到四位有效数字。配制方法有直接配制法和间接配制法两种。

1. 直接配制法

如果试剂符合基准试剂的要求，可以直接配制标准溶液，即准确称出适量的基准试剂，溶解后配制在一定体积的容量瓶内，根据基准试剂的质量和配制的溶液体积，即可计算出该标准溶液的准确浓度，这种使用基准试剂直接配制标准溶液的方法，称为直接配制法。如准确称取 Na_2CO_3 基准试剂 1.0600g，用水溶解后，置于 100mL 容量瓶中，用纯化水稀释至刻度定容后摇匀，即得浓度为 0.1000mol $\cdot$ L^{-1} 的 Na_2CO_3 标准溶液。

2. 间接配制法

很多物质（如 HCl、NaOH 等）由于不易提纯、不易保存、性质不稳定或者组成不恒定等诸多原因，不符合基准试剂要求，不能直接配制标准溶液，但可先配制成一种近似于所需浓度的溶液，然后用基准试剂测定其准确浓度，这种配制方法称为间接配制法，又称为标定法。

如配制 $0.1000mol \cdot L^{-1}$ 的 HCl 标准溶液，先用浓盐酸配制成近似 $0.1mol \cdot L^{-1}$ 的稀溶液，然后称取一定量基准碳酸钠进行标定，即可求得 HCl 标准溶液的准确浓度。

为了控制结果的准确性，配制标准溶液的浓度值应在规定浓度值的 ±5% 范围以内。以配制 $0.1mol \cdot L^{-1}$ 的溶液为例，标定后的浓度应该在 $0.0950 \sim 0.1050mol \cdot L^{-1}$ 之间。

标定溶液浓度时要根据实际情况选择合适的方法。通常称量基准试剂质量在 0.5g 以下时，采用多次称量法；称量的基准试剂质量在 0.5g 以上时，采用移液管法；若有已知浓度的标准溶液也可采用比较法来标定。标定好的标准溶液应塞紧瓶塞，贴上标签，妥善保管，备用。

（1）多次称量法　准确称取多份基准试剂，分别用适量的溶剂溶解，然后用待标定溶液滴定，分别计算溶液的准确浓度，求取平均值。

（2）移液管法　准确称取一份较大质量的基准试剂，溶解后转至容量瓶中定容，摇匀。用移液管移取一定体积的基准试剂的溶液，用待标定溶液滴定。平行多次，求取平均值。

（3）比较法　准确移取一定体积的标准溶液，用待标定的溶液滴定，或者准确移取一定体积的待标定溶液，用已知浓度的标准溶液滴定。根据两者的体积和标准溶液的浓度，计算待标定溶液的浓度，平行滴定多次，求取平均值。

想一想 10. 关于标准溶液配制，下列说法正确的是（　　）。

A. 优先选择基准试剂直接配制

B. 选择标定法配制标准溶液，成本更低

C. 移液管法标定标准溶液浓度是为了减小实验误差

D. 纯度高于 99.9% 的试剂可以直接配制标准溶液

四、滴定分析计算

（一）标准溶液浓度表示方法

标准溶液的浓度通常有物质的量浓度和滴定度两种表示方式。

（1）物质的量浓度　是指单位体积溶液中所含溶质 B 的物质的量。计算公式如下：

$$c_B = \frac{n_B}{V} \tag{5-1}$$

式中，c_B 为 B 物质的物质的量浓度，$mol \cdot L^{-1}$；V 为溶液的体积，L；n_B 为溶质 B 的物质的量，mol。

（2）滴定度是指每毫升标准溶液 T 相当于被测物质 B 的质量。其计算公式如下：

$$T_{T/B} = \frac{m_B}{V_T} \tag{5-2}$$

式中，m_B 为被测物质的质量，g；V_T 为标准溶液的体积，mL；$T_{T/B}$ 为滴定度，$g \cdot mL^{-1}$。

如 $T_{HCl/NaOH} = 0.006000g \cdot mL^{-1}$，表示 1mL HCl 标准溶液恰好能与 0.006000g NaOH 完全作用。假设某次滴定消耗 HCl 标准溶液 22.37mL，则溶液中的 NaOH 的质量 $m_{NaOH} = 22.37 \times 0.006000 = 0.1342(g)$。

在药物分析中，为简化计算，常采用滴定度表示标准溶液的浓度。

（二）滴定分析计算的基本公式

滴定分析中涉及的计算问题，主要依据是当反应到达化学计量点时，待测物质与标准溶液的物质的量相当。

设待测组分为 B，基准试剂为 T，发生如下的反应：

$$bB+tT \Longrightarrow cC+dD$$

当滴定到达化学计量点时，待测组分 B 的物质的量 n_B 与基准试剂 T 的物质的量 n_T 之间的化学计量关系为：

$$n_B : n_T = b : t \tag{5-3}$$

则有：

$$n_B = \frac{b}{t} \cdot n_T \quad 或 \quad n_T = \frac{t}{b} \cdot n_B \tag{5-4}$$

（三）滴定分析计算实例

1. 标准溶液的配制及滴定的计算

（1）直接配制法　用分析天平准确称取一定量的基准物质，溶解后定量转移至容量瓶中，定容。根据基准物质的质量和溶液的体积，由式（5-1）即可计算出标准溶液的浓度。

【例 5-1】　配制 $0.1039 mol \cdot L^{-1}$ Na_2CO_3 标准溶液 100.0mL，应称取 Na_2CO_3 基准试剂多少克？

解　已知有 $M_{Na_2CO_3} = 106.0 g \cdot mol^{-1}$，则：

$$m_{Na_2CO_3} = \frac{c_{Na_2CO_3} \cdot V_{Na_2CO_3} \cdot M_{Na_2CO_3}}{1000} = \frac{0.1039 \times 100.0 \times 106.0}{1000} = 1.101(g)$$

（2）标定法

① 用基准物质标定标准溶液。根据称取基准物质的质量 m_T 和到终点消耗的所测标准溶液的体积 V_B，由式（5-1）和式（5-4）可计算待测标准溶液的浓度 c_B，计算公式如下：

$$c_B = \frac{b}{t} \cdot \frac{m_T \cdot 1000}{M_T \cdot V_B} \tag{5-5}$$

【例 5-2】　称取邻苯二甲酸氢钾（KHP）基准试剂 0.4925g，标定 NaOH 溶液浓度，终点时用去 NaOH 溶液 23.50mL，求 NaOH 溶液的浓度。

解　已知 $M_{KHP} = 204.2 g \cdot mol^{-1}$，滴定反应为：

$$KHC_8H_4O_4 + NaOH = KNaC_8H_4O_4 + H_2O$$

$$c_{NaOH} = \frac{b}{t} \cdot \frac{m_{KHP} \times 1000}{M_{KHP} \cdot V_{NaOH}} = \frac{0.4925 \times 1000}{204.2 \times 23.50} = 0.1026(mol \cdot L^{-1})$$

② 比较法的浓度计算。假设移取 V_T mL 基准物质 T 的标准溶液，标定时消耗 V_B mL 待标定的 B 物质的溶液，T 标准溶液的物质的量浓度为 c_T mol · L^{-1}，由公式（5-4）可得 B 物质溶液的物质的量浓度为：

$$c_B = \frac{b}{t} \cdot \frac{c_T \cdot V_T}{V_B} \tag{5-6}$$

【例 5-3】　用 $0.1035 mol \cdot L^{-1}$ 的 HCl 标准溶液滴定 20.00mL 的 NaOH，终点时消耗 HCl 标准溶液 21.87mL，问 NaOH 溶液浓度为多少？

解　$HCl + NaOH \Longrightarrow NaCl + H_2O$

由式（5-6）可知：

$$c_B = \frac{c_T \cdot V_T}{V_B} = \frac{c_{HCl} \cdot V_{HCl}}{V_{NaOH}} = \frac{0.1035 \times 21.87}{20.00} = 0.1132 (mol \cdot L^{-1})$$

2. 试样中被测组分含量的计算

假设称量 m_Sg 试样，含 B 的质量为 m_Bg，则待测组分 B 在试样中的百分含量表示为：

$$B\% = \frac{m_B}{m_S} \times 100\% \tag{5-7}$$

由式（5-7）和式（5-3）可得：

$$B\% = \frac{b}{t} \cdot \frac{c_T \cdot V_T \cdot M_B \times 10^{-3}}{m_S} \times 100\% \tag{5-8}$$

【例 5-4】 测定工业纯碱 Na_2CO_3 的含量，称取 0.1280g 试样，用 0.1000mol $\cdot$ L^{-1} HCl 溶液滴定，若终点时消耗 HCl 溶液 22.93mL，计算试样中 Na_2CO_3 的百分含量。

解 已知 $M_{Na_2CO_3} = 106.0$g $\cdot$ mol^{-1}，滴定反应为：

$$2HCl + Na_2CO_3 = 2NaCl + CO_2 + H_2O$$

$$n_{HCl} : n_{Na_2CO_3} = 2 : 1$$

$$Na_2CO_3\% = \frac{1}{2} \times \frac{c_{HCl} \cdot V_{HCl} \cdot M_{Na_2CO_3} \times 10^{-3}}{m_S} \times 100\%$$

$$= \frac{1}{2} \times \frac{0.1000 \times 22.93 \times 106.0 \times 10^{-3}}{0.1280} \times 100\% = 94.9\%$$

【例 5-5】 准确称取 $FeSO_4 \cdot 7H_2O$ 试样 0.4126g，加稀硫酸与新煮沸过的冷水溶解后，立即用 0.001834mol/L $KMnO_4$ 标准溶液滴定至浅红色，消耗 $KMnO_4$ 标准溶液 21.48mL。求：$FeSO_4 \cdot 7H_2O$ 的百分含量。

解 已知 $M_{FeSO_4 \cdot 7H_2O} = 278.01$g $\cdot$ mol^{-1}，滴定反应为：

$$2KMnO_4 + 10FeSO_4 + 8H_2SO_4 = 2MnSO_4 + 5Fe_2(SO_4)_3 + K_2SO_4 + 8H_2O$$

故：$n_{KMnO_4} : n_{Fe} = 1 : 5$

$$FeSO_4 \cdot 7H_2O\% = \frac{5}{1} \times \frac{c_{KMnO_4} \cdot V_{KMnO_4} \cdot M_{FeSO_4 \cdot 7H_2O} \times 10^{-3}}{m_S} \times 100\%$$

$$= \frac{5 \times 0.001834 \times 21.48 \times 10^{-3} \times 278.01}{0.4126} \times 100\%$$

$$= 13.27\%$$

3. 有关滴定度的计算及滴定度与物质的量浓度的换算

$$c_T = \frac{t}{b} \times \frac{T_{T/B} \times 1000}{M_B} \quad 或 \quad T_{T/B} = \frac{b}{t} \times \frac{c_T M_B}{1000} \tag{5-9}$$

【例 5-6】 已知盐酸标准溶液的浓度为 0.2105mol $\cdot$ L^{-1}，求 T_{HCl/Na_2CO_3}。

解 已知 $M_{Na_2CO_3} = 106.0$g $\cdot$ mol^{-1}，滴定反应为：

$$2HCl+Na_2CO_3 \Longrightarrow 2NaCl+H_2O+CO_2$$

$$T_{HCl/Na_2CO_3} = \frac{1}{2} \times \frac{c_{HCl} \cdot M_{Na_2CO_3}}{1000} = \frac{0.2105 \times 106.0}{2 \times 1000} = 0.01116(g \cdot mL^{-1})$$

任务二　酸碱滴定法

酸碱滴定法是以质子传递反应为基础的滴定分析方法。一般酸、碱以及能与酸、碱发生定量质子转移反应的物质，或者经过适当处理可以转化为酸或碱的非酸、非碱物质，几乎都可以用酸碱滴定法测定。因此酸碱滴定法是一种用途极为广泛的分析方法。

一、酸碱指示剂

（一）指示剂的变色原理及变色范围

酸碱指示剂是指用于酸碱滴定中，利用颜色的突变指示终点的物质，多是一些结构比较复杂的有机弱酸或有机弱碱，其共轭酸碱对具有不同的结构和颜色。当溶液的 pH 值发生变化时，指示剂发生质子传递平衡的移动，引起指示剂颜色的变化。比如弱酸型指示剂酚酞在水溶液中颜色的变化情况为：

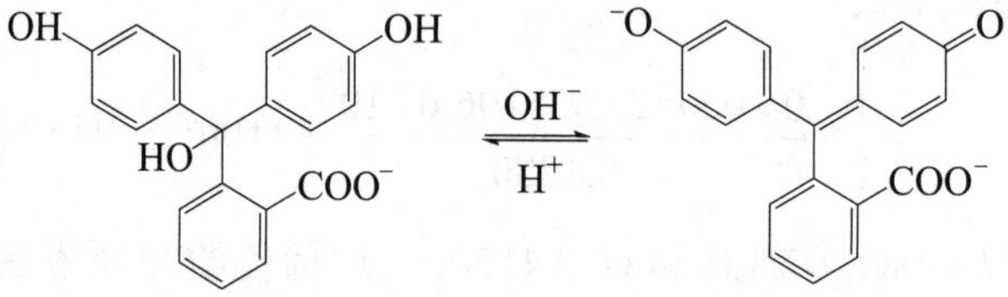

无色（酸式）   红色（碱式）

现以有机弱酸型指示剂（HIn）为例来说明酸碱指示剂的变色与溶液的 pH 值之间的关系。指示剂在水溶液中存在如下质子传递平衡：

$$HIn+H_2O \Longrightarrow H_3O^++In^-$$
酸式色　　　　　　　　　碱式色

其平衡常数表达式为：

$$K_{HIn} = \frac{[H^+][In^-]}{[HIn]}$$

经整理得：

$$\frac{K_{HIn}}{[H^+]} = \frac{[In^-]}{[HIn]}$$

在两边取负对数得：

$$pH=pK_{HIn}+ \lg\frac{[In^-]}{[HIn]}$$ （5-10）

指示剂的共轭酸 HIn 在溶液中显酸式色，共轭碱 In^- 在溶液中显碱式色。溶液颜色取决于共轭酸 HIn 与共轭碱 In^- 浓度的比值。由于人眼对颜色的分辨有一定的限度，当两种溶液的浓度之比在 10 倍或 10 倍以上时，人眼能够分辨出较大浓度物质的颜色。由于在一定温度下 pK_{HIn} 是一常数，因此溶液中 $\frac{[In^-]}{[HIn]}$ 只与溶液的 pH 值有关，即溶液的颜色由溶液的 pH 值决定。

当 $\frac{[In^-]}{[HIn]} \geqslant 10$ 时，溶液完全呈现 In^- 的碱色；反之，当 $\frac{[In^-]}{[HIn]} \leqslant \frac{1}{10}$ 时，溶液完全呈现

HIn 的酸色。当 $\frac{[In^-]}{[HIn]}$ 值在 $10 \sim \frac{1}{10}$ 之间时，溶液的 pH 值在 $(pK_{HIn}+1) \sim (pK_{HIn}-1)$ 之间，这时指示剂由一种颜色转变成另一种颜色，因此理论上把 $pH = pK_{HIn} \pm 1$ 称为指示剂的变色范围。

当 $\frac{[In^-]}{[HIn]} = 1$ 时，$pH = pK_{HIn}$，此时的 pH 值称为指示剂的理论变色点。

不同指示剂的 pK_{HIn} 各不相同，因此其变色范围也不同。由于人眼对各种颜色敏感程度不同，在变色范围内指示剂呈现混合色，故实际观察到的变色范围与理论值存在一定差异。表 5-2 列出了常用酸碱指示剂的实际变色范围。

表 5-2　常用酸碱指示剂的实际变色范围

指示剂	pK_{HIn}	pH 值变色范围	颜　色		
			酸式色	过渡	碱式色
百里酚蓝	1.7	1.2 ～ 2.8	红	橙	黄
甲基橙	3.4	3.1 ～ 4.4	红	橙	黄
溴酚蓝	4.1	3.1 ～ 4.6	黄	蓝紫	紫
甲基红	5.1	4.4 ～ 6.2	红	橙	黄
溴百里酚蓝	7.3	6.0 ～ 7.6	黄	绿	蓝
酚酞	9.1	8.0 ～ 10.0	无	粉红	红
百里酚酞	10.0	9.4 ～ 10.6	无	淡蓝	蓝

（二）影响指示剂变色的因素

（1）温度　指示剂的变色范围和 K_{HIn} 有关，而 K_{HIn} 随温度发生变化，温度改变时指示剂的变色范围也随之有所变化。如室温下酚酞的变色范围为 8.0～10.0，而在 100℃ 时则为 8.0～9.2。因此，滴定时应注意控制适宜的温度。

（2）指示剂用量　指示剂本身为弱酸或弱碱，用量过多会使终点迟钝，导致滴定误差增大；指示剂用量太少，终点颜色太浅，颜色的变化不易观察到，通常每 10mL 溶液加 1～2 滴指示剂。

（3）溶剂　在不同的溶剂中，指示剂的 pK_{HIn} 值不同，因此指示剂在不同溶剂中的变色范围不同，例如甲基橙在水溶液中 $pK_{HIn}=3.4$，在甲醇中 $pK_{HIn}=3.8$。

（4）滴定程序　滴定时指示剂颜色由浅色变为深色，人眼容易辨别，因此指示剂的变色最好由浅色到深色，故酸滴定碱时，一般用甲基橙或甲基红为指示剂，其颜色由黄色变为橙红色；碱滴定酸时，一般以酚酞为指示剂，终点颜色由无色变为红色。

（三）混合指示剂

单一指示剂变色范围较大，在某些酸碱滴定中，需要将滴定终点限制在较窄的 pH 值范

围内，使用单一指示剂难以满足要求，会造成较大误差。此时可采用混合指示剂，利用彼此颜色之间的互补作用，使指示剂具有很窄的变色范围，且在滴定终点有敏锐的颜色变化，从而可以正确地指示滴定终点，提高测定的准确度。

混合指示剂可分为两类：一类是在某种指示剂中加入一种惰性染料；另一类是同时使用两种指示剂。如溴甲酚绿（0.1% 乙醇溶液）和甲基红（0.2% 乙醇溶液）以及由它们组成的混合指示剂（3：1），其颜色随溶液 pH 值变化的情况见表 5-3。

表5-3　溴甲酚绿和甲基红以及由它们组成的混合指示剂的颜色变化情况

溶液的 pH 值	溴甲酚绿	甲基红	溴甲酚绿 + 甲基红
pH < 4.0	黄色	红色	橙红色
pH=5.0	绿色	橙色	灰色
pH > 5.1	蓝色	黄色	绿色

pH=5.1 时，由于绿色和橙色相互迭合，溶液呈灰色，颜色变化十分明显，使变色范围缩小为变色点。常用的混合指示剂见表 5-4，其他常用混合酸碱指示剂及其配制方法可查阅分析化学手册。

表5-4　常用的混合指示剂

指示剂的组成	变色点	颜色		备注
		酸色	碱色	
0.1% 甲基橙：0.25% 靛蓝二磺酸钠（1：1）	4.1	紫色	黄绿	pH=4.1 灰色
0.2% 甲基红：0.1% 溴甲酚绿（1：3）	5.1	橙红	绿	pH=5.1 灰色
0.1% 中性红：0.1% 亚甲蓝（1：1）	7.0	蓝紫	绿	pH=7.0 蓝紫色
0.1% 甲基绿：0.1% 酚酞（2：1）	8.9	绿	紫色	pH=8.8 浅蓝 pH=9.0 紫色
0.1% 百里酚蓝：0.1% 酚酞（1：3）	9.0	黄色	紫色	pH=9.0 玫瑰色 pH=9.0 绿色

想一想 11. 某酸碱指示剂的 $K_{In}=1.0 \times 10^{-9}$，其理论变色范围是（　）。
A. pH1.0～9.0　B. pH9.0～14.0　C. pH8.0～9.1　D. pH8.0～10.0

5-1　酸碱指示剂视频

二、酸碱滴定的基本原理

酸碱滴定过程中，溶液的 pH 值不断发生改变，滴定终点的 pH 值与化学计量点 pH 值尽量接近，可减小滴定误差。酸碱滴定的终点误差一般控制在 ±0.1% 内，为了减小滴定误差，必须了解滴定过程中溶液 pH 值的变化，尤其是

化学计量点前后 ±0.1% 溶液 pH 值的变化情况，以选择刚好能在化学计量点附近变色的指示剂，正确地确定滴定终点。

在酸碱滴定过程中，以加入滴定剂的体积为横坐标，溶液的 pH 值变化为纵坐标，所得到的曲线称为酸碱滴定曲线。不同类型的酸碱滴定过程中溶液的 pH 值变化、滴定曲线的形状和指示剂的选择都有所不同，下面分别予以讨论。

（一）强碱与强酸的滴定

1. 滴定曲线的绘制

现以 $0.1000\text{mol} \cdot \text{L}^{-1}$ NaOH 溶液滴定 20.00mL $0.1000\text{mol} \cdot \text{L}^{-1}$ HCl 为例，说明强碱滴定强酸过程中溶液 pH 值的变化。

NaOH 滴定强酸 HCl 的基本反应为：

$$\text{H}^+ + \text{OH}^- = \text{H}_2\text{O}$$

滴定过程分为四个阶段：

（1）滴定开始前　溶液中 $[\text{H}^+]$ 等于 HCl 的初始浓度：

$$[\text{H}^+] = 0.1000\text{mol} \cdot \text{L}^{-1}\text{；pH} = 1.00$$

（2）滴定开始到化学计量点前　溶液中的 $[\text{H}^+]$ 浓度取决于 HCl 与 NaOH 反应后剩余 HCl 的浓度，$[\text{H}^+]$ 按下式计算：

$$[\text{H}^+] = \frac{c_{\text{HCl}}V_{\text{HCl}} - c_{\text{NaOH}}V_{\text{NaOH}}}{V_{\text{HCl}} + V_{\text{NaOH}}}$$

当加入 NaOH 溶液体积为 19.98mL 时，滴定完成 99.9%，此时溶液：

$$[\text{H}^+] = \frac{c_{\text{HCl}} \cdot V_{\text{HCl}} - c_{\text{NaOH}} \cdot V_{\text{NaOH}}}{V_{\text{HCl}} + V_{\text{NaOH}}} = \frac{20.00 \times 0.1000 - 19.98 \times 0.1000}{20.00 + 19.98} = 5.0 \times 10^{-5}(\text{mol} \cdot \text{L}^{-1})$$

$$\text{pH} = 4.30$$

（3）化学计量点　NaOH 和 HCl 恰好按化学计量关系反应完全，$V_{\text{HCl}} = V_{\text{NaOH}}$，此时溶液的 H^+ 主要来自水的离解：

$$[\text{H}^+] = [\text{OH}^-] = \sqrt{K_{\text{w}}} = \sqrt{1.0 \times 10^{-14}} = 1.00 \times 10^{-7}(\text{mol} \cdot \text{L}^{-1})$$

$$\text{pH} = 7.00$$

化学计量点后溶液的 pH 值取决于过量 NaOH 的浓度，$[\text{OH}^-]$ 按下式计算：

$$[\text{OH}^-] = \frac{c_{\text{NaOH}} \cdot V_{\text{NaOH}} - c_{\text{HCl}} \cdot V_{\text{HCl}}}{V_{\text{HCl}} + V_{\text{NaOH}}}$$

当加入 NaOH 溶液 20.02mL 时，滴定过量 0.1%，此时：

$$[\text{OH}^-] = \frac{0.1000 \times 20.02 - 0.1000 \times 20.00}{20.00 + 20.02} = 5.0 \times 10^{-5}(\text{mol} \cdot \text{L}^{-1})$$

$$\text{pOH} = 4.30$$

$$\text{pH} = 14 - \text{pOH} = 9.70$$

将整个滴定过程中溶液 pH 值的变化情况逐一计算，计算结果列入表 5-5。

表5-5　0.1000mol·L⁻¹ NaOH 滴定 20.00mL 0.1000mol·L⁻¹ HCl 时的 pH 值变化情况

加入 NaOH 体积 /mL	中和百分数 /%	剩余 HCl 体积 /mL	过量 NaOH 体积 /mL	pH 值
0.00	0.00	20.00	—	1.00
18.00	90.00	2.00	—	2.28
19.80	99.00	0.20	—	3.30
19.98	99.90	0.02	—	4.30 ⎫ 突跃范围
20.00	100.0	0.00	—	7.00
20.02	100.1	—	0.02	9.70 ⎭
20.20	101.0	—	0.20	10.70
22.00	110.0	—	2.00	11.70
40.00	200.0	—	20.00	12.50

以 NaOH 的加入量（mL）为横坐标，溶液 pH 值为纵坐标，根据表 5-5 数据绘制出强碱滴定强酸的滴定曲线，见图 5-1。

由此可见，从滴定开始到加入 NaOH 溶液 19.98mL，溶液 pH 值从 1.00 增加到 4.30，改变 3.30 个 pH 单位，变化缓慢，滴定曲线比较平坦。当加入 NaOH 溶液的体积从 19.98mL 增加到 20.02mL 时，消耗 NaOH 体积为 0.04mL，溶液的 pH 值从 4.30 迅速升至 9.70，此时溶液的 pH 值改变了 5.40 个 pH 单位，溶液由酸性突变为碱性。在化学计量点 ±0.1% 范围内，溶液 pH 值发生突跃，称为酸碱滴定突跃，突跃所在的 pH 值范围称为滴定突跃范围。滴定突跃后，继续加入过量 NaOH 溶液，溶液的 pH 值变化缓慢，滴定曲线相对平缓。

如果用强酸滴定强碱，则滴定曲线刚好与强碱滴定强酸的滴定曲线对称，pH 值变化方向相反，见图 5-2。

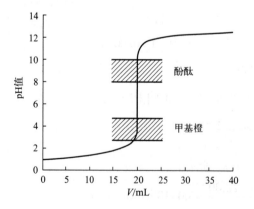

图 5-1　0.1000mol·L⁻¹ NaOH 滴定 0.1000mol·L⁻¹ HCl 的滴定曲线

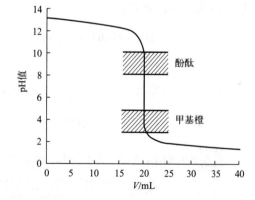

图 5-2　0.1000mol·L⁻¹ HCl 滴定 20mL 0.1000mol·L⁻¹ NaOH 的滴定曲线

2. 指示剂的选择

最理想的指示剂应该在化学计量点变色，但实际上这样的指示剂很难找到。根据滴定允

 offne

许的误差范围（±0.1%），只要在这个范围指示剂颜色能发生变化，就可以满足分析结果的要求。因此选择指示剂的原则是：指示剂的变色范围应全部或者部分落在滴定突跃范围内，并尽可能接近化学计量点。

图5-1中滴定突跃范围为4.30～9.70，甲基橙（3.1～4.4）、甲基红（4.4～6.2）、酚酞（8.0～9.6）等都可选做指示剂。但是在实际工作中，选择指示剂还应考虑人眼对颜色的敏感性，通常都是由浅色到深色，因此强碱滴定强酸时，常选用酚酞指示剂，溶液由无色变为红色。

3. 影响突跃范围的因素

用 $1.000mol \cdot L^{-1}$、$0.1000mol \cdot L^{-1}$、$0.01000mol \cdot L^{-1}$ 的 NaOH 分别滴定与其本身浓度相同的 HCl 溶液，得到不同的滴定曲线，见图5-3。

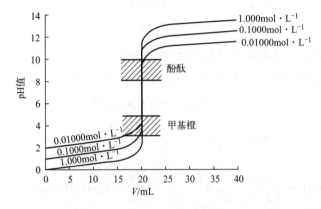

图5-3　不同浓度的 NaOH 滴定不同浓度的 HCl 溶液的滴定曲线

$1.000mol \cdot L^{-1}$ 的 NaOH 滴定 $0.1000mol \cdot L^{-1}$ HCl 的滴定突跃为3.30～10.70，$0.1000mol \cdot L^{-1}$ NaOH 滴定同浓度 HCl 的滴定突跃为4.30～9.70，$0.01000mol \cdot L^{-1}$ NaOH 滴定同浓度 HCl 的滴定突跃为5.30～8.70。因此强碱强酸相互滴定时，滴定曲线突跃范围的大小与浓度有关。浓度越大，突跃范围越大；浓度越小，突跃范围越小，指示剂选择受到限制。如果溶液浓度过高，计量点附近滴入物质的量太大，会产生较大的误差。在酸碱滴定中，标准溶液的浓度一般宜控制在0.01～1.00mol · L⁻¹ 之间。另外，酸碱溶液的浓度也应相近。

5-2　酸碱滴定曲线和指示剂的选择视频

（二）强碱滴定一元弱酸

1. 滴定曲线及指示剂的选择

现以 $0.1000mol \cdot L^{-1}$ NaOH 滴定 20.00mL $0.1000mol \cdot L^{-1}$ HAc 溶液为例，说明强碱滴定一元弱酸过程中溶液 pH 值的变化情况，滴定反应为：

$$HAc+OH^- \Longrightarrow Ac^-+H_2O$$

（1）滴定前　由于 HAc 是弱酸，在水溶液中部分解离，由于 $c_a \cdot K_a \geq 20K_w$ 且 $c_a/K_a \geq 500$，可用最简式计算：

$$[H^+] \approx \sqrt{K_a \cdot c_a} = \sqrt{1.75 \times 10^{-5} \times 0.1000} = 1.32 \times 10^{-3}(mol \cdot L^{-1})$$

$$pH=2.88$$

（2）滴定开始到化学计量点前　整个溶液有剩余 HAc 以及生成的 NaAc，可组成 HAc-NaAc 缓冲系统，溶液中的 [H⁺] 按下式计算：

$$[H^+] \approx K_a \cdot \frac{[HAc]}{[Ac^-]}$$

当加入 NaOH 溶液 19.98mL 时，剩余 HAc 体积 0.02mL，此时溶液中：

$$[HAc] = \frac{0.02 \times 0.1000}{20.00 + 19.98} = 5.00 \times 10^{-5} (mol \cdot L^{-1})$$

$$[Ac^-] = \frac{19.98 \times 0.1000}{20.00 + 19.98} = 5.00 \times 10^{-2} (mol \cdot L^{-1})$$

$$[H^+] \approx K_a \cdot \frac{[HAc]}{[Ac^-]} = 1.75 \times 10^{-5} \times \frac{5.00 \times 10^{-5}}{5.00 \times 10^{-2}} = 1.75 \times 10^{-8} (mol \cdot L^{-1})$$

$$pH = 7.76$$

（3）化学计量点时　NaOH 和 HAc 恰好按化学计量关系反应完全，$V_{HAc} = V_{NaOH}$，此时溶液中 NaAc 为弱碱，因此溶液的 pH 值按一元弱碱溶液进行计算：

$$Ac^- + H_2O \rightleftharpoons HAc + OH^-$$

$$[OH^-] \approx \sqrt{K_{b, Ac^-} \cdot c_{Ac^-}} = \sqrt{\frac{K_w}{K_{a, HAc}} \cdot c_{Ac^-}}$$

$$[OH^-] \approx \sqrt{\frac{1.0 \times 10^{-14}}{1.75 \times 10^{-5}} \times \frac{0.1000 \times 20.00}{20.00 + 20.00}} = 5.34 \times 10^{-6} (mol \cdot L^{-1})$$

$$pOH = 5.27$$

$$pH = 14 - 5.27 = 8.73$$

（4）化学计量点后　NaOH 溶液过量，溶液的 pH 值取决于过量 NaOH 浓度：

$$[OH^-] = \frac{c_{NaOH} \cdot V_{NaOH} - c_{HAc} \cdot V_{HAc}}{V_{HAc} + V_{NaOH}}$$

例如当加入 NaOH 溶液 20.02mL 时：

$$[OH^-] = \frac{0.1000 \times 20.02 - 0.1000 \times 20.00}{20.00 + 20.02} = 5.00 \times 10^{-5} (mol \cdot L^{-1})$$

$$pOH = 4.30$$

$$pH = 14 - pOH = 9.70$$

通过计算，滴定过程中溶液的 pH 值变化见表 5-6，绘制的滴定曲线见图 5-4。

表 5-6　0.1000mol · L⁻¹ NaOH 滴定 20.00mL 0.1000mol · L⁻¹ HAc 时的 pH 值变化情况

加入 NaOH 体积 /mL	中和百分数 /%	剩余 HAc 体积 /mL	过量 NaOH 体积 /mL	pH 值
0.00	0.00	20.00	—	2.88
18.00	90.00	2.00	—	5.71
19.80	99.00	0.20	—	6.75

续表

加入 NaOH 体积 /mL	中和百分数 /%	剩余 HAc 体积 /mL	过量 NaOH 体积 /mL	pH 值	
19.98	99.90	0.02	—	7.76	突跃范围
20.00	100.0	0.00	—	8.73	
20.02	100.1	—	0.02	9.70	
20.20	101.0	—	0.20	10.70	

比较 NaOH 滴定同浓度 HCl（图 5-1）和 HAc（图 5-4）滴定曲线，可以看出强碱滴定一元弱酸的滴定曲线起点高，滴定前 pH=2.88。这是因为 HAc 是弱酸，部分解离，滴定曲线的起点 pH 为 2.88。滴定开始至化学计量点前，滴定曲线变化较大。滴定刚开始生成 NaAc，由于同离子效应会抑制 HAc 解离，pH 值变化较大。继续滴定，溶液组成 HAc-NaAc 缓冲溶液，酸碱的浓度比接近于 1 时，缓冲能力较大，曲线变化平缓。接近化学计量点时，剩余 HAc 浓度已经很小，缓冲能力变小，溶液的 pH 值变化加大，曲线变化速率加大。化学计量点时 pH 值为 8.73，此时 HAc 已全部转化为 NaAc，而 Ac^- 是一元弱碱，所以溶液呈碱性。突跃范围 pH 值为 7.76～9.70，与浓度相同的强碱滴定强酸的突跃范围（4.30～9.70）相比小得多。

根据滴定指示剂选择的原则，突跃范围变小，可选择的指示剂变少，只能选择在碱性范围变色的指示剂，比如酚酞、百里酚蓝等。

2. 影响突跃范围的因素

与强酸强碱的滴定类似，滴定突跃范围的大小与浓度有关。浓度越大，滴定突跃越大；反之越小。

NaOH 滴定 HCl 的突跃范围比 NaOH 滴定同浓度 HAc 的突跃范围大，因此在浓度相同的情况下，酸性减弱，突跃范围也会变小。用 $0.1000mol \cdot L^{-1}$ NaOH 滴定 $0.1000mol \cdot L^{-1}$ 强度不同的弱酸，绘制出的滴定曲线见图 5-5。

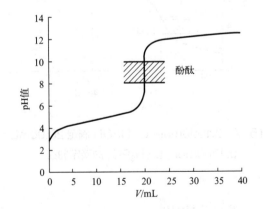

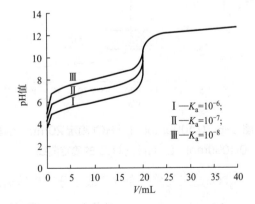

图 5-4　$0.1000mol \cdot L^{-1}$ NaOH 滴定 $0.1000mol \cdot L^{-1}$ HAc 的滴定曲线

图 5-5　$0.1000mol \cdot L^{-1}$ NaOH 滴定不同强度弱酸的滴定曲线

从图 5-5 中可以看出，随着弱酸的酸解离常数 K_a 逐渐变小，酸性越来越弱，滴定突跃也越来越不明显。当弱酸的 $c=0.1mol \cdot L^{-1}$，$K_a \leqslant 10^{-9}$ 时，滴定突跃已不明显，无法用指示剂确定滴定终点，滴定也就没有意义。因此，用强碱滴定弱酸是有条件的，当弱酸的

$c_aK_a \geqslant 10^{-8}$ 时，才能用强碱准确滴定弱酸。

（三）强酸滴定一元弱碱

以 $0.1000\text{mol} \cdot \text{L}^{-1}$ HCl 滴定 20.00mL $0.1000\text{mol} \cdot \text{L}^{-1}$ $\text{NH}_3 \cdot \text{H}_2\text{O}$ 为例，它的滴定情况与强碱滴定弱酸的情况相同。强酸滴定弱碱的滴定曲线与强碱滴定弱酸的滴定曲线相似，但 pH 值的变化方向相反，见图 5-6。由于滴定产物 NH_4Cl 为弱酸，使化学计量点（pH=5.28）和突跃范围（pH 值：6.24～4.30）落在酸性区域，应选在酸性区域变色的指示剂，

5-3　强碱滴定一元弱酸视频

如甲基橙、溴酚蓝、甲基红、溴百里酚蓝等，而不能选用在碱性区域变色的指示剂（如酚酞等）。滴定突跃范围受到弱碱的浓度和强度的影响，一元弱碱要能被直接滴定，必须满足 $c_b \cdot K_b \geqslant 10^{-8}$。

（四）多元酸（碱）的滴定

1. 强碱滴定多元弱酸

多元酸在水溶液中是分步解离的，滴定情况比较复杂，滴定时多元酸一步滴定完成还是被分步滴定，可出现一个或多个滴定突跃，需通过以下两个原则判断：

① $c_aK_{ai} \geqslant 10^{-8}$，判断第 i 级解离的 H^+ 能否被准确滴定。

② $K_{a_n} / K_{a_{n+1}} \geqslant 10^4$，则相邻两个 H^+ 能被分步滴定。若相邻两级 K_a 的比值 $K_{a_1} / K_{a_2} \geqslant 10^4$，第二步解离的 H^+ 对第一步解离的 H^+ 没有干扰。若 $c_a \cdot K_{a_1} \geqslant 10^{-8}$，则第一步解离的 H^+ 先被滴定，形成第一个突跃，若 $c_a \cdot K_{a_2} \geqslant 10^{-8}$ 就能形成第二个突跃，即能分步滴定。

现以 $0.1000\text{mol} \cdot \text{L}^{-1}$ NaOH 滴定 20.00mL $0.1000\text{mol} \cdot \text{L}^{-1}$ H_3PO_4 溶液为例，讨论强碱滴定多元弱酸的过程中溶液 pH 值的变化情况，滴定曲线见图 5-7。

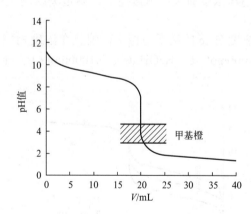

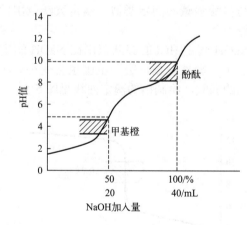

图 5-6　$0.1000\text{mol} \cdot \text{L}^{-1}$ HCl 滴定 20mL $0.1000\text{mol} \cdot \text{L}^{-1}$ $\text{NH}_3 \cdot \text{H}_2\text{O}$ 的滴定曲线

图 5-7　$0.1000\text{mol} \cdot \text{L}^{-1}$ NaOH 滴定 20.00mL $0.1000\text{mol} \cdot \text{L}^{-1}$ H_3PO_4 的滴定曲线

H_3PO_4 是三元酸，在水溶液中分三步解离：

$$\text{H}_3\text{PO}_4 \Longleftrightarrow \text{H}^+ + \text{H}_2\text{PO}_4^- ; \quad K_{a_1} = 7.11 \times 10^{-3}$$

$$\text{H}_2\text{PO}_4^- \Longleftrightarrow \text{H}^+ + \text{HPO}_4^{2-} ; \quad K_{a_2} = 6.23 \times 10^{-8}$$

$$\text{HPO}_4^{2-} \Longleftrightarrow \text{H}^+ + \text{PO}_4^{3-} ; \quad K_{a_3} = 4.5 \times 10^{-13}$$

因为 $c_a \cdot K_{a_1} = 7.11 \times 10^{-4} > 10^{-8}$，$c_a \cdot K_{a_2} = 6.23 \times 10^{-9} \approx 10^{-8}$，且 $K_{a_1} / K_{a_2} > 10^4$，第一步和第二步解离的 H^+ 能被准确滴定，而 $K_{a_3} = 4.5 \times 10^{-13} < 10^{-8}$，第三步解离的 H^+ 不能被准确滴定，

所以 H_3PO_4 不能被滴定至正盐，只能滴定至 Na_2HPO_4。因此，用 NaOH 滴定 H_3PO_4 只有两个滴定突跃。

在第一化学计量点时，滴定产物是 $H_2PO_4^-$，此时溶液是两性物质溶液，pH 值由下式计算：

$$[H^+] \approx \sqrt{K_{a_1} \cdot K_{a_2}} = \sqrt{7.11 \times 10^{-3} \times 6.23 \times 10^{-8}} = 2.10 \times 10^{-5}(\text{mol} \cdot \text{L}^{-1})$$

$$pH = 4.68$$

可选甲基橙为指示剂。

当到达第二化学计量点时，产物是 HPO_4^{2-}，此时溶液仍是两性物质溶液，pH 值由下式计算：

$$[H^+] \approx \sqrt{K_{a_2} \cdot K_{a_3}} = \sqrt{6.23 \times 10^{-8} \times 4.5 \times 10^{-13}} = 1.7 \times 10^{-10}(\text{mol} \cdot \text{L}^{-1})$$

$$pH = 9.76$$

可选酚酞为指示剂。

2. 强酸滴定多元弱碱

强酸滴定多元弱碱的情况与强碱滴定多元弱酸类似，多元弱碱分步滴定的条件为：

① $c_b \cdot K_b \geqslant 10^{-8}$，碱可被准确滴定。

② $K_{b_n} / K_{b_{n+1}} \geqslant 10^4$，能分步滴定。若相邻两级 K_b 的比值 $K_{b_1} / K_{b_2} \geqslant 10^4$，第二步的滴定对第一步的滴定没有干扰。若 $c_b \cdot K_{b_1} \geqslant 10^{-8}$、$c_b \cdot K_{b_2} \geqslant 10^{-8}$ 就能形成两个互不干扰的滴定突跃，即能分步滴定。

现以 0.1000mol·L^{-1} HCl 滴定 20.00mL 0.1000mol·L^{-1} Na_2CO_3 溶液为例，来讨论滴定过程中溶液 pH 值的变化，滴定曲线见图 5-8。Na_2CO_3 是二元弱碱，在水溶液中分两步解离，其 $K_{b_1} = K_w / K_{a_2} = 2.1 \times 10^{-4}$，$K_{b_2} = K_w / K_{a_1} = 2.2 \times 10^{-8}$。用 HCl 滴定时，首先发生的滴定反应为：

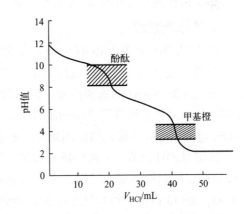

图 5-8 0.1000mol·L^{-1} HCl 滴定 20.00mL 0.1000mol·L^{-1} Na_2CO_3 的滴定曲线

$$CO_3^{2-} + H^+ \Longrightarrow HCO_3^-$$

达到第一化学计量点时，溶液的 pH 值由 HCO_3^- 的浓度决定，HCO_3^- 是两性物质，其溶液的 pH 值计算公式如下：

$$[H^+] = \sqrt{K_{a_1} \cdot K_{a_2}} = \sqrt{4.45 \times 10^{-7} \times 4.81 \times 10^{-11}} = 4.63 \times 10^{-9}(\text{mol} \cdot \text{L}^{-1})$$

$$pH = 8.33$$

可选酚酞为指示剂。

当到达第二化学计量点时，产物是 H_2CO_3，此时溶液的 pH 值可按照多元弱酸溶液 pH 值的最简式进行计算，即：

$$[H^+] = \sqrt{K_{a_1} \cdot c} = \sqrt{4.45 \times 10^{-7} \times 0.04} = 1.3 \times 10^{-4}(\text{mol} \cdot \text{L}^{-1})$$

$$pH = 3.89$$

选甲基橙为指示剂，溶液终点由黄色变为橙色。由于滴定过程中生成的 H_2CO_3 只能缓慢地转化为 CO_2，易形成 CO_2 的饱和溶液，使得 H_2CO_3 的浓度约为 $0.04mol \cdot L^{-1}$，溶液的酸度稍稍增大，终点稍过早出现，滴定时应注意在终点附近剧烈振摇溶液。

三、标准溶液的配制与标定

酸碱滴定法测定物质的含量时，必须配制酸或碱标准溶液。常用的酸碱标准溶液浓度为 $0.1mol \cdot L^{-1}$，浓度过高会消耗大量试剂，造成浪费，而浓度太低，不易得到准确的结果。

1. 酸标准溶液

常用的酸标准溶液有盐酸和硫酸，使用 HCl 溶液滴定时，生成的氯化物大都易溶于水，所以盐酸最为常用。浓盐酸具有挥发性，故不能用商品盐酸直接配制成标准溶液，需先配制成近似所需浓度的溶液，再用基准物质标定。

标定 HCl 溶液的基准物质有无水碳酸钠（Na_2CO_3）及硼砂（$Na_2B_4O_7 \cdot 10H_2O$）。Na_2CO_3 价格便宜，但有很强的吸湿性，所以使用前必须在 270~300℃ 干燥至恒重，置于干燥器中冷却至室温备用。$Na_2B_4O_7 \cdot 10H_2O$ 不易吸水，摩尔质量大，可以减小称量误差。$Na_2B_4O_7 \cdot 10H_2O$ 因含有结晶水，当相对湿度小于 39% 时，在空气中易风化失去部分结晶水，应保存在相对湿度为 60% 的密闭容器中。

2. 碱标准溶液

由于 NaOH 价格比 KOH 便宜，最常用的是 NaOH 标准溶液。NaOH 标准溶液有很强的吸湿性，也易吸收空气中的 CO_2，产生杂质 Na_2CO_3。为制得不含 CO_3^{2-} 的 NaOH 标准溶液，可先配制 NaOH 的饱和溶液，然后取饱和 NaOH 的中层清液（用移液管吸取），用新煮沸并冷却的纯化水稀释至所需的浓度，再用基准物质标定。由于浓碱对玻璃有腐蚀性，饱和 NaOH 溶液应贮存在聚乙烯试剂瓶中，密塞，待澄清后备用。

标定 NaOH 溶液的基准物质有邻苯二甲酸氢钾（$KHC_8H_4O_4$）、草酸（$H_2C_2O_4 \cdot 2H_2O$）等。$KHC_8H_4O_4$ 易制得纯品，易溶于水，摩尔质量大，不潮解，易保存，加热至 135℃ 不分解。$H_2C_2O_4 \cdot 2H_2O$ 稳定，相对湿度在 5%~95% 时不会风化失水，可保存在密闭容器中备用。草酸是二元酸，由于两步解离常数 K_{a_1}、K_{a_2} 相差不大，标定 NaOH 时只形成一个滴定突跃。

四、应用与示例

酸碱滴定法应用范围极其广泛，许多药品如阿司匹林、硼酸、药用 NaOH 及铵盐等含量的测定都可用此法，按滴定方式酸碱滴定法可分为直接滴定法和间接滴定法两种。

1. 直接滴定法

凡 $c_a \cdot K_a \geqslant 10^{-8}$ 的酸性物质或 $c_b \cdot K_b \geqslant 10^{-8}$ 的碱性物质均可用酸碱标准溶液直接滴定。

（1）乙酰水杨酸含量的测定　乙酰水杨酸（阿司匹林，$pK_a=3.49$）在水溶液中显酸性，故可用 NaOH 标准溶液直接滴定，指示剂选择酚酞，滴定反应为：

$$C_9H_8O_4\% = \frac{c_{NaOH} \times V_{NaOH} \times 10^{-3} \times M_{C_9H_8O_4}}{m_s} \times 100\%$$

式中，m_s 为实际参加反应的试样质量。

乙酰水杨酸含有酯的结构，为防止分子中的酯水解而使结果偏高，应在中性乙醇溶液中滴定。滴定时应在不断振摇下稍快地进行，以防止局部碱度过大而促使其水解。

（2）药用氢氧化钠含量的测定——双指示剂法

NaOH 易吸收空气中的 CO_2 生成 Na_2CO_3，故 NaOH 中常混有 Na_2CO_3。可用 HCl 标准溶液滴定，使用双指示剂，将 NaOH 和 Na_2CO_3 的量分别测定出来。滴定过程如图 5-9 所示。

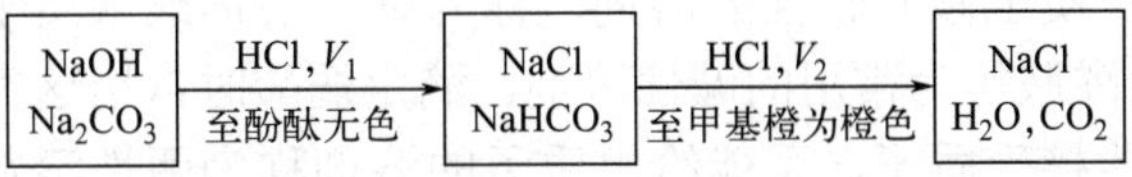

图 5-9　HCl 滴定 NaOH 和 Na_2CO_3 混合物的过程

第一步滴定以酚酞为指示剂，用 HCl 作标准溶液，到达第一化学计量点时，NaOH 全部被中和，Na_2CO_3 被中和至 $NaHCO_3$，溶液由红色变为无色即到达滴定终点，消耗 HCl 溶液体积为 V_1mL；第二步继续用 HCl 滴定，以甲基橙为指示剂，至第二化学计量点时，$NaHCO_3$ 被中和为 H_2O 和 CO_2，溶液由黄色变为橙色，消耗 HCl 溶液体积为 V_2mL。其中 Na_2CO_3 完全被中和所消耗的 HCl 溶液为 $2V_2$mL，NaOH 完全被中和所消耗的 HCl 溶液为（V_1-V_2）mL，此时根据化学计量关系，即可计算出 NaOH 和 Na_2CO_3 的百分含量。

$$NaOH\% = \frac{c_{HCl} \cdot (V_1 - V_2) \cdot M_{NaOH} \times 10^{-3}}{m_s} \times 100\%$$

$$Na_2CO_3\% = \frac{1}{2} \times \frac{c_{HCl} \cdot 2V_2 \cdot M_{Na_2CO_3} \times 10^{-3}}{m_s} \times 100\%$$

2. 间接滴定法

某些物质的酸碱性很弱，比如硼酸（H_3BO_3）是极弱酸，$c_a \cdot K_a < 10^{-8}$，不能用 NaOH 标准溶液直接滴定。或者有些物质溶解度较小，可先加入过量、定量的标准溶液，待反应完全后，其剩余标准溶液再用另一种标准溶液回滴，如碳酸钙含量的测定。

NH_4^+ 是弱酸（$K_a = 5.7 \times 10^{-10}$），$(NH_4)_2SO_4$、$NH_4Cl$ 都不能用碱标准溶液直接滴定，通常采用下列两种方法测定。

一种方法是蒸馏法，在铵盐中加入过量的 NaOH，加热把 NH_3 蒸馏出来，用一定量的 HCl 标准溶液吸收，过量的酸用 NaOH 标准溶液回滴。

另一种方法是甲醛法，甲醛与铵盐生成六亚甲基四胺离子，放出定量的酸，其 $pK_a = 5.15$，可用酚酞为指示剂，用 NaOH 标准溶液滴定。

五、非水溶液酸碱滴定

水是应用最广泛的无机溶剂，酸碱滴定一般在水溶液中进行，但是也有一定局限性。如果弱酸弱碱的酸碱性很弱，在水中用强酸强碱不能准确滴定。例如许多有机酸碱在水中溶解度很小，很难滴定；强度相近的多元酸或碱、混合酸或碱，在水溶液中不能分别进行滴定。如果采用非水溶剂（有机溶剂或不含水的无机溶剂）作为滴定介质，就可以解决这些问题。

（一）非水溶剂

1. 非水溶剂分类

非水溶剂种类很多，根据质子理论可将溶剂分为下列几类：

（1）质子性溶剂　有一些极性较强的溶剂易放出或接受质子，称为质子性溶剂（protonic solvent），包括酸性溶剂、碱性溶剂和两性溶剂。

① 酸性溶剂。给出质子倾向较强的溶剂，称为酸性溶剂或疏质子溶剂。如甲酸、冰醋酸、丙酸、硫酸等属于这类，其中用得最多的是冰醋酸。酸性溶剂适于作为滴定弱碱性物质的介质。

② 碱性溶剂。接受质子倾向较强的溶剂，称为碱性溶剂或亲质子溶剂。如乙二胺、乙醇胺、丁胺、二甲基甲酰胺等为常用的碱性溶剂。滴定弱酸时常用这类溶剂作介质。

③ 两性溶剂。既能接受质子，又能给出质子的溶剂称为两性溶剂，其既具有碱性，又具有酸性。当溶质是较强的酸时，这种溶剂显碱性；溶质是较强的碱时，则溶剂显酸性。如甲醇、乙醇、丙醇、异丙醇、乙二醇等醇类为两性溶剂。两性溶剂适于作滴定较强酸、碱的介质。

（2）非质子性溶剂　不接受质子，也不供给质子的溶剂称为非质子性溶剂，又称惰性溶剂（aprotic solvent）。这类溶剂无传递质子的作用，自身解离的倾向甚小，或几乎不发生解离，如苯、氯仿、三氯甲烷、四氯化碳、甲基乙基酮等，这类溶剂在滴定中不参与酸碱反应，只起溶解、分散和稀释溶质的作用。

（3）混合溶剂　质子性溶剂与惰性溶剂混合使用，能使样品易于溶解，并能增大滴定突跃，使指示剂变色敏锐。如冰醋酸-醋酐、冰醋酸-苯、苯-甲醇等。

2. 拉平效应和区分效应

HCl、H_2SO_4、HNO_3、$HClO_4$ 以水为溶剂时，都是强酸。这时它们给出 H^+ 的能力都很强，而水具有碱性，对质子具有亲和力，可以接受这些酸的质子形成 H_3O^+，H_3O^+ 成了水溶液中能够存在的最强酸的形式。这种通过溶剂的作用，使不同强度的酸或碱显示同等强度的效应称为拉平效应。具有拉平效应的溶剂称为拉平性溶剂，水就是上述酸的拉平性溶剂。

HCl、H_2SO_4、HNO_3、$HClO_4$ 以冰醋酸为溶剂时，由于冰醋酸接受质子的能力比水弱，它们不能将质子全部转移给冰醋酸，给出 H^+ 的能力有所差别，酸性就有差异，它们酸性强度顺序是：$HClO_4 > H_2SO_4 > HCl > HNO_3$。这种能区分酸或碱强弱的作用称为区分效应，具有区分效应的溶剂为区分性溶剂。冰醋酸就是上述四种酸的区分性溶剂。

拉平效应和区分效应都是相对的。一般来说，酸性溶剂是碱的拉平性溶剂，对酸具有区分效应。碱性溶剂是酸的区分性溶剂，对碱具有区分效应。在分析化学中，利用溶剂的拉平效应和区分效应，可使某些在水溶液中不能进行的酸碱滴定反应，能在非水溶剂中进行。

非水溶液酸碱滴定分为两类，即弱碱的滴定和弱酸的滴定。

（二）碱的滴定

滴定弱碱通常选择对碱起拉平效应的酸性溶剂。冰醋酸是最常用的酸性溶剂，$HClO_4$ 是标准溶液，结晶紫为指示剂指示终点，也可用电位滴定法判断终点。《中国药典》中用高氯酸作为标准溶液，冰醋酸为溶剂测定，可以检测有机弱碱（如胺类化合物、生物碱等）、有机碱的氢卤酸盐（如盐酸麻黄碱等）、有机酸的碱金属盐（如乳酸钠等）、有机碱的有机酸盐（如扑尔敏、重酒石酸去甲肾上腺素等）等药物。

（三）酸的测定

对于 $c_a \cdot K_a < 10^{-8}$ 的弱酸，在水溶液中不能用碱标准溶液直接滴定，此时应选择碱性比水强的溶剂。一般滴定不太弱的酸可选用醇类作为溶剂，如甲醇、乙醇等；滴定酸性很弱的酸可选用乙二胺、二甲基甲酰胺等作为溶剂。有时也可选择混合溶剂，如甲醇 - 苯、甲醇 - 丙酮等。标准溶液常选择甲醇钠。可以对具有酸性基团的化合物如羧酸类、酚类、磺酸胺类、巴比妥类和氨基酸类进行滴定。

任务三　沉淀滴定法

沉淀滴定法是以沉淀反应为基础的滴定分析方法。生成沉淀的反应很多，但符合滴定分析条件的却很少。沉淀滴定法必须满足下列要求。

① 生成的沉淀溶解度很小。
② 沉淀反应速率快，能定量地进行。
③ 有合适的指示剂或其他方法指示终点。
④ 沉淀的吸附现象应不影响终点的观察。

目前主要是利用 $AgNO_3$ 为滴定液，基于能与 Ag^+ 生成难溶性银盐的反应进行滴定分析，可测定 Cl^-、Br^-、I^-、SCN^-、CN^- 等离子，这种方法称为银量法（argentometry）。与酸碱滴定类似，沉淀滴定过程中，以加入标准溶液 $AgNO_3$ 的体积为横坐标，以溶液中待测离子（如 X^-）浓度的负对数（pX）为纵坐标，通过 $AgNO_3$ 的体积与滴定过程中 pX 的数值可绘制沉淀滴定曲线。

银量法按所用的指示剂不同可分为铬酸钾指示剂法（Mohl method）、铁铵矾指示剂法（Volhard method）以及吸附指示剂法（Fajans mothod）。

一、铬酸钾指示剂法（莫尔法）

（一）基本原理

莫尔法是以 K_2CrO_4 为指示剂，$AgNO_3$ 为标准溶液，在中性或弱碱性溶液中以直接滴定的方式，用于测定氯化物或溴化物含量的滴定分析方法。以测定 Cl^- 为例，在含有 Cl^- 的中性溶液中，加入少量 K_2CrO_4 指示剂，用 $AgNO_3$ 标准溶液滴定，滴定反应为：

$$Ag^+ + Cl^- \rightleftharpoons AgCl(\text{白色})；K_{sp,AgCl} = 1.77 \times 10^{-10}$$

终点指示反应为：

$$2Ag^+ + CrO_4^{2-} \rightleftharpoons Ag_2CrO_4(\text{砖红色})；K_{sp,Ag_2CrO_4} = 1.12 \times 10^{-12}$$

由于 AgCl 的溶解度小于 Ag_2CrO_4 的溶解度，在滴定过程中，先析出 AgCl 沉淀。当 AgCl 定量沉淀完全后，稍过量的 $AgNO_3$ 标准溶液与 CrO_4^{2-} 反应生成砖红色的 Ag_2CrO_4 沉淀，指示终点到达。

（二）滴定条件

1. 指示剂的用量

指示剂 K_2CrO_4 溶液的浓度必须合适，浓度太大，Cl^- 还未沉淀完全，就出现砖红色的

Ag_2CrO_4 沉淀，使终点提前；浓度太小，滴定至化学计量点后未能出现 Ag_2CrO_4 沉淀，使终点推迟。指示剂的用量可根据溶度积常数进行计算。理论上，到达化学计量点时溶液中 Ag^+ 和 Cl^- 的浓度为：

$$[Ag^+]=[Cl^-]= \sqrt{K_{sp}} = \sqrt{1.77\times10^{-10}} =1.33\times10^{-5}(mol \cdot L^{-1})$$

此时，如果刚好出现砖红色的 Ag_2CrO_4 沉淀指示滴定终点，会有：

$$[Ag^+]^2[CrO_4^{2-}]= K_{sp, Ag_2CrO_4} =1.12\times10^{-12}$$

此时得出溶液中的 CrO_4^{2-} 的浓度为：

$$[CrO_4^{2-}]= \frac{K_{sp, Ag_2CrO_4}}{[Ag^+]^2} = \frac{1.12\times10^{-12}}{(1.33\times10^{-5})^2} = 6.33\times10^{-3}(mol\cdot L^{-1})$$

由计算可知，只要控制溶液中 $[CrO_4^{2-}]$ 为 $6.33\times10^{-3}mol \cdot L^{-1}$，到达化学计量点时 $AgNO_3$ 稍微过量一点，就恰好能产生砖红色的 Ag_2CrO_4 沉淀。由于 K_2CrO_4 溶液显黄色，在实际测量中，K_2CrO_4 的浓度太高会妨碍对砖红色沉淀的观察，影响终点的判断。实验证明，K_2CrO_4 指示剂浓度在 $5.0\times10^{-3}mol \cdot L^{-1}$ 为宜。通常在每 $50\sim100mL$ 总反应液中加入含量为 $5\%(g \cdot mL^{-1})$ 的 K_2CrO_4 指示液 $1\sim2mL$。

2. 溶液的酸度

莫尔法应在中性和弱碱性溶液中（pH=6.5～10.5）进行。因在酸性溶液中 CrO_4^{2-} 与 H^+ 结合，会转化为 $Cr_2O_7^{2-}$，使 CrO_4^{2-} 的浓度降低，在化学计量点不能形成 Ag_2CrO_4 沉淀，从而使终点推迟。

$$2H^++2CrO_4^{2-} \Longleftrightarrow 2HCrO_4^- \Longleftrightarrow Cr_2O_7^{2-}+H_2O$$

若溶液碱性太强，则 Ag^+ 将形成 Ag_2O 沉淀析出：

$$2Ag^++2OH^- \Longleftrightarrow 2AgOH$$
$$\longrightarrow Ag_2O\downarrow+H_2O$$

AgCl 和 Ag_2CrO_4 沉淀均可溶解于 $NH_3 \cdot H_2O$ 生成 $[Ag(NH_3)_2]^+$，因此滴定也不能在氨性溶液中进行。

如果溶液的酸性较强可用硼砂、$NaHCO_3$ 或 $CaCO_3$ 中和，若碱性较强，可用稀 HNO_3 中和，再进行滴定。

3. 应用范围

莫尔法常用于测定 Cl^- 或 Br^-，在弱碱性溶液中还可测定 CN^-，不宜测定 I^- 和 SCN^-。因为 AgI 和 AgSCN 对 I^- 和 SCN^- 有强烈的吸附作用，剧烈振摇也不能将 I^- 和 SCN^- 释放完全，从而使滴定误差增大。滴定时还需剧烈振荡，防止沉淀吸附待测离子，使终点提前。此外，如果溶液中含有能与 Ag^+ 生成沉淀的阴离子（如 PO_4^{3-}、AsO_4^{3-}、CO_3^{2-} 及 S^{2-} 等）或与 CrO_4^{2-} 生成沉淀的阳离子（如 Ba^{2+}、Pb^{2+}、Bi^{3+} 等），都不能用本法测定。

二、铁铵矾指示剂法（佛尔哈德法）

（一）测定原理

佛尔哈德法是以铁铵矾 $[NH_4Fe(SO_4)_2 \cdot 12H_2O]$ 作指示剂的一种银量滴定法，用于测定银盐和卤素化合物，按滴定情况不同可分为直接滴定法和返滴定法。

1. 直接滴定法

在 HNO_3 溶液中，以铁铵矾为指示剂，用 NH_4SCN（或 KSCN）标准溶液直接测定 Ag^+。滴定时 SCN^- 与 Ag^+ 先生成 AgSCN 白色沉淀，到达化学计量点时，过量一滴或半滴 NH_4SCN 标准溶液即可与铁铵矾中的 Fe^{3+} 反应生成红色的配合物。

终点前的反应为：$\qquad Ag^+ + SCN^- \Longrightarrow AgSCN \downarrow$（白）

终点时的反应为：$\qquad Fe^{3+} + SCN^- \Longleftrightarrow [FeSCN]^{2+}$（红）

2. 返滴定法

在含卤素离子的 HNO_3 溶液中，先加定量过量的 $AgNO_3$ 标准溶液将卤化物全部沉淀，然后以铁铵矾为指示剂，用 NH_4SCN 标准溶液来回滴剩余的 $AgNO_3$ 标准溶液，当剩余 Ag^+ 与 SCN^- 反应完全后，过量一滴 NH_4SCN 标准溶液即与指示剂铁铵矾中的 Fe^{3+} 反应，生成红色配合物 $[FeSCN]^{2+}$ 指示终点。

终点前的反应为：$\qquad Ag^+ + Cl^- \Longrightarrow AgCl \downarrow$（白）

$\qquad\qquad\qquad\qquad$（过量、定量）

$$Ag^+ + SCN^- \Longrightarrow AgSCN \downarrow（白）$$

（剩余）

终点时的反应为：$\qquad Fe^{3+} + SCN^- \Longleftrightarrow [FeSCN]^{2+}$（红）

此法用于测定卤化物。在测定氯化物时，滴定到达终点，溶液中同时存在 AgCl 和 AgSCN 两种难溶电解质的沉淀溶解平衡，而 AgCl 的溶解度大于 AgSCN 的溶解度，若用力振摇，将使 AgCl 沉淀转化为 AgSCN 沉淀，其转化反应为：

$$AgCl \downarrow + SCN^- \Longleftrightarrow AgSCN \downarrow + Cl^-$$

到达终点时，因为沉淀转化反应的存在使溶液中 SCN^- 浓度降低，促使已生成的 $[FeSCN]^{2+}$ 分解，使平衡左移，红色褪去，从而导致在滴定终点时，为了得到持久的红色 $[FeSCN]^{2+}$，必须多消耗 NH_4SCN 标准溶液，造成较大的滴定误差。

为了避免 AgCl 和 AgSCN 两种沉淀的转化，通常可采取下列措施：

① 待测液中加入定量过量的 $AgNO_3$ 标准溶液后，将生成的 AgCl 沉淀过滤除去，再用 NH_4SCN 标准溶液滴定滤液中剩余的 Ag^+。这种方法需要过滤、洗涤，操作烦琐。

② 将待测溶液中的 Cl^- 完全沉淀以后，先向待测溶液中加入一定量的硝基苯等有机溶剂，并剧烈振摇，可在 AgCl 沉淀表面覆盖上一层有机溶剂，从而可减少 AgCl 沉淀与溶液接触，然后再用 NH_4SCN 标准溶液回滴剩余的 Ag^+，以防止沉淀转化。

（二）滴定条件

① 为了防止 Fe^{3+} 水解，应在酸性溶液 $0.1 \sim 1 mol \cdot L^{-1}$ HNO_3 中进行滴定，此法还可以防止某些离子（如 Zn^{2+}、Ba^{2+}、Pb^{2+}、PO_4^{3-}、AsO_4^{3-}、CO_3^{2-} 及 S^{2-} 等）干扰测定。

② 滴定不宜在较高温度下进行，否则红色配合物褪色。

③ 在滴定过程中应充分振摇，因为 AgSCN 沉淀易吸附 Ag^+，使终点提前。但在滴定 Cl^- 时，近终点时为了减少 AgCl 与 SCN^- 接触，要轻轻振摇，以避免沉淀的转化。

④ 在测定 I^- 时，应先加入定量过量的 $AgNO_3$ 标准溶液，再加入指示剂，否则 I^- 将与 Fe^{3+} 作用而析出游离的碘，影响分析结果的准确度。

$$2Fe^{3+}+2I^- \rightleftharpoons 2Fe^{2+}+I_2$$

（三）应用范围

佛尔哈德法可用于测定 Cl^-、Br^-、I^-、SCN^- 和 Ag^+。在测定 Cl^- 时需要防止沉淀转化；在测定 Br^- 或 I^- 时，由于 AgBr 和 AgI 的溶解度都小于 AgSCN，不会发生沉淀的转化，所以不必加有机溶剂。但一些强氧化剂、氮的低价氧化物以及铜盐、汞盐能与 SCN^- 起作用干扰测定，需预先除去。

想一想 12. 铁铵矾指示剂法用 HNO_3 调节溶液酸度，用 HCl 和 H_2SO_4 可以吗？

三、吸附指示剂法（法扬司法）

（一）滴定原理

法扬司法是用 $AgNO_3$ 为标准溶液，以吸附指示剂颜色改变确定滴定终点，测定卤化物和硫氰酸盐含量的一种沉淀滴定方法。

吸附指示剂（adsorption indicator）大多是有机染料，吸附在沉淀表面后，结构发生变化，颜色发生明显变化，从而指示滴定终点的到达。例如，用 $AgNO_3$ 标准溶液滴定 Cl^- 时，以荧光黄作指示剂，滴定原理如下：

荧光黄是一种有机弱酸，用 HFIn 表示，在水溶液中存在如下解离平衡：

$$HFIn \rightleftharpoons FIn^-（黄绿色）+H^+；pK_a=7$$

$$Ag^++Cl^- \rightleftharpoons AgCl$$

终点前 Cl^- 过量，$AgCl$ 沉淀吸附 Cl^-，FIn^- 受到排斥不被吸附。

终点后 Ag^+ 过量，水溶液中存在如下作用：

$$AgCl \cdot Ag^++FIn^-（黄绿色）\overset{吸附}{\rightleftharpoons} AgCl \cdot Ag^+ \cdot FIn^-（粉红色）$$

在化学计量点前，溶液中 Cl^- 过量，$AgCl$ 沉淀吸附 Cl^- 而带负电荷，FIn^- 不被吸附，溶液呈现 FIn^- 的黄绿色。当滴定至化学计量点后，溶液中有 Ag^+ 剩余，这时 $AgCl$ 沉淀吸附 Ag^+ 带正电荷，将会强烈地吸附 FIn^-。荧光黄阴离子 FIn^- 被吸附后，因结构发生变化使沉淀表面呈粉红色，指示终点到达。

（二）滴定条件

1. 保持沉淀呈胶体状态

因为指示剂颜色变化发生在沉淀表面，可通过加入糊精、淀粉等亲水性的高分子化合物尽可能使沉淀的表面积大一些，防止胶粒的凝聚，以利于吸附，使终点易于观察。

2. 溶液的酸度应适当

吸附指示剂多为有机弱酸。为了使指示剂主要以阴离子形态存在，必须控制溶液的酸度在一定范围内。例如，荧光黄是弱酸（$pK_a=7$），当溶液 pH 值小于 7 时，指示剂的阴离子与 H^+ 结合成不带电荷的荧光黄分子。因此用荧光黄作指示剂测定 Cl^- 时，应在 pH 值为 7～10 的溶液中进行；而曙红酸性较强，可用于 pH 值为 2～10 的溶液中。

3. 选择合适的指示剂

选用吸附指示剂时，卤化银胶体微粒对待测离子的吸附能力应略大于其对指示剂阴离子的吸附力。若胶体微粒对指示剂阴离子的吸附力过大，则化学计量点前就会吸附指示剂阴离子而变色，使终点提前；但胶体微粒对指示剂阴离子的吸附力也不能太小，否则到化学计量点后将不能立即变色，使终点推迟。卤化银胶体微粒对卤素离子和几种常用吸附指示剂的吸附能力大小顺序如下：

$$I^- > 二甲基二碘荧光黄 > Br^- > 曙红 > Cl^- > 二氯荧光黄 > 荧光黄$$

想一想 13. 法扬司法测定 Cl^-、Br^- 和 I^- 时，分别可选择哪种指示剂？

4. 避免在强光下进行滴定

卤化银胶体微粒见光易分解析出金属银，溶液将很快变黑色或灰色，影响终点的观察。

（三）应用范围

法扬司法可用于 Cl^-、Br^-、I^-、SCN^-、Ag^+ 等离子的测定，常用的吸附指示剂及其适用范围和条件列于表 5-7 中。

表 5-7 常用的吸附指示剂及其应用条件

指示剂名称	待测离子	标准溶液	适用的 pH 值范围
荧光黄	Cl^-	Ag^+	7～10
二氯荧光黄	Cl^-	Ag^+	4～10
曙红	Br^-、I^-、SCN^-	Ag^+	2～10
二甲基二碘荧光黄	I^-	Ag^+	中性

四、沉淀滴定中常用标准溶液

（一）$AgNO_3$ 标准溶液

$AgNO_3$ 标准溶液可采用直接法和间接法配制，若 $AgNO_3$ 为市售的一级纯硝酸银，可直接配成标准溶液。若用分析纯或化学纯试剂，需配成近似浓度的 $AgNO_3$ 溶液，再用基准物质 NaCl 标定。$AgNO_3$ 溶液见光易分解，应在棕色瓶中避光保存。存放一段时间后，还应重新标定。

（二）NH_4SCN（或 KSCN）标准溶液

NH_4SCN（或 KSCN）易吸潮且含有杂质，不是基准试剂。可先配制近似浓度的溶液，再用已标定好的 $AgNO_3$ 标准溶液，以铁铵矾指示剂法进行标定。

五、应用与示例

银量法可以测定无机卤化物、有机卤化物、硫氰酸盐、有机碱的氢卤酸盐、巴比妥类药物等物质的含量。

【例 5-7】 生理盐水中氯化钠含量的测定（铬酸钾指示剂）

精密移取 NaCl 注射液 20mL 置 250mL 锥形瓶中，加水适量，加铬酸钾指示剂 1mL，用 $0.1mol \cdot L^{-1}$ $AgNO_3$ 标准溶液滴至溶液出现砖红色沉淀，即为终点，记录 $AgNO_3$ 体积。

反应为： $$NaCl + AgNO_3 \Longrightarrow AgCl\downarrow + NaNO_3$$

按下式计算 NaCl 的含量：

$$\rho_{NaCl}(g \cdot L^{-1}) = \frac{c_{AgNO_3}V_{AgNO_3} \times M_{NaCl}}{V_{盐水}}$$

有些药物虽然不含卤素，但能定量地和 $AgNO_3$ 起反应，生成难溶性的银盐沉淀，也可用银量法测定其含量。

任务四　氧化还原滴定

氧化还原滴定法是以溶液中氧化剂和还原剂之间的电子转移为基础的一种滴定分析方法。以氧化剂或还原剂作标准溶液，可以直接测定具有氧化性或还原性的许多物质，或者间接滴定某些自身没有氧化还原性，但能与某些氧化剂或还原剂起反应的物质。

氧化还原反应过程涉及电子转移的反应，反应机理比较复杂，常伴随多种副反应，或容易引起诱导反应，反应往往分步进行且时间较长，而且反应速率较低，有时需要加热或加催化剂来加速。这些干扰都需针对具体情况，采用不同的方法加以处理，否则会影响滴定的定量关系。

在氧化还原滴定中，随着标准溶液的加入，反应物的氧化态和还原态的浓度逐渐变小，系统的电位也不断变化，这种变化可以用滴定曲线来表示。以标准溶液的加入量为横坐标，滴定系统电位变化为纵坐标，绘制滴定曲线。电位差 $\Delta\varphi \geqslant 0.4V$ 的氧化还原反应大多可以进行氧化还原滴定。然而，有些氧化还原反应两电对的电位差符合要求，但有副反应，氧化还原反应仍不能定量进行。

一、氧化还原滴定常用的指示剂

氧化还原滴定的化学计量点可借助仪器（如电位分析法）来确定，通常也可借助指示剂来判断，常用的氧化还原指示剂有以下三种。

（1）自身指示剂　即利用标准溶液或样品溶液本身颜色的变化来指示终点，例如高锰酸钾。

（2）特殊指示剂　特殊指示剂本身无氧化还原性，但能与氧化剂或还原剂作用，产生颜色变化来指示终点。如可溶性淀粉与痕量碘能产生深蓝色，当碘被还原成碘离子时，深蓝色消失。因此在碘量法中，通常用淀粉溶液作指示剂。

（3）氧化还原指示剂　其本身是弱氧化剂或弱还原剂，其氧化态和还原态具有明显不同颜色。在滴定过程中，指示剂被氧化或还原而发生颜色变化以指示终点。如用 $KMnO_4$ 滴定 Fe^{2+} 时，常用二苯胺磺酸钠作指示剂。二苯胺磺酸钠的氧化态呈红紫色，还原态无色，酸性介质中以还原态存在。当 $KMnO_4$ 滴定 Fe^{2+} 到化学计量点时，稍过量的 $KMnO_4$ 即可将二苯胺磺酸钠由无色的还原态氧化为红紫色的氧化态，指示终点的到达。

氧化还原滴定法大多按所用氧化剂的不同进行分类，常分为高锰酸钾法、碘量法、亚硝酸钠法、铈量法、重铬酸钾法、溴酸钾法等，这里主要介绍前三种方法。

二、高锰酸钾法

（一）概述

高锰酸钾法利用高锰酸钾标准溶液作为氧化剂进行滴定。高锰酸钾是一种强氧化剂，其氧化能力与溶液的酸度有关，其半反应如下：

$$MnO_4^- + 8H^+ + 5e^- \Longleftrightarrow Mn^{2+} + 4H_2O \; ; \; \varphi_{MnO_4^-/Mn^{2+}}^{\ominus} = 1.51V$$

在弱酸性、中性或弱碱性溶液中，MnO_4^- 被还原为 MnO_2：

$$MnO_4^- + 2H_2O + 3e^- \Longleftrightarrow MnO_2 + 4OH^- \; ; \; \varphi_{MnO_4^-/MnO_2}^{\ominus} = 0.59V$$

所以高锰酸钾滴定多在 H_2SO_4 溶液中进行，酸度控制在 $1\sim2mol \cdot L^{-1}$ 为宜。酸度过高，会使 $KMnO_4$ 分解；酸度过低，会产生 MnO_2 沉淀。

本法的优点是高锰酸钾氧化能力强，能与许多物质起反应，应用范围广。高锰酸钾本身有很深的紫红色，可作为自身指示剂。缺点是高锰酸钾溶液中通常含有微量的 $MnO(OH)_2$，会促使其分解，另外能与高锰酸钾反应的物质很多，所以方法的选择性不太高，须严格控制反应条件。

用高锰酸钾作氧化剂，可直接测定 Fe^{2+}、Sb^{2+}、$C_2O_4^{2-}$、H_2O_2 等还原性物质。

一些氧化性的物质如 MnO_2、ClO_3^-、PbO_2、CrO_4^{2-}、BrO_3^-、IO_3^- 等可用返滴定法测定。通常是在酸性溶液中，先往被测物质中加入过量的 $Na_2C_2O_4$ 标准溶液，再用 $KMnO_4$ 标准溶液返滴剩余的 $Na_2C_2O_4$ 标准溶液。

一些非氧化还原性物质，可用间接法测定。如 Ca^{2+}，使之先形成 CaC_2O_4 沉淀，再把沉淀溶于稀 H_2SO_4 中生成草酸，最后用 $KMnO_4$ 标准溶液滴定 $C_2O_4^{2-}$，由此即可求出 Ca^{2+} 的含量。

（二）高锰酸钾标准溶液的配制和标定

1. KMnO₄ 标准溶液的配制

$KMnO_4$ 试剂常含有少量 MnO_2 和其他杂质，在光、热等条件下不稳定，水中含有的微量还原性物质也会使 $KMnO_4$ 浓度变小，因此不能用直接法来配制标准溶液。通常先粗称一定量的 $KMnO_4$，用新煮沸并冷却的纯化水溶解，配成近似浓度的溶液，然后放置 $2\sim3$ 天，用垂熔玻璃漏斗过滤除去 MnO_2 沉淀，并保存在棕色瓶中，存放在阴暗处，待标定。

2. KMnO₄ 标准溶液的标定

$KMnO_4$ 标准溶液可用还原性基准物进行标定，常用的基准物有 $H_2C_2O_4 \cdot 2H_2O$、$Na_2C_2O_4$、$FeSO_4 \cdot (NH_4)_2SO_4 \cdot 6H_2O$、$As_2O_3$ 及纯铁丝等。其中 $Na_2C_2O_4$ 不含结晶水，容易提纯，是最常用的基准物。

在酸性溶液中，MnO_4^- 与 $C_2O_4^{2-}$ 的反应为：

$$2MnO_4^- + 5C_2O_4^{2-} + 16H^+ \Longrightarrow 2Mn^{2+} + 10CO_2\uparrow + 8H_2O$$

标定时应注意以下事项：

① 温度控制。常将溶液加热至 $75\sim85℃$ 进行滴定，滴定完毕时，温度不应低于 $55℃$，滴定时温度不宜超过 $90℃$，否则 $H_2C_2O_4$ 部分分解。

$$H_2C_2O_4 \longrightarrow CO_2\uparrow + CO\uparrow + H_2O$$

② 酸度控制。一般滴定开始最宜酸度约为 $1mol \cdot L^{-1}$，结束时，酸度为 $0.2\sim0.5mol \cdot L^{-1}$；酸度不足，易生成 MnO_2 沉淀，酸度过高，$H_2C_2O_4$ 易分解。

③ 滴定速度控制。滴定不能太快，尤其刚开始时，否则易出现 MnO_2 沉淀，随着滴定产生的 Mn^{2+} 自动催化，反应加速，滴定速度可随之加快。

④ 滴定终点确定。滴定终点，粉红色在 30s 不褪为止。使用经久放置后的 $KMnO_4$ 溶液时应重新标定其浓度。

想一想 14. 高锰酸钾滴定一般选用 H_2SO_4 调节酸度，可以用 HCl 和 HNO_3 吗?

（三）高锰酸钾法的应用

1. 双氧水中 H_2O_2 含量的测定（直接滴定法）

精密移取双氧水 1.00mL 于 250mL 容量瓶中，加水稀释至刻度，定容，摇匀。从中移取 25.00mL 置于锥形瓶中，加入 5mL 3mol·L^{-1} 的 H_2SO_4，用 $KMnO_4$ 标准溶液滴定至微红色，30s 不褪即为终点，根据消耗 $KMnO_4$ 体积计算 H_2O_2 含量。

滴定反应式如下：

$$2KMnO_4+5H_2O_2+3H_2SO_4 \Longrightarrow 2MnSO_4+8H_2O+5O_2\uparrow+K_2SO_4$$

由反应式可知计量关系式为：　　　$2KMnO_4\text{-}5H_2O_2$

$$n_{H_2O_2} = \frac{5}{2}n_{KMnO_4}$$

$$\rho_{H_2O_2}(g \cdot L^{-1}) = \frac{\frac{5}{2}c_{KMnO_4} \cdot V_{KMnO_4} \cdot 10^{-3} \cdot M_{H_2O_2}}{V_{双氧水}} \times \frac{25.00}{250.00}$$

2. 补钙制剂中钙含量的测定（间接滴定法）

称取一定量补钙制剂，加适量蒸馏水及盐酸加热溶解，加入 1～3 滴甲基橙，用氨水中和，使溶液由红色转变为黄色，趁热加入足量 $(NH_4)_2C_2O_4$ 将 Ca^{2+} 沉淀为 CaC_2O_4，将沉淀过滤洗净至不含 Cl^-，再用稀 H_2SO_4 将其溶解，然后用 $KMnO_4$ 标准溶液滴定溶液中的 $C_2O_4^{2-}$，间接求得 Ca 含量。

反应方程式：

$$2MnO_4^-+5C_2O_4^{2-}+16H^+ \Longrightarrow 2Mn^{2+}+10CO_2\uparrow+8H_2O$$

由反应式可知计量关系为：　$n_{Ca^{2+}} = \frac{5}{2}n_{MnO_4^-}$

$$Ca^{2+}\% = \frac{\frac{5}{2}c_{KMnO_4} \cdot V_{KMnO_4} \cdot 10^{-3} \cdot M_{Ca^{2+}}}{m_s} \times 100\%$$

三、碘量法

（一）概述

碘量法是利用 I_2 的氧化性和 I^- 的还原性进行测定的一种氧化还原方法。由于固体 I_2 在水中溶解度小且易挥发，通常将其溶解在 KI 溶液中，I_2 在溶液中以 I_3^- 的形式存在，可增加其溶解度。因 I_3^- 在反应中仍能定量释放出 I_2，故通常仍写为 I_2，其电极反应及标准电极电势为：

$$I_2+2e^- \Longrightarrow 2I^-；\quad \varphi_{I_2/I^-}^{\ominus} = 0.53V$$

根据标准电极电势可知，氧化剂 I_2 的氧化性比较弱，只能滴定较强的还原剂（如 Sn^{2+}、H_2S）；而 I^- 是中等强度的还原剂，可以间接测定多种氧化剂（如 IO_3^-、$Cr_2O_7^{2-}$、MnO_4^- 等）。因此，碘量法分直接碘量法与间接碘量法。

1. 直接碘量法

直接碘量法又称碘滴定法，即利用 I_2 的氧化性直接滴定电极电势比 $\varphi_{I_2/I^-}^{\ominus}$ 低的还原性物质。如测定 $S_2O_3^{2-}$、SO_3^{2-}、Sn^{2+}、维生素 C 等物质的含量。

直接碘量法应在中性、酸性及弱碱性条件下进行。如果 pH > 9 可发生副反应：

$$3I_2 + 6OH^- \rightleftharpoons 5I^- + IO_3^- + 3H_2O$$

直接碘量法可用淀粉作为指示剂，化学计量点后稍微过量的碘遇淀粉即显蓝色指示终点，反应极为灵敏。

2. 间接碘量法

在中性或弱酸性溶液中利用 I^- 作还原剂，在一定的条件下可与电极电势比 $\varphi_{I_2/I^-}^{\ominus}$ 高的氧化性物质作用，将 I^- 氧化而析出 I_2，然后用 $Na_2S_2O_3$ 标准溶液滴定 I_2，此法称为置换碘量法。也可以用过量定量的 I_2 标准溶液与电极电势比 $\varphi_{I_2/I^-}^{\ominus}$ 低的还原性物质反应，再用 $Na_2S_2O_3$ 标准溶液返滴剩余的 I_2，以测定物质的含量，此法称为剩余碘量法。

间接碘量法需在中性或弱酸性条件下进行，此条件下 I_2 和 $Na_2S_2O_3$ 的滴定反应为：

$$I_2 + 2S_2O_3^{2-} = 2I^- + S_4O_6^{2-}$$

在碱性溶液中，I_2 和 $Na_2S_2O_3$ 会发生副反应：

$$S_2O_3^{2-} + 4I_2 + 10OH^- = 2SO_4^{2-} + 8I^- + 5H_2O$$

酸性太强，会使 $Na_2S_2O_3$ 分解，I^- 被空气中的 O_2 氧化：

$$S_2O_3^{2-} + 2H^+ = S + SO_2 + H_2O$$

$$4I^- + 4H^+ + O_2 = 2I_2 + 2H_2O$$

间接碘量法加入淀粉指示剂显蓝色，在化学计量点时 $Na_2S_2O_3$ 和 I_2 反应完全使指示剂褪色，指示终点。为避免溶液中较多的 I_2 被淀粉吸附，终点推迟，滴定误差增大，应在滴定临近终点时（溶液呈浅黄色）再加入淀粉。

相比于直接碘量法，间接碘量法应用更为广泛，既可用置换碘量法测定漂白粉、枸橼酸铁铵、葡萄糖酸锑钠等，又可用剩余碘量法测定亚硫酸钠、咖啡因和葡萄糖等还原性物质。

3. 指示剂

淀粉指示剂适用 pH 值在 2～9 范围内。当 pH > 9 时，I_2 易发生歧化反应而不与淀粉发生显色反应；当 pH < 2 时，淀粉易水解成糊精，糊精遇 I_2 显红色，该显色反应可逆性差。一般用直链淀粉配制，但直链淀粉必须有 I^- 的存在，才能遇碘变蓝色。随着温度的升高，淀粉指示剂变色的灵敏度降低。淀粉指示剂最好在用前配制，不宜久存。配制时将淀粉混悬液煮至半透明，且加热时间不宜过长，并应迅速冷却至室温。

4. 碘量法中常见误差的来源及减免方法

① I_2 易升华，造成损失。应加入过量的 KI，使 I_2 生成难挥发的 I_3^-。

② I^- 在酸性溶液中易被空气中的 O_2 氧化。为防止 I^- 被氧化，滴定应在室温避光下在碘量瓶中进行。滴定时不应过度摇荡，滴定速度宜稍快，以减少 I^- 与空气接触。

（二）标准溶液的配制和标定

碘量法中常用 $Na_2S_2O_3$ 和 I_2 两种标准溶液。

1. $Na_2S_2O_3$ 标准溶液的配制和标定

$Na_2S_2O_3 \cdot 5H_2O$ 不稳定，易风化潮解，且含有少量的 S、Na_2S、Na_2SO_3 等杂质，只能用间接法配制，先配成近似浓度的溶液。配制时，由于 CO_2 和微生物及 O_2 的氧化作用，会使浓度发生变化，所以需用新煮沸并冷却的纯化水配制溶液，并加入少量的 Na_2CO_3 保持溶液呈碱性（pH 值为 9~10），以防止 $Na_2S_2O_3$ 分解。最后保存在棕色瓶中，置于暗处。长时间保存的溶液，使用前应重新标定，若发现溶液浑浊，则应弃去重配。

标定 $Na_2S_2O_3$ 溶液通常用 $K_2Cr_2O_7$、$KBrO_3$、KIO_3 等基准物。

其标定反应为：

$$Cr_2O_7^{2-}+6I^-+14H^+ \Longrightarrow 2Cr^{3+}+3I_2+7H_2O$$

标定时应注意：①控制溶液的酸度，一般以 0.7~1mol $\cdot$ L^{-1} 为宜。过高，I^- 易被氧化；过低，反应速率慢。② $K_2Cr_2O_7$ 与 KI 的反应速率较慢，反应时应将碘量瓶封水后，在暗处放置一定时间（10min），待反应完全后，再以 $Na_2S_2O_3$ 溶液滴定（若用 KIO_3 标定，因与 KI 反应快，不需放置）。③稀释溶液，降低 Cr^{3+} 的浓度，有利于终点观察；也有助于降低溶液酸度，减慢 I^- 被空气氧化的速率，降低 $Na_2S_2O_3$ 的分解率。④近终点加指示剂并正确判断回蓝现象，滴定至终点经 5min 后回蓝，是由于空气氧化 I^- 所引起的，不影响标定结果。

2. I_2 标准溶液的配制和标定

用升华法制得的纯碘，可作为基准物质直接配制标准溶液。但由于 I_2 易挥发且具腐蚀性，难以准确称量，所以一般配制近似浓度的溶液，再进行标定。I_2 微溶于水，易溶于 KI 溶液，但在 KI 稀溶液中溶解较慢，配制时，可将 I_2 与 KI 混合加少量水溶解后再稀释，置棕色瓶中于暗处保存。

常用 As_2O_3 作为基准物标定 I_2 溶液。As_2O_3 难溶于水，但易溶于碱性溶液中生成亚砷酸盐：

$$As_2O_3+6NaOH \Longrightarrow 2Na_3AsO_3+3H_2O$$

亚砷酸盐与碘反应存在着如下平衡：

$$AsO_3^{3-}+I_2+H_2O \Longrightarrow AsO_4^{3-}+2I^-+2H^+$$

随着反应的进行，溶液的酸度将增加，反应将有利于逆向进行，使滴定反应不能进行完全。因此常在溶液中加入 $NaHCO_3$ 使溶液的 pH 值保持在 8 左右。

也可以用 $Na_2S_2O_3$ 的标准溶液标定 I_2 溶液。

想一想 15. 在直接碘量法和间接碘量法实验中，加入淀粉指示剂的时机有何不同？为什么？

（三）碘量法的应用

1. 维生素 C 含量的测定（直接碘量法）

维生素 C($C_6H_8O_6$) 又名抗坏血酸，其分子结构中含有烯二醇基，具有较强的还原性，能被碘定量氧化成二酮基。其反应如下：

精密称取一定量的维生素 C，加入一定量新煮沸过的纯化水及稀 HAc 混合液，加淀粉指示剂后，用碘标准溶液立即滴定至溶液显持续蓝色。

2. 漂白粉中有效氯含量的测定（置换滴定法）

漂白粉的主要成分是 $CaCl_2$ 和 $Ca(ClO)_2$，与酸作用放出氯气，可定量地将 KI 氧化成 I_2，故可用置换碘量法测定其含量。

精密称取 0.2g 漂白粉置于碘量瓶中，加适量水溶解，加入 10mL 稀硫酸（3mol·L^{-1}）和 15mL KI（10%）溶液，加盖摇匀，避光放置 5min，加入 50mL 蒸馏水，立即用 $Na_2S_2O_3$ 标准溶液滴定生成的 I_2，至近终点时，加淀粉指示液 2mL，继续滴定至蓝色消失，即为终点。反应如下：

$$Cl^- + ClO^- + 2H^+ \Longrightarrow HClO + HCl$$

$$HClO + HCl \Longrightarrow Cl_2 + H_2O$$

$$Cl_2 + 2KI \Longrightarrow I_2 + 2KCl$$

$$I_2 + 2S_2O_3^{2-} \Longrightarrow 2I^- + S_4O_6^{2-}$$

关系简式：
$$Cl^- - ClO^- - I_2 - S_2O_3^{2-}$$

计算公式如下：

$$Cl\% = \frac{c_{Na_2S_2O_3} \times V_{Na_2S_2O_3} \times 10^{-3} \times M_{Cl}}{m_s} \times 100\%$$

四、亚硝酸钠法

（一）概述

亚硝酸钠法是利用亚硝酸与有机胺类的氨基发生重氮化反应或亚硝基化反应来测定物质含量的方法。由于 HNO_2 不稳定，易分解，通常将 $NaNO_2$ 配成标准溶液，在酸性条件下使用。

芳香族伯胺、仲胺与亚硝酸能定量反应，叔胺仅少数能与亚硝酸反应，但不能用于定量。亚硝酸钠法在药物分析中的主要应用是测定芳伯胺、仲胺类药物的含量，因为芳伯胺的重氮化反应速率较快，所以在亚硝酸钠滴定法中应用的最多。

反应方程式如下：

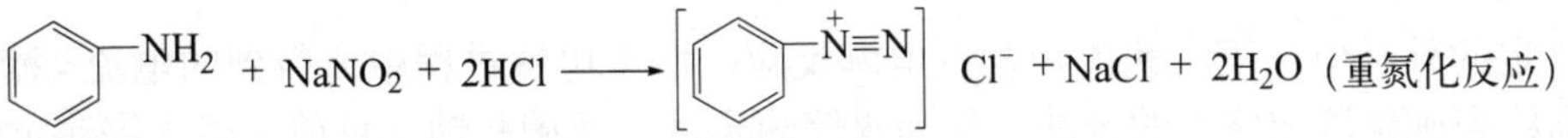

芳伯胺 + $NaNO_2$ + 2HCl ⟶ 芳伯胺重氮盐 Cl^- + NaCl + 2H_2O（重氮化反应）

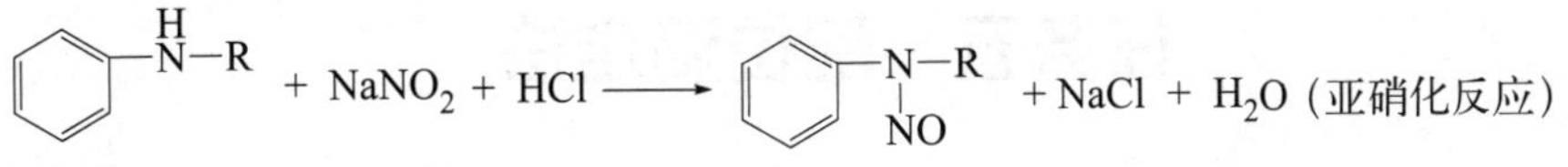

芳仲胺 + $NaNO_2$ + HCl ⟶ 产物 + NaCl + H_2O（亚硝化反应）

滴定条件：

① 温度不宜过高，目的是防止 HNO_2 分解，减少挥发损失，通常测定温度在 15～30℃ 之间。

② 亚硝酸钠法的滴定速度与酸的种类有关。在 HBr 中速度较快。酸度应控制在强酸性条件下，因为若酸度不足，重氮盐会与被测的芳伯胺生成偶氮化合物，造成结果偏低；但也不能太大，否则易引起 HNO_2 分解，影响重氮化反应的速率。考虑到价格和反应速率问题，

常选用 HCl，并保持酸度为 $1mol \cdot L^{-1}$。

③ 滴定速度不宜过快，这是因为重氮反应是分子间反应，速率较慢。一般均需慢慢滴加，并不断搅拌，尤其在临近终点时，更需一滴一滴地加入并搅拌数分钟才能确定终点。通过"快速滴定法"可加快滴定速度，方法是：在 30℃ 以下，将滴定管尖端插入液面以下，将大部分 $NaNO_2$ 溶液在不断搅拌下一次滴入，近终点时将管尖提出液面再缓缓滴定，此法可大大缩短滴定时间，结果较准确。

④ 芳胺对位取代基的影响。若对位为亲电子基团可加快反应，如—NO_2、—SO_3H、—COOH、—X 等；若对位为斥电子基团则可减慢反应，如—CH_3、—OH、—OR 等。

（二）$NaNO_2$ 标准溶液的配制和标定

亚硝酸钠溶液在 pH=10 左右时最稳定（三个月内浓度稳定）。所以配制时常加入少量碳酸钠作为稳定剂。标定最常用对氨基苯磺酸作为基准物质。对氨基苯磺酸须先用氨水溶解，再加盐酸成为对氨基苯磺酸盐酸盐。

亚硝酸钠溶液见光易分解，应贮存在带玻璃塞的棕色瓶中，密封保存。

（三）终点的指示方法

亚硝酸钠法测定指示终点的方法主要有：外指示剂法、内指示剂法和永停滴定法三种。

1. 外指示剂法

常采用淀粉 KI 指示液或淀粉 KI 试纸，当滴定达到终点后，稍过量的 NO_2^- 即可将 KI 氧化成 I_2，I_2 被淀粉吸附显蓝色。反应方程式为：

$$2NO_2^- + 2I^- + 4H^+ \rightleftharpoons I_2 + 2NO + 2H_2O$$

此指示剂只能在临近终点时，用细玻璃棒蘸出少许滴定液，在外面与指示剂接触来判断是否达到终点。外指示剂使用手续烦琐，显色常不够明显，虽消耗少许滴定液，但因已近终点，溶液很稀，对测定准确度影响甚微。

2. 内指示剂法

内指示剂主要有带二苯胺结构的偶氮染料及醌胺类染料两大类。使用内指示剂虽操作方便，但存在突跃不够明显、变色不够敏锐等问题，而且缺乏普遍适用的内指示剂。

3. 永停滴定法

在一定的外加电压下，使电极发生电解反应，应用电解过程中所得到的电流 - 滴定液体积关系曲线来确定滴定终点的方法，称为永停滴定法。亚硝酸钠法目前多用永停滴定法。

任务五　配位滴定法

配位滴定法是利用形成稳定配合物进行滴定的分析方法。作为配位滴定的反应必须按一定的反应式定量进行，生成的配合物有确定的组成；反应必须完全，生成的配合物要有足够的稳定性；反应速率要足够高，生成的配合物溶于水；要有适当的指示剂或其他方法指示终点。

常用的滴定剂即配位剂有两类。一类是无机配位剂，这类配位剂和金属离子形成的配合物不够稳定，在配位过程中有逐级配位现象，不符合滴定分析反应的要求。另一类是有机配位剂，特别是既有氨基又有羧基的氨羧配位剂，配位能力强，与金属离子配位时可形成一定组成且稳定的配合物。目前应用最广的氨羧配位剂是乙二胺四乙酸（简称 EDTA）。现今所说的配位滴定法主要以 EDTA 为标准溶液。

一、EDTA 及其配位特性

（一）EDTA 的结构和性质

EDTA 的结构式为：

$$\begin{array}{c} HOOCH_2C \\ HOOCH_2C \end{array}\!\!>\!\!N-CH_2-CH_2-N\!\!<\!\!\begin{array}{c} CH_2COOH \\ CH_2COOH \end{array}$$

从结构式可看出，EDTA 有四个可解离的 H^+，通常用 Y 代表 EDTA 的阴离子，故通常 EDTA 可用 H_4Y 表示。

乙二胺四乙酸为白色结晶性粉末，无臭无味，水溶液呈酸性（pH=2.3），不溶于冷水、醇及一般有机溶剂，微溶于热水，可溶于氢氧化钠、碳酸钠及氨的溶液中，因此不宜用作配位滴定中的滴定剂。

乙二胺四乙酸二钠是白色晶体状粉末，可用 $Na_2H_2Y \cdot H_2O$ 表示，在水中溶解度比较大，室温时饱和水溶液的浓度约为 $0.3mol \cdot L^{-1}$，水溶液呈弱酸性，pH 值约为 4.5。在实际使用时常用乙二胺四乙酸二钠作为滴定剂，也称为 EDTA。

（二）EDTA 在水溶液中的解离平衡

乙二胺四乙酸两个羧基上的 H^+ 可以转移到两个 N 原子上，形成双偶极离子，其结构式如下：

$$\begin{array}{c} HOOCH_2C \\ {}^-OOCH_2C \end{array}\!\!>\!\!\overset{+}{\underset{H}{N}}-CH_2-CH_2-\overset{+}{\underset{H}{N}}\!\!<\!\!\begin{array}{c} CH_2COO^- \\ CH_2COOH \end{array}$$

当溶液的酸度很高时，两个羧基可再接受 H^+，形成 H_6Y^{2+}，相当于六元酸，有六级解离常数：

$$H_6Y^{2+} \Longrightarrow H^+ + H_5Y^+ \ ; \ pK_1=0.90$$

$$H_5Y^+ \Longrightarrow H^+ + H_4Y \ ; \ pK_2=1.60$$

$$H_4Y \Longrightarrow H^+ + H_3Y^- \ ; \ pK_3=2.00$$

$$H_3Y^- \Longrightarrow H^+ + H_2Y^{2-} \ ; \ pK_4=2.67$$

$$H_2Y^{2-} \Longrightarrow H^+ + HY^{3-} \ ; \ pK_5=6.16$$

$$HY^{3-} \Longrightarrow H^+ + Y^{4-} \ ; \ pK_6=10.26$$

因此在水溶液中，EDTA 会有 H_6Y^{2+}、H_5Y^+、H_4Y、H_3Y^-、H_2Y^{2-}、HY^{3-}、Y^{4-} 等 7 种型体存在。表 5-8 列出了在不同 pH 值时，EDTA 的主要存在型体。

表 5-8　不同 pH 值时 EDTA 的主要存在型体

pH 值	< 1	1～1.60	1.60～2.0	2.0～2.67	2.67～6.16	6.16～10.26	> 10.26
主要型体	H_6Y^{2+}	H_5Y^+	H_4Y	H_3Y^-	H_2Y^{2-}	HY^{3-}	Y^{4-}

在以上 7 种型体中，只有 Y⁴⁻ 才是配位的有效型体。当 pH 值大于 10.26 时，Y⁴⁻ 的浓度最大，配位能力最强。

（三）金属 –EDTA 配位特性

① EDTA 与金属离子形成的配合物稳定性高。EDTA 有六个配位原子，与金属离子（碱金属除外）配位时，可形成多个五元环的螯合物，增加配合物的稳定性。

② 配位比简单。EDTA 与金属离子配位时大都形成配位比为 1∶1 的配合物，与金属离子的价态无关。

③ EDTA 与金属离子形成的配合物多数水溶性较好。

④ 无色的金属离子与 EDTA 易形成无色的配合物，有色金属离子与 EDTA 形成的配合物颜色一般比金属离子颜色更深，见表 5-9

表 5-9　金属离子与 EDTA 形成的配合物的颜色

配合物	AlY⁻	NiY²⁻	CuY²⁻	CoY²⁻	MnY²⁻	CrY⁻	FeY⁻
颜色	无色	蓝绿色	深蓝色	紫红色	紫红色	深紫色	黄色

二、金属 –EDTA 配合物的条件稳定常数

（一）金属 –EDTA 配位反应稳定常数

金属 -EDTA 配合物，在溶液中存在解离平衡，其反应和稳定常数可表示为：

$$M+Y \Longleftrightarrow MY（为简化省去电荷）$$

$$K_{MY}= \frac{[MY]}{[M][Y]} \tag{5-11}$$

K_{MY} 越大，配合物越稳定。不同金属离子与 EDTA 形成配合物的稳定性不同，常见的金属 -EDTA 配合物的稳定常数（K_{MY}）的对数值见表 5-10。

表 5-10　金属 –EDTA 配合物的对数值（lgK_{MY}）（20℃）

金属离子	lgK_{MY}	金属离子	lgK_{MY}	金属离子	lgK_{MY}
Na⁺	1.43	Fe²⁺	14.19	Cu²⁺	18.83
Li⁺	2.43	Al³⁺	16.30	Hg²⁺	22.02
Ba²⁺	7.86	Cd²⁺	16.46	Bi³⁺	27.80
Mg²⁺	8.70	Zn²⁺	16.50	Cr³⁺	12.80
Ca²⁺	10.69	Pb²⁺	18.04	Fe³⁺	25.42
Mn²⁺	14.05	Ni²⁺	18.66	Co²⁺	16.31

（二）金属 –EDTA 配位反应的副反应

被测金属离子与 EDTA 反应，此反应称为主反应，当溶液中还有其他金属离子 N 或配体 L 存在，或者溶液的酸度发生变化，都会影响 EDTA 与金属离子配位反应的进行，这些反应统称为副反应。表示如下：

这些副反应主要可归纳为：一是金属离子与其他配位剂产生的配位效应以及水解效应；二是 EDTA 在溶液中的酸效应以及与其他非被测离子的配位效应；三是生成酸式配合物及碱式配合物的副反应。其中前两种相当于主反应的逆反应，对滴定不利，而第三种虽然对滴定有利，但反应的程度较小，一般忽略不计。

副反应的存在都会对主反应产生影响。副反应对主反应的影响程度，用副反应系数 α（side reaction coefficient）表示。当溶液中只有 EDTA 配体无其他配体时，副反应主要由溶液酸度和共存离子引起，下面分别讨论它们的副反应系数。

1. 酸效应和酸效应系数

由于 H^+ 的存在使配体 Y 与 H^+ 发生反应，游离 Y 的浓度降低，使 Y 参加主反应能力降低的现象称为酸效应。H^+ 存在引起副反应时的副反应系数称为酸效应系数，用 $\alpha_{Y(H)}$ 表示。

$$\alpha_{Y(H)} = \frac{[Y']}{[Y]}$$

$\alpha_{Y(H)}$ 表示在一定酸度下未参加配位反应的 EDTA 的总浓度 [Y'] 是游离的 EDTA（Y^{4-}）浓度 [Y] 的多少倍；[Y'] 表示 EDTA 未与金属离子配位的各种型体的总浓度；[Y] 表示能与金属离子配位的游离的 Y^{4-} 的浓度（为书写方便，其各种型体均略去电荷）。则：

$$[Y']=[Y]+[HY]+[H_2Y]+[H_3Y]+[H_4Y]+[H_5Y]+[H_6Y]$$

$\alpha_{Y(H)}$ 越大表示 EDTA 与 H^+ 发生的副反应越严重，能与金属离子配位的 [Y] 越小。$\alpha_{Y(H)}$ 随溶液的酸度增大而增大，故称酸效应系数。当 $\alpha_{Y(H)}=1$ 时，[Y']=[Y]，表示 EDTA 与 H^+ 未发生副反应，全部以 Y^{4-} 型体存在，此时，EDTA 的配位能力最强。EDTA 在各种 pH 值时的酸效应系数见表 5-11。

表5-11　EDTA 在不同 pH 值时的酸效应系数

pH 值	$\lg\alpha_{Y(H)}$	pH 值	$\lg\alpha_{Y(H)}$	pH 值	$\lg\alpha_{Y(H)}$
0.0	23.64	4.5	7.50	8.5	1.77
0.8	19.08	5.0	6.45	9.0	1.29
1.0	17.13	5.4	5.69	9.5	0.83
1.5	15.55	5.5	5.51	10.0	0.45
2.0	13.79	6.0	4.65	10.5	0.20
2.5	11.11	6.4	4.06	11.0	0.07
3.0	10.63	6.5	3.92	11.5	0.02

pH 值	$\lg\alpha_{Y(H)}$	pH 值	$\lg\alpha_{Y(H)}$	pH 值	$\lg\alpha_{Y(H)}$
3.4	9.71	7.0	3.32	12.0	0.01
3.5	9.48	7.5	2.78	13.0	0.0008
4.0	8.44	8.0	2.26		

2. 金属离子的配位效应和配位效应系数

当溶液中有其他配位剂存在时，金属离子不仅与 Y 生成配合物 MY，还与其他配位剂 L 生成其他配合物，使 M 的浓度下降，导致主反应受到影响，降低 MY 的稳定性。这种由于其他配位剂与 M 发生副反应使金属离子 M 与配位剂 Y 发生主反应的能力降低的现象称为配位效应（complex effect），配位效应系数可以衡量由于其他配位剂的存在使金属离子进行主反应能力降低的程度，用 α_M 表示：

$$\alpha_M = \frac{[M']}{[M]} = \frac{[M]+[ML]+[ML_2]+\cdots+[ML_n]}{[M]}$$

α_M 表示未与 Y 配位的金属离子各种型体的总浓度 [M'] 是游离金属离子 [M] 的多少倍；[M'] 表示未与 Y 配位的金属离子各种型体的总浓度；[M] 是游离金属离子浓度。α_M 的大小与溶液中其他配位剂 L 的浓度及其配位能力有关。配位剂 L 的配位能力越强，浓度越大，则 α_M 越大，表示金属离子被 L 配位得越完全，游离的金属离子浓度越小，即配位效应引起的副反应程度越严重。

3. 配合物的条件稳定常数

在没有副反应发生时，金属离子 M 与配位剂 EDTA 反应的进行程度可用 K_{MY} 表示。考虑到副反应所带来的影响，应用下式表示配合物反应进行的程度：

$$K'_{MY} = \frac{[MY]}{[M'][Y']} \tag{5-12}$$

K'_{MY} 称为配合物的条件稳定常数（conditional stability constant），也称作表观稳定常数或有效稳定常数。由于 MY 发生的副反应是增加了 EDTA 与 M 之间的配位能力，故对主反应有利，在此不做讨论，仅讨论 Y 和 M 的副反应对主反应的影响。

由副反应系数定义可知：$[M']=\alpha_M[M]$；$[Y']=\alpha_{Y(H)}[Y]$

代入公式（5-12）则得：

$$K'_{MY} = \frac{[MY]}{\alpha_M[M]\cdot\alpha_{Y(H)}[Y]} = \frac{K_{MY}}{\alpha_M\cdot\alpha_{Y(H)}}$$

在一定条件下，α_M、$\alpha_{Y(H)}$ 均为定值，因此 K'_{MY} 在一定条件下是常数，一旦条件发生变化，K'_{MY} 也随之发生变化。K'_{MY} 反映的是配合物在一定条件下的实际稳定常数。运用 K'_{MY} 能正确地判断配合物 MY 的稳定性及主反应进行的程度。

将上式取对数，可得：

$$\lg K'_{MY} = \lg K_{MY} - \lg\alpha_M - \lg\alpha_{Y(H)} \tag{5-13}$$

若系统中无其他配位剂，只考虑酸效应的影响，则：

$$\lg K'_{MY} = \lg K_{MY} - \lg \alpha_{Y(H)} \qquad (5-14)$$

【例 5-8】 计算 pH=2.0 和 pH=5.0 时，ZnY 的 $\lg K'_{ZnY}$ 值。

解 查表 5-10 可知 $\lg K_{ZnY}$=16.50；

pH=2.0 时，查表 5-11 可得 $\lg \alpha_{Y(H)}$=13.79，则：

$$\lg K'_{ZnY} = \lg K_{ZnY} - \lg \alpha_{Y(H)} = 16.50 - 13.79 = 2.71$$

pH=5.0 时，查表 5-11 可得 $\lg \alpha_{Y(H)}$=6.45，则：

$$\lg K'_{ZnY} = \lg K_{ZnY} - \lg \alpha_{Y(H)} = 16.50 - 6.45 = 10.05$$

由上例可知，在 pH=2.0 时滴定 Zn^{2+}，由于酸效应严重，$\lg K'_{ZnY}$ 为 2.71，ZnY 配合物在此条件下很不稳定。而在 pH=5.0 时滴定 Zn^{2+}，酸效应影响程度明显下降，$\lg K'_{ZnY}$ 为 10.05，表明 ZnY 配合物在此条件下相当稳定，配位反应能进行完全。

三、滴定条件的选择

EDTA 的配位能力很强，但在 EDTA 滴定过程中产生副反应的因素也很多。因此，如何提高配位滴定的选择性，是配位滴定中要解决的重要问题。下面从两个方面加以讨论。

（一）酸度的选择

在配位滴定中，如果不考虑溶液中其他的副反应，被滴定的金属离子的 K'_{MY} 主要取决于溶液的酸度。当酸度过高时，由于酸效应的存在，$\alpha_{Y(H)}$ 较大，K'_{MY} 较小，不能准确滴定；当酸度较低时，$\alpha_{Y(H)}$ 较小，K'_{MY} 较大，有利于滴定，但金属离子易发生水解生成氢氧化物沉淀，也不利于滴定。因此，酸度的选择和控制很重要。

1. 最高酸度（最低 pH 值）

根据滴定分析的一般要求，滴定误差 ≤ 0.1%，当被测金属离子浓度为 $0.01 mol \cdot L^{-1}$ 时，必须满足 $K'_{MY} \geqslant 10^8$，也就是说 K'_{MY} 必须大于或等于 10^8 才能获得准确滴定结果。如果不考虑溶液中其他的副反应，只考虑酸效应，则：

$$\lg K'_{MY} = \lg K_{MY} - \lg \alpha_{Y(H)} \geqslant 8$$

$$\lg \alpha_{Y(H)} \leqslant \lg K_{MY} - 8 \qquad (5-15)$$

在滴定某种金属离子时，可先从表 5-10 查出该金属离子的 $\lg K_{MY}$，代入公式（5-15）求出 $\lg \alpha_{Y(H)}$，再从表 5-11 查得该值对应的 pH 值，即为该离子的最低 pH 值（最高酸度）。

【例 5-9】 用浓度为 $0.01000 mol \cdot L^{-1}$ 的 EDTA 滴定同浓度的 Zn^{2+}，计算其最高酸度。

解 由表 5-10 查得 $\lg K_{ZnY}$=16.50，则：

$$\lg \alpha_{Y(H)} \geqslant 16.50 - 8 = 8.50$$

由表 5-11 查得，$\lg \alpha_{Y(H)}$=8.5 对应的 pH 值为 4，故最高酸度时 pH 值为 4。

用上述方法，可计算出用 EDTA 滴定各种金属离子时的最高酸度（最低 pH 值），如表 5-12 所示。

表 5-12　EDTA 滴定各种金属离子的最低 pH 值

金属离子	lgK_{MY}	最低 pH 值	金属离子	lgK_{MY}	最低 pH 值
Mg^{2+}	8.70	9.7	Zn^{2+}	16.50	4.0
Ca^{2+}	10.69	7.5	Pb^{2+}	18.04	3.2
Mn^{2+}	14.05	5.2	Ni^{2+}	18.66	3.0
Al^{3+}	16.30	4.2	Cu^{2+}	18.83	2.9
Co^{2+}	16.31	4.0	Hg^{2+}	22.02	1.9
Cd^{2+}	16.46	3.9	Fe^{3+}	25.42	1.0

2. 最低酸度（最高 pH 值）

当溶液中酸度控制在最高酸度以下，随着酸度的降低，酸效应逐渐降低，有利于滴定，但酸度太低，金属离子会发生水解而生成氢氧化物沉淀，进而影响滴定。因此滴定反应的酸度也要控制在最低酸度（最高 pH 值）之内。

最低酸度可以从 $M(OH)_n$ 的溶度积求得，如 $M(OH)_n$ 的溶度积为 K_{sp}，为防止沉淀的生成，必须使 $[OH^-] \leqslant \sqrt[n]{\dfrac{K_{sp}}{[M]}}$，在根据 pOH+pH=14，即可求出滴定的最低酸度。由表 5-12 可以看出，不同的配合物在不同的酸度下保持稳定，因此可利用调节 pH 值的方法，将溶液中某种金属离子从多种金属离子混合物中分别滴定出来。必须注意，配位滴定不仅在滴定前要调节好溶液的酸度，而且整个滴定过程都应控制在一定的酸度范围内进行。因为 EDTA 和金属离子在进行配合的过程中不断有 H^+ 释放出来，使溶液的酸度增加。例如：

$$Mg^{2+}+H_2Y^{2-} \Longleftrightarrow MgY^{2-}+2H^+$$

因此，在配位滴定中常加入一定量的缓冲溶液以控制滴定体系的酸度基本不变。

（二）掩蔽剂的使用

当样品溶液中有其他金属离子 N 时，由于 N 与 Y 发生副反应，条件稳定常数 lgK'_{MY} 降低，给 M 离子的滴定带来误差。而且 N 离子可能会与指示剂结合很牢，产生封闭作用。此时可加入掩蔽剂降低 N 离子的浓度，使其不能与 Y 发生配位反应，从而消除 N 离子的干扰。

掩蔽方法根据反应类型不同可分为配位掩蔽法、沉淀掩蔽法及氧化还原掩蔽法。

配位掩蔽法是通过加入配位掩蔽剂使干扰离子 N 形成稳定的配合物来消除干扰。在测定水中 Ca^{2+}、Mg^{2+} 含量时，消除 Fe^{3+}、Al^{3+} 的干扰可加入三乙醇胺，使 Fe^{3+}、Al^{3+} 形成稳定配合物而被掩蔽。在实际应用中配位掩蔽法使用最广。

沉淀掩蔽法是在溶液中加入沉淀剂使干扰离子 N 产生难溶性的物质。如在含有 Ca^{2+}、Mg^{2+} 两种离子的溶液中滴定 Ca^{2+}，可加入 NaOH 使溶液的 pH $\geqslant$ 12，使 Mg^{2+} 生成 $Mg(OH)_2$ 沉淀而不干扰 Ca^{2+} 的测定。

氧化还原掩蔽法是利用氧化还原反应改变干扰离子的价态以消除干扰。例如，若有 Fe^{3+} 产生干扰，可加入还原剂抗坏血酸使 Fe^{3+} 变成 Fe^{2+} 达到掩蔽的目的。

想一想 16. 用 EDTA 滴定 Ca^{2+}、Mg^{2+} 混合液中的 Ca^{2+}，要消除 Mg^{2+} 的干扰宜采用（　　）。
A. 控制酸度法　B. 沉淀掩蔽法　C. 配位掩蔽法　D. 氧化还原掩蔽法

四、金属指示剂

在配位滴定中，通常利用一种能与金属离子生成有色配合物的显色剂来指示滴定过程中金属离子浓度的变化，这种显色剂称为金属离子指示剂，简称金属指示剂。

（一）金属指示剂的变色原理

金属指示剂通常是一些有机染料，本身具有一定颜色，在一定 pH 值下，能与金属离子 M 形成有色配合物，其颜色与游离的指示剂的颜色不同。

$$M+In \Longleftrightarrow MIn$$
$$颜色 \ I \qquad 颜色 \ II$$

以铬黑 T 为例说明金属指示剂的变色原理：

铬黑 T 在 pH 值 6.3～11.6 时呈蓝色，可以用 HIn^{2-} 表示，与 Mg^{2+} 配位后生成红色配合物。

滴定前：
$$Mg^{2+}+HIn^{2-} \Longleftrightarrow MgIn^-+H^+$$
$$\qquad\quad 蓝色 \qquad\quad 红色$$

滴定开始至化学计量点前：$Mg^{2+}+H_2Y^{2-} \Longleftrightarrow MgY^{2-}+2H^+$

终点：$\qquad\qquad MgIn^-+H_2Y^{2-} \Longleftrightarrow MgY^{2-}+HIn^{2-}+H^+$
$$\qquad\quad 红色 \qquad\qquad\qquad\qquad 蓝色$$

滴定开始前，溶液中有大量的 Mg^{2+}，加入少量的铬黑 T 指示剂先与游离的 Mg^{2+} 形成红色的配合物。滴定开始，EDTA 先与游离的 Mg^{2+} 配合，溶液仍为红色。滴定至终点时，由于 EDTA 与金属离子配合物的条件稳定常数大于铬黑 T 与金属离子的条件稳定常数，因此，EDTA 夺取 $MgIn^-$ 配合物中的 Mg^{2+}，而使铬黑 T 游离出来，溶液由红色变为蓝色，指示滴定终点的到达。

（二）金属指示剂应具备的条件

① 指示剂与金属离子形成的配合物（MIn）的颜色与指示剂（In）本身颜色有明显的区别。现以铬黑 T 为例进行介绍。

铬黑 T（用 NaH_2In 表示）是一个具有弱酸性酚羟基的有色配合剂，在不同的酸度下为不同的颜色。它在水溶液中存在下列解离平衡：

$$H_2In^- \underset{+H^+}{\overset{-H^+}{\Longleftrightarrow}} HIn^{2-} \underset{+H^+}{\overset{-H^+}{\Longleftrightarrow}} In^{3-}$$
$$红色 \qquad\qquad 蓝色 \qquad\qquad 橙色$$
$$pH < 6.3 \qquad 6.3 \sim 11.6 \qquad pH > 11.6$$

在 pH < 6.3 或 pH > 11.6 时，游离的指示剂与形成金属离子配合物的颜色没有明显的区别，在 pH=6.3～11.6 的溶液里指示剂显蓝色，而与金属离子生成的配合物为红色，颜色有极明显的差别。所以用铬黑 T 作指示剂时，pH 值应控制在 6.3～11.6 的范围内，最适宜的 pH 值为 9～10.5。

② 金属指示剂与金属离子形成的配合物要有适当的稳定性。一般要求 $K'_{MIn} > 10^4$，稳定性太低，配合物易解离，会使终点提前出现；且要求金属指示剂配合物 MIn 的稳定性要小于 MY，即 $K_{MY} / K_{MIn} > 10^2$。否则稳定性太高，稍过终点时，EDTA 仍不能夺取 MIn 中的金属离子，就无法指示终点，使终点出现过迟。

③ 指示剂与金属离子的配位反应要灵敏、迅速，并且 MIn 要易溶于水。

金属指示剂的使用还应注意以下问题：有的指示剂与某些金属离子生成极稳定的配合物，如铬黑T与Fe^{3+}、Cu^{2+}、Al^{3+}、Ni^{2+}、Co^{2+}生成的配合物非常稳定。当用EDTA滴定这些离子时，即使用量较多的EDTA也不能把铬黑T从M-铬黑T配合物中置换出来，不能达到滴定终点，这种现象称为指示剂的封闭现象。为了消除封闭现象，可加入掩蔽剂，使封闭离子不再与指示剂配合来消除干扰。例如在滴定Mg^{2+}时，溶液中含有Fe^{3+}、Al^{3+}等干扰离子时，需加入少量掩蔽剂三乙醇胺掩蔽这些离子，以消除它们对指示剂的封闭作用。如果指示剂与金属离子形成的配合物为胶体溶液或沉淀，使化学计量点时EDTA与指示剂的置换缓慢，终点滞后，这种现象称为指示剂的僵化现象。可通过加入有机溶剂或加热，以增大有关物质的溶解度，同时放慢滴定速度来加以消除。

（三）常用金属指示剂的配制

1. 铬黑T的配制

铬黑T的固体稳定，它的水溶液不稳定，易发生分子聚合而变质，聚合后不再与金属离子显色，加入三乙醇胺可以防止聚合。在碱性溶液中铬黑T能被空气中的氧气氧化而褪色，可加入盐酸羟胺或抗坏血酸等防止氧化，常用配方如下：

① 铬黑T与干燥的NaCl以1∶100的比例混合磨细后，存于干燥器中，用时取少许即可，但用量不易掌握。

② 称取铬黑T 0.2g溶于15mL三乙醇胺中，溶解后，加入15mL无水乙醇。此溶液可保存数月。

2. 钙指示剂的配制

纯的钙指示剂为紫黑色粉末，水溶液或乙醇溶液均不稳定，一般与铬黑T一样可与NaCl固体研匀配成固体混合物使用。

3. 二甲酚橙的配制

二甲酚橙是紫红色粉末，易溶于水，常配成0.2%或0.5%的水溶液，可稳定保存几个月。

五、配位滴定中常用的标准溶液

1. EDTA标准溶液（0.05mol·L⁻¹）的配制

由于EDTA在水中溶解度小，所以常用EDTA二钠盐配制标准溶液，也称EDTA溶液。配制时称取EDTA二钠盐19g，溶于约300mL温纯化水中，冷却后稀释至1L，摇匀即得。贮存于硬质玻璃瓶或聚乙烯塑料瓶中，待准确标定。

2. EDTA标准溶液（0.05mol·L⁻¹）的标定

标定EDTA常用的基准物质为ZnO或金属Zn。操作步骤：取在800℃灼烧至恒重的基准氧化锌0.12g，精密称定，加稀盐酸3mL使溶解，加纯化水25mL，加0.025%甲基红的乙醇溶液1滴，滴加氨试液至溶液显微黄色，加水25mL与$NH_3·H_2O-NH_4Cl$缓冲溶液（pH=10.0）10mL，再加铬黑T指示剂少量，用本液滴定至溶液由紫色变为纯蓝色，并将滴定的结果用空白试验校正。每1mL EDTA标准溶液（0.05mol·L⁻¹）相当于4.069mg的氧化锌。根据本液的消耗量与氧化锌的取用量，计算浓度，即得。

六、应用与示例

配位滴定可采用多种滴定方式测定许多种金属离子的含量，常用的有以下几种：

1. 直接滴定法

直接滴定法是将试样处理成溶液后，调节至所需要的酸度，加入必要的其他试剂和指示剂，直接用 EDTA 滴定。绝大多数金属离子与 EDTA 的配位反应能满足滴定的要求，可采用直接滴定法测定，如钙盐、镁盐、锌盐、铁盐和铜盐等。

例如，水的硬度测定和钙镁含量测定。测定水的硬度实际上是测定水中钙镁离子的总量，然后把测得的钙镁离子总量折算成 $CaCO_3$ 质量来计算硬度。水的硬度以每升水中含 $CaCO_3$ 的毫克数表示（$mg \cdot L^{-1}$）。

操作步骤：取水样 100mL，加 $NH_3 \cdot H_2O\text{-}NH_4Cl$ 缓冲溶液 10mL，铬黑 T 指示剂少许，用 EDTA 标准溶液（$0.01000mol \cdot L^{-1}$）滴定至溶液由酒红色变为纯蓝色即为终点。硬度计算公式如下：

$$硬度 (CaCO_3) = \frac{c_{EDTA} \cdot V_{EDTA} \cdot M_{CaCO_3} \times 10^3}{V_{水样}}$$

钙镁盐经常共存，有时需要分别测定两者的含量。钙、镁的测定用 EDTA 直接滴定的方法。方法是先在 pH=10 的氨性溶液中，以铬黑 T 为指示剂，用 EDTA 滴定，测得 Ca^{2+}、Mg^{2+} 总量。另取同量试液，加入 NaOH 至 pH > 12，此时镁以 $Mg(OH)_2$ 沉淀形式掩蔽，选用钙指示剂为指示剂，用 EDTA 滴定 Ca^{2+}，前后两次测定之差即为镁含量。

2. 返滴定法

返滴定法是在试液中先加入定量过量的 EDTA 标准溶液，使 EDTA 与被测金属离子完全配合，再用另一种金属离子标准溶液滴定过量的 EDTA，根据两种标准溶液的浓度和用量，即可求得被测金属离子的含量。返滴定法主要适用于被测金属离子对指示剂有封闭作用而找不到合适的指示剂，或被测金属离子与 EDTA 配合反应速率很低，或被测金属离子在滴定酸度条件下发生水解等情况的测定。

例如，铝盐含量的测定。常用的铝盐药物有氢氧化铝、复方氢氧化铝、氢氧化铝凝胶等，这些药物大都采用配位滴定法测定含量。但铝盐不能用 EDTA 直接滴定，因为 Al^{3+} 对指示剂有封闭作用，在酸度不高时 Al^{3+} 又易水解，因此要采用返滴定法。通常在铝盐试液中先加入过量而定量的 EDTA，加热煮沸几分钟，待配位反应完全后，再用 Zn^{2+} 标准溶液返滴剩余的 EDTA。

氢氧化铝凝胶含量的测定方法为：取本品约 8g 精密称定，加盐酸与纯化水各 10mL，煮沸 10min 使溶解，放冷至室温，过滤，滤液置于 250mL 容量瓶中，滤器用纯化水洗涤，洗液并入容量瓶中，用纯化水稀释至刻度，摇匀。精密量取 25.00mL，加氨水中和至析出沉淀，再滴加稀盐酸至沉淀恰溶解为止，加醋酸 - 醋酸铵缓冲液（pH=6.0）10mL，再精密加 EDTA 标准溶液（$0.05mol \cdot L^{-1}$）25.00mL，煮沸 3～5min，放冷至室温，加二甲酚橙指示液 1mL，用锌标准溶液（$0.05mol \cdot L^{-1}$）滴定，至溶液由黄色变为红色，并将滴定的结果用空白试验校正。依下式计算 Al_2O_3 的含量：

$$Al_2O_3\% = \frac{(c_{EDTA} \cdot V_{EDTA} - c_{Zn} \cdot V_{Zn}) \times \dfrac{101.96}{2000}}{样品重 \times \dfrac{25.00}{250.0}} \times 100\%$$

【思维导图】

一、单选题

1. 标定 NaOH 溶液常用的基准物质是（　　）。

　　A. 硼砂　　　　　　　B. 邻苯二甲酸氢钾　　C. 碳酸钙　　　　　　D. 无水碳酸钠

2. 有一碱液，可能为 NaOH、NaHCO$_3$ 或 Na$_2$CO$_3$ 或它们的混合物，用 HCl 标准溶液滴定至酚酞无色时耗去 HCl 的体积为 V_1，继续以甲基橙为指示剂又耗去 HCl 的体积为 V_2，且 $V_1 < V_2$，则此碱液为（　　）。

　　A. Na$_2$CO$_3$　　　　　　B. NaOH　　　　　　C. NaOH+Na$_2$CO$_3$　　D. Na$_2$CO$_3$+NaHCO$_3$

3. 酸碱滴定中选择指示剂的原则是（　　）。

　　A. 指示剂的变色范围与化学计量点完全符合

　　B. 指示剂的变色范围全部或部分落在滴定突跃范围之内

　　C. 指示剂的变色范围应全部落在滴定突跃范围之内

　　D. 指示剂应在 pH=7.00 时变色

4. 法扬司法所用指示剂的作用原理为（　　）。

　　A. 利用指示剂的氧化态与还原态的颜色不同

　　B. 吸附态与游离态颜色不同

　　C. 其酸式结构与碱式结构的颜色不同

　　D. 生成特殊颜色的沉淀

5. 铬酸钾指示剂法（Mohr 法）测定 Cl$^-$ 含量时，要求介质的 pH 值控制在 6.5～10.5 范围内，若酸度过高，则（　　）。

　　A. AgCl 沉淀不完全　　　　　　　　B. Ag$_2$CrO$_4$ 沉淀不易形成

　　C. AgCl 沉淀吸附 Cl$^-$ 增强　　　　　D. 形成 Ag$_2$O 沉淀

6. 间接碘量法中加入淀粉指示剂的适宜时间是（　　）

　　A. 滴定开始时加入　　　　　　　　B. 滴定液滴加到一半时加入

　　C. 滴定至近终点时加入　　　　　　D. 滴定到溶液呈无色时加入

7. 配位滴定中，指示剂的封闭现象是由（　　）引起的。

　　A. 指示剂与金属离子生成的配合物不稳定

　　B. 被测溶液的酸度过高

　　C. 指示剂与金属离子生成的配合物的稳定性小于 MY 的稳定性

　　D. 指示剂与金属离子生成的配合物的稳定性大于 MY 的稳定性

二、简答题

1. 标定 NaOH 标准溶液的基准物质有哪些？各有什么优缺点？

2. 为什么烧碱中常含有 Na$_2$CO$_3$？怎样才能分别测出 NaOH 和 Na$_2$CO$_3$ 的含量？

3. 某水样中含 Ca^{2+} 约为 $1.0 \times 10^{-4} mol \cdot L^{-1}$，在 pH=5 和 pH=10.0 时，能否用 EDTA 准确测定 Ca^{2+} 含量？

三、计算题

1. 称取 0.1243g 基准 Na_2CO_3 标定盐酸溶液，用去盐酸溶液 20.65mL，以甲基橙为指示剂，问此盐酸标准溶液的浓度是多少？

2. 用移液管吸取生理盐水溶液 10.00mL，加入 K_2CrO_4 指示剂 1.0mL，用 $0.1045mol \cdot L^{-1}$ $AgNO_3$ 标准溶液滴定至终点，用去 14.72mL，计算生理盐水的质量浓度（M_{NaCl}=58.5g·mol^{-1}）。

3. 用基准 KIO_3 标定 $Na_2S_2O_3$ 溶液，称取 KIO_3 0.8856g，溶解后，转移到 250mL 容量瓶中，稀释至刻度，用移液管取出 25.00mL，在酸性溶液中与过量 KI 反应，析出的碘用 $Na_2S_2O_3$ 溶液滴定，用去 24.32mL $Na_2S_2O_3$ 溶液，求 $Na_2S_2O_3$ 溶液的浓度。

4. 测定血液中的钙时，常将钙以 CaC_2O_4 完全沉淀，过滤洗涤，溶于硫酸中，然后用 $0.002000mol \cdot L^{-1}$ 的 $KMnO_4$ 标准溶液滴定。现将 2.00 mL 血液稀释至 50.00mL，取此溶液 20.00mL 进行上述处理，用该 $KMnO_4$ 溶液滴定至终点，用去 2.45mL，求血液中钙的浓度。

5. 取 100.0mL 水样，用氨 - 氯化铵溶液调节 pH=10，以铬黑 T 为指示剂，用 EDTA 标准溶液（$0.001882mol \cdot L^{-1}$）滴定至终点，其消耗 22.58mL，计算水样的总硬度。如果再取上述水样 100.0mL，用 NaOH 溶液调节 pH=12.5，加入钙指示剂，用上述 EDTA 标准溶液滴定至终点，消耗 10.11mL，分别求水样中的 Ca^{2+}、Mg^{2+} 的含量。

项目六
仪器分析法

知识目标

1. 掌握紫外–可见分光光度法的基本原理；掌握朗伯–比尔定律的应用及其适用范围；掌握色谱法的有关概念和各种色谱参数的计算公式；掌握气相色谱法和高效液相色谱法的原理以及定性定量方法。
2. 熟悉紫外–可见分光光度计的构造及原理，以及电化学分析法的基本原理；
3. 了解薄层色谱法的基本原理，以及红外分光光度法的基本原理。

能力目标

1. 能用紫外–可见分光光度法对单组分进行定量分析。
2. 能用气相色谱法和高效液相色谱法分析样品。

素质目标

1. 培养学生自主学习能力、逻辑思维能力、信息技术使用能力。
2. 培养学生创新意识、安全意识、规范的操作习惯和环境保护意识。

仪器分析法是通过仪器测量物质的某些物理或化学性质、参数及其变化来确定物质的组成、成分含量及化学结构的分析方法。仪器分析方法很多，其方法原理、仪器结构、操作、适用范围等都不相同，其中以光学分析法、色谱法、电化学分析法的应用最广泛。

光学分析法是以光的辐射为分析信号，根据物质发射的辐射能与物质相互作用而建立起来的仪器分析方法。根据物质与辐射能作用性质的不同，光学分析法又可分为光谱法和非光谱法两类。光谱法是基于物质在辐射能作用下（或在外界能量的作用下），发生了内部能级跃迁而产生的发射、吸收或散射光的波长和强度进行分析的方法，如紫外-可见光吸收光谱法和红外吸收光谱法等。非光谱法是利用电磁辐射与物质作用时，改变了传播方向、速度或其他物理性质，通过测量电磁辐射某些性质（如折射、反射、散射、干涉、衍射和偏振等）的变化进行分析的方法，如折射分析法、旋光分析法、X射线衍射法等。

电化学分析法是根据物质的电学及电化学性质所建立的分析方法。它通常是将电极和待测试样溶液组成化学电池，通过研究或测量化学电池的电学及电化学性质的突变等来确定试样的含量。根据测量的电信号不同可分为电位分析法、电导分析法和电解分析法等。

色谱法的原理是待分离物质分子在固定相和流动相之间分配平衡的过程中，由于不同的物质在两相之间的分配不同，待分离物质分子随流动相运动的速度各不相同，随着流动相的运动，混合物中的不同组分会在固定相上相互分离。根据物质的分离机制，色谱法可以分为吸附色谱、分配色谱、离子交换色谱、凝胶色谱和亲和色谱等。

其他仪器分析方法主要包括质谱法、核磁共振波谱法、色谱联用技术等。

仪器分析方法用于试样组分的分析有以下特点：①灵敏度高，检出限低，取样量少，适合于痕量分析以及超痕量分析；②选择性好，仪器分析可通过选择或者调整测定条件使共存组分不产生干扰；③操作简单，分析速度快，易实现自动化；④相对误差较大，仪器分析误差一般在 5% 左右，不适合常量分析；⑤需要价格昂贵的仪器。

仪器分析是利用各种学科的基本原理，采用电学、光学、精密仪器制造、计算机等先进技术探知物质化学特性的分析方法。仪器分析的发展极为迅速，应用前景极为广阔。为了适应科学发展，仪器分析随之也将出现以下发展趋势：方法创新、分析仪器智能化、新型动态分析检测和非破坏性检测、多种方法的联合使用等。总之，仪器分析正在向快速、准确、灵敏及适应特殊分析需求的方向迅速发展。

任务一　光谱分析法

一、紫外－可见分光光度法

（一）光的基本性质

光是一种电磁波。描述电磁波动性的主要物理参数有速度（c）、频率（ν）、波长（λ）或波数（σ）等。λ 是指波在一个振动周期内传播的距离；σ 是指波在其传播方向上单位长度内 λ 的数目，即 $1/\lambda$；ν 是指每秒钟内波振动的次数，单位是赫兹（Hz）；电磁波在真空中的传播速度称为光速（$3.0 \times 10^8 \mathrm{m \cdot s^{-1}}$），它与 λ 和 ν 的关系为：

$$\lambda = \frac{c}{\nu} \qquad (6-1)$$

按波长顺序排列的电磁辐射称为电磁波谱。表 6-1 表示各种电磁辐射的波长范围，以及引起物质运动的各种类型。所有这些区域的电磁辐射都可以用于物质的分析（成分分析或结构分析）。

表 6-1　电磁波谱

光谱区	波长范围	原子或分子的运动形式
X 射线	0.1 ～ 10nm	原子内层电子的跃迁
远紫外光	10 ～ 200nm	分子中原子外层电子的跃迁
近紫外光	200 ～ 380nm	分子中原子外层电子的跃迁
可见光	380 ～ 780nm	分子中原子外层电子的跃迁
近红外光	780nm ～ 2.5μm	分子中涉及氢原子的振动
中红外光	2.5 ～ 50μm	分子中原子的振动及分子转动
远红外光	50 ～ 300μm	分子的转动
微波	0.3mm ～ 1m	电子自旋
射频	1 ～ 1000m	核磁共振

紫外 - 可见分光光度法（ultraviolet-visible spectrometry，UV-VIS）是根据物质分子对紫外 - 可见光（波长为200～760nm）的吸收特性而建立起来的定性、定量和结构分析方法。该法灵敏度高、准确度高、选择性好、操作简便、测定快速、应用广泛。

（二）光吸收的基本定律

1. 吸收光谱

可见光是由不同波长的单色光复合而成的。当一束白光照射入某一溶液时，如果溶液中的物质对各种波长的可见光均不吸收，则入射光全部通过，溶液会呈现无色透明状态。如果溶液选择性地吸收了可见光中的某一色光，而让其他未被吸收的色光通过，则溶液会呈现出透射光的颜色。通常将被吸收的色光和透射光称为互补色光。人看到的溶液颜色，只是被溶液吸收光颜色的互补色，互补色示意图见图6-1。

同一物质对不同波长的光吸收程度不同。如果依次将不同波长的光通过某一溶液，测定溶液对不同波长的光的吸收程度，即为吸光度 A（absorbance）。以波长 λ 为横坐标，对应的吸光度 A 为纵坐标绘制的曲线称为吸收光谱曲线，简称吸收光谱（absorption spectrum），也称为 A-λ 曲线或吸收曲线（见图6-2）。吸收曲线的峰称为吸收峰，吸收峰对应的波长称为最大吸收波长，常用 λ_{max} 表示；峰与峰之间吸光度最小的部位称为吸收谷，吸收谷对应的波长称为最小吸收波长，常用 λ_{min} 表示；在吸收峰旁形状似肩的小曲折称为肩峰，对应的波长用 λ_{sh} 表示；吸收曲线上波长最短的一端，呈现较强吸收但不成峰形的部分称为末端吸收。不同的物质有不同的吸收峰。因此吸收光谱上的 λ_{max}、λ_{min}、λ_{sh} 及整个吸收光谱的形状取决于物质的分子结构。一般定量分析应选用 λ_{max} 时进行测定，此时灵敏度最高。对不同浓度的同一物质，其最大吸收波长 λ_{max} 及吸收曲线形状不会改变，只是吸光度 A 随浓度的增加而增大，可作为分光光度法进行物质定量分析的依据。不同的物质由于结构的不同而对相同波长的光吸收程度不一样，因此每一物质都有自己的特征吸收光谱，这种特征是用分光光度法进行物质定性分析的依据。

图6-1　光的互补色示意图

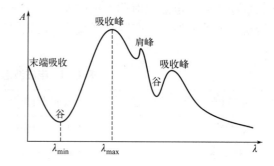

图6-2　物质的紫外 - 可见吸收光谱示意图

2. 光的吸收定律

（1）百分透光率（T）和吸光度（A）　当一束平行单色光照射到某一均匀、无散射的溶液时，光的一部分将被溶液吸收，一部分则透过溶液，还有一部分被器皿表面所反射。在分析测定中，由于试液和空白溶液使用的是同样材料和厚度的吸收池，因而对光的反射强度基本相同，可以抵消影响，即：

$$I_0=I_a+I_t \tag{6-2}$$

式中，I_0 表示入射光强度；I_t 表示透过光强度，I_a 表示溶液吸收光的强度。

透过光强度 I_t 与入射光强度 I_0 之比称为透光率或百分透光率，符号为 T，常用百分数表示，即：

$$T= \frac{I_t}{I_0} \times 100\% \tag{6-3}$$

溶液的透光率愈大，表示它对光的吸收愈弱；反之，透光率愈小，则对光的吸收愈强。透光率 T 的负对数反映了物质对光的吸收程度，用吸光度 A 表示，其定义为：

$$A= \lg\frac{1}{T} = -\lg T \tag{6-4}$$

（2）朗伯 - 比尔定律（Lambert-Beer 定律）　当一束平行单色光照射被测溶液时，吸收的程度（吸光度）除了与入射光的波长有关外，还与溶液的厚度和溶液的浓度有关。朗伯 - 比尔定律同时考虑了溶液的浓度和液层的厚度，表述为：当一束平行的单色光通过某一均匀、无散射的吸光物质溶液时，在入射光的波长、强度以及溶液的温度保持不变的条件下，该溶液的吸光度与溶液浓度及液层厚度的乘积成正比。如图 6-3 所示为光束照射溶液示意图。

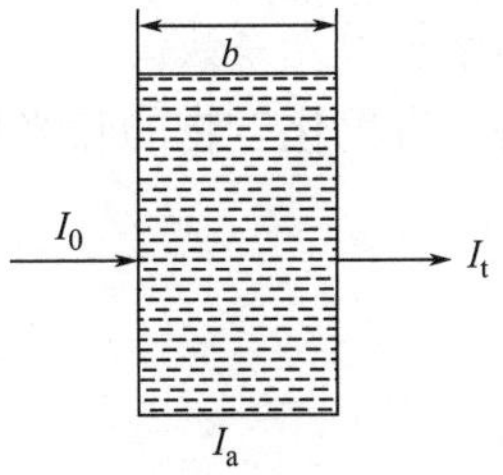

图 6-3　光束照射溶液示意图
I_0 是入射光强度；I_t 是透射光强度；I_a 是溶液吸收光的强度；b 是溶液厚度

其数学表达式为：

$$A=Kbc \tag{6-5}$$

式中，K 为吸光系数；b 为液层厚度；c 为溶液浓度。

朗伯 - 比尔定律是吸收光谱法（包括紫外 - 可见吸收光谱法、红外吸收光谱法、原子吸收光谱法）的定量基础。它不仅适用于可见光区，也适用于紫外和红外光区，不仅适用于溶液，也适用于气态或固态的均匀非散射的吸光物质。

推导朗伯 - 比尔定律时有两个基本假设：①入射光是单色光；②吸光粒子是独立的，彼此间无相互作用（一般溶液能很好地适用该定律）。

吸光系数的物理意义是吸光物质在单位浓度、单位液层厚度时的吸光度。在给定单色光、溶剂和温度等条件下，吸光系数是与 b 和 c 无关的一个物质特性常数。不同的吸光物质，对同一波长的入射光有不同的吸光系数，吸光系数愈大，表明该物质的吸光能力愈强，灵敏度愈高。

一般采用物质在最大吸收波长（λ_{max}）时的吸光系数，作为一定条件下衡量反应灵敏度的特征常数。其中所采用的单位取决于 b 和 c 所采用的单位。

① 摩尔吸光系数 ε。摩尔吸光系数是指在一定波长下，溶液浓度为 $1mol \cdot L^{-1}$，厚度为 1cm 时的吸光度，用 ε 表示。此时朗伯 - 比尔定律表示为：

$$A=\varepsilon bc \tag{6-6}$$

摩尔吸光系数 ε 的值是通过实验测定的，如果溶液浓度过高，一般采用准确浓度的较稀溶液先显色，测得其吸光度后，再计算 ε 值。一般认为，$\varepsilon > 10^5$ 属高灵敏度，即可进行分光光度测定。

② 百分吸光系数 $E_{1cm}^{1\%}$。百分吸光系数是指在一定波长下，溶液浓度为 1%（质量浓度），厚度为 1cm 时的吸光度，用 $E_{1cm}^{1\%}$ 表示。此时朗伯 - 比尔定律表示为：

$$A = E_{1cm}^{1\%} bc \tag{6-7}$$

注意：用百分吸光系数计算的浓度为百分浓度（g/100mL）。

相同物质在同一测定波长条件下，两吸光系数间可以按下式换算：

$$E_{1cm}^{1\%} = \frac{\varepsilon \times 10}{M} \tag{6-8}$$

式中，M 为吸光物质的摩尔质量。

【例 6-1】　已知某有色化合物的相对分子质量为 250，将其配成 0.0120mmol·L^{-1} 的溶液后，用 1.00cm 比色皿，在分光光度计 480nm 波长处测得其透光率为 44.3%，计算百分吸光系数和摩尔吸光系数。

解　有色化合物的吸光度：

$$A = -\lg T = -\lg 0.443 = 0.354$$

$$\varepsilon = \frac{A}{bc} = \frac{0.354}{0.0120 \times 10^{-3} \times 1.00} = 2.95 \times 10^4$$

$$E_{1cm}^{1\%} = \frac{\varepsilon \times 10}{M} = \frac{2.95 \times 10^4 \times 10}{250} = 1180$$

（三）紫外－可见分光光度计

下面重点介绍紫外 - 可见分光光度计的原理及装置。

1. 主要组成部件

分光光度计种类和型号繁多，但其基本结构和原理相似，普通紫外 - 可见分光光度计的结构如图 6-4 所示，主要由光源、单色器、吸收池（样品池）、检测器、记录装置（读出装置）五个部分组成。

图 6-4　紫外－可见分光光度计结构示意图

（1）光源　分光光度计要求有能发射强度足够而稳定的、具有连续光谱的光源。紫外光区常用氘灯或氢灯，可发射 150～375nm 的连续光谱；可见光区常用钨灯，可发射 360～2500nm 的连续光谱。

（2）单色器　单色器的作用是将来自光源的含有各种波长的复合光按波长顺序色散，并从中分离出单色光。单色器由狭缝、准直镜及色散元件组成，常用的色散元件有棱镜和衍射光栅。目前较多的仪器使用光栅，光栅是一种在玻璃表面上刻有等宽、等距平行条痕的色散元件，其优点在于可用的波长范围比棱镜宽且分光所得的光谱是波长等距的，即在不同波段区光谱线的间隔均相等。

（3）吸收池（样品池）　吸收池用来盛放待测试液。可见光区应选用光学玻璃吸收池，紫外光区则选用石英池。用作盛空白溶液的吸收池与盛试样的吸收池应互相匹配，即有相同的厚度与相同的透光性。使用时应保持吸收池的光洁，特别要注意透光面，应避免用手直接接触或用粗糙的纸擦拭。

（4）检测器　作用是将接收到的光信号转变为电信号，常用的检测器通常为光电管或光电倍增管、光二极管阵列检测器等。

（5）记录装置　信号处理与显示器的作用是将检测器检测到的电信号经过放大以某种方式将测量结果显示出来。

2. 吸光度的测量条件

（1）选择合适的入射波长　通常选择吸收光谱曲线上被测物质最大吸收波长（λ_{max}）作为入射光，以使测定结果有较高的灵敏度和准确度。当有干扰物质存在，或最强吸收峰的峰形比较尖锐时，应根据"吸收最大、干扰最小"的原则，选用吸收较低、峰形稍平坦的次强峰或肩峰进行测定。

（2）吸光度范围的选择　在不同的吸光度范围内读数，可引入不同程度的误差，这种误差通常以百分透光率引起的浓度相对误差来表示，称为光度误差。实验证明，当 $T=36.8\%$（$A=0.434$）时，测量的相对误差最小。为减小光度误差，使测定结果的准确度较高，一般应控制被测溶液和标准溶液的吸光度值在 $0.20\sim0.70$ 之间，透光率在 $20\%\sim65\%$ 之间。

（3）参比溶液的选择　在测量吸光度时，样品应放在吸收池里，由于溶液中其他成分以及吸收池或试剂对光的吸收或反射带来的误差，影响对所测吸光物质的吸光度测量。因此必须消除或尽量减少这些影响，可以通过扣除参比溶液（或称空白溶液）在相同条件下的吸光度解决。具体操作如下：将被测溶液和参比溶液分别装入两个相互匹配的吸收池中（所选的两个吸收池在放入纯化水时的透光率相同或相近），先用参比溶液调整仪器零点（$T=100\%$），再把被测溶液吸收池放入光路中，测出的吸光度即为扣除了参比溶液的吸光度。参比溶液的组成可根据试样溶液的性质而定。

① 溶剂参比。溶液中只有被测组分对光有吸收，在此情况下可用溶剂作为参比溶液。溶剂作参比溶液可以消除溶剂、吸收池等因素的干扰。

② 试剂参比。在相同条件下，不加试样溶液，依次加入各种试剂和溶剂所得到的溶液称为试剂参比溶液。试剂参比溶液是最常用的一种参比溶液。

③ 试样参比。如果试样溶液在测定波长有吸收，而显色剂及其他各种试剂均无色时，可按与显色反应相同的条件，以不加显色剂的试样溶液作为参比溶液，用试样作为参比溶液可以消除样品的干扰。

3. 定量方法

紫外 - 可见分光光度法定量的依据是朗伯 - 比尔定律，因此，在相应范围内，通过测定溶液对一定波长入射光的吸光度，即可求出溶液中物质的浓度和含量。

（1）标准曲线法　用某一波长的单色光测定溶液的吸光度时，若固定吸收池厚度，则光的吸收定律表现为 $A=Kc$，在 A-c 坐标系中，它是一条通过坐标原点的直线，称为标准曲线（或称为工作曲线）。标准曲线法是紫外 - 可见分光光度法中最经典的定量方法，特别适合于大批量试样的定量测定。具体的测定步骤如下：①配制标准系列溶液及供试品溶液。②测定标准系列溶液及供试品溶液的吸光度。③绘制标准曲线。④确定供试品溶液浓度。

（2）标准对照法　又称标准比较法。在相同的条件下配制样品溶液和标准品溶液，在所选波长处同时测定它们的吸光度 A_x 及 A_s，由标准溶液的浓度 c_s 可计算出样品溶液中被测物质的浓度 c_x。

根据朗伯 - 比尔定律，$A_s=Kbc_s$，$A_x=Kbc_x$，

两式相比，得：

$$c_x=c_s\frac{A_x}{A_s} \tag{6-9}$$

然后再根据样品的称量及稀释情况计算得到样品的百分含量。

这种方法比较简单，但是只有在测定的范围内溶液完全遵守朗伯 - 比尔定律，并且在 c_x

与 c_s 相接近时，才能得到较为准确的实验结果。

（3）吸光系数法　吸光系数是物质的特性常数，只要测定条件（包括溶液的浓度与酸度、单色光纯度等）未引起比尔定律偏离，就可根据测得的吸光度来求浓度。常用于定量的是百分吸光系数 $E_{1cm}^{1\%}$。根据朗伯-比尔定律：

$$A = E_{1cm}^{1\%}bc \qquad (6\text{-}10)$$

则有：$c = \dfrac{A}{E_{1cm}^{1\%}b}$。此法应用的前提是可测得或已知物质的 $E_{1cm}^{1\%}$。

【例 6-2】　精密称取维生素 C 0.05g，溶于 100mL 的 0.01mol·L^{-1} 的硫酸溶液中，再准确量取此溶液 2.0mL 稀释至 100.0mL，取此溶液盛于 1cm 的吸收池中，在 λ_{max}=254nm 处测得 A 值为 0.551，求维生素 C 的浓度。（$E_{1cm,254nm}^{1\%}$ =560）

解　使用吸光系数法计算：

$$c \times \frac{2.00}{100.0} = \frac{A}{E_{1cm}^{1\%}b} = \frac{0.551}{560 \times 1}$$

$$c = 4.92 \times 10^{-2} \text{g·mL}^{-1}$$

在具体的测定中，目前《中国药典》中大多数药品用吸光系数法定量，吸光系数法较简单、方便，但使用不同型号的仪器测定会带来一定的误差。

二、红外光谱分析法

（一）概述

红外光谱（infrared spectrum，IR）是分子振动和转动能级跃迁所引起的，称为分子振-转光谱，简称红外光谱。利用红外光谱对物质进行定性分析或定量测定的方法称红外光谱分析法。由于物质分子发生振动和转动能级跃迁所需的能量较低，几乎所有的有机化合物在红外光区均有吸收。分子中不同官能团，在发生振动和转动能级跃迁时所需的能量各不相同，产生的吸收谱带的波长位置就成了鉴定分子中官能团特征的依据，其吸收强度则是定量检测的依据。

1. 红外光谱图

如果用连续波长的红外线为光源照射样品，以波长（或波数）为横坐标，其相应的百分透光率（T）为纵坐标绘图，所得的吸收光谱即为红外吸收光谱图，甲苯的红外光谱图如图 6-5 所示，透光率很低的波数处表明有强烈吸收。

2. 红外光谱区

红外线常用波长或波数来度量。在红外光谱中，波长的单位用 μm，波数的单位用 cm^{-1}（1μm=10^{-4}cm）。习惯上将红外光谱分为三个区域，见表 6-2。大多数红外吸收光谱仪在中红外区应用。

中红外区是将有机化合物吸收的最重要范围，常用的红外波谱波数范围为 4000～400cm^{-1}。红外光谱的整个范围可分为 4000～1300cm^{-1} 与 1300～400cm^{-1} 两个区域。

（1）特征区　习惯上将 4000～1300cm^{-1} 区间称为特征频率区，简称特征区。此区的吸收峰较疏，易辨认。主要包括含有氢原子的单键、各种三键及双键的伸缩振动的基频峰，还包括部分含氢单键的面内弯曲振动的基频峰。此区中羰基峰很少与其他峰重叠，且谱带强度很大，是最易识别的吸收峰。由于有机物中含羰基的化合物较多，羰基是最受重视的吸收峰之一。

（2）指纹区　习惯上将 1300～400cm⁻¹ 的低频区间称为指纹区。此区域红外线的能量较特征区低，出现的谱带源于各种单键的伸缩振动以及多数基团的弯曲振动。区内谱带一般较密集，犹如任何两个人的指纹不可能完全相同一样，两个化合物的红外光谱指纹区也不会雷同。两个结构相近的化合物在特征区可能十分相似，但在指纹区会有明显的不同。

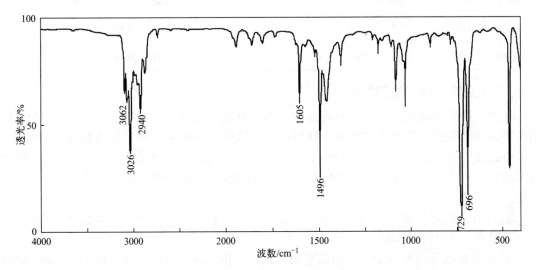

图 6-5　甲苯的红外光谱图

表 6-2　红外光谱分区

区域	波长 (λ_{max})/μm	波数 /cm⁻¹	能级跃迁类型
近红外区（泛频区）	0.76 ～ 2.5	13158 ～ 4000	OH、NH、CH 键的倍频吸收区
中红外区（基本振动区）	2.5 ～ 50	4000 ～ 200	振动，转动
远红外区（转动区）	50 ～ 500(或 1000)	200 ～ 20	骨架振动，转动

红外吸收光谱法（红外分光光度法）主要用于研究分子结构与红外吸收曲线之间的关系。一条红外吸收曲线，可由吸收峰的位置（峰位）、吸收峰的形状（峰形）和吸收峰的强度（峰强）来描述。红外光谱的九个重要区段见表 6-3。

表 6-3　红外光谱的九个重要区段

波数 /cm⁻¹	波长 /μm	振动类型
3750 ～ 3000	2.7 ～ 3.3	ν_{OH}，ν_{NH}
3300 ～ 3000	3.0 ～ 3.4	$\nu_{\equiv CH} > \nu_{=CH-H} \approx \nu_{ArH}$
3000 ～ 2700	3.3 ～ 3.7	$\nu_{CH(-CH_3、-CH_2-、\overset{\mid}{\underset{\mid}{C}}、-CHO)}$
2400 ～ 2100	4.2 ～ 4.9	$\nu_{C\equiv C}$、$\nu_{C\equiv N}$

续表

波数 /cm⁻¹	波长 /μm	振动类型
$1900 \sim 1650$	$5.3 \sim 6.1$	$\nu_{C=O}$（酸酐、酰氯、酯、醛、酮、羧酸、酰胺）
$1675 \sim 1500$	$5.9 \sim 6.2$	$\nu_{C=C}$、$\nu_{C=N}$
$1475 \sim 1300$	$6.8 \sim 7.7$	δ_{CH}
$1300 \sim 1000$	$7.7 \sim 10.0$	ν_{C-O}、ν_{C-N}、ν_{C-O-C}（醇，胺，醚）
$1000 \sim 650$	$10.0 \sim 15.4$	$\gamma_{=CH}$（烯氢、芳氢）

（二）红外光谱产生的条件

红外光谱的原理是当一束具有连续波长的红外光通过物质，物质分子中某个基团的振动频率或转动频率和红外光的频率一样时，分子吸收红外辐射后发生振动和转动能级的跃迁，该处波长的光就被物质吸收。所以，红外光谱法实质上是一种根据分子内部原子间的相对振动和分子转动等信息来确定物质分子结构和鉴别化合物的分析方法。红外光谱产生的条件是：

① 红外光辐射的能量应刚好等于分子振动、转动跃迁所需的能量，即红外光的频率要与分子振动、转动频率匹配。

② 分子在振动过程中必须有偶极矩的变化。在振动过程中，只有偶极矩发生瞬间改变的基本振动，在红外光谱上才能观察到吸收峰，该振动称为红外活性振动。偶极矩为零的振动没有吸收峰，称为红外非活性振动。一个多原子分子在红外区可能有多少个吸收峰取决于它有多少个红外活性振动。

（三）红外分光光度计

国内外生产和使用的红外分光光度计主要有色散型红外分光光度计和傅里叶变换红外光谱仪两大类。色散型红外光谱仪由光源、吸收池、单色器、检测器以及记录显示装置等部分组成。色散型红外光谱仪扫描时间慢，而且灵敏度、分辨率和准确度都较低。傅里叶变换红外光谱仪（Fourier transform infrared spectrophotometer，简称 FTIR）是利用干涉的方法，经过傅立叶变换而获得物质红外光谱信号的仪器，由光源、迈克耳孙干涉仪、样品插入装置、检测器、计算机和记录系统等部件组成。傅里叶变换红外光谱仪的特点：①分辨率高，可达 $0.1\,cm^{-1}$；②扫描时间短，在几十分之一秒内可扫描一次；③灵敏度很高；④光谱测量范围宽，精密度高，重现性好；⑤具有极低的杂散光，且样品不受红外聚集而产生的热效应的影响；⑥价格高，操作复杂，适合与各种仪器联用；⑦可用于痕量分析，样品量最少可到 $10^{-11} \sim 10^{-9}$ g。此外，傅里叶变换催生了许多新技术，例如步进扫描、时间分辨和红外成像等，大大拓宽了红外技术的应用领域，使得红外技术的发展产生了质的飞跃。

（四）红外光谱的应用

红外分光光度法的用途可概括为定性鉴别、定量分析及结构分析等，可提供化合物具有什么官能团、化合物类别（芳香族、脂肪族）、结构异构、氢键及某些键状化合物的键长等信息，是分子结构研究的主要手段之一，广泛应用于医药、化工、地矿、石油、煤炭、环保、刑侦鉴定等领域。

任务二　色　谱　法

色谱法又名层析法。20 世纪初俄国植物学家茨维特在研究植物色素时，将植物色素的石油醚浸取液加到装有细粒状碳酸钙的竖直玻璃柱内，然后用石油醚自上而下淋洗，随着石油醚不断加入，由于色素中各成分物理化学性质不同，向下迁移的速度不同，它们在柱内得到分离，形成不同颜色的谱带，因而得名。

一、色谱法概述

色谱法中将上述起分离作用的柱子称为色谱柱，柱内的填充物（如碳酸钙）称为固定相，沿着柱流动的液体（如石油醚）称为流动相。固定相固定在一定支持物上，可以是固体，也可以是附着在某种载体上的液体。流动相是色谱分离中的流动部分，是与固定相互不相溶的液体或气体。色谱法的原理是待分离物质分子在固定相和流动相之间分配平衡的过程，不同的物质在两相之间的分配会不同，使其随流动相运动速度各不相同，随着流动相的运动，混合物中的不同组分在固定相上相互分离。

（一）色谱法分类

1. 按流动相和固定相的物态分类

用液体作为流动相的色谱法称为液相色谱法，用气体作为流动相的色谱法称为气相色谱法。又根据固定相是固体或液体（载附在惰性固体物质上），液相色谱法又可分为液 - 固色谱法（LSC）、液 - 液色谱法（LLC）；气相色谱法又可分为气 - 固色谱法（GSC）、气 - 液色谱法（GLS）。

2. 按分离机理分类

吸附色谱法：利用被分离物质在吸附剂上吸附能力的差异来进行分离的方法。

分配色谱法：利用被分离物质在互不相溶的两相中的分配系数不同来进行分离的方法。

离子交换色谱法：固定相为离子交换树脂的色谱法，是利用溶液中不同离子与离子交换剂间的交换能力不同而进行分离的方法。常用树脂有阳离子交换树脂和阴离子交换树脂。

空间排阻色谱法（凝胶）：固定相为有一定孔径的多孔性填料的色谱法，是利用多孔性物质对不同大小的分子在填料上渗透程度的不同进行分离的方法。

3. 按操作形式分类

分离过程在色谱柱内进行的色谱法称为柱色谱法。气相色谱法、高效液相色谱法属于柱色谱法。分离过程在固定相构成的平面状层内进行的色谱法称为平面色谱法，包括薄层色谱法和纸色谱法。

（二）色谱法的基本原理

1. 色谱过程

色谱过程是被分离物质分子在相对运动的两相间分配平衡的过程。实施色谱操作的基本条件是必须具备相对运动的两相，即固定相和流动相。以吸附色谱为例，试样中不同组分之所以能够分离，是由于不同组分在吸附剂表面被吸附的能力有着微小的差异。当流动相冲洗吸附剂表面时，已被吸附在固定相上的组分溶解于流动相中而被解吸附，并随着流动相向前移行，而当已解吸附的组分遇到新的吸附剂颗粒时，再次被吸附。经过无数次这样的吸附、解吸附（溶解）、再吸附、再解吸附的过程，组分之间微小的差异积累变成了大的差异，使得被吸附能力弱的组分先从柱中流出，被吸附能力强的组分后流出色谱柱，从而达到各组分完全分离的目的。图 6-6 展示了用洗脱柱色谱分离 A、B 两组分的过程。

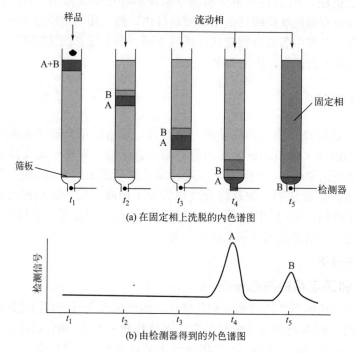

图 6-6   用洗脱柱色谱分离 A 组分和 B 组分过程示意图

2. 分配系数

色谱过程实际上是混合物中各组分在相对运动的两相间不断进行分配（如吸附与解吸附）的平衡过程。在一定条件下，达到分配平衡时，某组分在两相间的浓度（或溶解度）之比称为分配系数，用 K 表示。

$$K = \frac{\text{组分在固定相中的浓度}(c_s)}{\text{组分在流动相中的浓度}(c_m)} \tag{6-11}$$

分配系数 K 与温度、压力，以及被分离组分、固定相、流动相的性质有关。一般来说，分配系数在低浓度时为一常数。

不同的组分有不同的分配系数。K 值越大，平衡时该组分在固定相中的浓度越大，移动速度越慢，保留时间越长，即后流出色谱柱；K 值越小，平衡时该组分在固定相中的浓度越小，移动速度越快，保留时间越短，即先流出色谱柱。由此可见，混合物中各组分的分配系数相差越大，各组分越容易分离。

下面主要介绍薄层色谱法、气相色谱法和高效液相色谱法。

二、薄层色谱法

薄层色谱法（TLC）是把固定相均匀地铺在光洁的玻璃板、塑料板或金属板的表面上形成薄层，然后在薄层上进行分离的方法。具有设备简单、操作方便、分离速度快、应用范围广等特点。

（一）基本原理

薄层色谱法按分离机制可分为吸附薄层色谱法、分配薄层色谱法、离子交换薄层色谱法及凝胶薄层色谱法等。下面讨论应用最多的吸附薄层色谱法，其原理可简述为：将含 A、B 两组分的试样点在薄层板的一端，然后在密封的容器中（色谱缸）用适当的流动相（展开剂）展开，利用吸附剂对 A、B 两组分的吸附能力不同，使其在流动相流过固定相（吸附剂）的过程中，连续地产生吸附、解吸附、再吸附、再解吸附，从而达到互相分离的目的。

1. 比移值

各组分在薄层色谱板上斑点的位置可用比移值 R_f 来表示，如图 6-7 所示。

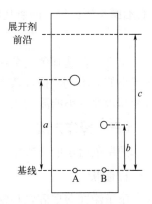

$$R_f = \frac{\text{基线至展开斑点中心的距离}}{\text{基线至展开剂前沿的距离}} \quad (6\text{-}12)$$

如 A 组分的 $R_{f,a} = a/c$；B 组分的 $R_{f,b} = b/c$。若 $R_f = 0$，表示斑点在原点不动，吸附剂吸附太强；$R_f = 1$，表示斑点不被吸附剂保留，而随展开剂迁移到前沿。R_f 值在 0～1 之间，可用范围是 0.2～0.8，最佳范围是 0.3～0.5。R_f 值与组分、温度及薄层板和展开剂的性质有关。K 值大的组分 R_f 值小；K 值小的组分 R_f 值大。而不同结构的组分在实验条件一定时 K 值不同，展开时 R_f 也不同，因此可利用 R_f 值进行定性分析。

图 6-7　含 A、B 两组分样品的薄层色谱分析示意图

2. 相对比移值

由于影响 R_f 值的因素较多，在薄层色谱中很难得到重复的 R_f 值。因此常用相对比移值 R_{st} 来代替 R_f 值，以消除实验的系统误差。

$$R_{st} = \frac{\text{样品的}R_f\text{值}}{\text{对照品的}R_f\text{值}} = \frac{\text{基线到样品斑点中心的距离}}{\text{基线到对照品斑点中心的距离}} \quad (6\text{-}13)$$

与 R_f 不同，R_{st} 值可以 > 1 或 < 1。所用的对照物可以是样品中的某一组分，也可以是另加的标准物质。

（二）吸附剂与展开剂的选择

1. 吸附剂的选择

吸附剂应具有较大的吸附表面和一定的吸附能力，与样品、溶剂和展开剂均不发生化学反应；不能被溶剂和展开剂溶解；粒度均匀，且有一定细度。吸附薄层色谱法常用的吸附剂有硅胶、氧化铝、聚酰胺、纤维素等。使用最多的是硅胶，其粒度范围在 40μm 左右（高效薄层色谱硅胶的粒度小到 5μm）。根据不同分析条件和要求，可选用硅胶 G（掺有煅石膏的硅胶）、硅胶 H（不含黏合剂的硅胶）、硅胶 HF_{254}（含荧光指示剂的硅胶）、硅胶 GF_{254}（加煅石膏和荧光剂的硅胶）、硅胶 CMC（硅胶中加羧甲基纤维素）等。

2. 展开剂的选择

展开剂的正确选择是薄层色谱分离成败的关键。因此必须同时考虑被分离物质的性质、吸附剂的活性和流动相的极性三种因素。

（1）被分离物质的结构与性质　被分离物质的结构不同，其极性不同，在吸附剂表面的被吸附力也不同。极性大的物质易被吸附剂较强地吸附，需要极性较大的流动相才能洗脱。

（2）吸附剂的性能　分离极性小的物质，一般选择吸附活性大的吸附剂，以免组分流出太快，难以分离。分离极性大的物质，宜选用吸附活性较小的吸附剂，以免吸附过牢，不易洗脱。

（3）流动相的极性　一般根据相似相溶的原则来选择流动相。即极性物质易溶于极性溶剂，非极性物质易溶于非极性溶剂。因此，当分离极性较大的物质时，应选择极性较大的溶剂作流动相，而分离极性较小的物质时，要选择极性较小的溶剂作流动相。常用的流动相极性递增的次序是：

石油醚＜环己烷＜四氯化碳＜苯＜甲苯＜乙醚＜氯仿＜乙酸乙酯＜正丁醇＜丙酮＜乙醇＜甲醇＜水＜醋酸

总之，在选择色谱分离条件时，一般原则是，如果分离极性较大的组分，应选用吸附活性较小的吸附剂和极性较大的流动相；如果分离极性较小的组分，应选用吸附活性较大的吸附剂和极性较小的流动相。

（三）操作方法

薄层色谱法的一般操作程序分为制板、点样、展开和显色四个步骤。

1. 制板

用于涂铺薄层固定相常用玻璃、铝箔及塑料等载板，对薄层板的要求是：需要有一定的机械强度及化学惰性，且厚度均匀、表面平整，洗净后不附水珠，晾干。

2. 点样

点样线一般距玻璃板一端 1.5～2cm，点间相距约 0.8～1.5cm（可用铅笔做记号），滴加样品的量要均匀，原点面积要小，其直径一般不超过 2～3mm，否则影响分离效果。为了避免在空气中吸湿而降低活性，点样后可用电吹风机吹干，以缩短点样时间，点样后立即将薄层板放入色谱缸内展开。点样时间最好不超过 10min，点样量一般以几微升为宜，点样量太多，展开后易出现拖尾现象。

3. 展开

展开必须在密闭的色谱缸中进行。在展开缸中加入适量展开剂，密闭，一般保持 15～30min。将点好样品的薄层板放入展开缸中，浸入展开剂的深度为距基线 0.5cm 为宜（切勿将样品原点浸入展开剂中），待上行展开 8～15cm，高效薄层板上行展开 5～8cm 时，取出薄层板，标记展开剂前沿。

展开操作应注意的几个问题是：①色谱缸密闭性能要良好，使色谱缸中展开剂蒸气饱和并维持不变。②在展开前，色谱缸空间应为展开剂蒸气充分饱和，防止边缘效应产生。边缘效应是指同一组分的斑点在薄板上出现的两边缘部分的 R_f 值大于中间 R_f 值的现象。③操作过程要恒温恒湿。

4. 显色

有色物质经色谱展开后呈明显色斑，易观察定位。对于无色物质展开后可用物理或化学的方法使之显色。①物理检出法。具有荧光的物质及少数有紫外吸收的物质，可在紫外灯（254nm 或 365nm）下观察有无暗斑或荧光斑点。②化学检出法。既无色又无紫外吸收的物质，可利用显色剂与被测物反应产生颜色而进行检视。例如硫酸、碘是有机化合物的通用型显色剂，茚三酮是氨基酸的专用显色剂，三氯化铁 - 铁氰化钾是含酚羟基化合物的显色剂。

（四）定性和定量分析

1. 定性分析

定性分析方法是将试样和标准品作对照，常用的有：①比较斑点的 R_f 值。将试样与标准品在同一薄板上点样，展开，若测得的 R_f 值完全一样，则可认为是同一物质。②斑点的原位扫描。用薄层扫描仪做原位扫描得到该斑点的光谱图，其吸收峰及最大吸收波长应与标准品一致。③与其他方法联用。将薄层分离得到的单一斑点收集、洗脱，再用气相色谱、高效液相色谱、紫外或红外光谱等方法鉴定。

2. 定量分析

薄层色谱法的定量分析可分为洗脱测定法和薄层扫描法两类

（五）应用与示例

薄层色谱法在医药、临床、农业、食品、化工、生化、环境等各领域得到广泛应用。该方法是一种可以快速分离和定性分析少量物质的实验技术，也可用于跟踪反应进程，有时也用于少量物质的提纯与精制。

三、气相色谱法

气相色谱法是以气体为流动相的色谱法。英国生物化学家马丁和辛格在创立的液 - 液分配色谱的理论基础上，于 1952 年建立了气液色谱法。目前，气相色谱法已被广泛应用于分析和分离多组分混合物。

（一）基本原理

1. 色谱图及常用术语

经色谱分离后的样品通过检测器时所产生的电信号强度随时间而变化的曲线称为色谱图（chromatogram）（也称为色谱流出曲线）。色谱流出曲线的纵坐标为检测器的响应信号（S），单位为 mV；横坐标为流出时间（t），单位为 min 或 s。它是色谱定性、定量和评价色谱分离情况的基本依据，如图 6-8 所示。

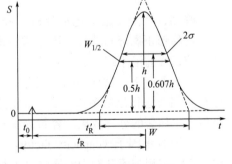

图6-8　色谱流出曲线

在理解色谱流出曲线时，注意相关的概念和定义：

（1）保留值　是色谱的定性参数，一般用时间或用将组分带出色谱柱所需要载气的体积来表示。

① 死时间（t_0）。不被固定相吸附或溶解的组分（流动相），从进样开始至柱后出现浓度最大值所需要的时间。

② 保留时间（t_R）。组分从进样开始到峰最大值所需时间。

③ 调整保留时间（t_R'）。组分的保留时间与死时间之差称为调整保留时间。

$$t_R' = t_R - t_0 \qquad (6\text{-}14)$$

④ 死体积（V_0）。在进样器到检测器的流路中，未被固定相占有的空间称为死体积。死体积是进样器至色谱柱间导管的容积、色谱柱中固定相颗粒间隙、柱出口导管及检测器内腔容积的总和。死体积为死时间和载气流速 F_c（mL·min^{-1}）的乘积。死体积大，则色谱峰扩张（展宽），柱效降低。

$$V_0 = t_0 F_c \qquad (6\text{-}15)$$

⑤ 保留体积（V_R）。某组分从进样开始到该组分出现色谱峰峰顶的保留时间内，所通过色谱柱的载气体积，称为该组分的保留体积。

$$V_R = t_R F_c \qquad (6\text{-}16)$$

载气的流速越大，保留时间越小，两者之积仍为常数。

⑥ 调整保留体积（V_R'）。某组分的保留体积与死体积之差称为调整保留体积。

$$V_R' = V_R - V_0 \qquad (6\text{-}17)$$

调整保留体积与载气流速无关。调整保留体积能够更合理地反映被测组分的保留特性，是常用的色谱定性参数之一。

（2）基线（baseline）　在操作条件下，没有组分进入检测器时的流出曲线称为基线。稳定的基线是一条平行于横坐标的直线，基线反映检测系统的噪声随时间的变化。

（3）色谱峰。色谱流出曲线上的突起部分称为色谱峰。

（4）峰高（h）　色谱峰的峰顶到基线的垂直距离称为峰高。

（5）峰面积（A）　色谱峰与基线所包围的面积称为峰面积。

（6）标准差（σ）　正态分布曲线上两拐点间距离的一半，即 0.607 倍峰高处色谱峰宽度的一半。

（7）半峰宽（$W_{1/2}$）　峰高一半处的宽度称为半峰宽。

$$W_{1/2} = 2.355\sigma \qquad (6\text{-}18)$$

（8）峰宽（W）　通过色谱峰两侧拐点作切线，在基线上的截距称为峰宽。

$$W = 4\sigma \quad 或 \quad W = 1.699 W_{1/2} \qquad (6\text{-}19)$$

峰高、峰面积用于定量分析；峰的位置用于定性分析；峰宽用于衡量柱效。正常色谱峰为对称形正态分布曲线。不正常色谱峰有拖尾峰及前延峰两种。拖尾峰前沿陡峭，后沿拖尾；前延峰前沿平缓，后沿陡峭。

一定温度下，试样中的各组分在两相之间的分配系数不同，当两相做相对运动时，各组分在两相内进行反复多次分配，即使各组分分配系数仅有微小差异，只要分配次数足够多，也可产生显著的分离效果。容量因子和相对保留值是常用的相平衡参数。

（9）容量因子（capacity factor, k）　在一定温度、压力下，当两相间达到分配平衡时，组分在固定相与流动相中的质量之比称为容量因子。

$$k = \frac{m_s}{m_m} = \frac{c_s V_s}{c_m V_m} = K \frac{V_s}{V_m} \qquad (6\text{-}20)$$

容量因子还反映了保留时间与死时间的关系：

$$k = \frac{t_R'}{t_0}$$

k 值愈大，组分在柱内的保留时间愈长。由于 k 值易测量得到，常用它来代替分配系数 K 表征色谱平衡过程。

（10）相对保留值（r_{21}）　相同实验条件下，组分 2 与组分 1 的调整保留值之比，即为相保保留值：

$$r_{21} = \frac{t'_{R_2}}{t'_{R_1}} = \frac{V'_{R_2}}{V'_{R_1}} \tag{6-21}$$

由式（6-20）和式（6-21）可知，

$$r_{21} = \frac{K_2}{K_1} = \frac{k_2}{k_1} \tag{6-22}$$

由式（6-21）可知，相对保留值只与固定相和柱温有关，不受其他色谱条件（如柱径、柱长情况及流动相流速等）的影响。当固定相、柱温一定时，相对保留值是常数。两相邻组分的相对保留值 r_{21} 常用作色谱系统分离选择性好坏的指标。r_{21} 愈大，则两组分的 K 和 k 值差异愈大，峰间距愈大，柱选择性愈好。

（11）分离度（R）　常用来作为色谱柱总分离效能指标，又称分辨率。

$$R = \frac{t_{R_2} - t_{R_1}}{(W_1 + W_2)/2} = \frac{2(t_{R_2} - t_{R_1})}{W_1 + W_2} \tag{6-23}$$

分离度即相邻两组分色谱峰保留值之差与两个组分色谱峰峰底宽度总和一半的比值。分离度用于评价待测组分与相邻组分或难分离物质之间的分离程度，是衡量色谱系统效能的关键指标。

$R < 1$ 时，色谱峰相互重叠，两组分达不到分离。$R=1$ 时，两峰的分离程度只达到98%。$R=1.5$ 时，分离程度可达99.7%，一般可认为两峰完全分离。《中国药典》（2020版）规定，除另有规定外，色谱系统适用性试验中分离度（R）应大于1.5。

2. 基本理论

（1）塔板理论　塔板理论把色谱柱比作一个分馏塔，柱内有许多想象的塔板，组分在每块塔板的气液两相间达成分配平衡，经过多次分配平衡后，分配系数小的组分先流出色谱柱，分配系数大的组分后流出。由于色谱柱的塔板数很多，因此即使分配系数仅有微小差异的组分也能得到很好的分离。设色谱柱柱长为 L，塔板间距离（也称理论塔板高度）为 H，色谱柱的理论塔板数为 n，则为：

$$n = L/H \tag{6-24}$$

从塔板理论可推导出理论塔板数（n）与保留时间（t_R）、半峰宽（$W_{1/2}$）及峰宽（W）的关系：

$$n = 5.54(t_R/W_{1/2})^2 = 16(t_R/W)^2 \tag{6-25}$$

（2）速率理论　1956年荷兰学者 Van·Deemten 在前人研究基础上提出了色谱过程的动力学理论——速率理论。该理论认为，影响塔板高度的因素有三个：

$$H = A + B/\mu + C\mu \tag{6-26}$$

式中，μ 为载气线流速，$m·s^{-1}$。A、B、C 为三常数，是影响塔板高度的因素。A 为涡流扩散项，B 为分子扩散系数，C 为传质阻力项。在 μ 一定时，只有 A、B、C 三个常数越小，塔板高度越小，柱效越高，峰越锐；反之，柱效越低，峰扩张。速率理论为色谱分离操作条件的选择提供了理论指导。

（二）气相色谱仪

气相色谱仪一般由五个部分组成，即载气系统（包括气源、气体净化设备、气体流速的控制和测量设备）、进样系统（包括进样器、气化室）、色谱柱、检测器、记录系统（包括放大器、记录仪、数据处理装置）。气相色谱分析仪结构如图 6-9 所示。载气由高压钢瓶供给，经减压阀减压，进入净化器净化脱水后，流入针型阀控制载气的压力和流量，由流量计和压力表测定流速和压力。待流量、温度和基线稳定后，即可进样。液态试样由进样器注入，推入气化室，瞬间气化后被载气携带进入色谱柱，试样的各组分因分配系数不同，在柱中的迁移速度不同而分离，依次被载气带入检测器。检测器将各组分浓度（或质量）的变化转变为电信号（电压或电流），经放大后送入记录仪，记录得到信号 - 时间曲线，即色谱图。色谱分析仪中，色谱柱和检测器是很重要的关键部件。

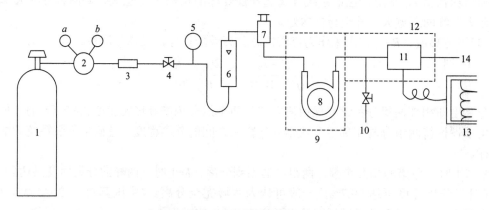

图 6-9   气相色谱仪结构示意图

1—高压钢瓶；2—压力调节器（a—瓶压，b—输出压力）；3—净化器；4—稳压阀；5—柱前压力表；
6—转子流量计；7—进样器；8—色谱柱；9—色谱柱恒温箱；10—馏分收集口；11—检测器；
12—检测器恒温箱；13—记录器；14—尾气出口

1. 色谱柱

气相色谱分离是在色谱柱内完成的，因此色谱柱是色谱仪的核心部分。色谱柱主要有两类，一类是内装固定相的填充柱，一般由不锈钢、聚四氟乙烯制成，形状有 U 形或螺旋形。另一类是内壁涂固定液的毛细管柱，由玻璃或不锈钢拉制成螺旋形，分为空心毛细管柱和填充毛细管柱两种。毛细管柱因分离能力强、分辨率高、分析速度快等优势，近年来发展较快。

（1）气固填充色谱柱   气固色谱中的固定相是多孔性的固定吸附剂，常用的有硅胶、氧化铝、石墨化炭黑、分子筛、高分子多孔微球等。气固色谱分离是基于固体吸附剂对试样中各组分的吸附能力不同，经过反复多次的吸附与脱附的分配过程，最后彼此分离而随载气流出色谱柱。它对气态烃类及永久性气体的分离能获得较好效果。

（2）气液填充色谱柱   气液色谱的固定相是由担体表面涂固定液组成的。担体（又称载体）是一种化学惰性的多孔性固体微粒，要求表面积大，孔径分布均匀，颗粒大小适度，热稳定性好且有一定机械强度。它的作用是让固定液能以液膜状态均匀地分布在表面。固定液一般是高沸点有机物，在气液色谱分析中起分离作用。固定液数目繁多，最常见的是按极性大小分类，可分为非极性固定液、中等极性固定液、极性固定液和氢键型固定液。固定液的极性习惯上用相对极性表示，规定 β, β- 氧二丙腈相对极性为 100，角鲨烷的相对极性为 0，其他固定液的相对极性在 0～100 之间，每 20 为一级，用"+"表示，分成五级。选择固定液的经验方法是"相似相溶"原则。分离非极性组分，一般选用非极性固定液；分离极性组分，应选用极性固定液。

（3）毛细管色谱柱　目前毛细管色谱柱主要用熔融的石英管拉制成，用交联技术将涂于毛细管内壁的固定液分子相互交联，使其形成一层不流动不被溶解的薄膜。毛细管柱的特点：①分离效能高，目前毛细管色谱柱的长度为数米到数十米，多用石英拉制而成，内径在 $0.1\sim0.5mm$，一根毛细管色谱柱的总理论塔板数可达 $10^4\sim10^6$；②柱渗透性好，因为毛细管柱一般为空心柱，阻力小，分析速度快。因为毛细管柱柱体积小，涂渍的固定液只有几十毫克，固定液液膜薄，所以柱容量小，允许进样量小。对液体样品，一般采用分流进样技术，而且必须配以高灵敏度的检测器，如氢焰检测器。

2. 检测器

检测器的作用是将经色谱柱分离后的各组分按其物理化学特性及含量转换为易测量的电信号 E（如电压、电流等）。电信号 E 的大小与进入检测器的质量 m（或体积 V）成正比。不同组分一般有不同的响应值，同一检测器引入相同进样量的不同组分，在色谱图上产生的峰面积不一定相等。

按响应特性不同，检测器可分为浓度型和质量型两类。浓度型检测器测量的是载气中组分浓度的瞬间变化，其响应值与单位时间内某组分进入检测器的浓度成正比，如热导检测器、电子捕获检测器等属于浓度型检测器。质量型检测器检测的是载气中组分的质量流速的变化，其响应值与单位时间内进入检测器的组分质量成正比，如氢火焰离子化检测器、火焰光度检测器等。检测器都要求灵敏度高、检测限低、响应迅速、稳定性好、线性范围宽。

（1）热导检测器（TCD）　是最常用的浓度型检测器，利用热敏元件检测不同组分具有不同的热导系数来确定组分浓度的变化。对可挥发的无机物和有机物均有响应，结构简单，稳定性好，线性范围宽，但灵敏度较低。

（2）氢火焰离子化检测器（FID）　简称氢火焰检测器。它利用高温氢火焰使有机物试样化学电离，并在电场作用下形成离子流，通过测定离子流强度来检测试样浓度。氢火焰检测器操作时应注意控制气体流量及极化电压。常用三种气体，即载气（氮气）、燃气（氢气）与助燃气（空气），流量比例通常为 $N_2 : H_2 : Air = 1 : (1\sim1.5) : 10$。极化电压的大小对电流有明显影响，一般为 $100\sim300V$。

氢火焰检测器对大多数有机化合物有很高的灵敏度，能检出 $10^{-12}g\cdot mL^{-1}$ 级的痕量有机物，适用于痕量有机物的分析，且结构简单，响应快，稳定性好。但对在氢焰中不电离的无机化合物（如 H_2O、CO_2、NH_3、SO_2 等）不能检测，另外检测的试样被破坏，分离的组分无法收集。

（3）电子捕获检测器（ECD）　是一种具有高选择性、高灵敏度的浓度型检测器，它只对具有电负性的物质（含有卤素、硫、磷、氧的物质）有响应，能测出 $10^{-14}g\cdot mL^{-1}$ 级的强电负性物质。常应用于食品、农副产品农药残留量检测，以及大气、水中污染物的分析。

（4）火焰光度检测器（FPD）　该检测器对含硫化合物与含磷化合物有高选择性、高灵敏度。

3. 定性定量分析方法

（1）定性分析　在色谱图中每一色谱峰代表一组分，一般若没有已知纯物质作标准品对照，就无法确定各色谱峰代表何种组分。因此气相色谱的定性分析常利用保留值定性，待测组分的保留值与在相同条件下测得的纯物质的保留值相同，则初步可认为它们是同一物质。

（2）定量分析

① 定量校正因子。组分进入检测器的量（质量或浓度）与检测器的响应信号（峰面积或峰高）成正比。

由于相同质量的不同物质通过检测器时有不同的响应值，产生不同的峰面积，因此不能直接用峰面积计算组分含量。定量校正因子分为绝对校正因子和相对校正因子。

绝对校正因子 f_i' 是指单位峰面积所代表的组分的质量。即：

$$f_i' = \frac{m_i}{A_i} \tag{6-27}$$

绝对校正因子主要由仪器的灵敏度所决定，既不易准确测得也无法直接应用，故在实际工作中一般采用相对校正因子。相对校正因子是指某物质（i）与标准物质（s）的绝对校正因子的比值。即：

$$f_{is} = \frac{f_i'}{f_s'} = \frac{m_i/A_i}{m_s/A_s} = \frac{A_s m_i}{A_i m_s} \tag{6-28}$$

式中，m 表示组分质量；f_{is} 称为相对质量校正因子，若组分的量采用摩尔或体积表示，则称为相对摩尔校正因子或相对体积校正因子。常用的标准物质，热导检测器是苯，氢火焰离子化检测器是正庚烷。

质量校正因子的具体求法是：准确称取被测组分物质（m_i）和标准物质（m_s），混匀，在选定的色谱条件下进行分离后，测得待测组分和标准物质的峰面积，按上式计算出质量校正因子。常见化合物的校正因子可以在有关色谱文献中查到。

② 定量计算方法。

a. 归一化法。当试样中所有组分都能流出色谱柱并在色谱图上显示色谱峰时，可采用此法。归一化法计算公式如下：

$$w_i = \frac{m_i}{m} = \frac{A_i f_i}{A_1 f_1 + A_2 f_2 + \cdots + A_n f_n} = \frac{f_i A_i}{\sum_{i=1}^{n} f_i A_i} \tag{6-29}$$

归一化法简便、准确，对进样量的要求不高。但若试样中组分不能全部出峰，则不能用此法。

b. 内标法。当试样有组分不能流出色谱柱或检测器无响应，或只需测定试样中一个或几个组分时，可采用内标法定量。此法的具体做法是：准确称取一定量试样和内标物混匀，进样分析，根据内标物和试样的质量以及色谱图上相应的峰面积，计算待测组分含量。设质量为 m 的试样中待测组分 i 的质量为 m_i，加入内标物的质量为 m_s，则：

$$\frac{m_i}{m_s} = \frac{f_i A_i}{f_s A_s}, \quad m_i = \frac{f_i A_i m_s}{f_s A_s} \tag{6-30}$$

所以，待测组分 i 的质量分数为：

$$W = \frac{m_i}{m} = \frac{f_i A_i m_s}{f_s A_s m} \tag{6-31}$$

内标法对内标物的要求：内标物应是试样中不存在的组分；内标物加入的量应与待测组分的量接近；内标物的峰位应靠近待测组分，但又必须完全分开；内标物应能完全溶于试样中，且不与待测组分发生化学反应。

内标法定量准确，进样量和操作条件不需严格控制，但每次分析都要准确称取内标物和试样，且有时合适的内标物不易寻找。

c. 外标法。又称标准曲线法。将待测组分的标准品配成一系列不同浓度的标准溶液，在选定的色谱条件下分离，测出峰面积，绘制峰面积和浓度的标准曲线。然后在相同色谱条件下，取同样量的试样进行分离，测出峰面积，在标准曲线上查出被测组分的含量，如图 6-10 所示。

外标法操作和计算都简便，不必用校正因子。但进样量等操作条件要求稳定，适用于大批量试样的分析。

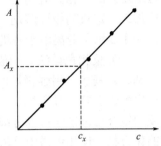

图 6-10　标准曲线示意图

（三）应用与示例

气相色谱法广泛应用于石油石化、食品科学、环境科学、药物检测等方面。尤其在药物分析中，气相色谱法可用于药物含量的测定、杂质检查、微量水分和有机溶剂残留量的测定、中药成分研究、药物中间体的鉴定，等等。

四、高效液相色谱法

高效液相色谱法（HPLC）又称高压或高速液相色谱法、高分离度液相色谱法，是 20 世纪 70 年代发展起来的一种高速、高灵敏度、高效能的分离技术。它采用了高效固定相、高压泵输液、高灵敏度检测器。

（一）高效液相色谱法的主要类型

1. 液－固吸附色谱法

液-固吸附色谱法是用吸附剂作固定相，溶剂作流动相，根据各种物质吸附能力的差异而进行分离的方法。

液-固吸附色谱法的固定相常用硅胶、氧化铝、高分子多孔微球及分子筛等。按结构与型态可分为薄壳微珠型和全多孔微粒型。

液相色谱中对作为流动相溶剂的要求是：与固定相不互溶，不发生化学反应；对试样要有适宜的溶解度；纯度要高；黏度要小；应与检测器相匹配，例如用紫外检测器时，不能对紫外光有吸收。

常用溶剂按其极性从强到弱的顺序排列为：水、甲醇、丙酮、二氧六环、四氢呋喃、乙酸乙酯、乙醚、二氯甲烷、氯仿、苯、四氯化碳、环己烷。为获得合适极性的溶剂，常采用二元或多元的混合溶剂。

2. 化学键合相色谱法

化学键合相色谱法是以化学键合相为固定相的色谱法。化学键合相是指以无机物基质为载体，通过化学反应将各种不同基团键合到基质表面上所得到的固定相。化学键合相的优点：①固定液不易流失；②化学性能稳定，在 pH2～8 的溶液中不变质；③热稳定性好（一般在 70℃ 以下稳定）；④选择性好；⑤利于梯度洗脱。按键合后固定液官能团的极性不同可将键合相分为非极性、极性和离子性三种。如非极性的十八烷基硅烷键合硅胶（或称 ODS）应用广泛，在化学键合相中约占 80%。根据键合固定相与流动相之间相对极性的强弱，可将键合相色谱法分为正相键合相色谱法和反相键合相色谱法。

（1）正相色谱法　一般采用极性键合固定相，即在载体（如硅胶）表面键合的是极性官能团，键合的名称由键合上的基团而定。最常用的有氰基（—CN）、氨基（—NH$_2$）、二醇基（DIOL）键合相。流动相一般用比键合相极性小的非极性或弱极性有机溶剂，如烃类溶剂，或加入一定量的极性溶剂（如氯仿、醇、乙腈等）以调节流动相的洗脱强度。正相键合相色谱法主要用于分离溶于有机溶剂的极性至中等极性的分子型化合物。

（2）反相色谱法　一般采用非极性键合固定相，如十八烷基硅烷（C$_{18}$）、辛烷基（C$_8$）、甲基、苯基等。用强极性的溶剂为流动相，以水为主体，加入一定量与水互溶的有机溶剂，如甲醇、乙腈、异丙醇、丙酮、四氢呋喃等，最常用的流动相为甲醇-水和乙腈-水。常规反相键合相色谱法可以分离不同类型的化合物，尤其适用于分离同系物、非极性或极性较弱的化合物。反相色谱中是流动相极性大于固定相，试样中极性大的组分先流出，极性小的组分后流出。

（二）高效液相色谱仪

高效液相色谱仪一般由贮液器、高压泵、梯度洗脱装置、进样器、色谱柱、检测器和记录仪等部件构成，见图6-11。高压泵将贮液器内的流动相送到色谱柱入口，试样液由进样器注入，随流动相进入色谱柱进行分离。分离后的各组分进入检测器，转变成相应的电信号，由记录仪记录形成色谱图。

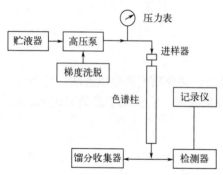

图6-11　高效液相色谱仪示意图

1. 高压泵

泵性能直接影响高效液相色谱仪的质量和分析结果的准确性。高压泵按输液性质可分为恒压泵和恒流泵。在使用时需注意：①防止任何固体微粒进入泵；②泵的工作压力不能超过规定最高压力；③流动相应先脱气，并且不能含有腐蚀性物质；④泵工作时应防止溶剂瓶内流动相被用完。

2. 梯度洗脱

高效液相色谱的洗脱技术分为等强度洗脱和梯度洗脱两种。等强度洗脱是在同一分析周期内流动相组成保持恒定，适用于组分数少、性质相差不大的试样。梯度洗脱用在一个分析周期内程序控制流动相的组成，适用于组分数目多、性质差异大的复杂试样。在进行梯度洗脱时应注意：①溶剂的互溶性，不相混溶的溶剂不能作为梯度洗脱的流动相；②溶剂纯度要高。

3. 进样器

对进样器的要求是：密封性好，死体积小，重复性好，保证中心进样，进样时对色谱过程的压力、流量影响要小。最常用的进样器是六通进样阀。见图6-12。

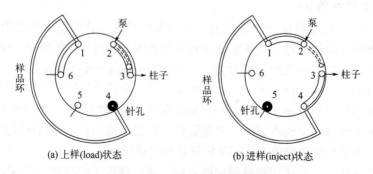

(a) 上样(load)状态　　　(b) 进样(inject)状态

图6-12　六通进样阀示意图

4. 色谱柱

色谱柱是色谱仪最重要的部件，它由柱管和固定相组成。柱管多用不锈钢制成，一般都是直形的，管内壁要求有很高的光洁度。色谱柱按用途分为分析型和制备型。常规分析柱内径 2~5mm，柱长 10~30cm。

色谱柱的正确使用和维护十分重要，在操作中应注意：①选择适宜的流动相，以避免破坏固定相；②避免压力、温度剧变和机械振动；③对生物样品、基质复杂样品在注入前应进行预处理；④经常用强溶剂冲洗色谱柱，清除柱内杂质。

5. 检测器

高效液相色谱中应用最广泛的检测器是紫外检测器，此外还有荧光检测器、电化学检测器、示差折光检测器、化学发光检测器和蒸发光散射检测器等。

（三）分析方法

1. 定性分析方法

可分为色谱鉴定法和非色谱鉴定法，后者又分为化学鉴定法和两谱联用鉴定法。

2. 定量分析方法

定量方法与气相色谱法相似，但较少用归一化法，常用外标法和内标法。

（四）应用与示例

高效液相色谱法主要用于复杂组分混合物的分离、分析，由于分析速度快、分离效能高、检测灵敏度高，目前已广泛应用在生物化学、食品检测、医药卫生、环境科学、石油化工等领域。

任务三　电化学分析法

电化学分析法是应用电化学原理进行物质成分分析的方法。电位分析法和永停滴定法都属于电化学分析法。电位分析法是通过测定原电池的电动势或电极电势，利用电极电势与浓度的关系来测定物质浓度的一种电化学分析方法。电位分析法分为直接电位法和电位滴定法两类。永停滴定法是根据滴定过程中双铂电极的电流变化以确定滴定终点的电流滴定法。

一、电位分析法

（一）基本原理

电位分析法的关键是如何准确测定电极电势，测量依据是能斯特方程式：

$$\varphi_{M^{n+}/M} = \varphi^{\ominus}_{M^{n+}/M} + \frac{RT}{nF} \ln c_{M^{n+}} \tag{6-32}$$

在电位分析中，原电池通常由两种性能不同的电极组成，其中电极电势随溶液中被测离子浓度（或活度）的变化而改变的电极称为指示电极；电极电势不随溶液中被测离子浓度（或活度）的变化而改变的电极称为参比电极。指示电极和参比电极与被测物质的溶液组成原电池，通过测定该原电池的电动势，可以确定被测离子的浓度。

$$M \mid M^{n+} \parallel 参比电极$$

$$E = \varphi_\text{正} - \varphi_\text{负}$$

（二）参比电极和指示电极

1. 参比电极

常用的参比电极是甘汞电极和银-氯化银电极。最常用的是饱和甘汞电极，其电势稳定，构造简单，保存和使用非常方便。甘汞电极由金属汞、Hg_2Cl_2（甘汞）以及 KCl 溶液组成，构造见图 6-13，其电极反应为：

$$Hg_2Cl_2(s) + 2e^- \rightleftharpoons 2\,Hg(l) + 2\,Cl^-$$

2. 指示电极

在电位分析中，常用的指示电极有金属电极、金属-难溶盐电极、惰性金属电极以及离子选择电极等，其中最常用的是离子选择电极。离子选择电极基本上是膜电极，其以不同材料制成的膜作为传感器，由敏感膜、电极帽、电极杆、内参比溶液和内参比电极等部分组成，膜电势与有关离子浓度的关系符合能斯特方程式，膜电势的产生是由于离子交换和扩散的结果，而没有电子迁移。

pH 玻璃电极仅对 H^+ 响应，常用来测量溶液 pH 值，结构如图 6-14 所示。其关键部分是敏感玻璃膜，厚度约为 0.1mm，膜内充 $0.1\,mol \cdot L^{-1}$ HCl 溶液作为内参比溶液，内参比电极是银-氯化银，浸入内参比溶液中，玻璃膜的外壁与待测溶液接触。内参比电极电势是恒定的，因此玻璃电极测量溶液的 pH 值是基于产生了玻璃膜的电势差。

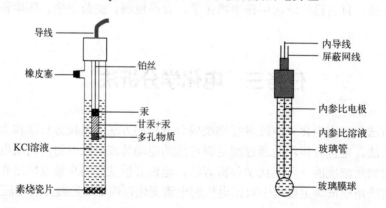

图 6-13　饱和甘汞电极结构示意图　　　图 6-14　玻璃电极结构示意图

玻璃膜内部内参比溶液浓度一定，25℃ 时，玻璃电极的电极电势为：

$$\varphi_\text{玻} = K - 0.0592\text{pH} \tag{6-33}$$

式中，K 是由玻璃电极本性决定的常数，由此式可见玻璃电极对 H^+ 有选择性响应。

实践证明，玻璃电极在使用前应在纯化水中浸泡 24h 以上。浸泡的目的主要是形成性质比较稳定的水化凝胶层，降低和稳定不对称电势，使电极对 H^+ 有稳定的响应关系。每次测量后也应该将玻璃电极置于纯化水中保存。

二、直接电位法

直接电位法是选择合适的参比电极和指示电极，浸入待测溶液中组成原电池，测量原电池的电动势，利用原电池的电动势与待测离子浓度之间的函数关系，直接确定待测离子浓度的方法。直接电位法可用于溶液 pH 值的测定和其他离子浓度的测定。

直接电位法测定溶液 pH 值时，将玻璃电极和饱和甘汞电极（或直接使用 pH 复合电极）浸入被测溶液中组成原电池，可用下式表示：

$$(-) \text{玻璃电极} \mid \text{待测 pH 值溶液} \mid \text{饱和甘汞电极} (+)$$

$$E=K'+\frac{2.303RT}{F}\text{pH} \tag{6-34}$$

此工作电池的电动势 E 仅与被测溶液的 pH 值呈线性关系。

298.15K 时，代入相关数值，上式得：

$$E=K'+0.0592\text{pH} \tag{6-35}$$

式（6-35）表明在 298.15K 时，溶液 pH 值改变一个单位，原电池的电动势随之变化 59.2mV，故通过测定原电池的电动势即可求得溶液的 pH 值。

由于公式中的常数 K' 很难确定，并且每支玻璃电极的不对称电势也不相同。在具体测定时常采用两次测定法，以消除玻璃电极的不对称电势和公式中的常数项。其测定步骤为：

先测定一标准溶液（pH_s）构成的原电池的电动势（E_s）：

$$E_s = K'_s + \frac{2.303RT}{F}\text{pH}_s$$

然后再测定待测溶液（pH_x）构成的原电池的电动势（E_x）：

$$E_x = K'_x + \frac{2.303RT}{F}\text{pH}_x$$

若测量条件相同，则两式中的 $K'_x = K'_s$；将上面两式相减，可得：

$$\text{pH}_x=\text{pH}_s+ \frac{E_x - E_s}{2.303RT / F} \tag{6-36}$$

$$\text{pH}_x=\text{pH}_s+ \frac{E_x - E_s}{0.0592} \text{ (298.15K)}$$

测量时选用的标准缓冲溶液的 pH_s，应该尽可能地与待测溶液的 pH_x 接近，一般要求 $\Delta\text{pH} < 3$。溶液 pH 值可用 pH 计进行测量。上述 K' 值波动的影响可通过仪器上的"定位"钮用标准缓冲溶液进行校正。式（6-36）说明 pH_x 还与温度有关，可通过"温度"钮调节。经"定位"及"温度"调节后，pH 计读数即被测溶液的 pH 值。

后来为了方便使用，人们研制出 pH 复合电极，将玻璃电极和饱和甘汞电极组合在一起，构成单一电极体，如图 6-15 所示。pH 复合电极具有体积小、使用方便、坚固耐用、被测试样用量少、可在狭小容器中测试等优点，广泛应用于溶液的 pH 值测定。将 pH 复合电极的引线接到酸度计上，并将电极插入试样溶液中，即可进行测定。

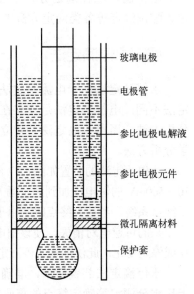

图 6-15　pH 复合电极结构示意图

三、电位滴定法

（一）方法原理与特点

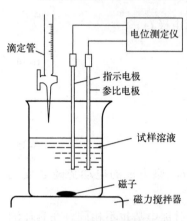

图6-16 电位滴定装置示意图

电位滴定法是以指示电极、参比电极与试液组成原电池，然后滴加滴定剂，根据滴定过程中指示电极电势的突变确定滴定终点的方法，装置如图6-16所示。与普通滴定分析法一样，也是将一种标准溶液滴定到被测物质的溶液中，只是确定终点的方法不同。随着标准溶液的加入，由于标准溶液和被测离子发生化学反应，被测离子浓度不断降低，指示电极的电势也发生相应的变化。在化学计量点附近，被测离子的浓度发生突变，引起电势的突变，指示滴定终点到达。由于电位滴定法是借助指示电极电势的突变确定滴定终点的，因此不受溶液颜色、浑浊等限制。电位滴定法的特点：①滴定突跃不明显或试液有色，用指示剂指示终点有困难或无合适指示剂时，可采用电位滴定法。②准确度高，相对误差可低至0.2%。③可以用于非水溶液的滴定。④能用于连续滴定和自动滴定，并适用于微量分析。

（二）确定滴定终点的方法

将盛有样品溶液的烧杯置于电磁搅拌器上，插入指示电极和参比电极，搅拌。自滴定管中分次滴入标准溶液，边滴定边记录滴入标准溶液的体积 V 和相应的电池电动电势 E。在化学计量点附近，每加 0.05～0.10mL 标准溶液记录一次数据。

确定电位滴定终点的方法有作图法和微商计算法，其中作图法又分 E-V 曲线法、$\frac{\Delta E}{\Delta V}$ - $\bar{V}$ 曲线法、$\frac{\Delta^2 E}{\Delta V^2}$ -V 曲线法。目前已生产出自动电位滴定仪，可自动记录滴定曲线，并可经自动运算，显示终点时滴定剂的体积。该仪器测定简便快速，适用于大量样品的常规分析。

电位滴定法在滴定分析中应用较为广泛，可应用于酸碱滴定、氧化还原滴定、沉淀滴定、配位滴定等各类滴定分析中。

四、永停滴定法

永停滴定法属于电流滴定法。电流滴定法与电位滴定法不同：电位滴定法是建立在原电池基础上的电化学分析方法，而电流滴定法是建立在电解池基础上的电化学分析方法。

永停滴定法的装置如图6-17所示。在搅拌溶液中，将10～500mV 的恒电压加到两个插入溶液的铂电极上作为指示终点系统。当达到终点时，由于电解液中产生可逆电对或原来的可逆电对消失，使该铂电极回路中的电流迅速变化或停止变化，此法即称永停滴定法或死停终点法。

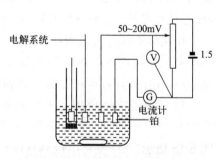

图6-17 永停滴定法装置示意图

永停滴定法装置简单，准确度高，终点容易观察，已成为氧化还原滴定中重氮化滴定及卡氏水分测定等确定终点的重要方法，并广泛应用于药物分析中。

【思维导图】

一、单选题

1. 用于表征色谱柱柱效的参数是（　　）。

　　A. 分离度　　　　　　　B. 理论塔板数　　　　　C. 拖尾因子　　　　　D. 保留时间

2. 色谱法中两组分实现分离的前提是（　　）不同。

　　A. 峰宽　　　　　　　　B. 分离度　　　　　　　C. 分配系数　　　　　D. 保留时间

3. 色谱法中，可用于定量的参数是（　　）。

　　A. 峰宽　　　　　　　　B. 分离度　　　　　　　C. 保留时间　　　　　D. 峰面积

4. 吸附平衡常数 K 值大，则（　　）。

　　A. 组分被吸附得牢固　　　　　　　　　　B. 组分被吸附得不牢固

　　C. 组分移动速率快　　　　　　　　　　　D. 组分吸附得牢固与否与 K 值无关

5. 某样品在薄层色谱中，基线到展开剂前沿的距离为 6.3cm，基线到斑点中心的距离为 4.2cm，其 R_f 值为（　　）。

　　A. 0.67　　　　　　　　B. 0　　　　　　　　　　C. 0.80　　　　　　　D. 0.15

6. 气相色谱固定液选择的基本原则是（　　）。

　　A. 极性大的　　　　　B. 相似相溶　　　　　　C. 极性小的　　　　　D. 随便选

7. 色谱峰高（或峰面积）可用于（　　）。

　　A. 鉴别　　　　　　　　　　　　　　　　　B. 判定被分离物分子量

　　C. 含量测定　　　　　　　　　　　　　　　D. 判定被分离物组成

8. 吸光光度法定量分析的理论依据是（　　）。

　　A. 朗伯 - 比尔定律　　B. 能斯特方程　　　　　C. 塔板理论　　　　　D. 速率方程

9. pH 玻璃电极在使用前必须在水中浸泡的原因是（　　）。

　　A. 消除液接电位　　　　　　　　　　　　　B. 减小液接电位

　　C. 减小不对称电位，使电极稳定　　　　　　D. 清洗电极

二、简答题

1. 什么是光的吸收定律？请写出其数学表达式。

2. 什么是紫外 - 可见分光分析中的吸收光谱曲线？

3. 一个组分的色谱峰可用哪些参数描述？这些参数各有何意义？

4. 以液 - 固吸附色谱法为例，简述色谱法的分离过程。

5. 气相色谱仪主要包括哪几个部分？

6. 简述高效液相色谱仪的组成与主要部件。

7. 已知某混合物中 A、B、C 三组分的分配系数分别为 440、480 及 520，问三组分在吸附薄层上的 R_f 值顺序如何？

三、计算题

1. 精密称取 0.0500g 样品，置 250mL 容量瓶中，加入 0.02mol · L⁻¹ HCl 溶解，稀释至刻度。准确吸取 2.00mL，稀释至 100mL。以 0.02mol · L⁻¹ HCl 为空白，在 263nm 处用 1cm 吸收池测得透光度为 41.7%，其 $E_{1cm}^{1\%}$ 为 1200，请计算该样品的百分含量。

2. 某药物浓度为 $1.0×10^{-4}$ mol · L⁻¹，用 1.0cm 吸收池，于最大吸收波长 238nm 处测得其透光率 $T=30\%$，试计算其 ε_{238nm}。

3. 用归一化法测定某试样中苯系物，进样分析各组分色谱峰面积和定量校正因子如下，计算乙苯组分含量。

组分	乙苯	邻二甲苯	间二甲苯	对二甲苯
平均峰面积 (min · mV)	160	100	150	90
f_s	0.97	0.98	0.96	1.00

模块三

有机化学

项目七
有机化学基础

学习目标

1. 掌握有机化合物的定义、特征、结构式书写等。
2. 熟悉有机化学的概念、共价键的断裂、反应类型、有机物分类等。
3. 了解有机化学发展史。

能力目标

1. 能正确书写有机物结构。
2. 能辨认官能团。

素质目标

1. 培养学生具有一定的化学批判思维。
2. 启发科学兴趣，培养创新精神、科学精神，树立正确的人生观和价值观。

有机化学（organic chemistry）是化学学科的分支之一，该词最早来自瑞典科学家贝采里乌斯（Berzelius）。有机化学与人类生命活动密切相关，自 19 世纪初萌芽以来，已逐渐发展成为一门充满活力、富有挑战的学科门类。从本项目开始，我们将打开有机化学学科的大门，一起领略有机化学的生机与魅力。

一、有机化合物与有机化学

人类对有机化合物（organic compounds）的认识，经由了一个由浅入深的过程。早期，人们从酸牛奶中提取出了乳酸，从尿液中分离出了尿素等，通过对这些化合物的研究，化学家认识到它们与从矿物质中得到的化合物（无机物）相比，在性质上体现出了明显的差异性。18 世纪末，瑞士人葛伦（Friedrich Albert Carl Gren）基于研究事实给出了有机化合物的定义：有机化合物就是那些只由有限数目元素按多种比例构成，而不能由人工制取的动植物体中的直接组分。葛伦的定义与当时化学界流传的“生命力论”是一致的，也即有机化合物只能从有机体中分离提纯而得到，无法通过无机物合成。这种论述，将无机物与有机物人为地割裂开来，使有机化学的发展受到了极大的阻碍。

1828 年德国化学家维勒（F. Wohler）首次利用无机物氰酸铵在实验室中合成出了有机物尿素，打破了生命力论对有机化学的桎梏。自此之后，越来越多的有机物相继被化学家利用无机物从实验室中合成出来，使有机化学迎来了发展的黄金时期。

现代实验手段测定表明，有机化合物是含碳的化合物，除此之外，还可能含有氢、氧、氮、卤素等元素。因此，有机化合物可定义为含碳的化合物，由于大多有机化合物中除含碳外，还含有氢元素，故将此类有机物称为碳氢化合物，其余的有机化合物可看作是由碳氢化合物中氢原子被其他原子或基团取代后形成的衍生物。所以，将碳氢化合物及其衍生物统称为有机化合物，简称有机物。有机化学则是研究有机化合物的组成、结构、性质、变化规律、合成及应用的一门学科。

二、有机化合物的特征

有机化合物在结构、组成、性质等方面表现出与无机化合物显著的区别。

（一）组成与结构

组成有机物的化学元素有碳、氢、氧、氮、硫、磷及卤素等，远少于构成无机物的化学元素。但已知有机化合物的数量却比无机化合物多数十倍，其主要原因在于有机物中普遍存在着同分异构现象（isomerism）。同分异构体（isomers）是分子式相同但结构不同的化合物间的互称。如分子式为 C_3H_6 的有机物，可能是丙烯，也可能是环丙烷，见图 7-1。通常，分子式中包含碳氢及其他元素的数量越多，可形成的异构体就越多。

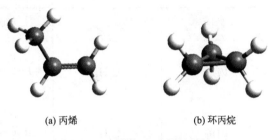

(a) 丙烯　　　　　　(b) 环丙烷

图 7-1　丙烯与环丙烷的结构

（二）性质

1. 易燃性

大多数有机物都易燃，如甲烷、乙醇等，而无机物，如水、矿物质等大多不支持燃烧。可利用该性质初步判断化合物是否属于有机物。

2. 熔点、沸点

有机化合物的熔点（melting point，简写为 mp）及沸点（boiling point，简写为 bp）通常比无机物低。如丁烷的熔点为 –138.3℃，沸点为 –0.5℃，而与其分子量相近的无机物氯化钠的熔点为 801℃，沸点则高达 1413℃。有机物熔点通常不超过 400℃，熔点可通过熔点测定仪测定，其高低可用于初步判断化合物是否为有机物。

3. 溶解性

多数有机化合物分子极性较弱或没有极性，通常易溶于极性较弱的有机溶剂中，而难溶于水，无机物则大多数易溶于水，难溶于有机溶剂，该规则又称为相似相溶（like dissolves like）规则。

4. 反应速率慢，常伴有副反应

有机化合物的反应速率取决于反应分子间的碰撞与共价键断裂的难易程度，总体反应速率较慢，有些反应甚至需要数十小时乃至数十天才能完成，故常需要采取加热、搅拌或加入催化剂等措施提高反应速率。共价键断裂时位置的不确定性，又往往使产率降低，除主产物外，还会得到一些副产物。

三、有机化合物的结构式

结构是分子中各组成原子间互相结合的方式、顺序及原子在空间排布的综合表现。有机化合物的平面结构常可有以下几种表达方法，即分子式、短线式、结构简式与键线式等。

分子式：用元素符号及数字表示分子中原子的种类与数量。

短线式：用短横线"—"表示共价键，将分子中所有的键都表示出来。

结构简式：通常将短线式中的单键省略，以主链碳原子为中心，其上所连的相同原子或取代基合并，并在其右下方注明该原子或取代基的数量。

键线式：用线段表示碳架，端点代表碳原子，与碳连接的氢原子均省略，非碳、氢原子（如氧、硫、氮等）及与其相连的氢原子（如羟基、氨基等）须保留。

一些常见有机物的各类结构表示方法如表 7-1 所示。

表 7-1　一些常见有机物的结构表示方法

名称	分子式	短线式	结构简式	键线式
丙烷	C_3H_8	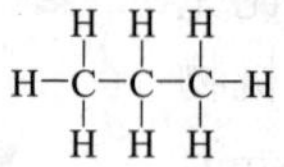	$CH_3CH_2CH_3$	
丙烯	C_3H_6	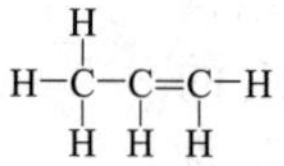	$CH_3CH=CH_2$	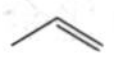
丙炔	C_3H_4	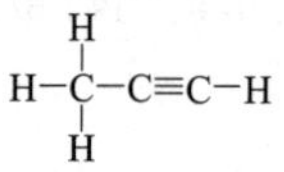	$CH_3C\equiv CH$	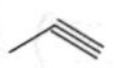
乙醇	C_2H_6O	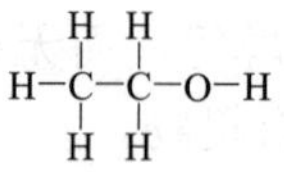	CH_3CH_2OH	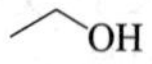
苯	C_6H_6	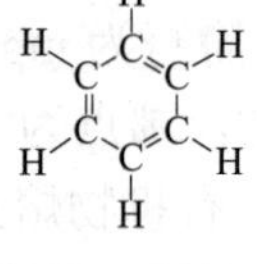	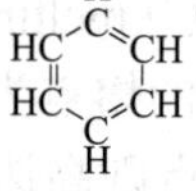	

四、共价键的断裂与反应类型

（一）共价键的均裂与异裂

化学反应的本质为旧键断裂与新键生成。有机化合物大多为共价化合物，进行反应时，共价键首先发生断裂，根据断裂的方式不同，可分为均裂与异裂。

1. 均裂

共价键发生断裂时，共用电子对平均分配给共价键两端的原子或原子团，该种断裂方式称为共价键均裂（homolytic bond cleavage，homolysis）。可表示为：

$$A:B \longrightarrow A\cdot + B\cdot$$

均裂产生的粒子为带有孤电子的原子或原子团，通常称为自由基（radical）或游离基，一般用 R·表示，如·CH_2CH_3 称为乙基自由基。

2. 异裂

共价键发生断裂时，共用电子对全部分配给键两端的某原子或原子团，生成正、负离子，该种断裂方式称为共价键异裂（heterolytic bond cleavage，heterolysis）。可表示为：

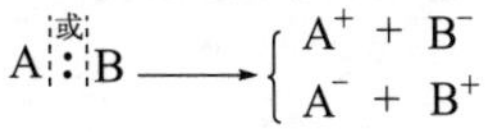

$$A \overset{\text{或}}{::} B \longrightarrow \begin{cases} A^+ + B^- \\ A^- + B^+ \end{cases}$$

异裂产生的粒子为正、负离子，一般以 R^+ 或 R^- 表示，如 $CH_3CH_2^+$ 称为乙基正离子，$CH_3CH_2^-$ 称为乙基负离子。

（二）反应类型

根据共价键的断裂方式，可将化学反应分为自由基型反应与离子型反应。离子型反应又可根据反应试剂的种类，分为亲核反应与亲电反应两类。在自由基型与离子型反应的基础之上，又可将有机反应细分为如下几种类型。

1. 取代反应

反应物结构中的原子或原子团被其他原子或原子团取代的反应，称为取代反应（substitution reaction），如苯与溴反应，苯中的氢原子被溴原子取代，生成溴苯：

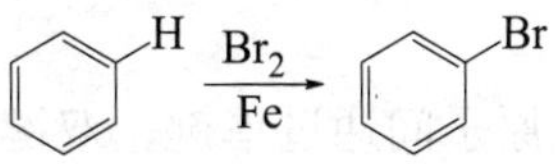

苯　　　　　溴苯

2. 消除反应

反应物中某一部分在反应过程中以小分子形式被消除，生成含不饱和键的产物的反应，称为消去反应或消除反应（elimination reaction），如氯乙烷在碱的醇溶液中消除生成乙烯：

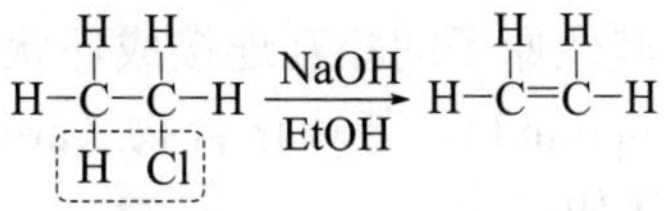

氯乙烷　　　　　　乙烯

3. 加成反应

含双键、三键或不稳定环系的分子，在发生反应时，共价键断裂，在断裂的键的两端形成两根新的 σ 键的反应，称为加成反应（addition reaction）。如乙烯与溴的加成，双键中的 π 键断裂，生成两根新的 C—Br 键：

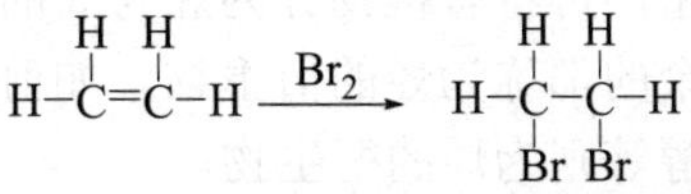

乙烯　　　　　1,2-二溴乙烷

4. 氧化反应

有机化学中的加氧去氢反应，通常称为氧化反应（oxidation reaction），如丁 -2- 烯与高锰酸钾水溶液发生氧化反应生成丁 -2,3- 二醇：

$$H_3C-\overset{\overset{\displaystyle H}{|}}{C}=\overset{\overset{\displaystyle H}{|}}{C}-CH_3 \xrightarrow[\text{H}_2\text{O}]{\text{KMnO}_4} H_3C-\underset{\underset{\displaystyle OH}{|}}{\overset{\overset{\displaystyle H}{|}}{C}}-\underset{\underset{\displaystyle OH}{|}}{\overset{\overset{\displaystyle H}{|}}{C}}-CH_3$$

丁-2-烯　　　　　　　　　　丁-2,3-二醇

5. 还原反应

有机化学中的去氧加氢反应，通常称为还原反应（reduction reaction），如乙烯与氢气在催化剂下的加氢反应，生成乙烷：

$$H-\overset{\overset{\displaystyle H}{|}}{C}=\overset{\overset{\displaystyle H}{|}}{C}-H \xrightarrow[\text{Pt}]{\text{H}_2} H-\underset{\underset{\displaystyle H}{|}}{\overset{\overset{\displaystyle H}{|}}{C}}-\underset{\underset{\displaystyle H}{|}}{\overset{\overset{\displaystyle H}{|}}{C}}-H$$

乙烯　　　　　　　　　乙烷

五、有机化合物的分类

有机化合物种类繁多，为了便于学习与研究，发展出了很多有机物的分类方法。

（一）按分子骨架分类

根据骨架中碳原子的连接方式，将有机物分为链状化合物（chain compounds）与环状化合物（cyclic compounds）。

1. 链状化合物

分子中碳原子之间或碳与其他原子间通过单键、双键、三键等连接成链状。这类化合物最初发现于油脂中，故又称为脂肪族化合物（aliphatic compound），例如：

戊烷　　　　　丁-1-醇　　　　戊-1-烯

2. 环状化合物

分子中碳原子间或碳原子与其他原子间相互连接成环状。根据环的特性，可将环状化合物分为脂环化合物（alicyclic compound）、芳环化合物（aromatic compound）与杂环化合物（heterocyclic compound）三类，例如：

脂环化合物　　　　芳环化合物　　　杂环化合物

（二）按组成分类

根据有机物构成的元素类型，可将有机物分为烃与烃的衍生物两种。只由碳、氢两种元素组成的有机物，称为烃，其余的都称为烃的衍生物。如前述结构中乙烯、乙烷、戊烯等都属于烃，而1,2-二溴乙烷、丁醇等则为烃的衍生物。

（三）按官能团分类

将决定有机物主要化学性质的原子或原子团称为官能团（functional group）或特性基团（characteristic groups）。含有相同官能团的化合物，其理化性质也相似。因此，按官能团分类，更有利于有机化合物的分析与研究。有机化合物中常见官能团的名称、结构见表7-2。

表7-2 常见官能团（特性基团）

名称	结构	类别	名称	结构	类别
双键	C=C	烯烃	羧基	—COOH	羧酸
三键	C≡C	炔烃	氨基	—NH$_2$	胺
卤素	—X	卤代烃	硝基	—NO$_2$	硝基化合物
羟基	—OH	醇、酚	磺酸基	—SO$_3$H	磺酸
羰基	C=O	醛、酮	醚键	C—O—C	醚

扫一扫

【思维导图】

 目标练习

一、名词解释

（1）有机化合物；（2）有机化学；（3）官能团；（4）均裂；（5）异裂；（6）键线式；（7）取代反应；（8）氧化与还原反应；（9）消除反应。

二、写出下列化合物的结构简式与键线式

（1） 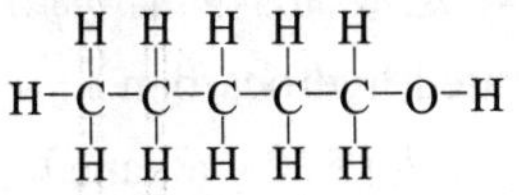
```
  H H H H H
  | | | | |
H-C-C-C-C-C-O-H
  | | | | |
  H H H H H
```

（2） 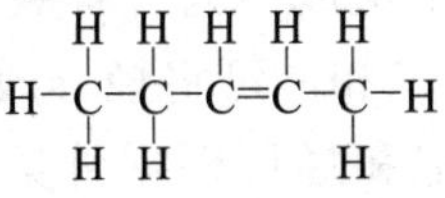
```
  H H   H H
  | |   | |
H-C-C-C=C-C-H
  | |       |
  H H       H
```

（3） 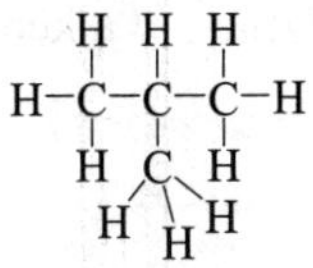
```
  H H H
  | | |
H-C-C-C-H
  | | |
  H C H
    |
    H
```

（4） 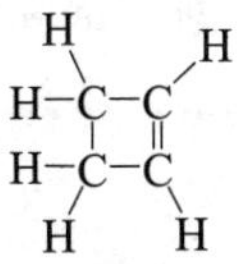
```
    H
    |
  H-C
 /    \
H-C    C-H
 \\    |
  H-C  H
  |
  H
```

（5） 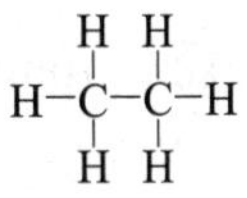
```
  H H
  | |
H-C-C-H
  | |
  H H
```

三、指出下列化合物所含官能团的名称及化合物所属类别

（1）CH_3CH_2OH （2）$CH_3CH=CHCH_2CH_3$ （3）CH_3CHO （4）CH_3COCH_3
（5）$CH_3OCH_2CH_3$ （6）CH_3COOCH_3 （7）CH_3NH_2 （8）CH_3COOH （9）CH_3CH_2Cl

四、简述有机化合物的特征

项目八

烃

学习目标

1. 掌握各类烃的命名、主要理化性质。
2. 熟悉烃的结构及同分异构现象。
3. 了解烃类物质的应用。

能力目标

1. 正确命名各类烃；能判断分子熔点与沸点高低。
2. 能用化学方法鉴别化合物。

素质目标

1. 培养从事物本质分析问题、总结、归纳、联系的能力。
2. 培养爱国情怀与环保意识。

烃（hydrocarbon）的分子组成中只含有碳与氢两种元素，是最简单的有机化合物。根据烃中碳原子上连接氢是否饱和，可将烃分成饱和烃（saturated hydrocarbon）与不饱和烃（unsaturated hydrocarbon）。饱和烃可根据骨架碳的连接方式分为烷烃（alkane）与环烷烃（cycloalkane）两类；不饱和烃则可根据不饱和度及官能团特性等分为烯烃（alkene）、炔烃（alkyne）、芳香烃（aromatic hydrocarbon）等。

任务一　烷烃

一、烷烃的定义、通式与同系列

（一）烷烃的定义、通式

烷烃结构中碳与碳、碳与氢之间以单键相连，每个碳原子连接的氢皆达到饱和，故烷烃又称为饱和烃。最简单的烷烃是甲烷（CH_4），其他烷烃随分子中碳数的增加，分子中所连接的氢原子数目也相应增加，常见烷烃分子的名称及分子式见表 8-1。

烷烃的分子式中，碳与氢数量之间的变化，呈现了一定的规律性，符合 $n : (2n+2)$ 规则，所以，可将烷烃的通式表达为 C_nH_{2n+2}（$n \geqslant 1$）。通过烷烃的通式，可以写出任意碳数烷烃的分子式，也可通过通式判断某分子式是否属于烷烃类化合物。

表 8-1　常见烷烃的名称及分子式

碳原子数 (n)	名称	分子式 (C_nH_{2n+2})	碳原子数 (n)	名称	分子式 (C_nH_{2n+2})
1	甲烷	CH_4	8	辛烷	C_8H_{18}
2	乙烷	C_2H_6	9	壬烷	C_9H_{20}
3	丙烷	C_3H_8	10	癸烷	$C_{10}H_{22}$
4	丁烷	C_4H_{10}	11	十一烷	$C_{11}H_{24}$
5	戊烷	C_5H_{12}	12	十二烷	$C_{12}H_{26}$
6	己烷	C_6H_{14}	13	十三烷	$C_{13}H_{28}$
7	庚烷	C_7H_{16}	20	二十烷	$C_{20}H_{42}$

（二）同系列

表 8-1 中所列的烷烃分子，如甲烷、乙烷、丙烷等，其分子式之间皆相差 1 个或 n 个 CH_2 单元，这种具有同一通式，在结构及性质上相似，组成上相差一个或 n 个 CH_2 单元的一系列化合物，称为同系列（homologous series），同系列中的各化合物间，称为同系物（homologs），—CH_2—称为同系列的系差，简称同系差。位于同系列中的各种化合物，具有相似的化学性质，物理性质则随分子中碳数的增加呈规律性变化。因此，研究同系列中具有代表性的化合物的理化性质，就可以依此掌握一系列其他同系物的理化性质。

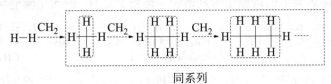

同系列

二、烷烃的结构

（一）C 的 sp³ 杂化

以最简单的烷烃——甲烷为例，其分子中心碳原子采用了 sp^3 杂化。sp^3 杂化轨道与分子的形成过程及特征见前述"杂化轨道"相关内容。

（二）同分异构现象

同分异构的产生有多种原因。分子中碳原子间互相连接的次序和方式称为构造（constitution），因构造不同而引起的同分异构现象，称为构造异构（constitutional isomers）；若不同分子的构造相同，但在原子或基团空间的伸展方向上不同，该种情况下形成的异构现象，称为立体异构（stereo isomers）。在本节烷烃的同分异构中将主要介绍构造异构中的碳链异构现象及立体异构中的构象异构现象。

1. 碳链异构

碳链异构是烷烃分子骨架中碳与碳连接次序不同而引起的一种构造异构，最早出现碳链异构的烷烃为 4 个碳原子的烷烃 C_4H_{10}，分别为正丁烷和异丁烷；5 个碳原子的烷烃 C_5H_{12} 则有三种碳链异构体，分别为正戊烷、异戊烷与新戊烷。

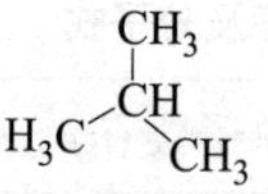

异丁烷 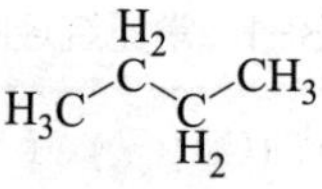   （正）丁烷

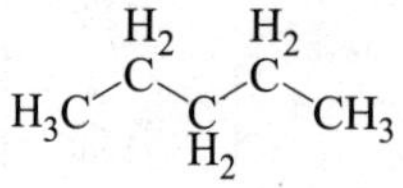

（正）戊烷 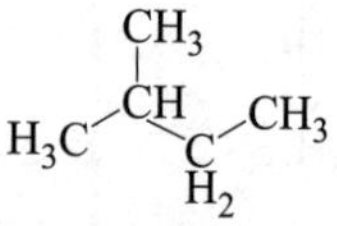   异戊烷 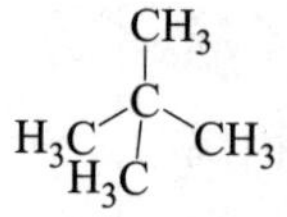   新戊烷

碳链异构体的推导，可按如下步骤进行（以 C_6H_{14} 为例）：

第一步：写出含 6 个碳原子的直链结构，即 C—C—C—C—C—C。

第二步：写出含 5 个碳原子的直链结构，即 C—C—C—C—C，将剩余的 1 个碳原子作为取代基，依次取代 C_5 骨架中碳上的氢，可得到 C—C—C—C—C 与 C—C—C—C—C。

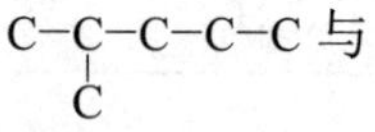

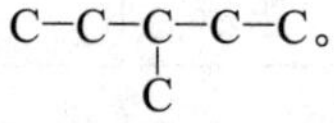

第三步：写出含 4 个碳原子的直链结构，即C—C—C—C，将剩余的 2 个碳原子作为 1 个或 2 个取代基，依次取代 C_4 骨架中碳上的氢，可得到两种新结构 C—C—C—C 与 C—C—C—C。

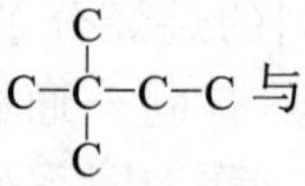

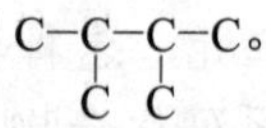

第四步：写出含 3 个碳原子的直链结构，即 C—C—C，将剩余的 3 个碳原子作为 1 个、2 个或 3 个取代基，依次取代 C_3 骨架中碳上的氢，发现无法写出新的结构，推导步骤到此结束。

第五步：将上述碳架上的碳原子用氢饱和，得到了 C_6H_{14} 的 5 个碳链异构体：

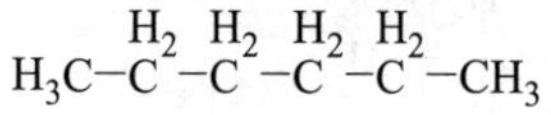

（正）己烷 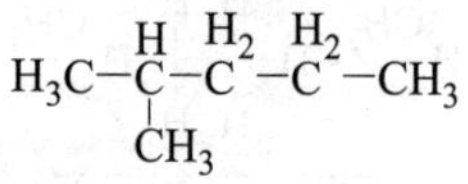   2-甲基戊烷 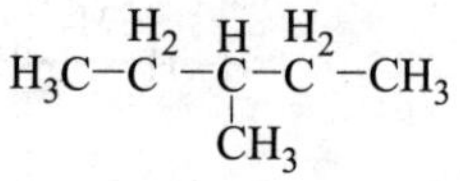   3-甲基戊烷

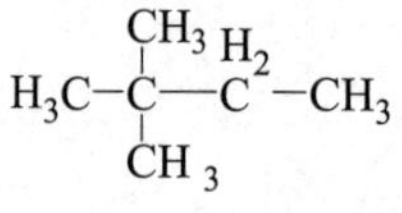

2,2-二甲基丁烷 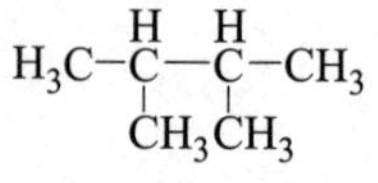   2,3-二甲基丁烷

用键线式表示如上结构为：

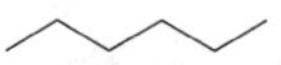

（正）己烷 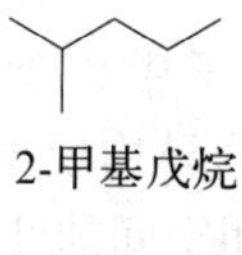   2-甲基戊烷 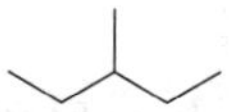   3-甲基戊烷

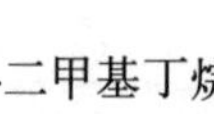

2,2-二甲基丁烷 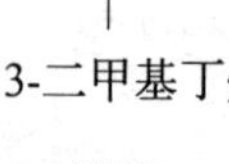   2,3-二甲基丁烷

烷烃的碳链异构体数目随分子中碳数的增加而增加，常见烷烃的碳链异构体数目见表 8-2。

表 8-2　常见烷烃分子的碳链异构体数目

碳原子数	分子式	异构体数目	碳原子数	分子式	异构体数目
4	C_4H_{10}	2	9	C_9H_{20}	35
5	C_5H_{12}	3	10	$C_{10}H_{22}$	75
6	C_6H_{14}	5	15	$C_{15}H_{32}$	4347
7	C_7H_{16}	9	20	$C_{20}H_{42}$	366319
8	C_8H_{18}	18	30	$C_{30}H_{62}$	4111846763

2. 碳原子与氢原子的种类

从上述列举的碳链异构体结构式中可发现，有的碳原子仅与一个碳原子直接相连，如己烷的头尾两个碳原子；有的碳原子仅与两个碳原子直接相连，如己烷分子中间的四个碳原子。根据分子结构中碳原子间互相连接的情况，可将碳原子分成四种类型：与一个碳原子直接相连的碳原子，称为一级碳原子，又称为伯碳原子（primary carbon），用 1° 表示；与两个碳原子直接相连的碳原子，称为二级碳原子，又称为仲碳原子（secondary carbon），用 2° 表示；与三个碳原子直接相连的碳原子，称为三级碳原子，又称为叔碳原子（tertiary carbon），用 3° 表示；与四个碳原子直接相连的碳原子，称为四级碳原子，又称为季碳原子（quaternary carbon），用 4° 表示。

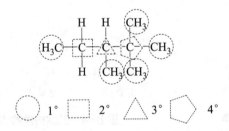

氢的种类与其所连接碳的类型相同，伯、仲、叔碳上连接的氢原子，分别称为伯氢原子（1°H）、仲氢原子（2°H）、叔氢原子（3°H），不存在季氢原子。

想一想 17. 为什么不存在季氢原子？

3. 构象异构

烷烃结构中的碳碳单键是由 sp³ 杂化轨道相互重叠形成的可自由旋转的 σ 键。当固定键的一端碳原子，对其另一端沿键轴方向进行旋转操作时，键两端碳原子上所连接的氢原子或其他原子团在空间的相对位置也随之而发生变化，从而形成分子在空间中的不同立体形象。这种由于碳碳单键的旋转，使分子中各原子或原子团在空间形成的不同排布，称为构象（conformation）。

（1）乙烷的构象　固定乙烷的一个碳原子，使另一个碳原子绕 C—C 键轴方向旋转，则两个碳原子上连接的氢在空间的位置相应发生变化，理论上可形成无数种构象，其中典型的构象为交叉式构象（staggered conformation）与重叠式构象（eclipsed conformation），这两种构象又称为极限构象（limiting conformation），如图 8-1 所示。

重叠式构象中，沿 C—C 键轴方向从前向后观察，可见前方碳原子及所连接的碳氢键完全将后方碳及碳氢键遮挡住，前后两个碳原子上碳氢键之间的夹角为 0°。见图 8-2。

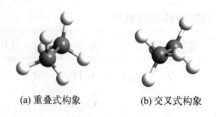

(a) 重叠式构象   (b) 交叉式构象

图 8-1 乙烷的极限构象

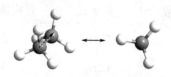

图 8-2 乙烷重叠式视角

若固定重叠式构象中某一碳原子，沿 C—C 键轴方向对另一碳原子进行顺时针或逆时针方向旋转操作，则前后 2 个碳原子连接的 C—H 键之间的夹角将不断变化，可得到无数种构象。当旋转至某一位置，前后 2 个碳原子上连接的 C—H 键之间的夹角为 60° 时，此时，前方碳原子上每根 C—H 键皆位于后方碳原子两根 C—H 键夹角的平分线上，此种构象称为交叉式构象，见图 8-3。

构象通常可用透视式（sawhorse projection）或纽曼投影式（Newman projection）来表示。

以乙烷的重叠式构象为起始点，绕 C—C 键轴方向进行旋转，当旋转至 120°、240° 及 360° 时，为重叠式构象，当旋转至 60°、180° 及 300° 时，为交叉式构象，其他构象介于这两者之间。纽曼投影式中，通常用 ⅄ 表示前面的碳及其所连接的键，用 ◯ 表示后面的碳及其所连接的键。重叠式及交叉式构象的透视式及纽曼投影式见图 8-4。

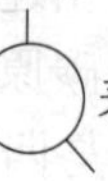

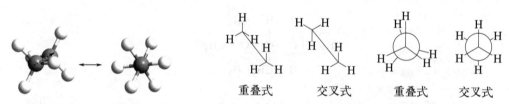

重叠式   交叉式   重叠式   交叉式

图 8-3 乙烷交叉式视角

图 8-4 乙烷构象的透视式和纽曼投影式

重叠式构象中，两碳原子上连接的碳氢键在空间距离最近，位阻最大，最不稳定；交叉式构象中，两碳原子上连接的碳氢键距离最远，位阻最小，最稳定，因此将其称为优势构象（preferential conformation）。

（2）正丁烷的构象 结构中存在多根 C—C 单键的复杂烷烃，每根键的旋转都会生成无数种构象，为简化研究，通常选取分子中某一根 C—C 单键，并以其为基准进行构象绘制。以正丁烷为例，可选分子中的 C_2—C_3 σ 键，以其为轴进行旋转操作，可产生 4 种极限构象，即对位交叉式、部分重叠式、邻位交叉式和全重叠式，见图 8-5。

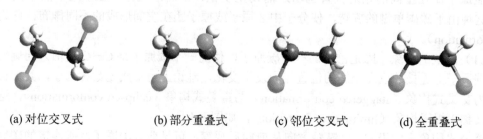

(a) 对位交叉式   (b) 部分重叠式   (c) 邻位交叉式   (d) 全重叠式

图 8-5 丁烷的极限构象

对位交叉式中，两个甲基之间的空间距离最远，位阻最小，结构的稳定性最大，是丁烷的优势构象（图8-6）。

固定图8-6中左边的碳，对右边的碳进行旋转操作，可得到部分重叠式。部分重叠式中，甲基与氢、氢与氢之间重叠（图8-7），基团之间距离较近，势能较大，是丁烷的不稳定构象。

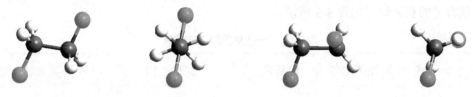

图8-6　丁烷的对位交叉式构象	图8-7　部分重叠式构象

对部分重叠式构型中的碳碳单键继续进行旋转，可得到邻位交叉式。邻位交叉式中，前后碳上基团虽处于交叉位置，但两个较大基团（甲基）之间的距离比对位交叉式中要近，故其稳定性比对位交叉式低，见图8-8。

按上述操作继续旋转邻位交叉式，可得到全重叠式构象。全重叠式构象中甲基与甲基、氢与氢重叠，基团之间的距离最近，势能最高，是丁烷四种极限构象中稳定性最差的构象，见图8-9。

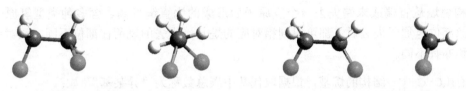

图8-8　邻位交叉式构象	图8-9　全重叠式构象

想—想 18. 试试用纽曼投影式画出正己烷绕 C_3—C_4 旋转时产生的最稳定构象和最不稳定构象？

三、烷烃的命名

烷烃的命名是其他有机化合物命名的基础。通常命名方法可分为普通命名法（common nomenclature）与系统命名法（systematic nomenclature）。

（一）普通命名法

普通命名法主要用于结构简单的烷烃分子的命名。其规则为：根据分子中的碳总数称为"某烷"。对于"某"字的界定，1～10个碳原子的直链烷烃可根据天干，分别以"甲、乙、丙、丁、戊、己、庚、辛、壬、癸"来表示，碳数超过10个的烷烃用中文汉字来表示，如"十三、十五"等。命名中常采用"正"（normal 或 n-）、"异"（iso 或 i-）与"新"（neo）等前缀来区分构造异构体，直链结构用"正"表示，通常可省略；"异"表示链端第二个碳原子上连接有一个甲基；"新"表示链端第二个碳原子上连接有两个甲基。如：

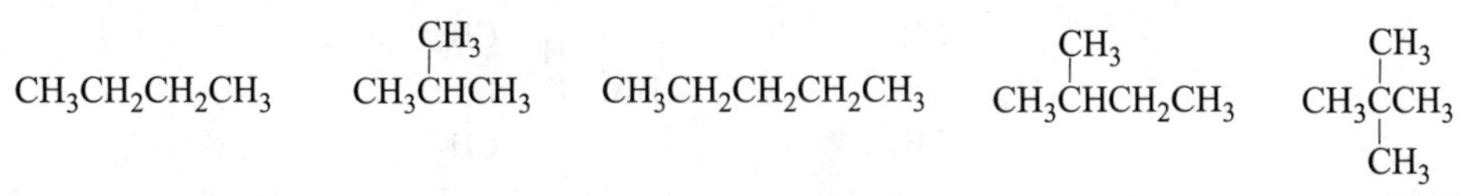

$$CH_3CH_2CH_2CH_3 \qquad CH_3\overset{\displaystyle CH_3}{\underset{}{C}H}CH_3 \qquad CH_3CH_2CH_2CH_2CH_3 \qquad CH_3\overset{\displaystyle CH_3}{\underset{}{C}H}CH_2CH_3 \qquad CH_3\overset{\displaystyle CH_3}{\underset{\displaystyle CH_3}{C}}CH_3$$

（正）丁烷	异丁烷	（正）戊烷	异戊烷	新戊烷

（二）系统命名法

系统命名法又称为 IUPAC 命名法，是由国际纯粹与应用化学联合会（IUPAC）组织制定的。中国化学会在 IUPAC 的基础上进行了修订，形成了具有我国特色的系统命名规则。

1. 烷基

取代基是分子失去氢后剩余的部分，烷烃分子失去氢后即可得到烷基，通常用 R—表示。一些常见的直链烷基如表 8-3 所示。

表 8-3　一些常见的直链烷基

烷烃名	分子式	烷烃英文名	烷基名	烷基结构	烷基英文名（缩写）
甲烷	CH_4	methane	甲基	—CH_3	methyl（Me）
乙烷	C_2H_6	ethane	乙基	—CH_2CH_3	ethyl（Et）
丙烷	C_3H_6	propane	丙基	—$CH_2CH_2CH_3$	propyl（Pr）
丁烷	C_4H_{10}	butane	丁基	—$CH_2CH_2CH_2CH_3$	butyl（Bu）
戊烷	C_5H_{12}	pentane	戊基	—$CH_2CH_2CH_2CH_2CH_3$	pentyl 或 amyl

正构烷烃从首端或末端失去一个氢原子后形成的为直链烷基。含多种类型氢原子的烷烃，任意部位氢原子失去后，都可得到相对应的烷基，失去的氢所在部位不同，相对应的烷基的名称亦有不同。

具有 $H_3C—\overset{H}{\underset{CH_3}{C}}—\overset{H_2}{C}—$ 结构的烷基，根据取代基中碳总数称为"异某基"，如：

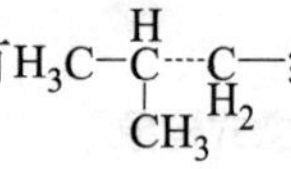

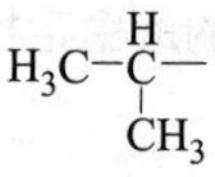

异丙基 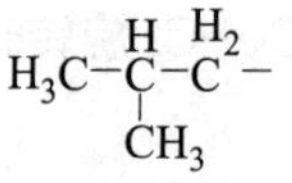　　　　异丁基 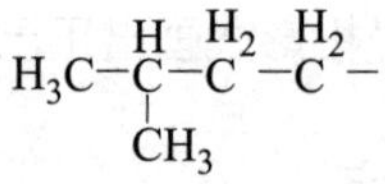　　　　异戊基

具有 $H_3C—\overset{H_2}{C}—\overset{H}{\underset{CH_3}{C}}—$ 结构的烷基，根据取代基中碳总数称为"仲某基"，如：

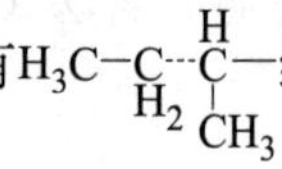

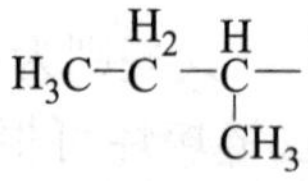

仲丁基 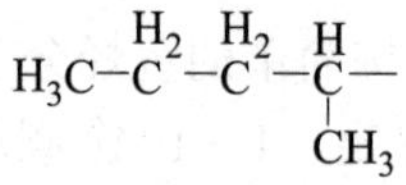　　　　仲戊基

具有 $H_3C—\overset{CH_3}{\underset{CH_3}{C}}—$ 结构的烷基，根据取代基中碳总数称为"叔某基"，如：

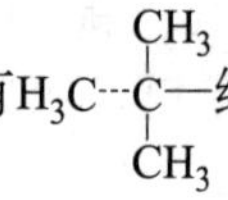

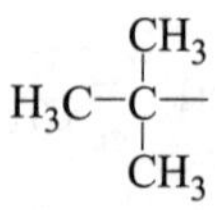

叔丁基 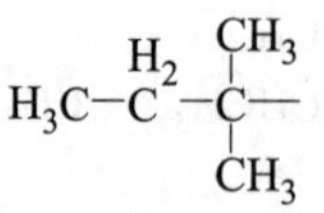　　　　叔戊基

2. 系统命名法规则

（1）选主链，定母体　以分子中的最长碳链作为主链，根据主链碳数将分子的母体称为"某烷"，其余为取代基。当分子中存在几条等长碳链时，选含取代基最多的碳链作为主链。

如图 8-10（a）所示，水平方向为含 6 个碳原子的最长碳链，其母体称为"己烷"；图 8-10（b）中最长碳链共含 5 个碳原子，故其母体称为"戊烷"；图 8-10（c）中含有 2 条皆为 6 个碳原子的等长碳链，故其母体称为"己烷"，根据规则，其水平链方向含取代基较多，故主链应选择水平方向的链。

（2）编号　主链上若连有取代基，则需对主链进行编号，基本原则为从链的一端开始以阿拉伯数字编号，使主链上取代基出现的位次最小。

如图 8-11（a）所示，上边一组编号中两取代基出现的位次为（2,4），下边一组编号中两取代基出现的位次为（3,5），故正确的编号次序为上边一组编号；图 8-11（b）中，上边一组编号中三取代基出现的位次为（2,4,5），下边一组编号中三取代基出现的位次为（2,3,5），故正确的编号次序为下边一组编号。

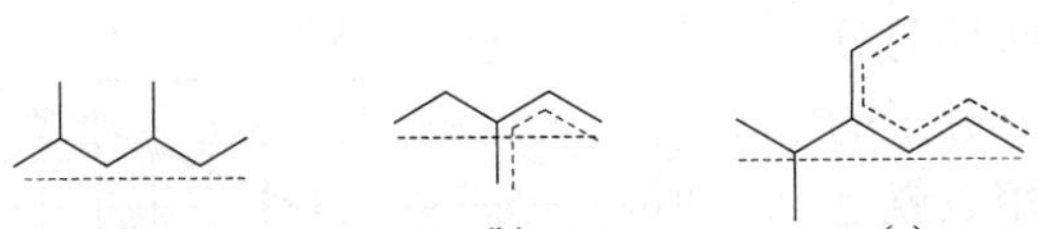

图 8-10　选主链　　　　　　　　　图 8-11　编号

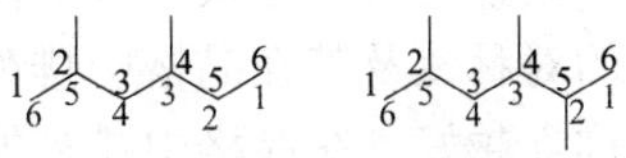

从主链的两端编号，若不同取代基都出现在相同的最小位次时，按取代基英文名首字母在字母表中的次序，排在前面的优先。

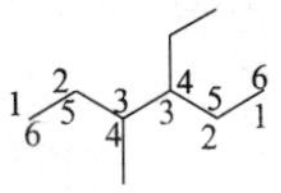

如上述结构中，甲基与乙基都可出现在主链 3 号位，甲基的首字母为"M"，乙基的首字母为"E"，故编号时应选择乙基优先。

（3）命名　将取代基的名称与位次写在母体名之前。数字与数字之间用逗号","隔开，汉字与数字间用短横线"-"隔开，相同取代基合并，用"二（di）、三（tri）或四（tetra）"等表示数目。主链上连有不同取代基时，则应按取代基英文名首字母的优先次序依次列出。例如：

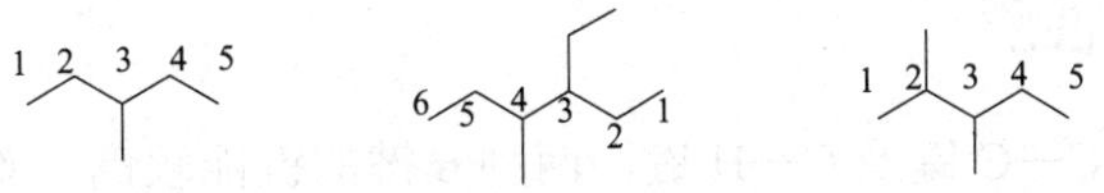

3-甲基戊烷　　　3-乙基-4-甲基己烷　　　2,3-二甲基戊烷

四、烷烃的物理性质

物理性质（physical properties）通常包括物质的存在状态、相对密度、熔点、沸点、溶解性（solubility）、折射率及波谱性质等。测定物理常数，可用于鉴定有机化合物的种类及纯度。

（一）状态

烷烃为非极性化合物，分子间范德瓦耳斯力的大小随分子中碳数的增加而增大，从而引起聚集状态的变化。$C_1 \sim C_4$ 的正构烷烃以气体状态存在，$C_4 \sim C_{16}$ 的正构烷烃以液体状态存在，C_{17} 及以上的正构烷烃以固体状态存在。

（二）沸点

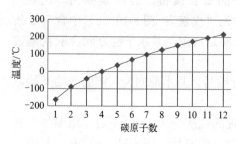

图 8-12　正构烷烃的沸点

如图 8-12 所示，直链烷烃的沸点随分子中碳数的增多而增大。$C_1 \sim C_4$ 的烷烃由于分子量低，分子中碳数增加对分子量的影响较大，故表现为随碳数增多，沸点上升的幅度较大；从 C_5 开始，分子中每增加 1 个碳原子，沸点约升高 20～30℃。同分异构体中，支链的存在，降低了分子间的有效接触程度，使分子间作用力下降，致使沸点降低。以 C_5H_{12} 为例，（正）戊烷的沸点为 36℃，含 1 个支链的异戊烷沸点为 28℃，而含 2 个支链的新戊烷沸点则为 9.5℃。

（三）熔点

熔点的大小不仅与分子间作用力有关，同时还与分子的对称性及其在晶格中排列的紧密程度相关。分子的对称性越好，在晶格中排列的紧密程度越高，熔点就越高。通常，偶碳数烷烃分子由于对称性高，熔点增加幅度较奇碳数烷烃大，见图 8-13。另外，同分异构体中，通常支链越多熔点越低，但倘若对称性好，熔点可能会反常的高，如正戊烷的熔点为 –129.7℃，异戊烷的熔点为 –160℃，而新戊烷由于高度对称，其熔点比正戊烷高约 113℃。

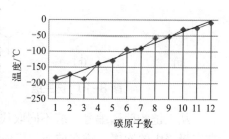

图 8-13　正构烷烃的熔点

（四）溶解性

有机物的溶解性通常遵循"极性相似相溶"规则，烷烃为非极性化合物，故易溶于极性较小或非极性的有机溶剂中，如苯、乙醚等，而难溶于水等一系列的极性溶剂。

（五）相对密度

烷烃的分子间作用力较弱，结合松散，故其密度较低，相对密度为 0.42～0.8。直链烷烃随分子中碳数的增加，密度增大，但增幅较小，在 $0.8g \cdot cm^{-3}$ 左右趋于恒定。

五、烷烃的化学性质

烷烃分子中只存在 C—C 键及 C—H 键，两种 σ 键的键能较高，难以断裂，故烷烃的化学稳定性高，在通常情况下，烷烃难与酸、碱、氧化剂及还原剂等发生反应，但在特殊的情况如燃烧、光照或高温下，烷烃也可与氧气、卤素等发生反应，生成一系列化合物。

（一）氧化反应

烷烃在充足氧气条件下可充分燃烧，完全氧化生成二氧化碳和水，并释放出大量的热。如甲烷的燃烧反应：

$$CH_4 \quad + \quad O_2 \xrightarrow{\text{点燃}} CO_2 \quad + \quad H_2O$$

1mol 烷烃在标准状态 [25℃，1atm（1atm=101325Pa）] 下完全燃烧时放出的热量，称为燃烧热（heat of combustion）。甲烷的燃烧热为 890kJ·mol⁻¹，直链烷烃每增加 1 个碳原子，燃烧热值平均增加约 659kJ·mol⁻¹。同分异构体中，支链的存在通常使燃烧热减小，如丁烷的燃烧热为 2878kJ·mol⁻¹，异丁烷的燃烧热则为 2869.6kJ·mol⁻¹。燃烧热值反映了分子内能的高低，燃烧热越大，分子内能越高，稳定性就越差。

烷烃也可在催化剂存在下发生部分氧化反应，如丙烷，在金属氧化物催化下，可在高温高压下发生反应，生成部分氧化产物甲酸、乙酸与丙酮。

$$\wedge \xrightarrow[\text{高温，高压}]{\text{金属氧化物}} HCOOH + CH_3COOH + CH_3COCH_3$$

（二）取代反应

在光照（$h\nu$）或高温（Δ）条件下，烷烃与卤素发生反应，烷烃分子中的氢原子可被卤原子取代，生成卤代烃，该取代反应称为卤代反应（halogenation reaction）。

1. 甲烷的卤代反应

以甲烷与氯气反应为例，在紫外光照或高温下，甲烷与氯气发生反应，可生成甲烷中氢被氯取代的一系列化合物。

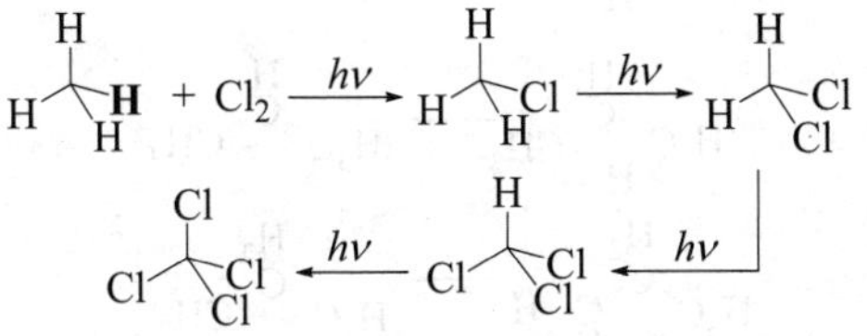

反应开始时，甲烷中氢原子被氯原子取代，生成一氯甲烷，反应较难停留在一取代产物阶段，一氯甲烷中的氢原子可继续被氯所取代，相继生成二氯甲烷、三氯甲烷及四氯甲烷。甲烷氯代通常得到混合产物，通过控制条件，如甲烷与氯气的配比，可使某一氯代产物为反应的主产物。发生卤代反应时，卤素的反应活性与其自身电负性次序一致，考虑到反应活性及速度，烷烃的卤代通常选择氯或溴进行反应。

2. 卤代反应机理

反应机理是对反应过程的具体描述，以甲烷与氯气的卤代反应为例，该反应为自由基型机理，包含三个过程，即链引发（chain initiation）、链增长（chain propagation）和链终止（chain termination）。过程表示如下：

$$Cl_2 \xrightarrow{\text{光照}} Cl·$$

氯气在光照下获取能量，使共价键发生均裂，生成高活性的氯原子，即氯自由基，该步为反应的起始阶段，称为链引发。

氯自由基与甲烷分子发生碰撞时，夺取甲烷中一个氢原子形成氯化氢分子和甲基自由基，如：

$$Cl· + CH_4 \longrightarrow HCl + CH_3·$$
$$CH_3· + Cl_2 \longrightarrow CH_3Cl + Cl·$$

甲基自由基与 Cl_2 发生碰撞，夺取一个氯原子形成一氯甲烷与一个新的氯自由基。氯自由基重复进行上面的步骤，整个反应如锁链般，一经引发，就持续不断地进行下去，因此又称为自由基链反应（free radical chain reaction）。以上为反应的链增长阶段。

反应持续进行，反应物浓度不断下降，则自由基相互间碰撞的概率增加。自由基一旦结合生成分子，反应将逐渐停止，该步称为自由基反应的链终止阶段，如：

$$Cl· + Cl· \longrightarrow Cl_2$$
$$CH_3· + Cl· \longrightarrow CH_3Cl$$
$$CH_3· + CH_3· \longrightarrow CH_3CH_3$$
······

以上为自由基型取代反应的一般历程。其他烷烃的卤代反应也经历类似的链引发、链增长及链终止三个过程。

自由基型反应以产生自由基为典型特征。自由基可根据孤电子所在碳的类型分为伯自由基（primary radical）或 1° 自由基、仲自由基（secondary radical）或 2° 自由基、叔自由基（tertiary radical）或 3° 自由基。如下式所示，异丁烷失去叔氢形成的是叔自由基；丙烷失去仲氢形成仲自由基，失去伯氢形成伯自由基。

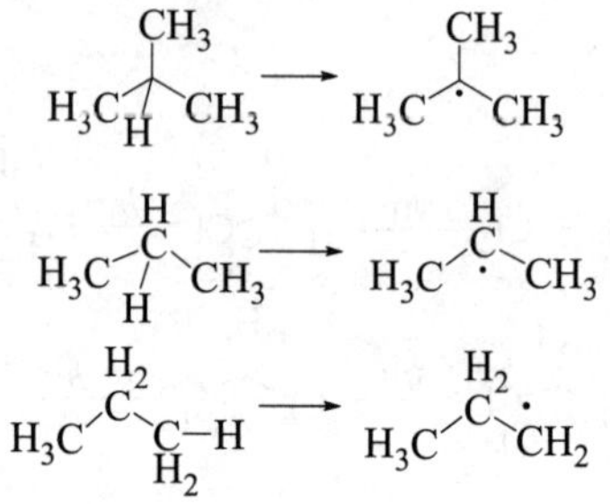

自由基形成的容易与否，与相应 C—H 键的离解能相关，离解能越小，C—H 键越易均裂，自由基越容易形成，也就越稳定。不同 C—H 键离解能数据如下：

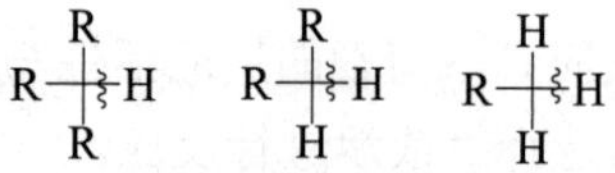

离解能(kJ·mol⁻¹)   376.3   393.3   405.8

叔氢均裂难度最低，伯氢均裂难度最高。故不同级别自由基的稳定性次序有：

$$3°R· > 2°R· > 1°R· > ·CH_3$$

3. 其他烷烃的卤代反应

其余烷烃分子发生卤代明显比甲烷更加复杂，为简化研究，通常只考虑一卤代的情形。如丙烷的溴代反应：

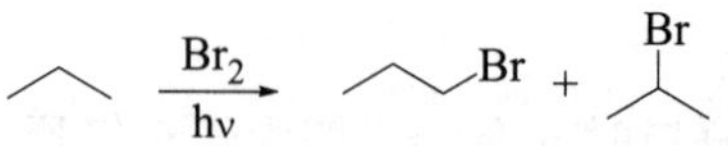

1-溴丙烷   2-溴丙烷
3%   97%

卤代过程中，氢的活泼性越高，被卤代的概率越大。由前述自由基稳定性判断中可知，叔氢的活性最强，仲氢其次，伯氢最弱，故在书写一卤代产物时，可据此写出反应主产物，如上述反应中，2-溴丙烷为反应主产物。将溴改为氯气，研究丙烷的氯代反应，则有：

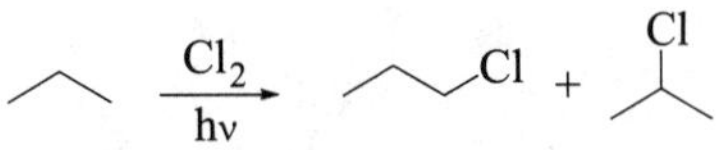

1-氯丙烷　2-氯丙烷

43%　　57%

反应的主产物为 2- 氯丙烷，但其占比由溴代的 97% 降为 57%。不难看出，氯的反应活性高，但选择性差，而溴的反应活性虽比氯气要低，但对产物的选择性更高。

任务二　烯烃

烯烃（alkene）是分子中含碳碳双键的不饱和烃，C=C 键为烯烃的官能团。按分子中含碳碳双键数目的多少，可将烯烃分为单烯烃、二烯烃或三烯烃等。与烷烃相比，分子中引入一根 C=C 键，相应会减少 2 个氢原子，故单烯烃的通式为 C_nH_{2n}（$n \geqslant 2$），乙烯（C_2H_4）为最简单的单烯烃。

一、烯烃的结构

（一）C 的 sp² 杂化

以乙烯为例，乙烯是平面形分子，中心碳原子采用 sp² 杂化（相关形成过程详见前述章节杂化轨道理论部分），组成乙烯的 2 个碳原子和 4 个氢原子处于同一平面。分子中碳碳双键长度为 0.134nm，比烷烃中碳碳单键键长 0.154nm 要短；碳碳双键键能约为 611kJ·mol⁻¹，碳碳单键键能约为 347kJ·mol⁻¹。分子中各键角数据都接近 120°，见图 8-14。

两个碳上未参与杂化的 p 轨道在侧面肩并肩重叠，形成 π 键，见图 8-15。

图 8-14　乙烯的键长、键角（a）及
　　　球棍模型 (b)

图 8-15　π 键的形成（a）及
　　　π 键电子云示意图（b）

因此，烯烃中碳碳双键是由一根 σ 键与一根 π 键构成的。π 键的形成方式决定了其轨道重叠程度较小，键能相比于 σ 键要低，不牢固，易发生断裂，为烯烃化学反应的主要发生部位。

（二）同分异构现象

烯烃的同分异构通常有构造异构与顺反异构（cis-trans isomers）两种。

1. 构造异构

烯烃的构造异构通常包括碳链异构与官能团位置异构，在构造异构上的表现比烷烃更为复杂。

如图 8-16 所示，丁 -1- 烯与丁 -2- 烯为官能团位置异构，丁 -1- 烯或丁 -2- 烯与 2- 甲基丙烯之间为碳链异构。

丁-1-烯　　　　　　　丁-2-烯　　　　　　　2-甲基丙烯

图 8-16　C_4H_8 构造异构

2. 顺反异构

由于碳碳双键不可自由旋转，当双键两端碳原子上连接的基团互不相同时，就会存在顺反异构，顺反异构为立体异构中构型异构（configurational isomers）的一种。

顺式　　　　反式

凡是两相同原子或基团在同侧的，称为顺式；相同的原子或基团不在同侧的，称为反式。以 C_4H_8 为例，其存在顺 - 丁 -2- 烯与反 - 丁 -2- 烯两种顺反异构体。

顺-丁-2-烯　　　　反-丁-2-烯

顺反异构体虽在构造上相似，但其在物理性质，如熔点、沸点及生物活性上的表现往往不同。如雌性激素己烯雌酚，其反式结构生物活性为顺式结构的 7～10 倍。

反-己烯雌酚

二、烯烃的命名

（一）普通命名法

结构简单的烯烃，可用普通命名法进行命名，如：

$CH_2=CH_2$　　$CH_2=CHCH_3$　　$CH_2=C\overset{\displaystyle CH_3}{CH_3}$

乙烯　　　　丙烯　　　　　异丁烯

（二）系统命名法

结构复杂的烯烃，通常采用系统命名法进行命名，其规则为：

（1）选主链　选择包含碳碳双键的最长碳链为主链，根据主链碳数称为某烯，当主链碳数大于 10 个时，称为某碳烯，如十二碳烯。存在符合条件的等长碳链时，选含支链最多的为主链。当含碳碳双键的链不是分子中最长碳链时，则将双键碳作为取代基处理。

如图 8-17（a）所示分子中具有两条含双键的链，其中水平的一条碳链碳数更多，故将其选为主链，母体为戊烯。图 8-17（b）中，两条含双键的最长链为等长碳链，水平链上含 1 个取代基，而弯曲链上含 2 个取代基，故主链应选择弯曲的链，母体为庚烯。图 8-17（c）中，不含双键的水平碳链最长，含 5 个碳原子，而含双键的最长碳链仅有 4 个碳原子，按上述规则，该分子主链应选择水平方向的链，母体为戊烷。

（2）编号　以烯烃为母体时，编号从靠近双键的一端开始，保证双键最小的前提下，使取代基的位次也最小；当母体为烷烃时，按烷烃的编号原则处理。

图 8-18（a）中，正确的编号是使碳碳双键出现在较小位次（2 号位）的一组编号；图 8-18（b）中，两组编号都可保证双键的位次最小，但下边一组编号同时还可使取代基甲基出现在最小位次，故此编号为正确编号。

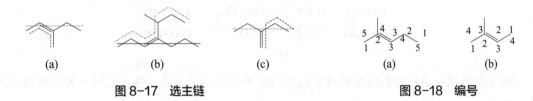

(a)　(b)　(c)	(a)　(b)
图 8-17　选主链	图 8-18　编号

（3）命名　将取代基的位次及名称列于母体之前，将双键碳位次号中较小的写于"烯"字之前。

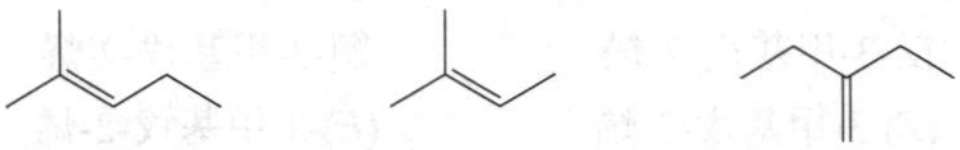

2-甲基戊-2-烯　　2-甲基丁-2-烯　　3-甲亚基戊烷

（三）顺反异构体的命名

顺反异构体命名时，一般按构型 - 取代基 - 母体进行书写。相同基团位于同侧的，称为顺（*cis*），相同基团位于异侧的，称为反（*trans*），如：

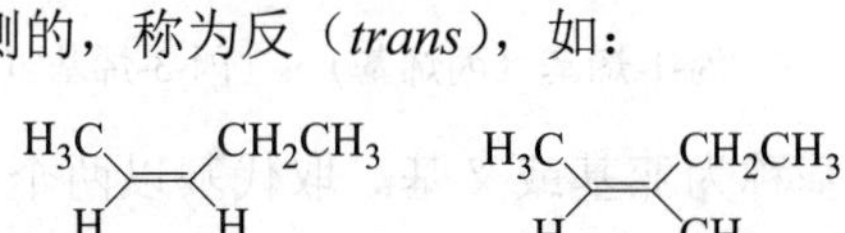

H_3C　　CH_2CH_3　　　　H_3C　　CH_2CH_3
　H　　　　H　　　　　　　H　　　　CH_3

顺-戊-2-烯　　　　　　反-3-甲基戊-2-烯

某些复杂结构的顺反异构体，不适用于顺或反构型标记，命名时应采用 *Z,E* 构型标记法（*Z,E* system of nomenclature）。

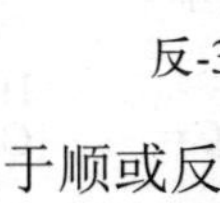

A　　F
B　　D

判断构型为 *Z* 或 *E* 之前，需对双键碳连接的原子或基团按次序规则进行优先排序，若两个碳上优先基团在同侧，以 *Z*-（德文 Zusammen，意为 together）表示其构型；若两个碳上优先基团在异侧，以 *E*-（德文 Entgegen，意为 opposite）表示其构型。次序规则如下：

①比较与双键碳直接连接的原子的序数大小，序数大的为优先基团（或称为较大基团）。原子序数相同的同位素，相对原子质量大的次序优先。如：

H₃C｜CH₂CH₃　　　　　　Cl｜CH₂CH₃

H｜H　　　　　　　　　H｜Cl

(Z)　　　　　　　　　(E)

（—CH₃＞—H，—CH₂CH₃＞—H）　（—Cl＞—H，—CH₂CH₃＜—Cl）

②若双键碳直接相连的原子的序数相同，则依次比较该原子上连接的其他原子的序数，确定优先次序。

C(H,H,H)　　H₃C｜C(CH₃)₃　C(C,C,C)

C(C,H,H)　H₃CH₂C｜CH₂OH　**C(O,H,H)**

(Z)

③若双键碳直接相连的原子的序数相同，且该原子上连接有双键或三键，可将其看作与两个或三个相同原子相连，如：

C(O,O,O)　　HOOC｜CH＝CH₂　C(C,C,H)

C(Br,H,H)　BrH₂C｜CHO　**C(O,O,H)**

(Z)

顺反命名法与 Z,E 命名法是顺反异构体的两种构型标记方法，两者之间并无任何对应关系。例如：

H₃C＼／CH₂CH₃　　　H₃C＼／CH₃

H／＼CH₃　　　　　H／＼CH₂CH₃

反-3-甲基戊-2-烯　　　顺-3-甲基戊-2-烯

(Z)-3-甲基戊-2-烯　　(E)-3-甲基戊-2-烯

烯烃失去一个氢后剩余的部分称为烯基，常见的烯基有：

H₂C＝C—　　　—C＝C—CH₃　　　H₂C＝C—C—

H　　　　　　　H H　　　　　　　H

乙烯基　　丙-1-烯基（丙烯基）　丙-3-烯基（烯丙基）

含有两个游离价的取代基称为亚基或叉基。取代基以两个单键连接同一原子时称为亚基，若两单键连接两个原子时，则称为叉基。

H₂C＝　　H₃CHC＝　—C—　—C—C—

甲亚基　　乙亚基　　甲叉基　乙-1,2-叉基

三、烯烃的物理性质

烯烃的物理性质与烷烃物理性质相似。低级烯烃多为气体，如乙烯、丙烯等，高级烯烃多为固体，如二十碳烯等。烯烃熔点、沸点、相对密度及溶解性的变化规律与烷烃类似，常见烯烃的物理常数如表 8-4 所示。

在顺反异构体中，由于顺式的偶极矩比反式大，分子间作用力较强，故顺式结构比反式结构的沸点高；同时，由于反式的对称性高，其比顺式在晶格中排列要更紧密，从而导致反式结构熔点比顺式结构高。

表 8-4 常见烯烃的物理常数

烯烃名	分子式	英文名	熔点 /°C	沸点 /°C	相对密度
乙烯	C_2H_4	ethene	−169.5	−103.7	0.570
丙烯	C_3H_6	propene	−185.2	−47.7	0.610
丁 -1- 烯	C_4H_8	but-1-ene	−184.3	−6.1	0.625
顺 - 丁 -2- 烯	C_4H_8	cis-but-2-ene	−139.0	3.7	0.621
反 - 丁 -2- 烯	C_4H_8	trans-but-2-ene	−105.5	0.9	0.604
戊 -1- 烯	C_5H_{10}	pent-1-ene	−138.0	30.2	0.643
己 -1- 烯	C_6H_{12}	hex-1-ene	−138.0	64.0	0.675
庚 -1- 烯	C_7H_{14}	hept-1-ene	−119.0	93.0	0.698
辛 -1- 烯	C_8H_{16}	oct-1-ene	−104.0	123.0	0.716

四、烯烃的化学性质

构成碳碳双键的 π 键键能小，其电子云游离在官能团所在平面之外，受核束缚力较小，流动性较大，易受外界因素影响而发生变化，因此该部位易发生加成反应、氧化反应等，除此以外，含有 α-H 的烯烃还可发生取代反应。

（一）加成反应

烯烃中，碳碳双键中 π 键断裂，在两端每个碳原子上各自连接一个原子或基团，生成两根新 σ 键的反应，称为烯烃的加成反应。烯烃的加成包括催化加氢（catalytic hydrogenation）与亲电加成反应（electrophilic addition reaction）。

1. 催化加氢

烯烃在铂（Pt）、钯（Pd）、镍（Ni）等催化剂存在下，可与氢气发生催化加氢，生成烷烃。

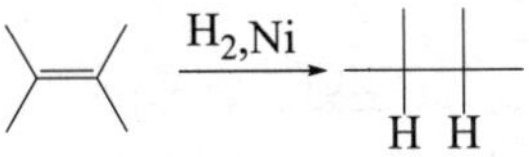

烯烃的催化加氢反应为顺式加成，反应时，两个氢原子主要从双键的同侧连接在碳原子上，生成顺式产物。如 1,2- 二甲基环己烯催化加成生成顺 -1,2- 二甲基环己烷：

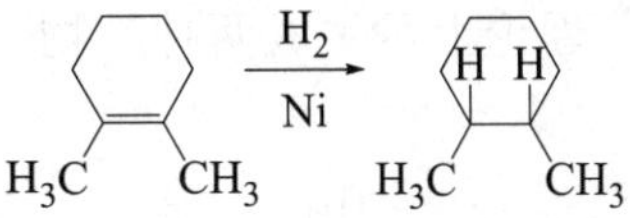

催化加氢反应为放热反应，通常将 1mol 不饱和化合物完全加氢放出的能量，称为氢化热（heat of hydrogenation）。氢化热越大，系统的内能越高，稳定性就越差，故通过测定烯烃的氢化热，可预测其稳定性。如顺 - 丁 -2- 烯与反 - 丁 -2- 烯催化加氢后产物都为丁烷，但两者氢化热不同，反式结构比顺式结构的稳定性高。

$$\begin{array}{cc}
H_3C \quad CH_3 & H_3C \quad H \\
\diagdown \quad \diagup & \diagdown \quad \diagup \\
H \qquad H & H \qquad CH_3
\end{array}$$

氢化热（kJ·mol^{-1}）　　　　120　　　　　　　116

想一想 19. 下列烯烃按稳定性从高到低正确的排序为_____。
A. 戊 –2– 烯　B. 戊 –1– 烯　C. 2– 甲基戊 –2– 烯　D. 2,3– 二甲基戊 –2– 烯

2.亲电加成反应

烯烃双键部位电子云密度高，流动性好，容易受到缺电子试剂的进攻，发生加成反应。这种由缺电子试剂进攻而发生的加成反应，称为烯烃的亲电加成反应，进攻试剂相应的被称为亲电试剂（electrophilic reagent）。常见的亲电试剂有卤素、无机酸（HX、H_2SO_4、HOX）等。

（1）与卤素加成　烯烃与卤素加成，生成邻二卤代物，反应通式为：

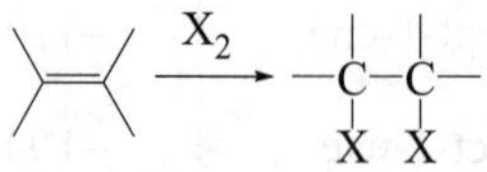

$$\diagup\!\!\diagup\!\!=\!\!\diagdown\!\!\diagdown \xrightarrow{X_2} \begin{array}{c} | \ | \\ -C-C- \\ | \ | \\ X \ X \end{array}$$

如戊 -2- 烯与溴的加成反应：

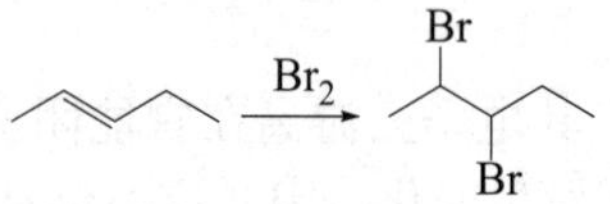

戊-2-烯　　　　　2,3-二溴戊烷

加成后，溴的红棕色褪去，此反应可用于烯烃双键的定性鉴别。卤素与烯烃的反应活性次序同卤素本身活性次序一致。氟的加成很剧烈，而碘的活性太差，故常用的反应试剂为氯和溴。

（2）与卤化氢加成　烯烃与卤化氢加成，生成一卤代物，反应通式为：

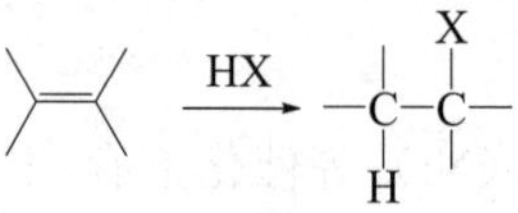

$$\diagup\!\!\diagup\!\!=\!\!\diagdown\!\!\diagdown \xrightarrow{HX} \begin{array}{c} X \\ | \ | \\ -C-C- \\ | \ | \\ H \end{array}$$

如丁 -2- 烯与氯化氢的加成反应：

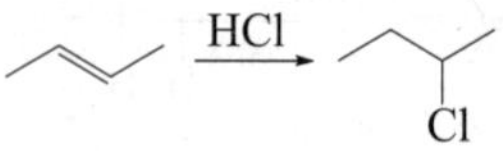

丁-2-烯　　　　　2-氯丁烷

卤化氢与烯烃发生反应的活性次序为：HI > HBr > HCl。

不对称烯烃与卤化氢加成时，理论上可生成两种产物，如丁 -1- 烯与溴的加成，可得到1- 溴丁烷与 2- 溴丁烷：

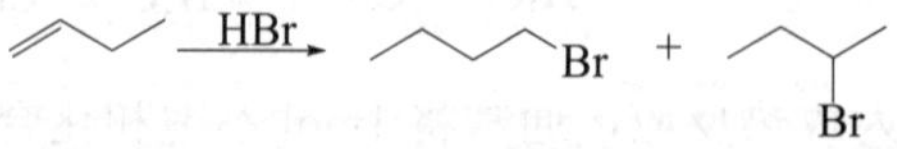

丁-1-烯　　　1-溴丁烷（20%）2-溴丁烷（80%）

实验表明，2- 溴丁烷是反应的主要产物，1- 溴丁烷为反应的次要产物。俄国化学家马尔科夫尼科夫（V. V. Markovnikov）依据大量的实验结论，总结出一条经验规则：不对称烯烃

与卤化氢加成时，显负电性的部分优先加在含氢较少的不饱和碳原子上。此规则称为马尔科夫尼科夫规则（Markovnikov rule），简称马氏规则。

在过氧化物存在下烯烃与溴化氢发生加成反应，生成反马氏加成的产物。如丁 -1- 烯与溴化氢加成，生成 1- 溴丁烷：

$$\diagdown \diagup \diagdown \xrightarrow[\text{R}_2\text{O}_2]{\text{HBr}} \diagup \diagdown \diagup \text{Br}$$

1-溴丁烷（95%）

这种烯烃的反马氏加成反应又称为过氧化物效应（peroxide effect）。氯化氢与碘化氢在过氧化物存在下与烯烃反应，通常不存在过氧化物效应。

（3）与水加成　在酸催化下，烯烃与水可发生反应生成醇，该方法称为醇的直接水合法。

$$\xrightarrow[\text{H}_2\text{O}]{50\%\text{H}_2\text{SO}_4}$$

2-甲基丁-2-烯　　　2-甲基丁-2-醇

不对称烯烃与水加成，遵循马氏规则。双键碳上连接烷基越多，发生水合反应的速率越快。

（4）与硫酸加成　烯烃与浓硫酸反应，生成硫酸氢酯，经水解后，得到醇，该法称为醇的间接水合法，反应通式如下：

$$\xrightarrow{\text{H}_2\text{SO}_4} \underset{\text{H}\ \text{OSO}_2\text{OH}}{\mid\mid} \xrightarrow[\triangle]{\text{H}_2\text{O}} \underset{\text{H}\ \text{OH}}{\mid\mid}$$

硫酸氢酯　　　　　醇

如 2- 甲基丙烯与 60% 硫酸作用，产物为硫酸氢叔丁酯，经水解，得到叔丁醇。

$$\xrightarrow{60\%\text{H}_2\text{SO}_4} \text{OSO}_2\text{OH} \xrightarrow[\triangle]{\text{H}_2\text{O}} \text{OH}$$

硫酸氢叔丁酯　　　叔丁醇

硫酸氢酯可溶于硫酸，故可用该法除去烷烃中混杂的少量烯烃类物质。

（二）氧化反应

双键部位比较活泼，可与多种氧化剂发生氧化反应。常见的氧化剂有高锰酸钾、臭氧等。

1. 高锰酸钾

在冷、稀的碱性或中性高锰酸钾溶液中，烯烃可被氧化成邻二醇，反应通式如下：

$$\xrightarrow{\text{KMnO}_4} \underset{\text{OH OH}}{\mid\mid}$$

邻二醇

如顺 - 丁 -2- 烯的氧化：

$$\underset{\text{H}\quad\text{H}}{\overset{\text{H}_3\text{C}\quad\text{CH}_3}{}} \xrightarrow{\text{KMnO}_4} \underset{\text{HO}\quad\text{OH}}{\overset{\text{H}_3\text{C}\quad\text{CH}_3}{}}$$

丁 -2,3- 二醇

高锰酸钾的紫红色在反应过程中褪去，该反应可用于烯烃双键的鉴别，也可用于推断烯烃的结构。

在酸性高锰酸钾条件下氧化，反应很难停留在邻二醇阶段，反应时，双键通常发生断裂，最终生成羧酸、酮、二氧化碳等，同时伴随着高锰酸钾的紫红色褪去，如反-3-甲基戊-2-烯及丙烯的氧化反应：

$$\underset{\substack{H_3CH_2C\quad CH_3\\H_3C\quad\quad H}}{C=C} \xrightarrow[\text{H}_3\text{O}^+]{\text{KMnO}_4} H_3CH_2C\overset{O}{\underset{}{C}}CH_3 + H_3C\overset{O}{\underset{}{C}}OH$$

丁酮 　　　乙酸

$$\diagup\!\!\!= \xrightarrow[\text{H}_3\text{O}^+]{\text{KMnO}_4} H_3C\overset{O}{\underset{}{C}}OH + CO_2 + H_2O$$

乙酸

不同烯烃结构经氧化得到的产物各异，根据氧化产物的结构可推测原烯烃的结构，故此类反应也可用于烯烃的鉴定。

2. 臭氧

向烯烃中通入含一定比例臭氧的氧气，可发生烯烃的臭氧化反应（ozonolysis reaction），反应首先生成糊状的臭氧化物，该化合物稳定性差，遇水可分解成醛、酮及过氧化氢。

$$C=C \xrightarrow{O_3} \underset{\substack{\\O-O}}{\overset{O}{C}\diagdown\overset{O}{C}} \xrightarrow{H_2O} C=O + O=C + H_2O_2$$

为避免过氧化氢继续氧化产物，通常采用加入还原剂的方法将过氧化氢分解。

$$\underset{\substack{H_3CH_2C\quad CH_3\\H_3C\quad\quad H}}{C=C} \xrightarrow[\text{2.Zn/H}_2\text{O}]{\text{1.O}_3} H_3CH_2C\overset{O}{\underset{}{C}}CH_3 + H_3C\overset{O}{\underset{}{C}}H$$

丁-2-酮 　　　乙醛

根据臭氧化产物结构可推测原有烯烃结构，也可利用臭氧化反应制备醛酮类化合物。

五、诱导效应

若形成共价键两端的原子电负性不同，成键电子将偏向于电负性大的原子，从而使得含该共价键的分子中的电子云都受此电负性大的原子的影响而发生改变，此现象称为诱导效应（inductive effect）。

诱导效应属于电子效应中的一种，通常以 I 表示。通常将 C—H 键的诱导效应作为基准，当某原子（Y）与碳相连形成共价键 C—Y 时，若电子云偏向 Y，则称 Y 表现出吸电子的诱导效应，以 –I 表示，相应的，Y 称为吸电子基（electron-drawing group）；反之，若电子云偏向 C，则称 Y 表现出供电子的诱导效应，以 +I 表示，相应的，Y 称为供电子基（electron-donating group）。

$$-\overset{|}{\underset{|}{C}}\rightarrow Y \qquad -\overset{|}{\underset{|}{C}}-H \qquad -\overset{|}{\underset{|}{C}}\leftarrow Y$$

-I效应 　　　基准 　　　+I效应

通常，基团排列位于氢之前的称为吸电子基，在氢之后的称为供电子基，常见基团电负性大小的顺序如下：

$$—X > —OCH_3 > —OH > —NHCOCH_3 > —C_6H_5 > —CH=CH_2 > —H > —R$$

诱导效应沿分子中 σ 键进行传递，为永久性的短程效应，一般传递至第三个碳原子就已经很小了，传递至第五个碳原子时基本可以略去不计。诱导效应中电荷的表示如下：

$$\overset{\delta\delta^+}{H_3C}-\underset{H}{\overset{\delta^+}{C}}=\overset{\delta^-}{CH_2}$$

$δ^+$ 及 $δ^-$ 分别代表部分正电荷与部分负电荷，$δδ^+$ 代表更少的部分正电荷。诱导效应可用来解释马氏规则，也可用来解释酸碱性的强弱等，是有机分子中普遍存在的一种电子效应。

任务三　炔烃

结构中含碳碳三键的不饱和烃类，称为炔烃（alkyne），可根据分子中含碳碳三键的数目进行分类。单炔烃是最简单的炔烃，其通式为 C_nH_{2n-2}。炔烃家族中，最简单的为乙炔，通常可由电石（CaC_2）与水反应制得。

一、炔烃的结构

（一）C 的 sp 杂化

以乙炔分子为例。乙炔的分子式为 C_2H_2，是直线形分子，构成分子的 2 个碳原子和 2 个氢原子在一条直线上，如图 8-19 所示。形成乙炔的中心碳原子采用 sp 杂化，具体杂化过程详见前述章节杂化轨道相应部分。

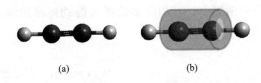

图8-19　乙炔球棍模型（a）及电子云示意图（b）

官能团两端碳原子各存在 2 个未参与杂化的 p 轨道，其与 sp 杂化轨道两两垂直，在空间可肩并肩重叠，形成两根 π 键，π 键电子云绕 C—C 键轴呈圆柱形分布。

（二）同分异构

从丁炔开始，炔烃分子就存在着碳链异构及官能团位置异构。由于三键的空间构型为直线线，故不存在类似于烯烃的顺反异构现象。

二、炔烃的命名

炔烃的命名原则同烯烃相似，命名时将"烯"改为"炔"。

$$H_3C-C≡CH \qquad (H_3C)_3C-C≡C-CH(CH_3)_2$$

丙炔　　　　　　2,2,5-三甲基己-3-炔

分子中既含有碳碳双键又含有碳碳三键时，可选包含双键与三键在内的最长碳链作主链，根据主链碳数及双键与三键的位次称为"某 -x- 烯 -y- 炔"；编号时，双键与三键的位次以出现小者为优先，如出现的位次相同，则优先使双键位次最小。

$$CH_3CH=CHCH_2CH_2C≡CH \qquad CH_3CH=CHCH_2CH_2C≡CCH_3$$

庚-5-烯-1-炔　　　　　　　　辛-2-烯-6-炔

炔烃中，常见的取代基有：

$$HC \equiv C \text{—} \qquad H_3CC \equiv C \text{—} \qquad HC \equiv CCH_2 \text{—}$$

乙炔基　　　　丙炔基　　　　　炔丙基

三、炔烃的物理性质

低级炔烃如乙炔、丙炔、丁-1-炔在常温下呈气态，高级炔烃为固态。炔烃的熔点、沸点及密度等物理常数随分子量增大而发生变化的规律性与烷烃及烯烃相似。

四、炔烃的化学性质

炔烃的官能团中含有 π 键，其化学性质表现与烯烃类似，可发生加成、氧化、卤代等反应。

（一）加成反应

1. 催化加氢

在催化剂如铂、钯、镍等存在下，炔烃与氢气可发生催化加氢反应，产物为烷烃，反应很难停留在生成烯烃的阶段，以乙炔加氢为例：

$$HC \equiv CH \xrightarrow{H_2, Pd} H_2C = CH_2 \xrightarrow{H_2, Pd} H_3C \text{—} CH_3$$

采用活性差的催化剂，可使加氢反应停留在生成烯烃的阶段。如在吡啶溶剂中将钯沉积在硫酸钡上，并用喹啉处理可得到林德拉催化剂（Lindlar catalyst）。在该催化剂催化下，可加氢生成顺式烯烃。

$$H_3CC \equiv CCH_3 \xrightarrow{H_2/Lindlar} \begin{matrix} H_3C & CH_3 \\ \diagdown & \diagup \\ & \\ H & H \end{matrix}$$

丁-2-炔　　　　　　　　顺-丁-2-烯（主产物）

2. 亲电加成反应

炔烃可与卤素、卤化氢、水等发生亲电加成反应。由于三键的解离能比双键大，三键比双键更难以断裂，炔烃发生亲电加成的活性比烯烃低。

（1）与卤素加成　炔烃与卤素加成，生成二卤代烯，卤素过量的情况下可继续进行加成反应，得到四卤代烷。如乙炔与氯气加成，相继可得到 1,2-二氯乙烯及 1,1,2,2-四氯乙烷：

$$HC \equiv CH \xrightarrow{Cl_2} \begin{matrix} & Cl \\ & | \\ HC = CH \\ | \\ Cl \end{matrix} \xrightarrow{Cl_2} \begin{matrix} Cl & Cl \\ | & | \\ HC \text{—} CH \\ | & | \\ Cl & Cl \end{matrix}$$

乙炔　　　　1,2-二氯乙烯　　1,1,2,2,-四氯乙烷

该反应主要为反式加成，得到反式加成产物。如用溴反应，则反应后溴的红棕色会褪去，可用于炔烃的鉴别。对于烯炔类化合物，控制卤素用量可以使其主要加成在双键部位，如己-1-烯-3-炔与氯气的加成反应：

$$H_3CH_2CC \equiv CCH = CH_2 \xrightarrow{Cl_2(1mol)} \begin{matrix} Cl \\ | \\ H_3CH_2CC \equiv CCH \text{—} CH_2 \\ | \\ Cl \end{matrix}$$

己-1-烯-3-炔　　　　　　　　1,2-二氯己-3-炔

（2）与卤化氢加成　炔烃与卤化氢加成，遵循马氏规则，可生成一卤代烯与二卤代烷。

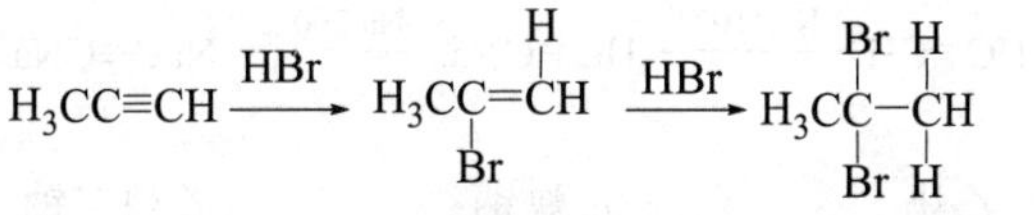

$$H_3CC\equiv CH \xrightarrow{HBr} H_3CC=CH \xrightarrow{HBr} H_3CC-CH$$

丙炔　　　　　　2-溴丙烯　　　　　　2,2-二溴丙烷

炔烃与溴化氢反应，同样也存在过氧化物效应，得到反马氏产物。

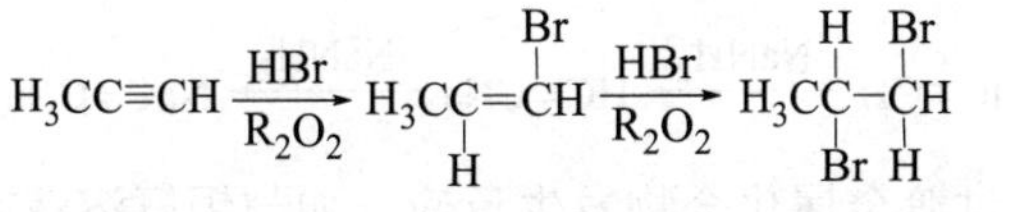

$$H_3CC\equiv CH \xrightarrow[R_2O_2]{HBr} H_3CC=CH \xrightarrow[R_2O_2]{HBr} H_3CC-CH$$

丙炔　　　　　　1-溴丙烯　　　　　　1,2-二溴丙烷

（3）与水加成　在硫酸汞-硫酸系统中炔烃可与水加成，生成烯醇，烯醇稳定性差，继而异构为羰基化合物。不对称炔烃加成遵循马氏规则。

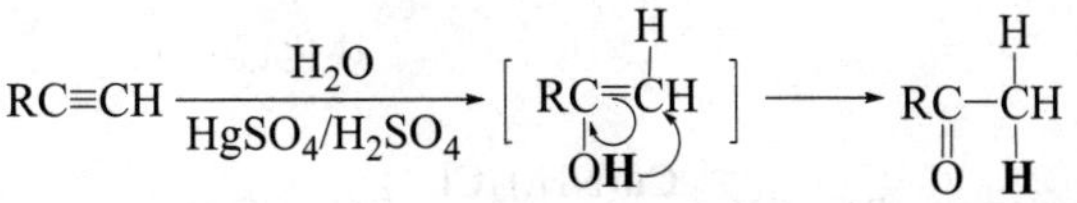

$$RC\equiv CH \xrightarrow[HgSO_4/H_2SO_4]{H_2O} \left[RC=CH \atop OH \right] \longrightarrow RC-CH$$

烯醇式结构　　　　　　酮式结构

反应得到的烯醇式与酮式结构之间的转变现象，称为酮式-烯醇式互变异构（keto-enol tautomer）。从通式可看出，当 R 为氢时，反应产物为醛；当 R 为其他烃基时，产物为酮。

$$HC\equiv CH \xrightarrow[HgSO_4/H_2SO_4]{H_2O} CH_3CHO$$

乙炔　　　　　　　　　　乙醛

$$H_3CC\equiv CCH_3 \xrightarrow[HgSO_4/H_2SO_4]{H_2O} CH_3COCH_2CH_3$$

丁-2炔　　　　　　　　　　丁酮

（二）氧化反应

炔烃可与高锰酸钾发生氧化反应，通常 RC≡可被氧化为 RCOOH，HC≡可被氧化为 CO_2。炔烃也可发生臭氧化，三键断裂生成相应的羧酸。可以据此对炔烃进行结构推测及用于炔烃的定性鉴别。

$$H_3CC\equiv CH \xrightarrow{KMnO_4/H^+} CH_3COOH + CO_2 + MnO_2$$

丙炔　　　　　　　　　　乙酸

（三）炔氢的活性

由于碳碳三键采用 sp 杂化，使碳原子的电负性增大，与三键碳连接的氢（炔氢）受其影响，具有一定程度的酸性，可发生部分酸的通性反应。

	HC≡CH	NH_3	$CH_2=CH_2$	CH_3CH_3
pK_a	～25	～35	～44	～50

如乙炔可与钠发生置换反应：

$$HC{\equiv}CH \xrightarrow{Na,110℃} HC{\equiv}CNa \xrightarrow{Na,200℃} NaC{\equiv}CNa$$

乙炔　　　　　　　乙炔钠　　　　　　乙炔二钠

炔钠为强碱，遇水即发生分解，生成氢氧化钠与乙炔。末端炔烃也可与有机强碱反应，如与氨基钠的反应：

$$HC{\equiv}CH \xrightarrow{NaNH_2} HC{\equiv}CNa \xrightarrow{NaNH_2} NaC{\equiv}CNa$$

末端炔烃还可与某些过渡金属化合物发生反应，如与银氨溶液或铜氨溶液反应，生成白色的炔化银或红色的炔化亚铜沉淀，此类反应通常用于末端炔的定性鉴别：

$$RC{\equiv}CH \xrightarrow{Ag(NH_3)_2NO_3} RC{\equiv}CAg$$

炔化银

$$RC{\equiv}CH \xrightarrow{Cu(NH_3)_2Cl} RC{\equiv}CCu$$

炔化亚铜

想一想 20. 如何用化学方法鉴别下列化合物？
①丁 -1- 烯；②丁 -1- 炔；③丁 -2- 烯。

任务四　脂环烃

脂环烃及其衍生物大量存在于自然界中，如柠檬烯、松节烯、β- 胡萝卜素等，属脂环烃中的环烯烃；辣椒中的辣椒红素、抹香鲸的肠内分泌物龙涎香，则分别为环烷烃及环烯烃的含氧衍生物。

一、脂环烃的分类与命名

（一）分类

根据分子中的碳环数目，脂环烃可分为单环脂环烃和多环脂环烃。

根据环上是否存在不饱和键，可分为环烷烃（cycloalkane）、环烯烃（cycloolefin）及环炔烃（cycloalkyne）。

单环脂环烃中，根据环的大小，还可将其分为小环（三元环、四元环）、普通环（五元环、六元环）、中环（七元环～十二元环）及大环（十二元环以上）脂环烃。例如：

小环　　普通环　　中环

多环脂环烃中，根据环与环共用碳数的多少，可将其分为螺环烃（spiro hydrocarbon）

及桥环烃（bridged hydrocarbon）。环与环共用环上 1 个碳原子连接而形成的烃，称为螺环烃，共用碳原子称为螺（spiro）原子。环与环共用环上 2 个或 2 个以上碳原子的烃，称为桥环烃，共用边的头尾两端碳原子称为桥头碳原子。

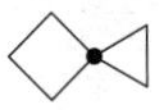

螺环烃 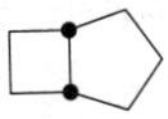　　桥环烃

（二）命名

1. 单环脂环烃命名

命名原则同前面链烃，一般母体称为"环某烃"。

环丙烷 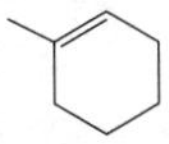　　1-甲基环己烯 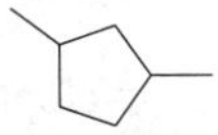　　1,3-二甲基环戊烷

环上连接取代基复杂时，可将环作取代基处理，例如：

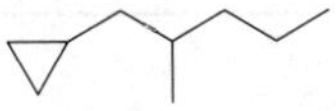

1-环丙基-2-甲基戊烷

2. 螺环烃命名

通常以螺环为母体，根据成环碳总数称为螺 [x.y] 某烃。[x.y] 为除螺碳原子外两边环上剩余的碳原子数，小的在前，较大的数字在后，两者之间用圆点在下角隔开。编号时，从与螺碳相邻的较小环开始，经螺碳，编至较大环。当环上存在有取代基或双键、三键时，编号在遵循上述原则情形下，根据对应母体烃的种类处理。

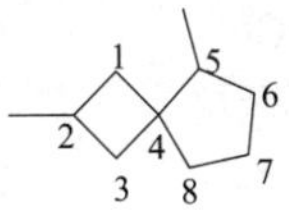

2，5-二甲基螺[3.4]辛烷 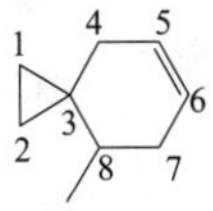　　8-甲基螺[2.5]辛-5-烯

3. 桥环烃命名

以最简单的二环桥环烃为例。命名时，母体一般称为二环 [m.n.x] 某烃，其中，m、n 为除共用桥头碳外两边环上剩余的碳数，从大到小列出；x 为最短的桥上的碳数，若无，用"0"补足。m、n 及 x 间用下角圆点隔开。编号时以桥头碳原子为起始点，先沿最长环编至另一个桥头碳，再编次长环，最后编最小环（桥）。其余编号原则按烃的类型处理。

5-甲基二环[2.1.0]戊烷　　5-甲基二环[4.3.0]壬-2-烯

二、脂环烃的理化性质

脂环烃中，环烯烃及环炔烃的理化性质与链状烯烃、炔烃类似，但环烷烃的性质与烷烃相比较，表现出一定的特殊性。故在脂环烃理化性质的介绍中，主要以环烷烃为例。

（一）环烷烃的物理性质

小环环烷烃如环丙烷、环丁烷为气态，普通环环烷烃如环戊烷、环己烷等常见的为液态，大环环烷烃为固态。环烷烃在熔点、沸点上的变化规律与烷烃类似，但由于环烷烃的对称性相对较好，使其在熔点、沸点上比同碳数的烷烃要高。常见环烷烃的熔点、沸点及密度数据如表8-5所示。

表8-5　环烷烃的物理常数

环烷烃	分子式	英文名	熔点/°C	沸点/°C	密度/g·cm⁻³
环丙烷	C_3H_6	cyclopropane	−127	−33	0.689
环丁烷	C_4H_8	cyclobutane	−90	12	0.689
环戊烷	C_5H_{10}	cyclopentane	−93	49	0.746
环己烷	C_6H_{12}	cyclohexane	6.5	81	0.778
环庚烷	C_7H_{14}	cycloheptane	8	118	0.810

（二）环烷烃的化学性质

环烷烃卤代及氧化反应上的表现与烷烃基本相同。但对于小环环烷烃，由于小环的特点，使其也可发生类似于烯烃的加成反应。

1. 卤代反应

环烷烃与卤素在光照或高温下发生取代反应，生成卤代环烷烃。如环丙烷在光照下与氯气反应，生成1-氯环丙烷：

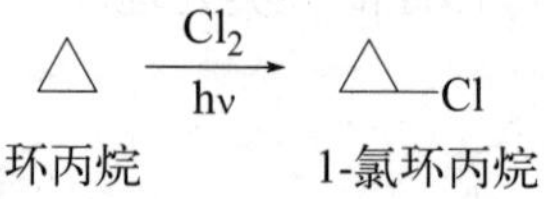

2. 加成反应

（1）催化加氢　小环环烷烃可在催化剂存在下与氢气进行开环加成，产物为链状烷烃。

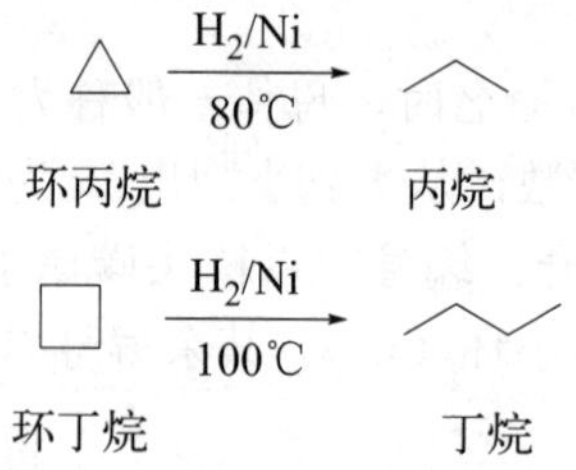

（2）与卤素加成　环丙烷在室温下即可与卤素进行加成，环丁烷需加热才可反应。五元及以上环烷烃与卤素很难加成，高温下优先发生自由基型取代反应。

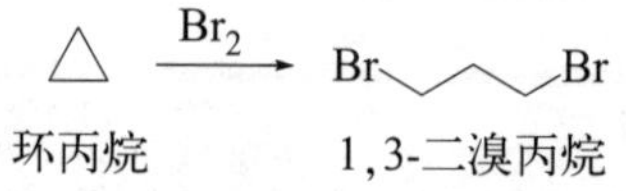

（3）与卤化氢加成　小环环烷烃与卤化氢加成的表现与同卤素加成特征类似。当环上连接有取代基时，反应时环通常在连接最多取代基与最少取代基的两个碳之间发生断裂。

$$\text{（1,1-二甲基环丙烷）} \xrightarrow{\text{HCl}} \text{（2-氯-2-甲基丁烷）}$$

1,1-二甲基环丙烷　　2-氯-2-甲基丁烷

3. 氧化反应

通常环烷烃很难与常规氧化剂如高锰酸钾、臭氧等发生氧化反应，但在特殊条件下，也可被氧化生成醇、酮、酸、酯等产物。如在高温高压下使用钴金属催化，环己烷可被氧化为环己醇、环己酮，继续氧化后可得己二酸。

想一想 21. 如何用化学方法鉴别下列化合物？
①丙烷；②丙烯；③环丙烷。

三、环烷烃的张力与稳定性

1885 年，为解释小环的化学活性，拜尔（Baeyer）提出了张力学说，该学说认为环烷烃中成环碳原子皆处于同一平面，成正多边形，其内角即为共价键键角。

$$49°\ 109° \qquad 19° \qquad 1°$$

正常 sp^3 杂化键夹角约为109°，环丙烷中键角为60°，将正常键角由109°压缩至60°，需将两根碳碳键向内相向偏转约24.5°，角的偏转会产生角张力。角张力的存在，致使环的稳定性降低。按此方法测算环丁烷与环戊烷，发现环丙烷偏转最多，环丁烷次之，环戊烷偏转角度最小，三者中最稳定，这与实验事实表现一致。通过张力学说测算六元及以上环烷烃时，会发现环越大，稳定性越差，但实际却并非如此，如环己烷比环戊烷的稳定性高，显然张力学说存在一定的局限性。目前多通过测算环烷烃的平均（—CH₂—）燃烧热能判断环系的稳定性。

四、环烷烃的构象

为了降低分子的角张力，除环丙烷外，其他环烷烃都采用了立体的空间结构。从环丁烷开始，环烷烃中的碳环表现为非平面结构。如环丁烷主要表现为蝶式构象，环戊烷主要表现为信封式构象。见图 8-20。

环己烷分子中不存在角张力，其自然键角与 sp^3 杂化键角一致。在其构象中，有两种典型的极限构象，即椅式构象（chair conformation）与船式构象（boat conformation），见图 8-21。

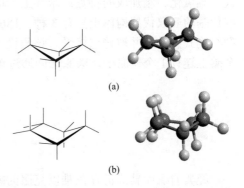

图 8-20　环丁烷（a）与环戊烷（b）的构象

(a) 椅式构象

图 8-21

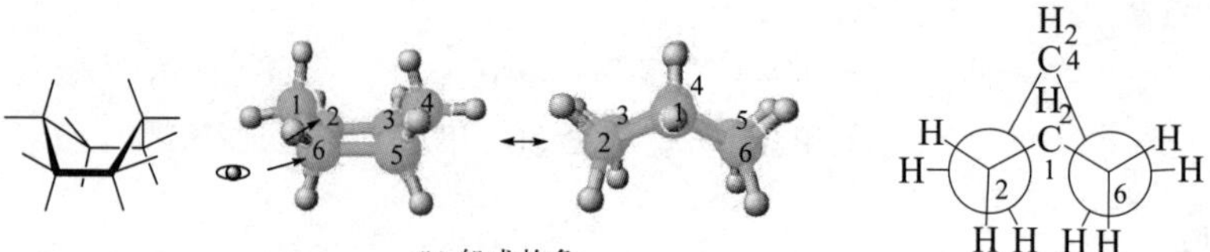

(b) 船式构象

图 8-21　环己烷的椅式构象和船式构象

除椅式构象与船式构象外，环己烷还存在半椅式及扭船式构象，在这些构象中，椅式构象的势能最低，最稳定，半椅式构象的势能最高，扭船式的势能介于船式与椅式构象之间，比船式构象势能略低。

任务五　芳香烃

芳香烃（aromatic hydrocarbon），简称为芳烃，最初提取自香树脂与精油中，并因其芳香性气味而得名。芳烃大多具有高度的不饱和性，但具有特殊的分子稳定性，易发生类似于烷烃的取代反应，很难发生不饱和烃特有的氧化与加成反应。芳烃的这种特性，称为芳香性（aromaticity）。芳烃可根据分子中是否含有苯环，分为苯系芳烃与非苯系芳烃，又可根据分子中含环的多少分为单环芳烃与多环芳烃，本节主要讨论的是单环苯系芳烃。

一、苯的结构

（一）苯的凯库勒式

苯是最经典的芳香烃类化合物。自苯于 1825 年被发现及确定分子式后，科学家为解决苯的结构问题，进行了一系列的实验验证。结果表明，在化学性质的表现上苯体现了易取代、难氧化、难加成的特点；苯环上一取代异构体只有 1 种；其二取代异构体有 3 种，相同取代基的三取代异构体也只有 3 种。1865 年，德国化学家凯库勒（Kekulé）提出了苯的凯库勒结构式假设，并被普遍接受。该假设认为苯是由碳原子相互连接构成的六元环状结构，每个碳上连有 1 个氢原子，碳原子间通过单双键交替的方式进行连接。

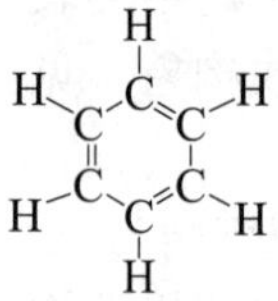

经典的凯库勒式仍存在难以克服的缺点，如环中存在有单、双键，但经测定苯环上所有的碳碳键等长；双键理论上应易氧化与加成，但苯却很难发生氧化与加成反应等。苯在结构与性质上的矛盾直至杂化轨道理论才得以圆满解决。

（二）C 的 sp^2 杂化

实验测定表明，苯为平面分子，环上的碳碳键键长均为 0.139nm，介于碳碳单键与双键之间，键角为 120°。

杂化轨道理论认为，苯环中碳原子以 sp^2 进行杂化，相邻碳间利用 sp^2 杂化轨道头碰头重叠形成碳环，剩余的 sp^2 杂化轨道则与氢的 1s 轨道头碰头重叠，形成碳氢键。sp^2 杂化轨道的平面构型构造了苯分子的平面属性，见图 8-22。

环上垂直于杂化轨道平面的未参与杂化的 p 轨道相互平行，在侧面重叠形成大 π 键，环上的电子云完全平均化，碳碳键键长完全均一，没有单键或双键的区分。平均化的电子云系统，使苯分子稳定性提高，不易加成或氧化，反而易受到亲电试剂进攻而发生取代反应。有时也用正六边形中心加一个圆圈 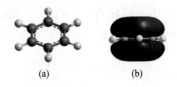 表示苯的结构。

图8-22 苯的球棍模型（a）与大 π 键（b）

（三）同分异构现象

芳烃的同分异构现象主要是由环上的侧链异构及环上的取代基位置的变化而引起的。例如：

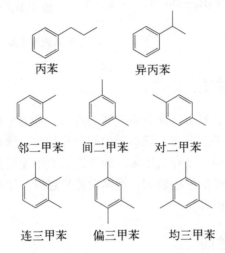

丙苯　　　　　异丙苯

邻二甲苯　　间二甲苯　　对二甲苯

连三甲苯　　偏三甲苯　　均三甲苯

二元取代中，可根据两取代基的位置，分别用"邻"（o）、"间"（m）、"对"（p）表示；三元取代中三取代基相同时，可用"连""偏""均"表示。

二、芳烃的命名

芳环上连接比较简单的取代基时，通常以芳环为母体，称为"某基苯"，当取代基为烷基时，"基"字通常可省略，直接称为"某苯"。

甲（基）苯　　　溴苯　　　硝基苯

芳环上连接复杂烃基或不饱和取代基，或为多苯代脂肪烃时，通常将苯作为取代基进行命名，如：

2-甲基-4-苯基戊烷　　2-苯基丙烯　　　四苯甲烷

芳环上连接有如—OH、—NH₂、—COOH、—CHO 等官能团时，往往将其作为整体称呼，分别称之为苯酚、苯胺、苯甲酸、苯甲醛，而不将其称为某基苯。

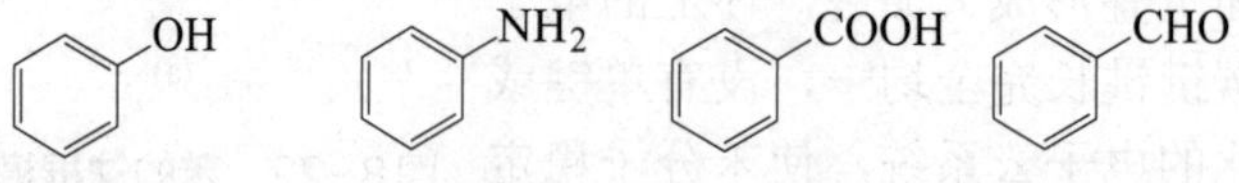

苯酚　　　　　苯胺　　　　　苯甲酸　　　　　苯甲醛

芳烃结构中失去一个氢原子后剩余的部分称为芳基（aryl），通常以 Ar—表示，常见的芳基有苯基、苄基等：

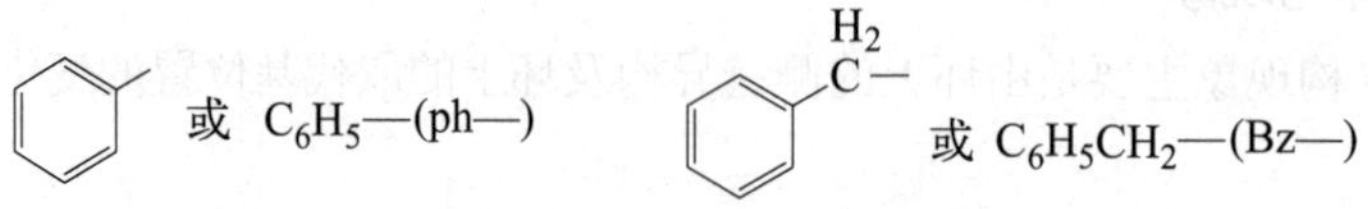

苯基　　　　　　　　　　　　　　苄基或苯甲基

三、芳香烃的物理性质

苯及同系物一般为无色、具有特殊芳香气味的液体，难溶于水，易溶于有机溶剂。沸点的变化规律与烷烃类似，对于二元或三元取代的同分异构体，沸点差别不大，用普通方法很难分离，如邻二甲苯、间二甲苯及对二甲苯，通常在工业中使用的是三者的混合物。在熔点上，结构的对称性对芳烃熔点的影响较大，通常对称性越好，熔点越高。如对二甲苯的熔点比邻二甲苯及间二甲苯要高很多。

四、芳香烃的化学性质

芳香烃的化学性质主要体现在其"芳香性"上。芳环的高稳定性，使芳环难以发生类似烯、炔化合物的加成及氧化反应；同时由于芳环上的 π 电子云密度高，易受到缺电子试剂的进攻，使芳环易发生亲电取代反应（electrophilic substitution reaction）。

（一）亲电取代反应

芳烃可与卤素、混酸、浓硫酸等发生亲电取代反应。

1. 卤代反应

在铁粉或三卤化铁存在下，芳烃可与卤素发生取代反应，生成卤代芳烃与卤化氢。如苯与氯气的反应：

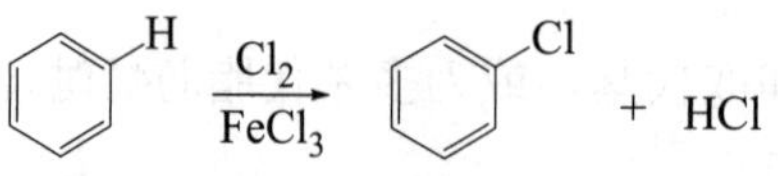

氯苯

烷基取代芳烃的卤代反应活性较芳环本身要高，主产物为生成邻位及对位取代的产物。

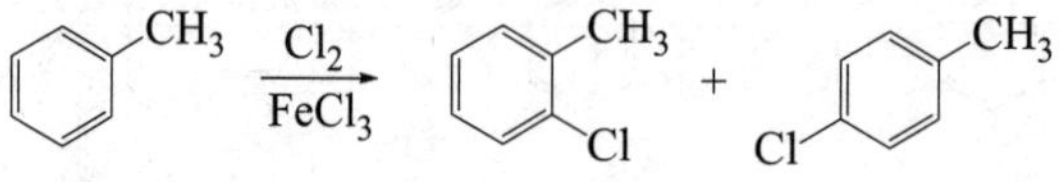

邻氯甲苯　　　　对氯甲苯

2. 硝化反应

芳烃与浓硫酸和浓硝酸的混合液（混酸）作用，可发生硝基取代芳烃的反应，称为硝化反应（nitration）。如苯与混酸作用生成硝基苯：

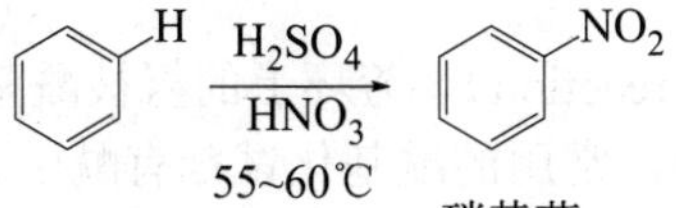

硝基苯

硝基苯可继续发生反应，原硝基间位氢可被第二个硝基取代生成间二硝基苯，但需要在发烟硝酸及更高的温度下才可进行。

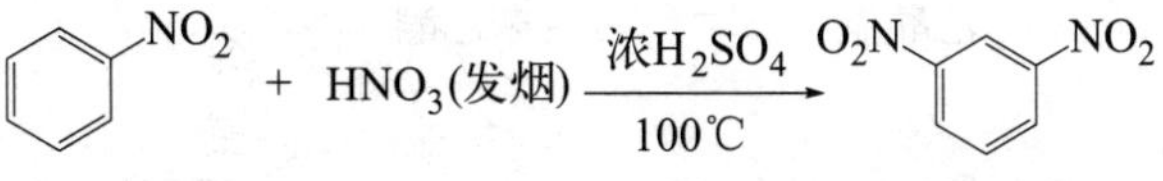

间二硝基苯

烷基取代芳烃在硝化时主要生成邻位和对位取代产物。

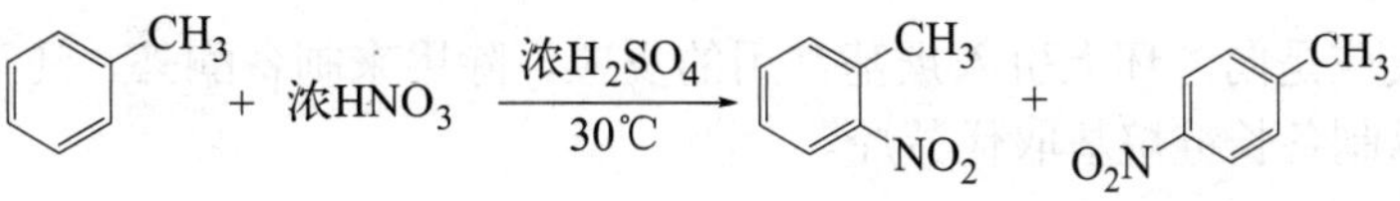

邻硝基甲苯　　对硝基甲苯

3. 磺化反应

在加热下，苯与浓硫酸可发生环上氢被磺酸基取代的反应，生成苯磺酸，该反应称为磺化反应（sulfonation）

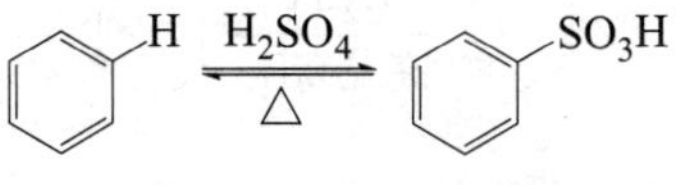

苯磺酸

磺化反应属可逆反应，与水蒸气共热或在稀酸中加热，苯磺酸会发生水解，脱去磺酸基生成苯，该性质可用于芳环上特定位置的保护。

4. 傅瑞德 - 克拉夫茨反应

在酸催化下，芳烃与烷基化试剂及酰基化试剂发生的取代反应，称为傅瑞德 - 克拉夫茨反应（friedel-crafts reaction），简称傅 - 克反应。常用的催化剂有无水三氯化铝、氟化硼、氢氟酸、三氯化铁、硫酸等。

（1）烷基化反应（alkylation reaction）　芳环上的氢被烷基取代的反应，称为烷基化反应。如苯与一氯乙烷在无水三氯化铝存在下发生反应，生成乙苯。

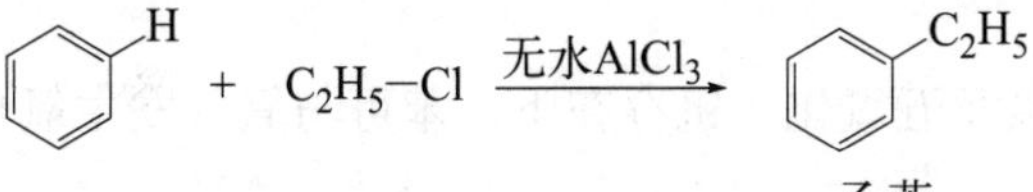

乙苯

反应时，一氯乙烷在催化剂作用下碳氯键异裂，生成乙基正离子，乙基正离子进攻芳环，取代芳环上的氢，生成乙苯。反应过程中若有长链烷基正离子产生时，基于稳定性的考虑，可能会发生正离子的重排。如苯与正丙基氯作用，主要生成重排产物异丙基苯。

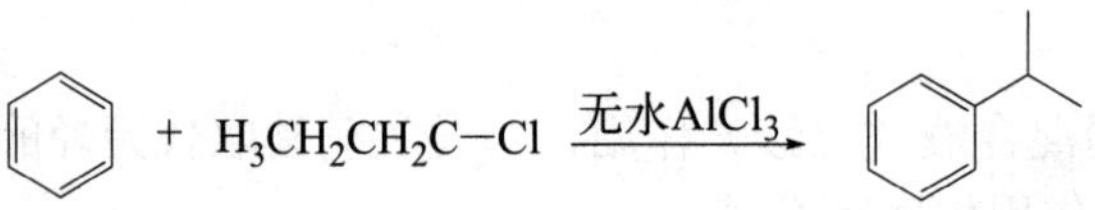

$$\text{苯} + H_3CH_2CH_2C-Cl \xrightarrow{\text{无水AlCl}_3} \text{异丙基苯}$$

异丙基苯

（2）酰基化反应·（acylation reaction）　芳环上的氢被酰基取代的反应，称为酰基化反应。酰基化反应的产物通常为醛或酮，常用的酰基化试剂有酰卤、酸酐、羧酸等。例如：

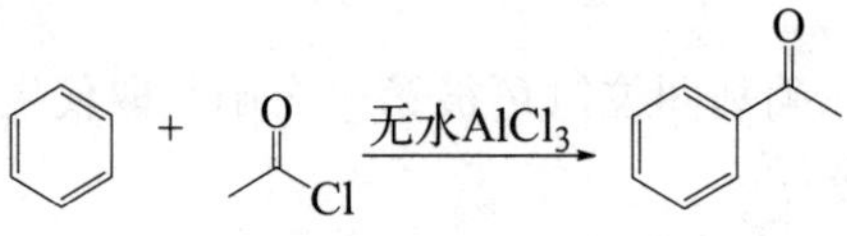

乙酰氯　　　　　苯乙酮

丁二酸酐　　　　4-苯基-4-氧亚基丁酸

酰基化反应是向芳环上引入羰基常用的反应，除用来制备酮外，还可利用该反应通过将羰基还原，以制备长链烷基取代芳烃。

（二）加成反应

1. 催化加氢

催化剂存在下，芳烃可与氢气发生催化加氢反应。如苯在铂存在下可与氢气加成，生成环己烷，这是工业上制备环己烷常用的反应。

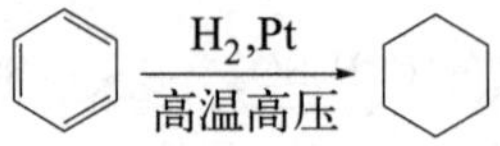

2. 与氯气加成

紫外光照下，芳烃可与氯气发生加成反应。如苯与氯气加成生成六氯环己烷：

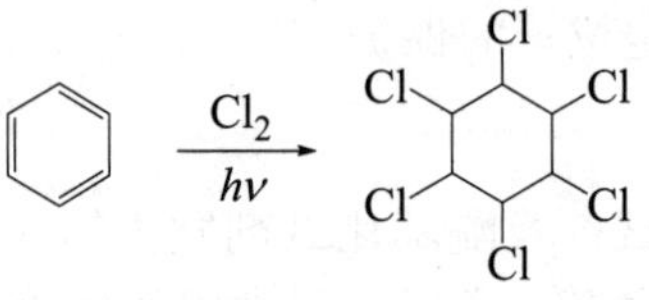

六氯环己烷

六氯环己烷，简称六六六，为高效杀虫剂，对昆虫有熏杀、触杀与胃毒作用。因分子稳定性强，难于分解，故施撒于作物后残留毒性高，现已被禁用。

3. 氧化反应

苯环很难被氧化，在高温及五氧化二钒存在下，苯可与氧气发生氧化反应生成顺丁烯二酸酐：

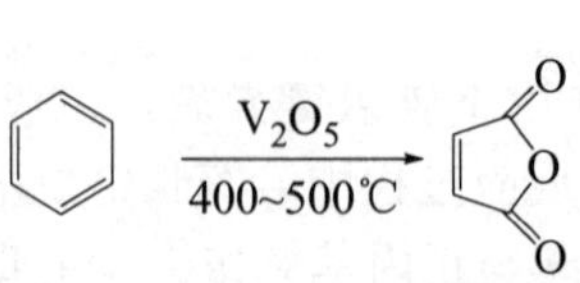

顺丁烯二酸酐

当苯环侧链上含 α-H 时，可与高锰酸钾、重铬酸钾等发生氧化反应，生成苯甲酸。

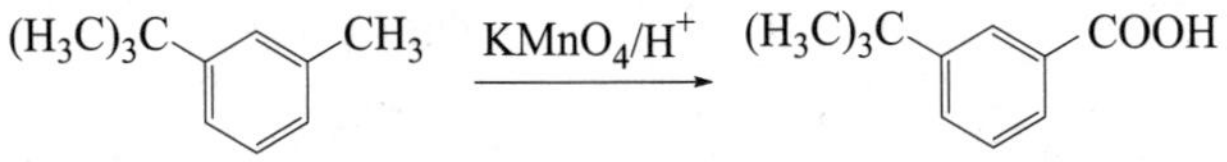

$$(H_3C)_3C\text{—}\overset{}{\underset{}{\bigcirc}}\text{—}CH_3 \xrightarrow{KMnO_4/H^+} (H_3C)_3C\text{—}\overset{}{\underset{}{\bigcirc}}\text{—}COOH$$

3-叔丁基苯甲酸

该法常可用于制备芳香族羧酸或用于烷基取代芳烃的鉴别。

想一想 22. 如何用化学方法鉴别叔丁苯与甲苯？

五、定位规则

在亲电取代反应中，芳环上原有的取代基对新基团引入的位置有一定的影响，以硝化反应为例：甲苯硝化时，主要生成了邻、对位的产物（97%），而硝基苯硝化时，则主要生成了间位取代的产物（93%）。由上述反应可知，新基团进入环上的位置，受原存在取代基的支配，这种效应称为定位效应（orientation effect），芳环上原有存在的取代基，称为定位基。

（一）定位基的分类及对反应活性的影响

1. 定位基的分类

定位基可分为两类，即第一类定位基（又称为邻、对位定位基）与第二类定位基（又称为间位定位基）。

第一类定位基表现的特征为：取代基与苯环通常以单键相连，与苯直接相连的原子上通常有孤电子对存在。这一类定位基常见的有：—NH_2，—NHR，—NR_2，—NHCOR，—OH，—OR，—OCOR，—R，—X。

第二类定位基表现的特征为：取代基与苯环相连的原子上通常含有极性不饱和键或带有正电荷，或是一些强吸电子基团。常见的第二类定位基有：—$^+NR_3$，—NO_2，—COOH，—COOR，—COR，—SO_3H，—CF_3，—CCl_3，—CN。

2. 定位基对反应活性的影响

从前述甲苯、硝基苯的硝化反应条件可知，芳环上连接的定位基对反应活性具有一定的影响。甲基与芳环连接，使其反应活性增加，甲苯的硝化反应速率是苯的 25 倍；硝基与芳环连接，使反应活性下降，硝基苯的硝化反应速率是苯的 6×10^{-8} 倍。根据定位基在反应活性上的影响，可将定位基分为致活基团与致钝基团两大类。按致活（钝）的强弱程度，可细分为：

强致活基团：—NH_2，—NHR，—NR_2，—OH 等；

中等活化基团：—OR，—OCOR，—NHCOR 等；

弱活化基团：—R 等；

弱钝化基团：—X 等；

钝化基团：所有间位定位基团。

第一类定位基团除卤素之外，都属于活化基团，可使苯环亲电取代反应速率加快；第二类定位基团都属于钝化基团，可使苯环亲电取代反应速率减慢。

（二）定位效应的应用

1. 预测反应产物

芳环上仅含一个定位基时，新基团的位置直接由该定位基决定。现以芳环上存在两个定位基为例，考察第三个基团进入时的规律。

①两定位基的定位效应一致，第三个基团进入两定位基共同确定的位置，如：

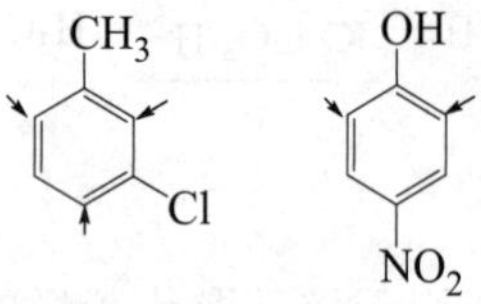

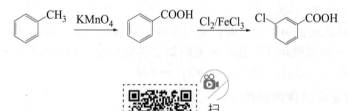

②两定位基的定位效应不一致时，若两定位基属不同种类，由邻、对位定位基决定新基团进入的位置；若两定位基属于同种类型，由定位能力强的定位基决定新基团进入的位置。例如：

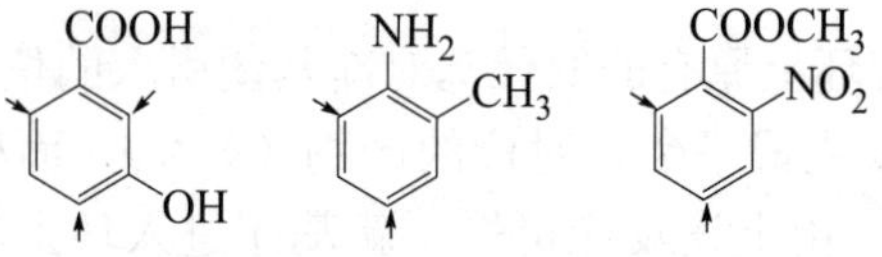

芳环上若连接两个强钝化基团且定位效应表现不一致时，由于环上电子云密度下降较多，亲电取代反应往往很难发生。

2. 指导合成路线

涉及芳环结构的药物分子合成设计过程中，往往需要考虑定位效应对反应的影响。如从甲苯出发制备间氯苯甲酸。该合成路线涉及两步反应，一是将芳环上甲基氧化成羧基，二是通过卤代反应向芳环上引入氯。由于产物结构中羧基与氯位于间位，且甲基为邻、对位定位基，羧基为间位定位基，故在选择合适的合成路线时，应先氧化，再卤代：

扫一扫

【思维导图】

目标练习

一、单选题

1. 下列化合物中，既有 sp^2 杂化，又有 sp 杂化的是（　　）。

　　A. 乙烷　　　　　　　B. 丙烯　　　　　　　C. 丁 -2- 炔　　　　　　D. 丙二烯

2. 下列化合物中存在顺反异构体的是（　　）。

　　A. 丁 -1- 烯　　　　　B. 丁 -2- 烯　　　　　C. 丁 -2- 炔　　　　　D. 丁 -1- 炔

3. 下列自由基中，最稳定的是（　　）。

　　A. 甲基自由基　　　　B. 异丙基自由基　　　C. 丙基自由基　　　　D. 叔丁基自由基

4. 下列化合物中，沸点最高的是（　　）。

　　A. 丁烷　　　　　　　B. 戊烷　　　　　　　C. 2- 甲基丁烷　　　　D. 2,2- 二甲基丙烷

5. 乙烷构象中，最稳定的是（　　）。
　　A. 交叉式构象　　　　B. 重叠式构象　　　　C. 对位交叉式构象　　D. 全重叠式构象
6. 下列化合物中，可与水反应生成醛的是（　　）。
　　A. 乙烷　　　　　　　B. 乙烯　　　　　　　C. 乙炔　　　　　　　D. 丙炔
7. 下列化合物稳定性最高的是（　　）。
　　A. 环丙烷　　　　　　B. 环丁烷　　　　　　C. 环戊烷　　　　　　D. 环己烷
8. 下列属于邻、对位定位基的是（　　）。
　　A. 硝基　　　　　　　B. 羧基　　　　　　　C. 醛基　　　　　　　D. 卤素
9. 下列属于间位定位基的是（　　）。
　　A. —COOCH₃　　　　 B. —NHCH₃　　　　　C. —CH₃　　　　　　 D. —OH
10. 下列化合物中，发生硝化反应活性最高的是（　　）。
　　A. 甲苯　　　　　　　B. 硝基苯　　　　　　C. 苯酚　　　　　　　D. 氯苯

二、命名或写出下列化合物的结构式

1.
2.
3.
4.
5.
6.
7.
8.
9.
10.
11.
12.

13. 2,3- 二甲基丁 -2- 烯　14. 4- 甲基庚 -2- 炔　15. 3- 甲基戊 -3- 烯 -1- 炔
16. 3,5- 二溴环己烯　17. 对硝基苯磺酸　18. 1- 苯基丙烯

三、写出丙烯与下列试剂反应的主产物

1. H_2/Ni　　　　2. HI　　　　3. HBr/R_2O_2　　　　4. HCl/R_2O_2
5. H_2O/H^+　　　6. H_2SO_4　　7. Br_2/CCl_4　　　　8. $KMnO_4/H^+$

四、写出甲苯与下列试剂反应的主产物

1. H_2/Ni　　　　　2. Br_2/Fe　　　　3. HNO_3/H_2SO_4　　　4. $CH_3Cl/AlCl_3$
5. $n\text{-}C_4H_9Cl/AlCl_3$　6. H_2SO_4　　　7. $CH_3COCl/AlCl_3$　　8. $KMnO_4/H^+$

五、比较下列化合物发生反应的活性大小

1. 亲电加成反应：丙烯、丁 -1- 烯、丁 -2- 烯、乙烯
2. 亲电取代反应：苯酚、硝基苯、间甲基苯酚、氯苯、对氯苯甲酸
3. 开环加成反应：环丙烷、环丁烷、环戊烷、环己烷

六、用化学方法鉴别下列化合物

1. 丁烷、丁 -1- 烯、丁 -2- 烯、环丙烷　　　2. 苯、甲苯、环己烯
3. 丁 -1- 炔、丁 -1- 烯、丁 -2- 炔　　　　 4. 乙苯、叔丁苯、苯乙烯

七、以苯或甲苯为原料合成下列化合物

1. 乙苯　　　2. 对氯苯磺酸　　　3. 正丙基苯

八、推测结构题

1. 化合物 A、B、C 分子式皆为 C_9H_{12}，A、B、C 经氧化可分别得到一元羧酸、二元羧酸及三元羧酸。发生硝化反应时，A 与 B 可分别得到两种一硝基取代产物，而 C 只得到一种一硝基取代产物。试写出 A、B、C 的结构式。

2. 化合物 A、B、C 分子式皆为 C_6H_{10}，都可使溴水褪色，A 可与银氨溶液反应，B 与 C 不能。经高锰酸钾氧化，A 可生成 CO_2 与 $CH_3CH_2CH_2CH_2COOH$；B 生成 CH_3COOH 与 $(CH_3)_2CHCOOH$；C 只生成 CH_3CH_2COOH，试写出 A、B、C 的结构式。

项目九

醇酚醚

学习目标

1.掌握醇、酚、醚的分类及命名；醇的弱酸性、脱水反应、氧化反应；酚的弱酸性、显色反应、与溴水的反应；醚的锌盐的生成。
2.熟悉醇、酚、醚的分类方法，以及物理性质。
3.了解醇、酚、醚的制备方法及常见的醇、酚、醚。

能力目标

1.能对醇、酚、醚进行分类和命名。
2.能用化学方法区别醇、酚、醚。

素质目标

1.培养学生具有求真、求实的科学素养，以及积极活跃的创新意识。
2.培养学生具有良好的职业道德规范。

醇、酚和醚都是烃的含氧衍生物，可以看作是水分子中的氢原子被烃基取代的化合物。

任务一　醇

醇是自然界、工业及家庭中较为普通且有用的化合物。alcohol 是最古老的化学术语之一，最初，这个词的意思是"火药"，后来是"香精"的意思。从酒中提取的乙醇被认为是酒中的"香精"。乙醇是在含酒精的饮料、化妆品和药物制备过程中发现的。甲醇常被用作燃料和溶剂；异丙醇常用作清洁剂。

一、醇的结构、分类和命名

（一）醇的结构

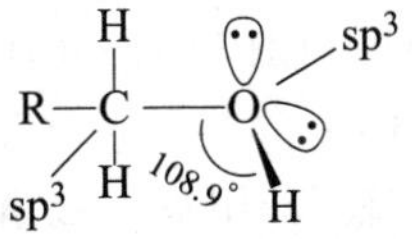

O 原子是 sp^3 杂化，由于在 sp^3 杂化轨道上有未共用电子对，且两对之间产生斥力，使

219

得∠C-O-H 小于 109.5°。

（二）醇的分类

根据羟基所连碳原子种类，醇可分为一级醇（伯醇）、二级醇（仲醇）、三级醇（叔醇）。

RCH_2OH	R_2CHOH	R_3COH
一级醇 (1°)	二级醇 (2°)	三级醇 (3°)

根据分子中烃基的类别，醇可分为脂肪醇、脂环醇和芳香醇（芳环侧链有羟基的化合物，羟基直接连在芳环上的不是醇而是酚）。

CH_3OH	⬡—OH	⬡—CH_2OH
脂肪醇	脂环醇	芳香醇

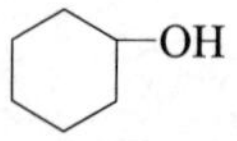

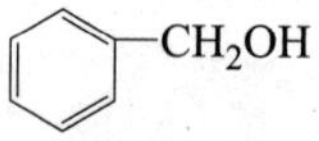

根据烃基是否含有不饱和键，醇可分为饱和醇与不饱和醇。例如：

$$CH_3-CH_2-OH \qquad CH_2=CH-CH_2-OH$$

饱和醇　　　　　不饱和醇

根据分子中所含羟基的数目，醇可分为一元醇、二元醇和多元醇。

CH_3CH_2OH	$CH_2(OH)CH_2OH$	$CH_2(OH)CH(OH)CH_2OH$
一元醇	二元醇	三元醇

两个羟基连在同一碳上的化合物不稳定，这种结构会自发失水，故同碳二醇不存在。另外，烯醇是不稳定的，容易互变成为比较稳定的醛和酮。

（三）醇的命名

1. 普通命名法

对于结构简单的醇，通常可用普通命名法命名，即在烃基名称后加一"醇"字，基字可省去。例如：

CH_3CH_2OH	$(CH_3)_2CHOH$	$H_3C-\overset{CH_3}{\underset{}{CH}}-CH_2OH$	$H_3C-\overset{CH_3}{\underset{CH_3}{\overset{\vert}{\underset{\vert}{C}}}}-OH$	⬡—CH_2OH
乙醇	异丙醇	异丁醇	叔丁醇	苯甲醇（苄醇）

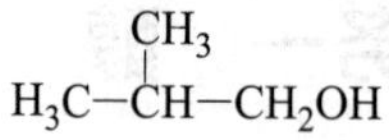

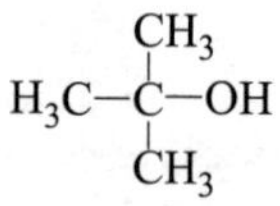

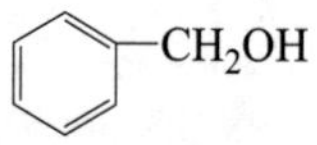

2. 系统命名法

对于结构复杂的醇，采用系统命名法命名，其主要规则如下：

①选择含羟基在内的最长碳链作主链，把支链看作取代基，根据主链碳数称为"某醇"。主链中碳原子的编号从靠近羟基的一侧开始，命名时标注羟基所在位次。在"某醇"之前标明主链上所连取代基的位次与名称。

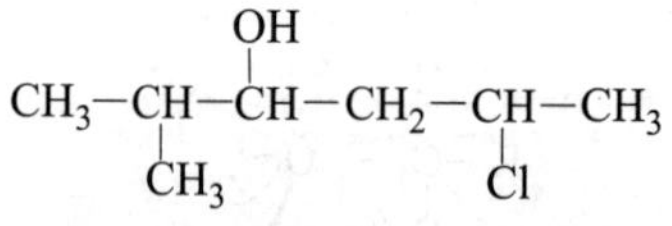

$$CH_3-\underset{CH_3}{CH}-\overset{OH}{CH}-CH_2-\underset{Cl}{CH}-CH_3$$

5-氯-2-甲基己-3-醇

②不饱和醇命名。若醇分子中含有不饱和键，则应选择同时含有不饱和键与羟基在内的

最长碳链作主链，编号优先使羟基位次最小，称为"某 -X- 烯（炔）-Y- 醇"，X、Y 分别为不饱和键及羟基的位次。如：

$$CH_2=CHCH_2CH_2OH \qquad CH_3-\underset{OH}{CH}-CH_2-CH=CH_2$$

丁-3-烯-1-醇　　　　　　　　戊-4-烯-2-醇

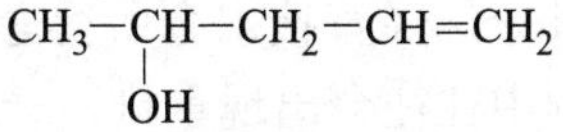

③脂环醇命名。以羟基和脂环烃为母体，称为"环某醇"，从连接羟基的环碳原子开始编号，尽量使环上取代基的编号最小。

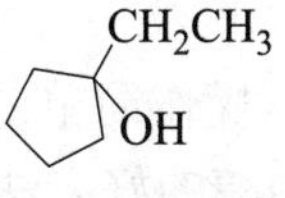

1-乙基环戊醇

④芳香醇的命名。含有芳环结构的醇命名，一般在命名时将环作取代基。

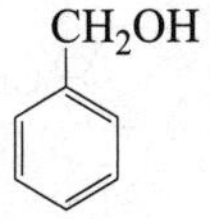

苯甲醇 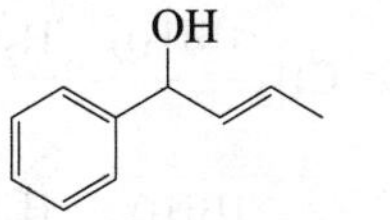　　　　　　1-苯基-丁-2-烯-1-醇

⑤多元醇命名。主链中应包含尽可能多的羟基，根据羟基数目及主链碳数称为"某几醇"。例如，应选择包括连有尽可能多的羟基的碳链作主链，依羟基的数目称二醇、三醇等，并在名称前面标上羟基的位次。因羟基是连在不同的碳原子上，所以当羟基数目与主链的碳原子数目相同时，可不标明羟基的位次。

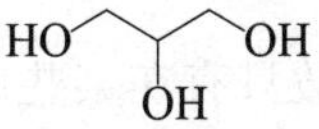

丙三醇 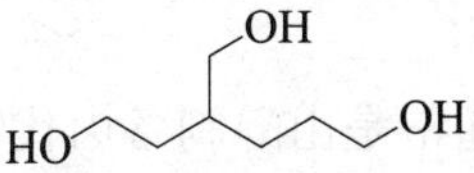　　　3-羟甲基己-1,6-二醇 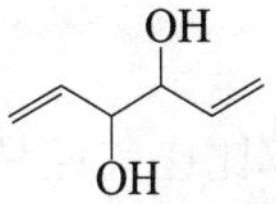　　　己-1,5-二烯-3,4-二醇

3. 俗名

在醇的命名中，有时还用到醇的俗名，常见的有甲醇（木醇）、乙醇（酒精）、乙二醇（甘醇）、丙三醇（甘油）等。

二、醇的制备

（一）由烯烃制备
1. 烯烃的氧化
烯烃在冷、稀的碱性高锰酸钾或中性高锰酸钾溶液中氧化，双键中 π 键断裂，生成邻二醇。例如：

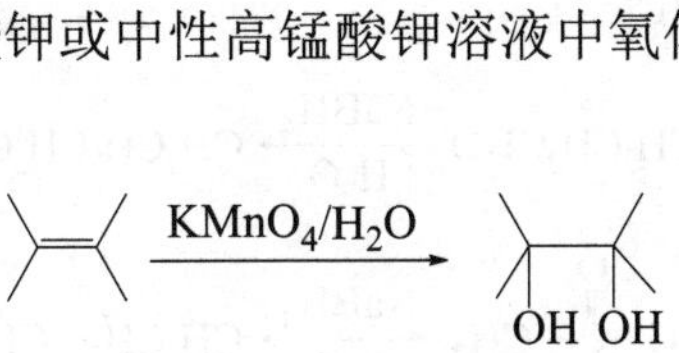

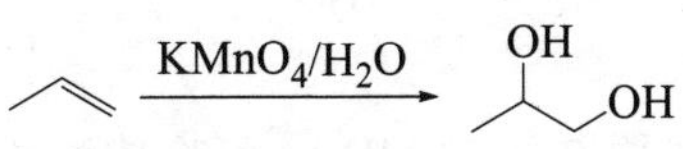

2. 烯烃的水合

醇可以从烯烃与水在酸催化下反应而得。不对称烯烃与水加成符合马氏规则，因此，除乙烯可制备伯醇外，其余烯烃直接水合所得醇为仲醇或叔醇。该反应机理为亲电加成的碳正离子机理，故反应过程中往往会出现重排，一般不用于制备复杂的醇。

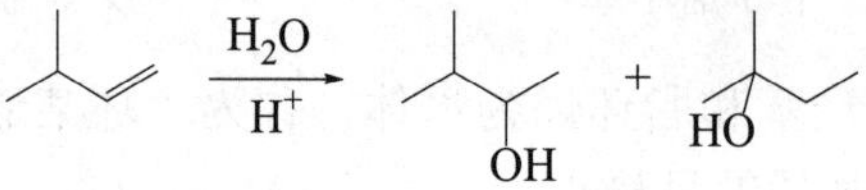

3. 硼氢化反应

烯烃的硼氢化以及氧化水解的反应，操作简单，产率高，通过一系列反应，可得到反马氏规律的加成产物，是用末端烯烃制备伯醇的好方法，无重排产物生成。例如：

$$3RCH{=}CH_2 \xrightarrow{(BH_3)_2} (RCH_2{-}CH_2)_3B \xrightarrow{H_2O_2, OH^-} 3RCH_2CH_2OH$$

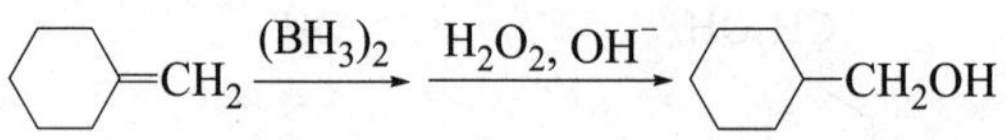

$$(CH_3)_3C{-}CH{=}CH_2 \xrightarrow{(BH_3)_2} \xrightarrow{H_2O_2, OH^-} (CH_3)_3C{-}CH_2CH_2OH$$

（二）由卤代烃水解

卤代烃可在碱性溶液中水解，卤素被羟基取代，生成醇。

$$R{-}X + NaOH \rightleftharpoons R{-}OH + NaX$$

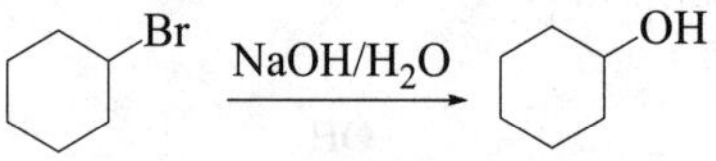

通常情况下，醇比卤代烃易得，通常是由醇制备卤代烃。故只有在某些卤代烃比醇更易得的情况下，利用此法制备醇才有意义。如由烯丙基氯制备烯丙醇等。

$$CH_2{=}CHCH_2Cl \xrightarrow[Na_2CO_3]{H_2O} CH_2{=}CHCH_2OH + HCl$$

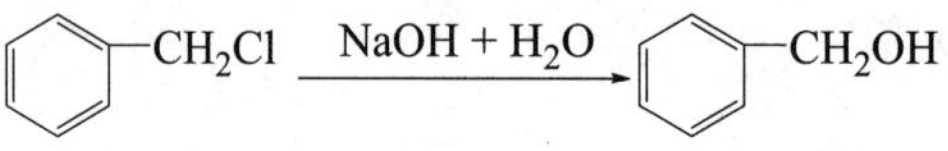

（三）由醛、酮、羧酸还原

醛还原得伯醇，酮还原得仲醇。常用的催化剂为 Ni、Pt 和 Pd 等。

若使用某些金属氢化物作为还原剂，例如氢化锂铝、硼氢化钠等，它们只还原羰基，且不还原碳碳双键，能制备不饱和醇。

$$CH_3CH_2CH_2CHO \xrightarrow[H_2O]{NaBH_4} CH_3CH_2CH_2CH_2OH$$

$$CH_3CH_2{-}\overset{O}{\overset{\|}{C}}{-}CH_3 \xrightarrow[H_2O]{NaBH_4} CH_3CH_2{-}\underset{OH}{CH}{-}CH_3$$

羧酸的还原较难，用强的还原剂如 $LiAlH_4$，可将羧酸还原成伯醇。其反应通式如下：

$$\text{RCOOH} \xrightarrow[\text{②H}_2\text{O}]{\text{①LiAlH}_4} \text{RCH}_2\text{OH}$$

例如：

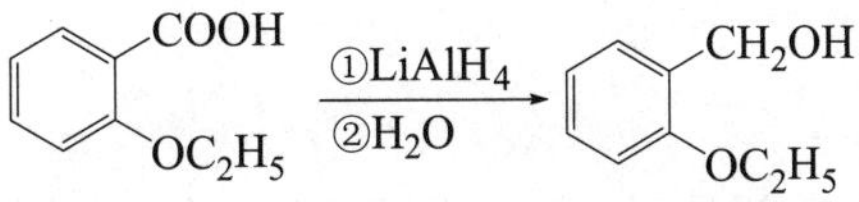

氢化锂铝是一种选择性的还原剂，不会影响羧酸分子中的碳碳双键或三键。

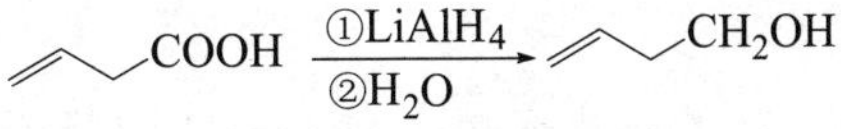

（四）格氏试剂合成法

1. 醛、酮与格氏试剂反应

格氏试剂（RMgX）可与醛酮、酯等反应，生成醇。RMgX 与甲醛反应得伯醇，与其他醛反应得仲醇，与酮反应则得叔醇。

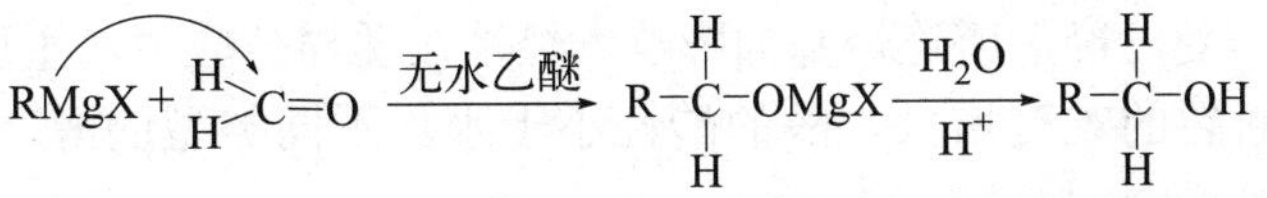

反应时应注意反应的第一步要绝对无水，因此两步反应一定要分开进行。制备格氏试剂的底物应无易与格氏试剂反应的基团。

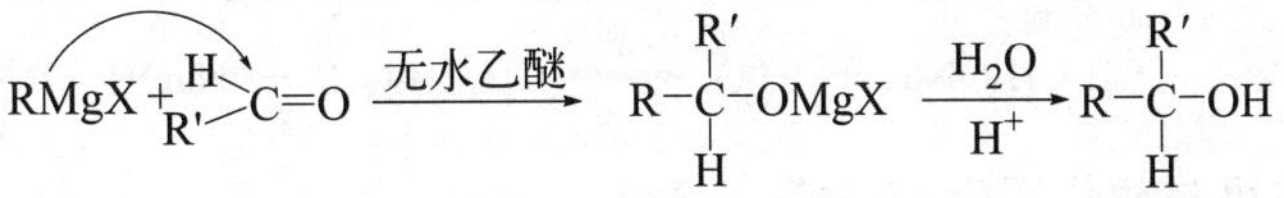

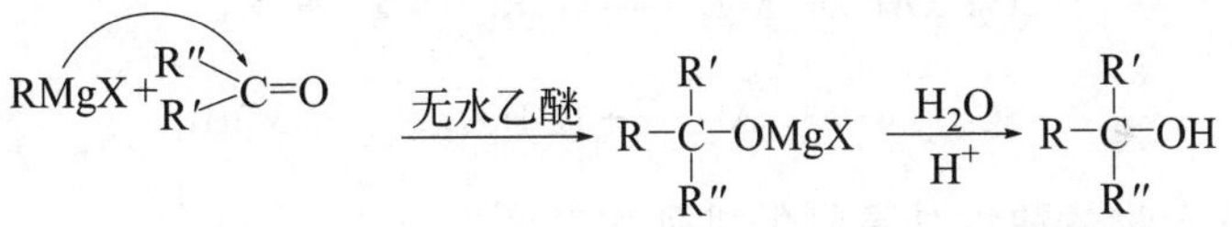

2. 格氏试剂与环氧乙烷作用

格氏试剂还可与环氧乙烷作用，制得比格氏试剂多两个碳原子的伯醇。

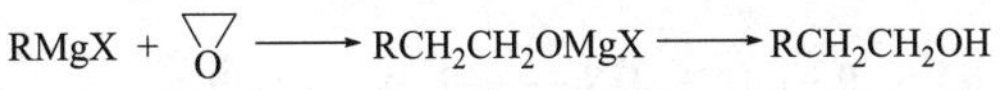

$$\text{RMgX} + \overset{\triangle}{\text{O}} \longrightarrow \text{RCH}_2\text{CH}_2\text{OMgX} \longrightarrow \text{RCH}_2\text{CH}_2\text{OH}$$

三、醇的物理性质

低级醇是具有酒味的无色透明液体。C_{12} 以上的直链醇为固体。低级直链饱和一元醇的沸点比分子量相近的烷烃的沸点高很多，这是由于醇分子间能形成分子间氢键。含支链的醇比直链醇的沸点低。

甲醇、乙醇、丙醇与水以任意比混溶（与水形成氢键的原因）；C_4 以上则随着碳链的增长溶解度减小；分子中羟基越多，在水中的溶解度越大，沸点越高。如乙二醇（bp=197℃）、丙三醇（bp=290℃）可与水混溶。药物分子中引入羟基可增加其与受体的结合力，或可形成氢键，使水溶性增加，进而使生物活性也随之改变。低级醇能和一些无机盐（$MgCl_2$、$CaCl_2$、$CuSO_4$ 等）作用形成结晶醇，亦称醇化物。结晶醇不溶于有机溶剂，能溶于水，可用于除去有机物中的少量醇。

四、醇的化学性质

醇分子中的 C—O 键和 O—H 键都是极性键，因而醇分子中有两个反应中心。又由于受 C—O 键极性的影响，使得 α-H 具有一定的活性，所以醇的反应都发生在这三个部位上。

（一）与活泼金属的反应

醇的官能团羟基（—OH）中，氧的强电负性，使 O—H 键易断裂，体现出醇的酸性，使醇可与活泼金属或碱性化合物发生反应。

$$CH_3CH_2OH \ + \ Na \longrightarrow CH_3CH_2ONa \ + \ 1/2H_2\uparrow$$

与水和钠的反应相比较，醇与钠的反应要温和得多，反应所生成的热量不足以使氢气自燃，故常利用醇与 Na 的反应销毁残余的金属钠，而不发生燃烧和爆炸。

醇的酸性大小，受与羟基所连烃基的影响。烃基在诱导效应中，主要体现为供电子效应（+I），使 O—H 键断裂的难度增大，醇的酸性小于水。不同类型的醇，其酸性大小次序为：CH_3OH > 伯醇 > 仲醇 > 叔醇。

醇钠（RONa）是有机合成中常用的碱性试剂，醇钠极易水解生成醇和氢氧化钠。

$$CH_3CH_2ONa \ + \ H_2O \rightleftharpoons CH_3CH_2OH \ + \ NaOH$$

金属镁、铝也可与醇作用生成醇镁、醇铝。

$$2C_2H_5OH \ + \ Mg \longrightarrow (C_2H_5O)_2Mg \ + \ H_2$$

$$3C_2H_5OH \ + \ Al \longrightarrow (C_2H_5O)_3Al \ + \ 3/2H_2$$

想一想 23. 下列化合物的酸性从高到低排列次序为_____。
① $ClCH_2OH$；② CH_3OH；③ $CH_3CH(OH)CH_3$；④ CCl_3OH

（二）与无机酸的反应

在醇类结构中，羟基体现了吸电子诱导效应，其作用与卤代烃中卤素相似，使醇羟基也可发生被取代的亲核反应，如醇与氢卤酸的取代反应、与无机含氧酸的酯化反应。

1. 与氢卤酸反应（制备卤代烃的重要方法）

$$R-OH \ + \ HX \longrightarrow R-X \ + \ H_2O$$

反应速率与氢卤酸的活性和醇的结构有关。

HX 的反应活性为：HI > HBr > HCl。

$$CH_3CH_2CH_2CH_2OH \ + \ HI \xrightarrow{\triangle} CH_3CH_2CH_2CH_2I \ + \ H_2O$$

$$CH_3CH_2CH_2CH_2OH \ + \ HBr \xrightarrow[\triangle]{H_2SO_4} CH_3CH_2CH_2CH_2Br \ + \ H_2O$$

$$CH_3CH_2CH_2CH_2OH \ + \ HCl \xrightarrow[\triangle]{ZnCl_2} CH_3CH_2CH_2CH_2Cl \ + \ H_2O$$

醇的活性次序为：烯丙醇 > 叔醇 > 仲醇 > 伯醇 > CH_3OH。

例如醇与卢卡斯（Lucas）试剂（浓盐酸和无水氯化锌）的反应为：

$$CH_3-\underset{\underset{CH_3}{|}}{\overset{\overset{CH_3}{|}}{C}}-OH \xrightarrow[\text{室温}]{(\text{浓HCl}+\text{无水ZnCl}_2)} CH_3-\underset{\underset{CH_3}{|}}{\overset{\overset{CH_3}{|}}{C}}-Cl + H_2O$$

1min, 浑浊，放置分层

$$CH_3CH_2\underset{\underset{OH}{|}}{CH}CH_3 \xrightarrow[\text{室温}]{\text{卢卡斯试剂}} CH_3CH_2\underset{\underset{Cl}{|}}{CH}CH_3 + H_2O$$

10min, 浑浊，放置分层

$$CH_3CH_2CH_2CH_2OH \xrightarrow[\text{室温}]{\text{卢卡斯试剂}} CH_3CH_2CH_2CH_2Cl + H_2O$$

放置一小时也不反应（浑浊）

加热才起反应（先浑浊，后分层）

卢卡斯试剂可用于区别伯醇、仲醇、叔醇，但一般仅适用于2～6个碳原子的醇。因为1～2个碳的产物（卤代烷）的沸点低，易挥发。大于6个碳的醇（苄醇除外）不溶于卢卡斯试剂，易混淆实验现象。

2. 与含氧无机酸硫酸、硝酸、磷酸反应生成无机酸酯

$$CH_3CH_2OH + HOSO_2OH \rightleftharpoons CH_3CH_2OSO_2OH + H_2O$$

硫酸氢乙酯（酸性酯）

$$CH_3CH_2OSO_2OH \xrightarrow{\text{减压蒸馏}} (CH_3CH_2O)_2SO_2 + H_2SO_4$$

硫酸二乙酯（中性酯）

高级醇的硫酸酯是常用的合成洗涤剂之一。如 $C_{12}H_{25}OSO_2ONa$（十二烷基磺酸钠）。

（三）脱水反应

醇羟基可发生脱水反应。在浓酸催化下，随反应条件不同醇可发生分子内或分子间的脱水，生成烯烃或醚。

1. 分子内脱水

在酸性催化剂下，如浓硫酸等，在高温下，醇羟基与 β-C 上的氢原子发生消除反应，生成烯烃。

$$\underset{\underset{H}{|}}{CH_2}-\underset{\underset{OH}{|}}{CH_2} \xrightarrow[\text{或Al}_2\text{O}_3, 360℃]{H_2SO_4, 170℃} CH_2=CH_2 + H_2O$$

脱水方向遵循扎依采夫规则，即脱去的是羟基和含氢较少的碳上的氢原子，即生成双键碳上连有较多取代基的烯烃。例如

$$CH_3CH_2\underset{\underset{OH}{|}}{CH}CH_3 \xrightarrow{H^+} CH_3CH=CHCH_3 + CH_3CH_2CH=CH_2$$

$$\phantom{CH_3CH_2CHCH_3 \xrightarrow{H^+} } 80\% 20\%$$

$$\underset{OH}{\underset{|}{CH_2CHCH_3}} \xrightarrow{H^+} \text{（苯基）}CH=CHCH_2 + \text{（苯基）}CH_2CH=CH_2$$
$$（主）$$

$$\underset{OH}{\overset{CH_3}{\underset{|}{C}}} \xrightarrow{H^+} \text{（环己烯基CH}_2\text{）} + \text{（环己基=CH}_2\text{）}$$
$$（主）$$

各种醇的反应活性主要取决于碳正离子的稳定性，因此醇的反应活性次序有：烯丙型醇、苄基型醇 > 叔醇 > 仲醇 > 伯醇。

$$CH_3CH_2CH_2CH_2OH \xrightarrow[140℃]{75\% \ H_2SO_4} CH_3CH_2CH=CH_2$$

$$\underset{OH}{\underset{|}{CH_3CH_2CHCH_3}} \xrightarrow[100℃]{60\% \ H_2SO_4} \underset{80\%}{CH_3CH=CHCH_3}$$

$$(CH_3)_3C\text{-}OH \xrightarrow[85\sim90℃]{20\% \ H_2SO_4} \underset{100\%}{\overset{CH_3}{\underset{|}{CH_3\text{-}C}}=CH_2}$$

2. 分子间脱水

酸性条件，在较低的温度下，醇可发生分子间脱水，生成醚。

$$ROH \ + \ ROH \longrightarrow ROR \ + \ H_2O$$

如乙醇在浓硫酸催化下发生分子间脱水，生成乙醚。

$$C_2H_5OH \ + \ HOC_2H_5 \xrightarrow[140℃]{浓H_2SO_4} C_2H_5OC_2H_5 \ + \ H_2O$$
$$乙醚$$

醇的分子间脱水属亲核取代反应，一分子醇利用氧上的孤电子对进攻另一分子与羟基相连的碳原子，将羟基取代，生成醚。

醇的分子内和分子间脱水是两种相互竞争的反应，低温度有利于生成醚，高温度有利于生成烯。对于叔醇来说，在发生脱水反应时，总是优先发生分子内脱水生成烯烃。

（四）氧化和脱氢

伯醇、仲醇分子中的 α-H，由于受羟基的影响，可被常规氧化剂如高锰酸钾、重铬酸钾等氧化。伯醇被氧化为羧酸：

$$RCH_2OH \xrightarrow{K_2Cr_2O_7 + H_2SO_4} RCHO \xrightarrow{[O]} RCOOH$$

$$CH_3CH_2OH \ + \ Cr_2O_7^{2-} \longrightarrow CH_3CHO \ + \ Cr^{3+}$$
$$\underset{橙红}{} \qquad\qquad\qquad \underset{绿色}{}$$
$$\xrightarrow[\ ]{K_2Cr_2O_7} CH_3COOH$$

仲醇一般被氧化为酮。脂环醇可继续氧化为二元酸。

$$\underset{OH}{\overset{CH_3}{\underset{|}{CH_3\text{-}CH}}} \xrightarrow{KMnO_4, \ H^+} \underset{丙酮}{CH_3\text{-}\overset{O}{\overset{\|}{C}}\text{-}CH_3}$$

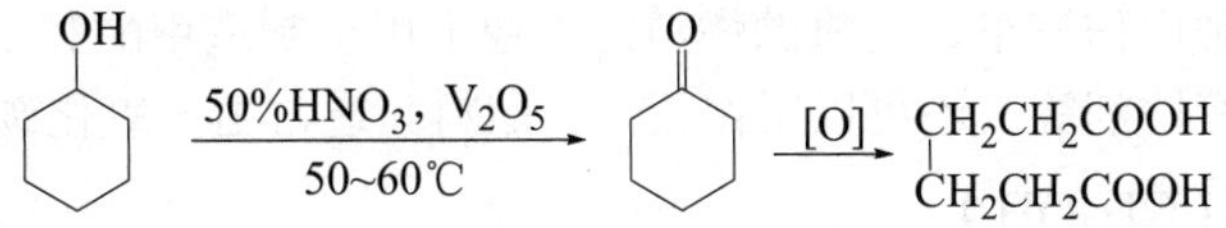

$$\text{环己醇} \xrightarrow[50\sim60℃]{50\%HNO_3, V_2O_5} \text{环己酮} \xrightarrow{[O]} \begin{array}{l} CH_2CH_2COOH \\ CH_2CH_2COOH \end{array}$$

环己醇　　　　　　　　　　　环己酮　　　己二酸

叔醇一般难氧化，在剧烈条件下氧化则碳链断裂生成小分子氧化物。伯醇、仲醇的蒸气在高温下通过催化活性铜时发生脱氢反应，生成醛和酮。

$$RCH_2OH \xrightarrow{Cu, 325℃} RCHO + H_2\uparrow$$

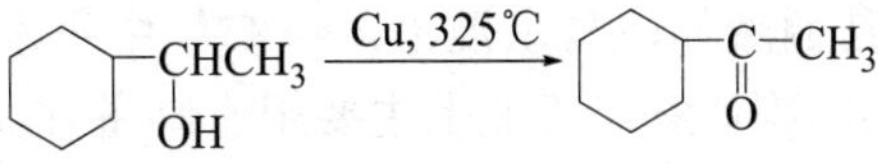

（五）邻二醇的反应

1. 与新制氢氧化铜的反应

邻二醇和新制氢氧化铜反应可生成一种深蓝色的甘油铜配合物。此法可以鉴别具有邻二羟基结构的多元醇。

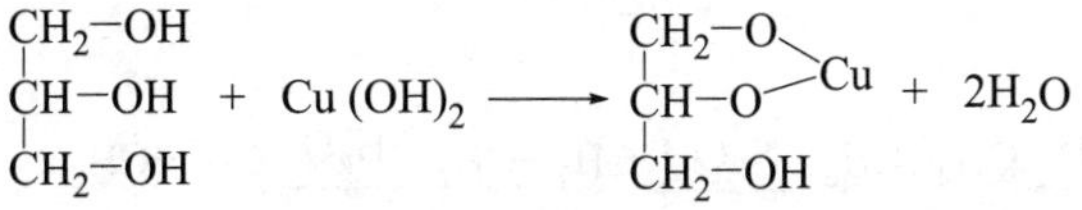

　　　　　　　　新制的　　　　　　甘油铜（蓝色，可溶）

2. 与高碘酸（HIO_4）反应

邻二醇与高碘酸在缓和条件下进行氧化反应，具有羟基的两个碳原子的 C—C 键断裂而生成醛、酮、羧酸等产物。

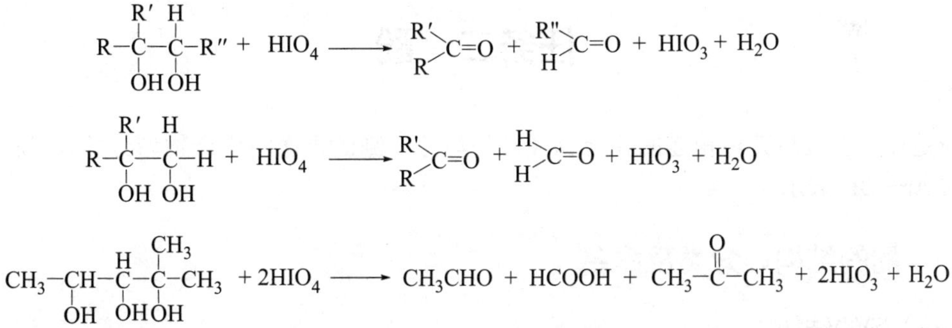

该反应是定量进行的，可用来定量测定邻二醇的含量，非邻二醇无此反应。

五、重要的醇

1. 甲醇（CH_3OH）

甲醇又称"木醇"或"木精"。甲醇为无色液体，易燃，爆炸极限 6.0%～36.5%（体积分数）。有毒性，甲醇蒸气与眼接触可引起失明，误饮 5～10mL 能使人双目失明，大量饮用（约 30mL）会导致死亡。

甲醇用途很广，主要用来制备甲醛以及在有机合成工业中用作甲基化试剂和溶剂，也可加入汽油中或单独用作汽车、飞机的燃料。工业上用于制造甲醛和农药等，并用作有机物的萃取剂和乙醇的变性剂等，还可以用作无公害燃料。通常由一氧化碳与氢气反应制得。

2. 乙醇（CH_3CH_2OH）

乙醇俗称酒精，是一种易燃、易挥发的无色透明液体。我国古代就知道用谷类发酵酿酒。目前工业上用乙烯为原料来大量生产乙醇，但用发酵方法仍是工业上生产乙醇的方法之一。

乙醇的用途很广，可用乙醇来制造醋酸、饮料、香精、染料、燃料等。医疗上常用体积分数为 70%～75% 的乙醇作消毒剂等。

3. 甘油

甘油（丙三醇）是具有甜味的黏稠液体，与水混溶，在空气中吸水性很强，不溶于乙醚、氯仿等有机溶剂。甘油是制肥皂的副产物。工业上主要用于制备甘油三硝酸酯（炸药），在医药、烟草、化妆品工业中，甘油是很好的润湿剂。

4. 乙二醇

乙二醇的合成流程为：

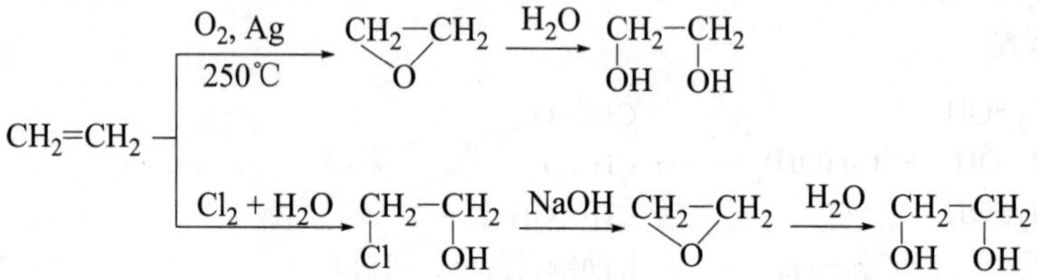

乙二醇是合成纤维涤纶等高分子化合物的重要原料，又是常用的高沸点溶剂。乙二醇可与环氧乙烷作用生成聚乙二醇。聚乙二醇在工业上用途很广，可用作乳化剂、软化剂、表面活化剂等。

任务二　酚

酚是羟基直接与芳环相连的化合物（羟基与芳环侧链相连的化合物为芳醇），酚一般可用通式 Ar—OH 表示。

一、酚的结构、分类及命名

（一）酚的结构

在酚结构中，羟基与芳环连接，氧上的孤电子对与环上的 π 键形成 p-π 共轭系统。

（二）酚的分类

按其分子中含羟基数目的多少可分为一元酚与多元酚，按芳基的不同可分为苯酚、萘酚等。

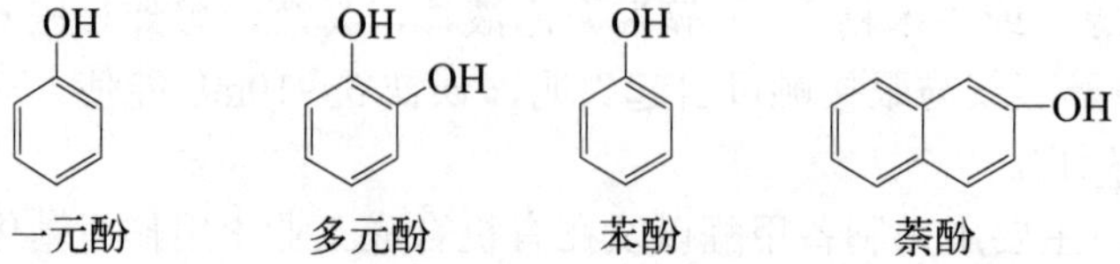

| 一元酚 | 多元酚 | 苯酚 | 萘酚 |

（三）酚的命名

酚的命名一般以芳环名加上"酚"字为母体，然后将其他取代基的名称及位次标注在母体之前，编号时应尽可能使酚羟基位次最小。

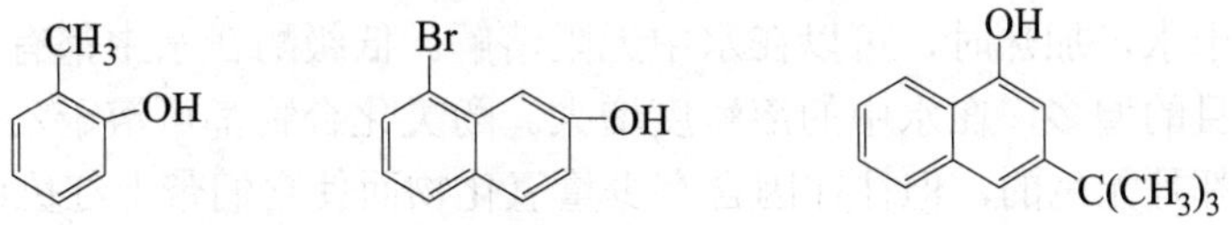

2-甲基苯酚（邻甲苯酚）　　8-溴萘-2-酚　　　　3-叔丁基萘-1-酚

酚分子中若同时包含有醇羟基时，一般以醇为母体，酚羟基作为取代基。

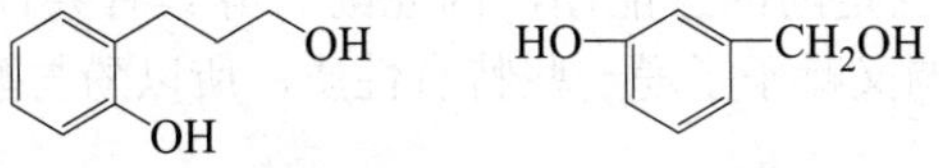

3-邻羟基苯基丙醇　　　　间羟基苯甲醇

多元酚，根据酚羟基的数目称为"某几酚"。

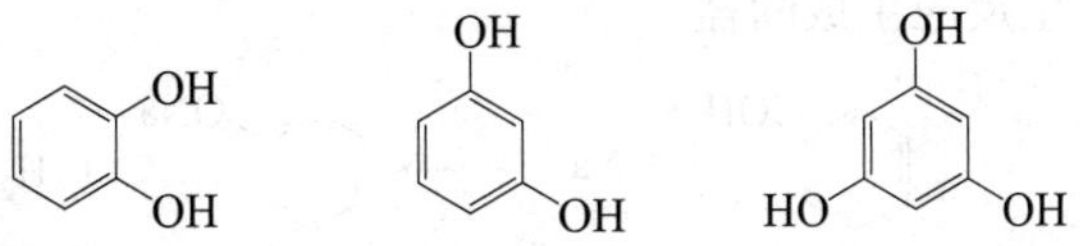

苯-1,2-二酚　　　苯-1,3-二酚　　　苯-1,3,5-三酚
邻苯二酚　　　　　间苯二酚　　　　均苯三酚

二、酚的制备

酚类化合物虽然存在于自然界，可以从煤焦油中提取得到，但由于需要量相当大，所以大多数酚还是靠人工合成的。

（一）卤代芳烃水解

卤代芳烃的卤原子不活泼，一般需在高温高压及强碱条件下反应。

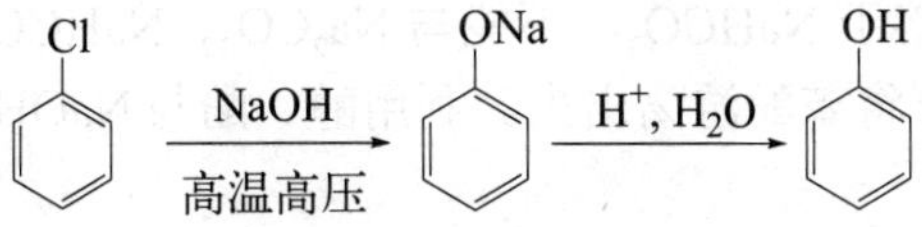

$$Cl \xrightarrow[\text{高温高压}]{NaOH} ONa \xrightarrow{H^+, H_2O} OH$$

当氯原子的邻位上连有吸电子基团时，水解比较容易，不需要高压，甚至可用弱碱。

（二）苯磺酸盐碱熔法

将芳香族的磺酸钠盐和氢氧化钠共熔（称为碱熔）可以得到相应的酚钠，再经过酸化，即可得到相应的酚。

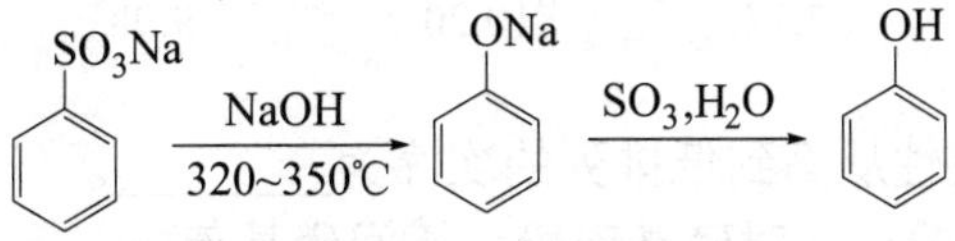

$$SO_3Na \xrightarrow[320\sim350℃]{NaOH} ONa \xrightarrow{SO_3, H_2O} OH$$

碱熔法所要求的设备简单，产率比较高，但操作麻烦，生产不能连续化，且要耗用大量硫酸和烧碱。

三、酚的物理性质

酚和醇一样，分子中含有羟基，分子间能够形成氢键，因此它们的沸点和熔点比分子量相近的芳烃或卤代芳烃都高。酚一般为固体，只有少数烷基酚是液体。

苯酚微溶于水，加热时，可以在水中无限溶解。低级酚在水中都有一定的溶解度，随着分子中羟基数目的增多，在水中的溶解度增大。酚类化合物都可溶于乙醇、乙醚、苯等有机溶剂。酚一般都是无色的，但往往因含有少量氧化物而使它们带上红色或褐色。

四、酚的化学性质

羟基既是醇的官能团也是酚的官能团，因此酚与醇具有共性。但由于酚羟基连在苯环上，苯环与羟基的互相影响又赋予了酚一些特有性质，所以酚与醇在性质上又存在着较大的差别。

（一）酚羟基的反应

1. 酸性

酚可与活泼金属发生反应生成酚盐。

$$\text{C}_6\text{H}_5\text{OH} + \text{Na} \longrightarrow \text{C}_6\text{H}_5\text{ONa} + \text{H}_2$$

酚还可与金属氧化物、碱等发生反应，生成盐。

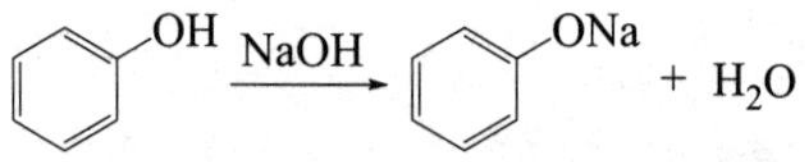

$$\text{C}_6\text{H}_5\text{OH} \xrightarrow{\text{NaOH}} \text{C}_6\text{H}_5\text{ONa} + \text{H}_2\text{O}$$

芳环的存在，使羟基氧可与芳环形成 p-π 共轭，共轭系统使酚羟基中的氢更易解离，其酸性比醇要大，但比碳酸弱。因此，在酚钠溶液中通入 CO_2，可将苯酚重新游离出来。

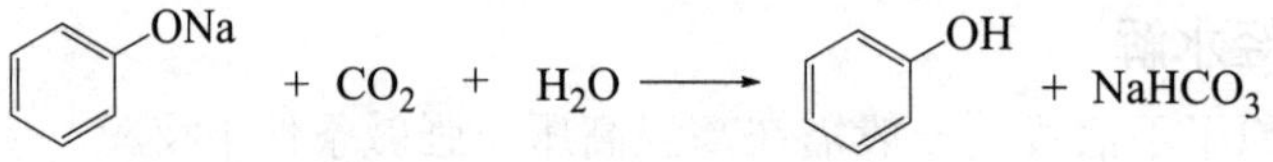

$$\text{C}_6\text{H}_5\text{ONa} + \text{CO}_2 + \text{H}_2\text{O} \longrightarrow \text{C}_6\text{H}_5\text{OH} + \text{NaHCO}_3$$

酚可溶于 NaOH 但不溶于 $NaHCO_3$，不能与 Na_2CO_3、$NaHCO_3$ 作用放出 CO_2，反之若在酚钠溶液中通入 CO_2，则可将苯酚游离出来。利用醇、酚与 NaOH 和 $NaHCO_3$ 反应性的不同，可鉴别和分离酚与醇。

一般情况下，若芳环上连接的基团为给电子效应，如甲基等，会使酚酸性降低；若连接的基团为吸电子效应时，如硝基等，会使酚酸性增强。

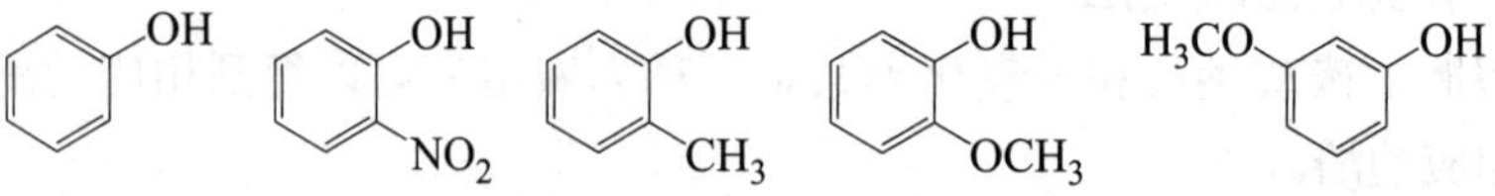

| pK_a: | 9.89 | 7.17 | 10.20 | 9.98 | 9.65 |

想一想 24. 下列化合物酸性从高到低排列的次序为_____。
①对氯苯酚；②对乙基苯酚；③对硝基苯酚；④间硝基苯酚

2. 酚醚的生成

酚不能分子间脱水生成醚，醚一般是由酚在碱性溶液中与烃基化试剂作用生成的。

$$\text{苯酚} \xrightarrow{\text{NaOH}} \text{苯酚钠} \begin{cases} \xrightarrow{\text{RCH}_2\text{Br}} & \text{C}_6\text{H}_5\text{—OCH}_2\text{R} + \text{NaBr} \\ \xrightarrow{(\text{CH}_3)_2\text{SO}_4} & \text{C}_6\text{H}_5\text{—OCH}_3 + \text{CH}_3\text{OSO}_2\text{ONa} \\ \xrightarrow{\text{CH}_2=\text{CHCH}_2\text{Br}} & \text{C}_6\text{H}_5\text{—OCH}_2\text{CH}=\text{CH}_2 + \text{NaBr} \end{cases}$$

在有机合成上常利用生成酚醚的方法来保护酚羟基，以免其在反应中被破坏，待反应完成，再将醚分解，即可恢复原来的酚羟基。

3. 酯的生成

醇易于与羧酸生成酯，酚与羧酸直接酯化比较困难，一般要用活性更强的酰氯或酸酐共热，才能生成酚酯。

$$\underset{\text{COOH}}{\overset{\text{OH}}{\bigcirc}} + (\text{CH}_3\text{CO})_2\text{O} \xrightarrow[\text{60~80℃}]{\text{H}_2\text{SO}_4} \underset{\text{COOH}}{\overset{\text{OCOCH}_3}{\bigcirc}} + \text{CH}_3\text{COOH}$$

（二）芳环上的亲电取代反应

羟基是强的邻对位定位基，由于羟基与苯环的 p-π 共轭，使苯环上的电子云密度增加，亲电反应容易进行。

1. 卤代反应

苯酚与溴水在常温下可立即反应生成 2,4,6- 三溴苯酚白色沉淀。此反应很灵敏，很稀的苯酚溶液（$10\text{mg} \cdot \text{L}^{-1}$）就能与溴水生成沉淀。故此反应可用于苯酚的鉴别和定量测定。

$$\underset{}{\overset{\text{OH}}{\bigcirc}} \xrightarrow{\text{Br}_2} \underset{\text{Br}}{\overset{\text{OH}}{\underset{}{\bigcirc}}}\text{Br,Br}$$

2,4,6-三溴苯酚

如需要制取一溴代苯酚，则要在非极性溶剂（CS_2，CCl_4）和低温下进行。

$$\underset{}{\overset{\text{OH}}{\bigcirc}} + \text{Br}_2 \xrightarrow[\text{0℃}]{\text{CS}_2} \underset{\text{Br}}{\overset{\text{OH}}{\bigcirc}} + \underset{}{\overset{\text{OH}}{\bigcirc}}\text{Br} + \text{HBr}$$

2. 硝化反应

苯酚比苯易硝化，在室温下即可与稀硝酸反应生成邻硝基苯酚和对硝基苯酚的混合物。

$$\underset{}{\overset{\text{OH}}{\bigcirc}} \xrightarrow{\text{HNO}_3} \underset{\text{NO}_2}{\overset{\text{OH}}{\bigcirc}} + \text{O}_2\text{N}\underset{}{\overset{}{\bigcirc}}\text{OH}$$

邻硝基苯酚　　　对硝基苯酚

邻硝基苯酚易形成分子内氢键，使其沸点下降、挥发性上升；而对硝基苯酚不能形成分子内氢键，但能形成分子间氢键而缔合。因此邻硝基苯酚的沸点和在水中的溶解度比对硝基苯酚低得多，故可随水蒸气蒸馏出来。

（三）与 FeCl₃ 的显色反应

大部分的酚类化合物都可与三氯化铁溶液发生显色反应。一般认为显色是由于酚与三价铁离子形成络合物的缘故。

$$6C_6H_5OH \ + \ FeCl_3 \longrightarrow H_3[Fe(C_6H_5O)_6] \ + \ 3HCl$$

不同的酚与 FeCl₃ 作用产生的颜色不同，如苯酚、间苯二酚显紫色；甲苯酚显蓝色；对苯二酚显绿色等。

与 FeCl₃ 的显色反应并不限于酚，具有烯醇式结构（—C＝C—OH）的或通过异变后产生烯醇式结构的化合物，都可发生此类显色反应。该反应可用于含酚羟基和烯醇式结构化合物的定性鉴别。

（四）氧化反应

酚易被氧化为醌等氧化物，氧化物的颜色随着氧化程度的深化而逐渐加深，由无色而呈粉红色、红色乃至深褐色。

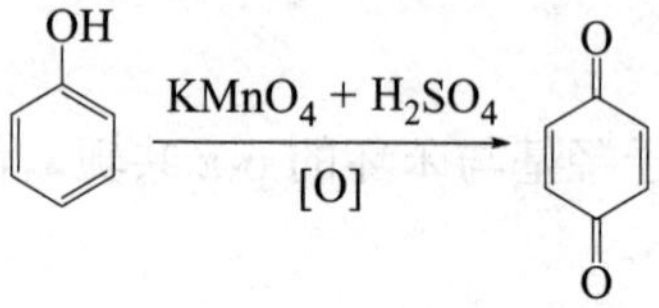

对苯醌（棕黄色）

多元酚更易被氧化。对苯二酚是常用的显影剂。

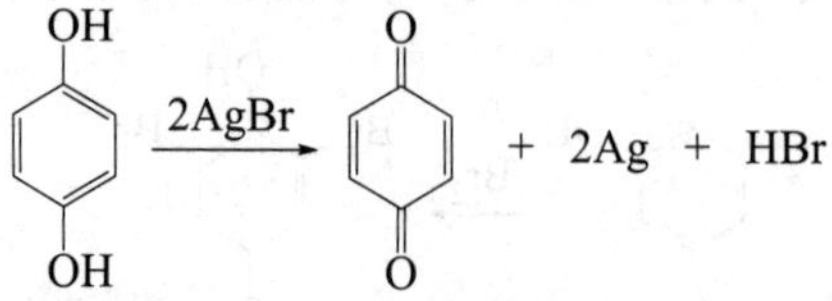

酚因易被氧化的性质，常用作抗氧剂和除氧剂。

五、重要的酚

1. 苯酚

苯酚俗称石炭酸，主要存在于煤焦油中，常温下为无色、有特殊气味的针状晶体。有毒，有腐蚀性，可溶于有机溶剂和强碱水溶液。苯酚是重要的有机化工原料，可制取很多化工产品及中间体，在工业中有着重要用途。此外，苯酚还可用作溶剂、消毒剂，苯酚的水溶液可以使植物细胞内染色体上的蛋白质与 DNA 分离，便于对 DNA 进行染色。苯酚易氧化，应储存于棕色瓶内，密闭、避光保存。

2. 对苯二酚

对苯二酚本身是一个还原剂，能把感光后的溴化银还原为金属银，是照相的显影剂。常用作抗氧化剂，以保护其他物质不被自动氧化。如苯甲醛易于自动氧化，它可与氧生成过氧酸，加入千分之一的对苯二酚就可抑制其自动氧化。对苯二酚是一个阻聚剂。如苯乙烯易聚合，因此储藏时，常加入对苯二酚作阻聚剂。

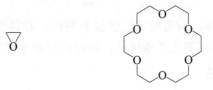

3. 萘酚

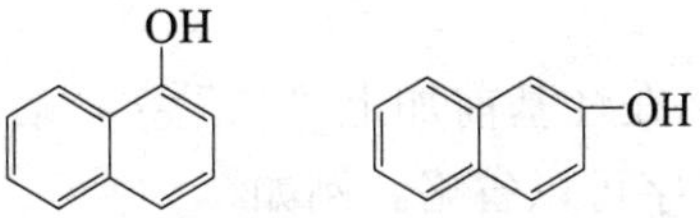

两种萘酚都可由萘磺酸钠经碱熔而制得。萘酚可制备许多衍生物，它们是重要的染料中间体。

任务三   醚

醚可以看成是水分子中两个氢原子被烃基取代而生成的化合物，醚类化合物的通式为 R—O—R，Ar—O—Ar，Ar—O—R。醚的官能团为 C—O—C，称为醚键。

一、醚的结构、分类和命名

（一）醚的结构

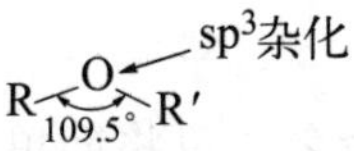

醚类的官能团是 C—O—C，结构上的对称性使分子的极性相对较小，但由于官能团中氧原子上存在孤电子对，使醚成为电子的给予体，对醚的性质产生影响。

（二）醚的分类

根据醚键氧两边所连接基团是否相同，可将醚分为简单醚和混合醚。氧两边烃基相同的为简单醚，烃基不同的为混合醚。

简单醚：$H_3C-O-CH_3$

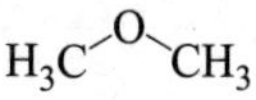

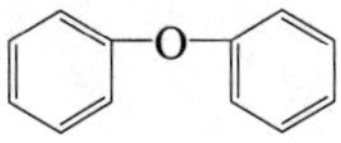

混合醚：$H_3C-O-CH_2CH_3$

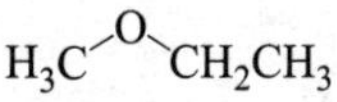

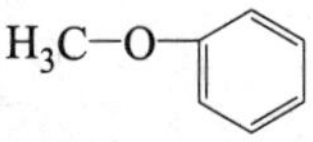

根据氧所连接烃基是否有芳基，可将醚分为脂肪醚和芳香醚。

脂肪醚：$H_3C-O-CH_3$

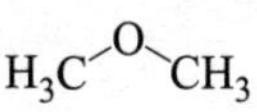

芳香醚：$H_3C-O-\text{（苯基）}$

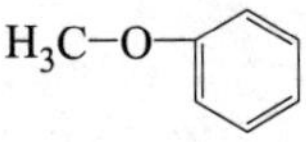

根据醚键是否成环及环的规格可将醚分为环醚、冠醚等。

环氧乙烷   18-冠-6

（三）醚的命名

1. 普通命名法

（1）简单醚　简单醚的命名在烃基前加上"二"字，后面加上"醚"字，"基"字可以省略。若烃基为烷基，则"二"字可以省略。例如

$$CH_3OCH_3 \qquad CH_3CH_2OCH_2CH_3$$

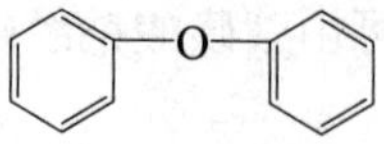

二甲醚（甲醚）　　　二乙醚（乙醚）　　　　二苯醚

（2）混合醚　混合醚命名时，两个烃基的名称都要写出来，根据基团的优先次序从小到大依次排列称为某基某基醚。例如

$$CH_3OCH_2CH_3$$

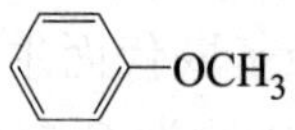

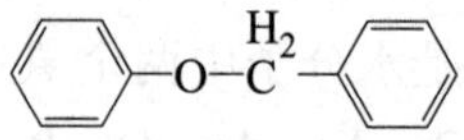

乙甲醚　　　　　　甲苯醚　　　　　苄基苯基醚

$$CH_3OCH_2CH=CH_2$$

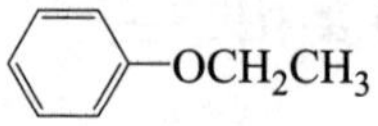

烯丙基甲基醚　　　　　乙苯醚

2. 系统命名法

对于结构复杂的醚用系统命名法命名，可将简单的烃基与氧一起称为"烷氧基"，以较复杂的烃基为母体来命名。

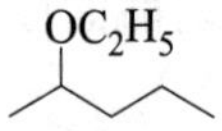

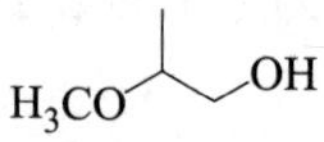

2-乙氧基戊烷　　2-甲氧基丙-1-醇

3. 环醚的命名

环醚命名时，通常称为"环氧某烷"。

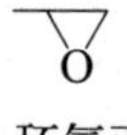

环氧乙烷　　1,2-环氧丙烷　　　1,4-二氧六环

二、醚的制备

（一）醇分子间脱水

$$R-O-H + H-O-R \xrightarrow[\triangle]{H_2SO_4} R-O-R + H_2O$$

此法只适于制备简单醚，因为用该法制混合醚时，往往生成三种醚的混合物，难于分离，产率不高。而叔醇很容易脱水生成烯烃，所以由醇脱水很难得到叔烷基醚。

（二）威廉姆逊合成法

卤代烃和醇钠在醇溶液中反应，卤素被烷氧基取代生成醚，该方法称为威廉姆逊合成法。威廉姆逊合成法是制备混合醚的一种好方法。

$$CH_2=CHCH_2Br + CH_3CH_2ONa \longrightarrow CH_2=CHCH_2OCH_2CH_3 + NaBr$$

威廉姆逊合成法中只能选用伯卤代烷与醇钠为原料。因为醇钠既是亲核试剂，又是强碱，仲、叔卤代烷（特别是叔卤代烷）在强碱条件下主要发生消除反应而生成烯烃。

酚具有和醇形式上完全相同的羟基，但由于芳环与羟基氧的共轭，酚很难像醇一样发生羟基被取代的反应。酚钠与卤代烃作用，可用于制备芳香醚。

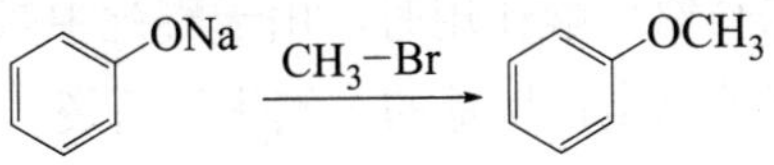

三、醚的物理性质

除甲醚和乙甲醚为气体外，其余的醚在常温下大多为无色有特殊气味的液体。由于醚键官能团的极性较小，醚分子之间不能形成氢键，醚的沸点比同碳原子数醇的沸点低得多，与分子量相近的烷烃大致相当。

醚可通过氧原子与水分子中的氢原子形成氢键，因此，醚在水中溶解度比烃要大，接近于醇。如乙醚与丁醇在水中的溶解度相近，这是因为醚和醇一样可以发生氢键缔合。随着醚中烃基体积的增大，其水溶性降低，高级醚不溶于水。

四、醚的化学性质

醚是一类不活泼的化合物，较稳定，一般对碱、氧化剂、还原剂及活泼金属都具有惰性。醚的稳定性仅次于烷烃，但其稳定性是相对的，由于醚键（C—O—C）的存在，它又可以发生一些特有的反应。

（一）钅羊盐的生成

醚的氧原子上有未共用电子对，能接受强酸中的 H^+ 而生成钅羊盐。醚键中氧原子上含有孤电子对，为路易斯碱，可与强酸性化合物如浓盐酸、浓硫酸反应，生成的盐可溶于浓酸中。

$$R-\overset{..}{\underset{..}{O}}-R + HCl \longrightarrow R-\overset{+}{\underset{H}{O}}-R + Cl^-$$

$$R-\overset{..}{\underset{..}{O}}-R + H_2SO_4 \longrightarrow R-\overset{+}{\underset{H}{O}}-R + HSO_4^-$$

生成的醚盐可溶于浓酸，但向其中加入水稀释后，醚会重新游离出来，因此可用该方法对醚进行分离提纯，也可用于醚和烷烃类化合物的鉴别。

（二）醚键的断裂

醚与氢卤酸如氢溴酸、氢碘酸一起加热，醚键会发生断裂，生成醇和卤代烃。

$$R-O-R + HI \longrightarrow RI + ROH$$

醚先与氢卤酸反应生成醚的氢卤酸盐，然后 X^- 作为亲核试剂进攻醚键碳原子，类似于卤代烃的亲核取代反应。

醚键断裂时往往是较小的烃基生成碘代烷。

$$CH_3OCH_2CH_3 + HI \longrightarrow CH_3I + CH_3CH_2OH$$

由于位阻的原因，亲核试剂主要进攻较小的烃基，生成碘代烷。含有叔丁基的醚，醚键优先在叔丁基一边断裂，因为这种断裂可生成较稳定的叔丁基碳正离子。

$$CH_3OC(CH_3)_3 + HI \longrightarrow (CH_3)_3C-I + CH_3OH$$

含有芳基的混合醚，在与氢卤酸作用时，由于醚键中氧可与芳基形成共轭，结合得比较牢固，不易断裂。因此，醚键总是在烷基的一侧优先断裂，生成酚和卤代烃。

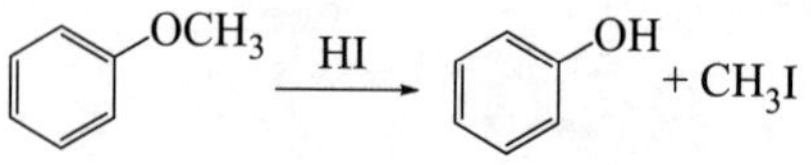

（三）过氧化物的生成

虽然醚在一般氧化剂下可稳定存在，但在空气中长时间放置时，大多数醚都可慢慢发生氧化转变生成过氧化物。

$$CH_3CH_2OCH_2CH_3 \xrightarrow{O_2} CH_3CH-OC_2H_5 \xrightarrow{H_2O} CH_3CH-OH + C_2H_5OH$$
$$\qquad\qquad\qquad\qquad O-OH \qquad\qquad\qquad O-OH$$

过氧化物不稳定，即使浓度很低，也会在加热时引起强烈的爆炸，因此，醚类应尽量避免暴露在空气中，一般应放在棕色玻璃瓶中，避光保存。

对于久置的醚，必须检查是否含有过氧化物，且不要蒸干。一般可将醚与硫酸亚铁铵和硫氰酸钾水溶液一起振摇，若形成红色，则表明有过氧化物存在。

从醚中除去过氧化物的方法是加入适量的还原剂（二价铁盐）振摇，过氧化物即可被破坏，或用从浓硫酸中蒸馏的方法（硫酸能氧化过氧化物）。

想一想 25. 如何用化学方法鉴别下列化合物？
①甲苯醚；②甲苯；③丁醇；④己烷

五、重要的醚

1. 乙醚

乙醚是无色、易挥发、有特殊气味的液体，沸点 34.5℃，比水轻。乙醚易燃，应远离火源，注意安全。乙醚微溶于水，本身性质稳定，是常用的有机溶剂之一。

2. 环氧乙烷

环氧乙烷沸点 11℃，为无色有毒气体，易液化，与水混溶，可溶于乙醇、乙醚等有机溶剂。一般贮存于钢瓶中。

在环氧化合物中，环氧乙烷是最重要也是最简单的环醚，是很重要的有机合成中间体。与一般的醚不同，它是化学性质非常活泼的化合物。这种活泼性主要源自其具有高度张力的不稳定的三元环结构。环氧乙烷可和多种化合物发生反应从而开环。

在酸催化下，环氧乙烷可与水、醇、卤化氢等含活泼氢的化合物反应，生成双官能团化合物。

$$\text{环氧乙烷} + H^+ \longrightarrow \overset{+}{O}{}_H \begin{cases} \xrightarrow{H_2O} \underset{OH\ \ \overset{+}{O}H_2}{CH_2-CH_2} \xrightarrow{-H^+} \underset{OH\ \ OH}{CH_2-CH_2} \\[8pt] \xrightarrow{ROH} \underset{OH\ H\overset{+}{O}R}{CH_2-CH_2} \xrightarrow{-H^+} \underset{OH\ \ OR}{CH_2-CH_2} \\[8pt] \xrightarrow{HBr} \underset{Br\ \ \overset{+}{O}H_2}{CH_2-CH_2} \xrightarrow{-H^+} \underset{Br\ \ OH}{CH_2-CH_2} \end{cases}$$

在碱催化下，环氧乙烷可与 RO^-、NH_3、$RMgX$ 等反应生成相应的开环化合物。

$$C_2H_5O^- + \overset{\frown}{\text{环氧}} \xrightarrow{OH^-} C_2H_5OCH_2CH_2OH$$

$$R-MgX + \overset{\frown}{\text{环氧}} \longrightarrow RCH_2CH_2O\overset{-}{M}\overset{+}{g}X \xrightarrow{H^+} RCH_2CH_2OH$$

环氧乙烷与 $RMgX$ 反应，是制备增加两个碳原子的伯醇的重要方法。

不对称的三元环醚的开环反应存在着一个取向问题，一般情况是：酸催化条件下亲核试剂进攻取代较多的碳原子；碱催化条件下亲核试剂进攻取代较少的碳原子。

$$\underset{H}{\overset{H_3C}{\diagdown}}\!\!\diagup\!\!\underset{\text{O}}{\diagdown}\!\!\underset{H}{\overset{H}{\diagup}}\ \xrightarrow{CH_3OH} \begin{cases} \xrightarrow[\text{酸催化}]{H^+} \underset{OCH_3\ OH}{CH_3-CH-CH_2} \\[8pt] \xrightarrow[\text{碱催化}]{CH_3ONa} \underset{OH\ \ OCH_3}{CH_3-CH-CH_2} \end{cases}$$

3. 恩氟烷

恩氟烷，化学名 2- 氯 -1,1,2- 三氟乙基二氟甲醚，又名安氟醚。

$$\underset{F}{\overset{F}{\underset{|}{\overset{|}{H-C}}}}-O-\underset{F}{\overset{F}{\underset{|}{\overset{|}{C}}}}-\underset{Cl}{\overset{F}{\underset{|}{\overset{|}{C}}}}-H$$

恩氟烷是无色易挥发液体，不易燃，沸点 $55.5\sim57.5℃$，为高效吸入麻醉剂，麻醉作用强，起效快，对呼吸道黏膜无刺激，毒副作用较小，一般用于全身复合麻醉。

扫一扫

【思维导图】

目标练习

一、单选题

1. 下列化合物沸点最高的是（　　）。

　A. 甲醇　　　　　　　B. 乙烷　　　　　　　C. 甲醚　　　　　　　D. 乙烯

2. 下列化合物在水中溶解度最大的是（　　）。

    A. 丙醇　　　　　　　　B. 丙烯　　　　　　　　C. 苯酚　　　　　　　　D. 丙烷

3. 下列醇与金属 Na 作用，反应活性最大的为（　　）。

    A. 甲醇　　　　　　　　B. 正丙醇　　　　　　　C. 异丙醇　　　　　　　D. 叔丁醇

4. 下列化合物中酸性最强的是（　　）。

    A. 甲醇　　　　　　　　B. 甲酸　　　　　　　　C. 乙炔　　　　　　　　D. 苯酚

5. 能区别五个碳以下的伯、仲、叔醇的试剂为（　　）。

    A. 高锰酸钾　　　　　　B. 卢卡斯试剂　　　　　C. 斐林试剂　　　　　　D. 溴水

6. 下列醇与卢卡斯试剂反应速率最快的是（　　）。

    A. 1- 戊醇　　　　　　　　　　　　　　　B. 2- 戊醇

    C. 2- 甲基 -1- 丁醇　　　　　　　　　　　D. 2,2- 二甲基 -1- 丙醇

7. 合成乙酸乙酯时，为了提高收率，最好采取何种方法？（　　）

    A. 在反应过程中不断蒸出水　　　　　　　B. 增加催化剂用量

    C. 使乙醇过量　　　　　　　　　　　　　D. A 和 C 并用

8. 苯酚可以用下列哪种方法来检验？（　　）

    A. 加漂白粉溶液　　　B. 加 Br_2 水溶液　　　C. 加酒石酸溶液　　　D. 加 $CuSO_4$ 溶液

9. 下列化合物与 $FeCl_3$ 溶液发生显色反应的为（　　）。

    A. 对甲基苯酚　　　　B. 苄醇　　　　　　　　C. 乙烷　　　　　　　　D. 丙烯

10. 合成混合醚最好的方法是（　　）。

    A. 威廉姆逊合成法　　B. 醇分子内脱水　　　　C. 醇分子间脱水　　　　D. 烯烃过氧化

11. 下列化合物，可用于醚的分离提纯的是（　　）。

    A. 苯　　　　　　　　B. 浓硫酸　　　　　　　C. 稀硫酸　　　　　　　D. 乙醇

12. 下列可用于去除醚中过氧化物的是（　　）。

    A. 硫酸铁　　　　　　B. 氯化亚铁　　　　　　C. 氯化铜　　　　　　　D. 硫酸钠

二、写出下列化合物的系统名称

1. $CH_3CHCH_2CHCH_3$（OH, OH）

2. $CH_3{=}CCH_2CHCH_3$（OH）

3.

4.

5. $H_3CH_2C{-}O{-}CHCH_3$（CH_3）

6. $H_3C{-}\bigcirc{-}O{-}CH_3$

三、写出下列化合物的结构简式

1. 甘油　2. 苄醇　3. 石炭酸　4. 2- 硝基苯 -1,3- 二酚　5. 甲醚　6. 甲苯醚

四、写出下列反应的反应方程式

1. 乙醇与浓硫酸，170℃

2. 乙醇与浓硫酸，140℃

3. 对甲苯酚与溴水

4. 1,2- 丙二醇与高碘酸

五、用化学方法鉴别下列物质

1. 正丙醇、异丙醇、叔丁醇
2. 苯甲醇、甲苯醚、邻甲苯酚
3. 己烷、乙醚、丁醇
4. 甘油、正丙醇
5. 苯酚、环己醇

六、比较下列各组化合物的酸性强弱顺序

1. 乙醇、甲醇、水、丁醇
2. 苯酚、对硝基苯酚、间硝基苯酚、对氯苯酚

七、推断下列化合物的结构

1. 某化合物 $A(C_6H_{14}O)$ 与氢碘酸共热反应，产物为碘乙烷和 B，B 被酸性重铬酸钾氧化生成 2- 甲基丙醛，试推测化合物 A、B 的结构式。

2. 某化合物 $A(C_7H_8O)$ 能溶于 NaOH 溶液，但不溶于 $NaHCO_3$ 溶液中。当 A 与溴水作用时，能迅速生成 $B(C_7H_6OBr_2)$，试推测 A、B 的结构式。

3. 某化合物 $A(C_4H_{10}O)$ 与浓硫酸共热，产物为 $B(C_4H_8)$；B 与冷而稀的高锰酸钾反应生成 $C(C_4H_{10}O_2)$；C 能与新制氢氧化铜反应生成深蓝色配合物，被高碘酸氧化得到 HCHO 和 CH_3COCH_3。试推测 A、B、C 的结构式。

项目十

醛酮酸

学习目标

1. 掌握醛、酮及羧酸的命名、主要化学性质。
2. 熟悉醛、酮及羧酸的还原反应及物理性质。
3. 了解醛、酮及羧酸的分类与结构。

能力目标

1. 能对醛、酮及羧酸进行命名。
2. 能用化学方法鉴别醛、酮及羧酸。

素质目标

1. 注重培养学生锲而不舍的探索精神、实践能力和科学精神。
2. 培养学生精益求精的工作作风和严谨的治学态度。

醛、酮是一类结构中含羰基（carbonyl group）官能团的化合物，又被称为羰基化合物。羰基任意一侧与氢原子相连的称为醛（aldehyde）（甲醛中羰基与 2 个氢相连）；羰基两端皆与烃基相连的化合物称为酮（ketone）。其通式可表示为：

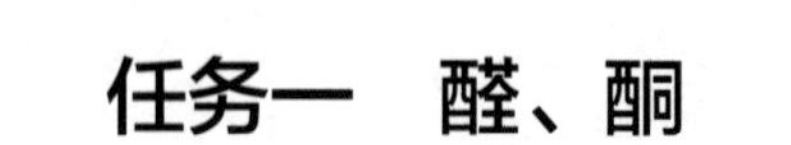

$$\underset{\text{羰基}}{\overset{\overset{\displaystyle O}{\parallel}}{-C-}} \qquad \underset{\text{醛}}{\overset{\overset{\displaystyle O}{\parallel}}{R-C-H}} \qquad \underset{\text{酮}}{\overset{\overset{\displaystyle O}{\parallel}}{R-C-R'}}$$

羧酸是分子中含羧基（carboxyl）的一类化合物的统称，羧基为其官能团。羧酸通常可由醛、酮氧化而得。

任务一　醛、酮

醛、酮分子广泛地应用在食品、药品、化妆品等领域。如用于避孕的甲地孕酮、炔诺酮；用作防晒剂的二苯酮 -3、二苯酮 -4；用作香料的香草醛以及用于脲醛树脂制备的甲醛等。有些天然醛、酮是植物药的重要成分，表现出显著的生理活性。

一、醛、酮的分类、结构与命名

（一）醛、酮的分类

按羰基连接的烃基类型不同，可将醛、酮分为脂肪族醛、酮，芳香族醛、酮及脂环醛、酮。

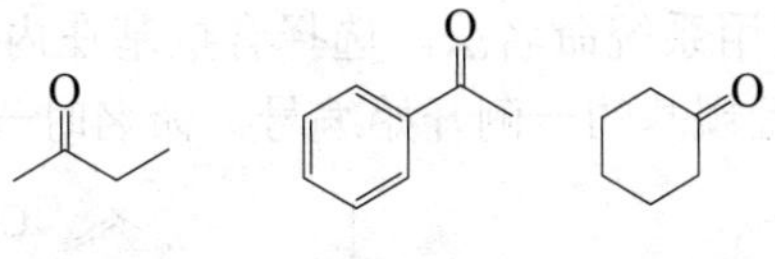

脂肪族　　　芳香族　　　脂环族
饱和酮　　　不饱和酮　　饱和酮

按羰基所连烃基饱和与否，可将其分为饱和醛、酮与不饱和醛、酮；按分子中含羰基数目的多寡，可将其分为一元醛、酮和多元醛、酮等。

一元酮　　　多元酮

此外，一元酮还可根据分子中羰基所连两个烃基相同与否，分为简单酮（两个烃基相同）与混合酮（两个烃基不同）。

（二）醛、酮的结构

醛、酮官能团羰基中的中心碳原子采取了 sp^2 杂化，以甲醛为例，3 个 sp^2 杂化轨道与氢和氧分别形成了 3 个位于同平面的 σ 键；碳原子上未杂化的 p 轨道与氧的 2p 轨道在侧面肩并肩重叠，形成 π 键，见图 10-1。

H
121.7°
116.6° C＝O
H

图 10-1　甲醛的结构

羰基中的碳氧双键为极性键，氧带有部分负电荷，碳带有部分正电荷。

（三）醛、酮的命名

1. 普通命名法

结构简单的醛、酮通常采用普通命名法命名。醛的普通命名法与醇类似，如：

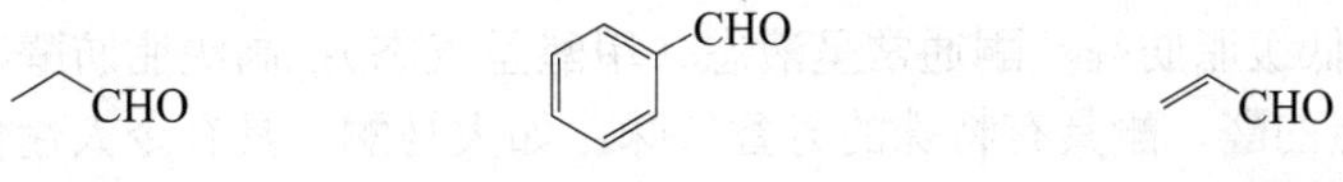

丙醛　　　　　　　　　苯甲醛　　　　　　　　　丙烯醛

酮则根据羰基两端连接烃基的名称称为某（基）某（基）酮，按取代基优先次序从小到大排列，如：

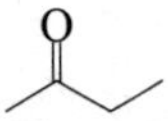

乙（基）甲（基）酮　　苯（基）甲（基）酮 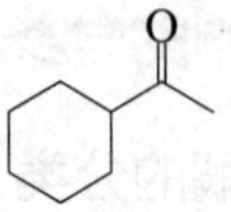　　环己（基）甲（基）酮

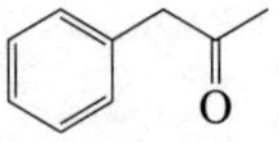

2. 系统命名法

复杂结构的醛酮，通常采用系统命名法。选择含羰基在内的最长碳链作主链，将母体称为"某醛"或"某酮"；从靠近羰基的一侧开始编号，命名时一般需注明酮羰基的位次。

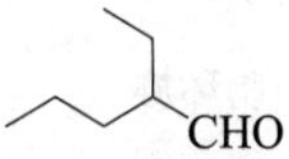

2-乙基戊醛 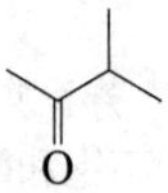　　3-甲基丁-2-酮 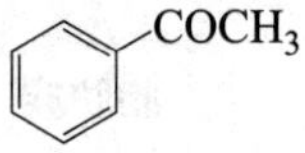　　苯乙酮

含不饱和键的醛酮命名时，通常需标明不饱和键的位次，如：

戊-4-烯醛 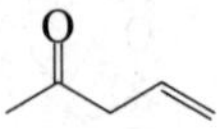　　戊-4-烯-2-酮

环醛命名时将环作取代基；环酮则根据环的大小称为"环某酮"，如：

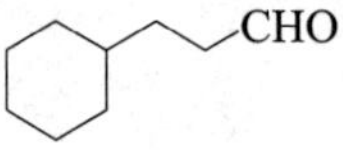

3-环己基丙醛 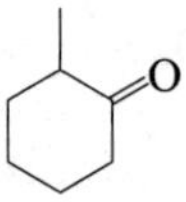　　2-甲基环己酮

分子中若同时含有醛基与酮羰基，命名时通常将醛作为母体，酮羰基上的氧（$=O$）作为取代基，名为"氧亚基"，如：

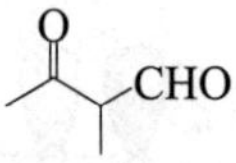

2-甲基-3-氧亚基丁醛

多元醛、酮的命名与多元醇类似，如：

戊二醛 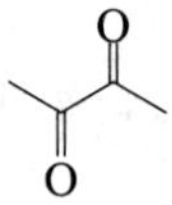　　丁-2,3-二酮

二、醛、酮的物理性质

C_{12} 及以下的低级脂肪醛、酮通常呈液态（甲醛呈气态）；高级脂肪醛、酮及芳香酮大多呈固态。某些天然的醛、酮具有特殊的芳香气味，如大马酮，具有令人愉快的玫瑰香味，多用于食品及化妆品工业。

醛、酮的沸点比相对分子质量相近的醇要低，同时由于羰基极性的影响，其沸点又比分子量相近的烷烃与醚要高。羰基氧可与水分子中的氢原子形成氢键，故低级醛、酮在水中具有一定的溶解度，醛、酮的水溶性随分子中烃基体积的增大而迅速下降，通常 C_6 以上的醛、酮几乎不溶于水，但可溶于甲苯、乙醚等有机溶剂。

三、醛、酮的化学性质

羰基组成上与碳碳双键类似，可发生氧化及还原反应；羰基中氧的电负性强，使氧显示出负电性（δ^-），而碳则显正电性（δ^+）。正电性的碳活泼性较强，易受带负电荷试剂或含孤电子对试剂的进攻，可发生亲核加成反应（nucleophilic addition reaction），如与 HCN、ROH 等的加成反应；羰基的吸电子诱导效应使分子中 α-C 上的电子云密度下降，α-C 上连接的氢表现出较明显的 α-H 活性。

（一）亲核加成反应

由亲核试剂进攻羰基而引发的加成反应，称为亲核加成反应，这是醛、酮的特征反应。

1. 与氢氰酸反应

醛、脂肪族的甲基酮以及少于 8 个碳的环酮与氢氰酸（HCN）反应，可生成 α-羟基腈，后者在酸性水溶液中水解生成 α-羟基酸。反应中常使用 KCN 或 NaCN 与 H_2SO_4 的混合液替代氢氰酸。如乙醛与氢氰酸的反应：

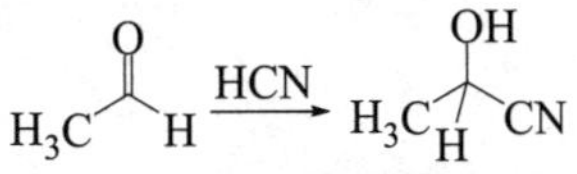

α-羟基丙腈

该反应的活性受羰基碳正电性及羰基周围的空间位阻影响。通常羰基碳的正电性越强，其周围的空间位阻越小，则活性就越强，故醛的反应活性通常高于酮。醛、酮分子在亲核加成反应中的活性次序通常为：$HCHO > RCHO > ArCHO > RCOCH_3 > RCOR'$。

2. 与饱和 $NaHSO_3$ 反应

醛、脂肪族的甲基酮以及少于 8 个碳的环酮可与饱和 $NaHSO_3$ 溶液发生反应，生成白色的 α-羟基磺酸钠。

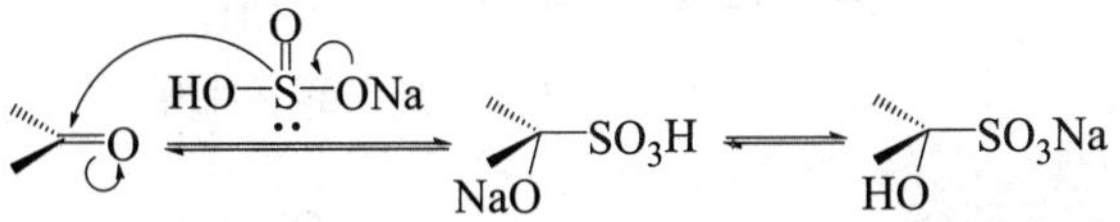

α-羟基磺酸钠

中间产物取代醇钠同时含有酸性基团（—SO_3H）与碱性基团（—ONa），可分子内发生酸碱反应，生成 α-羟基磺酸钠盐。该盐可溶于水，但不溶于饱和 $NaHSO_3$ 溶液，故可用于醛、酮的鉴别。向 α-羟基磺酸钠中加入稀酸或稀碱，会分解重新得到原来的醛、酮，故可用该方法对醛、酮进行分离及提纯。

3. 与醇反应

在酸的催化下，醛、酮可与醇反应生成半缩醛（hemiacetal）或半缩酮（hemiketal），半缩醛或半缩酮的稳定性差，继续发生反应，最终得到缩醛（acetal）或缩酮（ketal）。

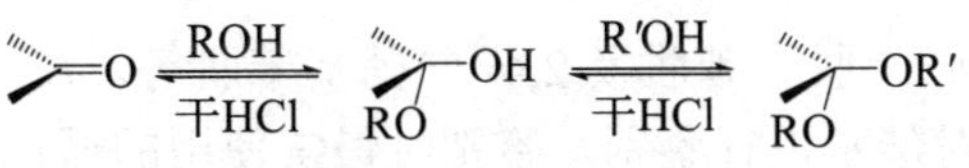

半缩醛（酮）　　　　缩醛（酮）

如乙醛与甲醇反应：

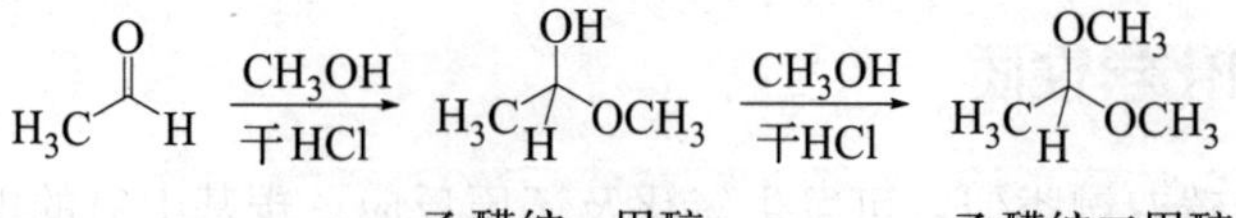

乙醛缩一甲醇　　　　　乙醛缩二甲醇
乙醛甲基半缩醛　　　　乙醛二甲基缩醛

　　酮的反应活性较差，通常可用二元醇替代一元醇进行反应。如丙酮与乙二醇反应生成丙酮乙叉基缩酮。

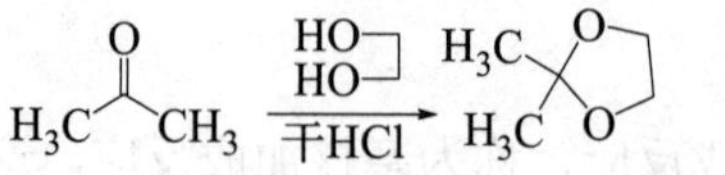

丙酮乙叉基缩酮

　　缩醛或缩酮具有醚的结构，对碱、常规氧化剂、还原剂等保持了一定的稳定性，但在酸性溶液中会发生分解，释放出醛或酮，该法可用于羰基的保护。

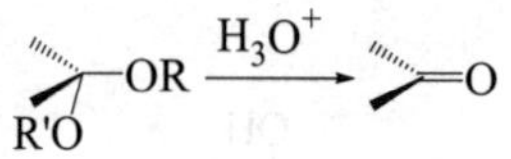

4. 与格氏试剂反应

　　醛、酮与格氏试剂（RMgX）发生反应，所得产物经水解可生成醇，这是制备伯醇、仲醇及叔醇常用的反应。

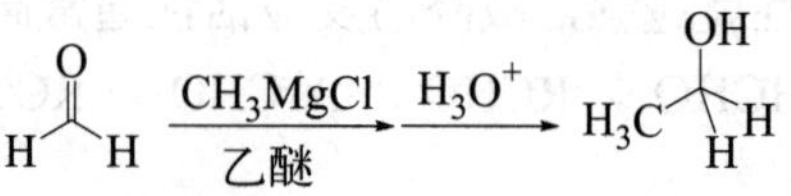

乙醇（伯醇）

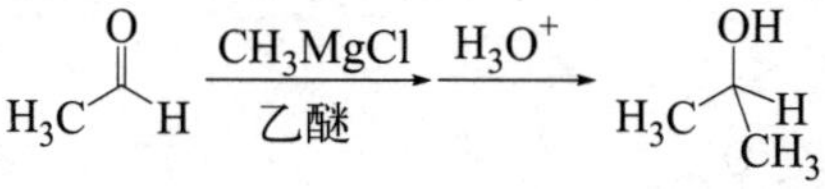

异丙醇（仲醇）

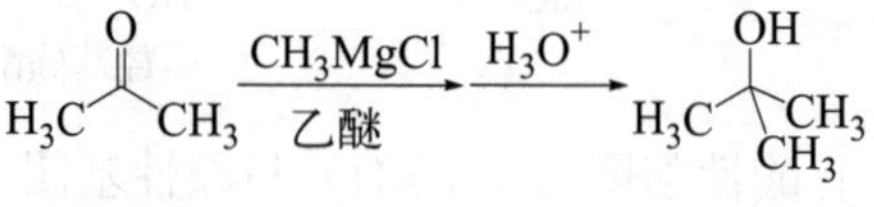

叔丁醇（叔醇）

5. 与氨的衍生物反应

　　醛酮与氨的衍生物发生反应，生成 N- 取代亚胺类化合物，反应通式如下：

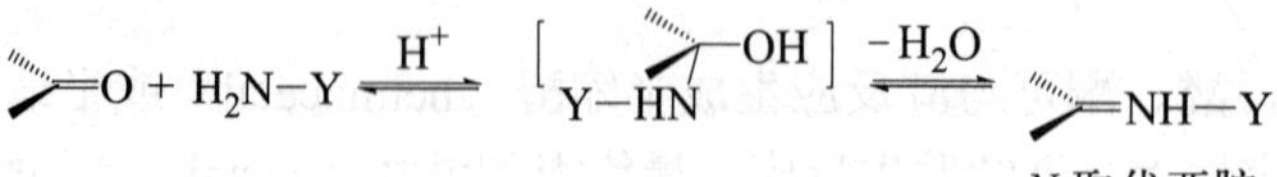

N-取代亚胺

　　常见氨的衍生物有羟胺、肼、苯肼及 2,4- 二硝基苯肼等。N- 取代亚胺大多具有固定的晶型，故通常利用该反应对羰基进行鉴别，鉴别时最常使用的试剂为 2,4- 二硝基苯肼，反应后生成橙黄色结晶，这一类氨的衍生物又被称为羰基试剂。

想一想 26.如何用化学方法鉴别下列化合物?
①戊 -2- 酮；②戊 -3- 酮；③乙醇

（二）α-H 特性反应

受羰基吸电子诱导与超共轭效应共同影响，醛、酮中的 α-H 具有一定程度的活泼性。

1. 卤代及卤仿反应

在酸性或碱性条件下，醛、酮分子中的 α-H 可与卤素发生取代反应。通常在酸性环境中，仅发生一卤代反应，如乙醛的溴代生成 α- 溴乙醛。

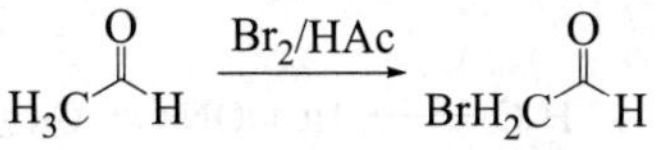

$$H_3C-CHO \xrightarrow{Br_2/HAc} BrH_2C-CHO$$

α-溴乙醛

在碱性条件下，往往会发生多取代，生成多卤代产物，如乙醛与溴在碱性条件下反应，生成三溴乙醛。

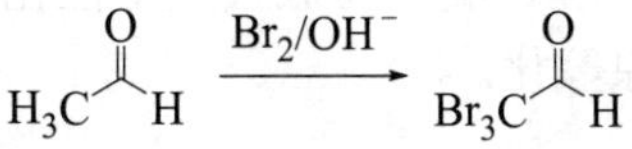

$$H_3C-CHO \xrightarrow{Br_2/OH^-} Br_3C-CHO$$

三溴乙醛

三溴乙醛的稳定性差，在碱性条件下会进一步分解，进而引起碳碳键的断裂，生成三卤甲烷（卤仿）和羧酸盐，故该反应又称为卤仿反应（haloform reaction）。

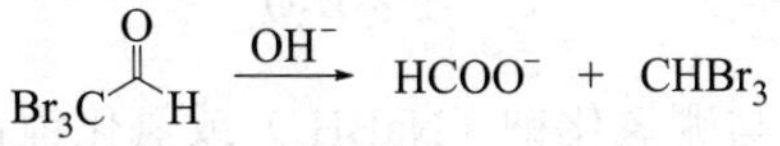

$$Br_3C-CHO \xrightarrow{OH^-} HCOO^- + CHBr_3$$

若是在碱性条件下与碘反应生成碘仿，该卤仿反应则又称为碘仿反应。碘仿为黄色结晶，通常可利用该反应进行特定结构的鉴别。

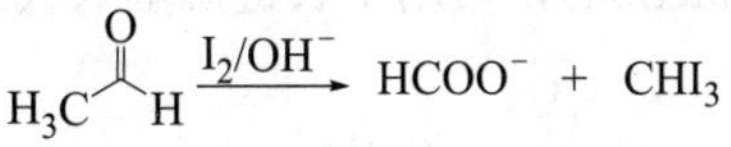

$$H_3C-CHO \xrightarrow{I_2/OH^-} HCOO^- + CHI_3$$

2. 羟醛缩合反应

醛、酮分子间在酸或碱的催化下发生的亲核加成反应，称为羟醛缩合反应（aldol condensation），又可称为醇醛缩合反应，该反应产物为 β- 羟基醛酮。如碱性条件下乙醛的分子间缩合反应，产物为 β- 羟基丁醛：

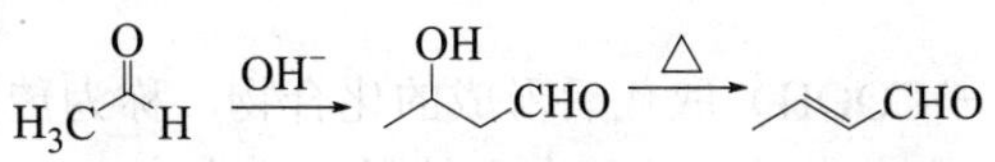

$$H_3C-CHO \xrightarrow{OH^-} \overset{OH}{CH_3CH-CH_2-CHO} \xrightarrow{\triangle} CH_3CH=CH-CHO$$

β-羟基丁醛　　　　　　丁-2-烯醛

在加热下，β- 羟基丁醛可发生分子内脱水，生成 α，β- 不饱和醛。酮也可发生此反应，但其反应活性比醛差。该反应常用于碳链成倍增长的化合物的制备。

（三）氧化反应

醛易被氧化成羧酸，而酮的活性差，通常需强氧化剂才可被氧化得到碳链断裂的产物。可利用某些弱氧化剂如托伦试剂、斐林试剂等只氧化醛而无法氧化酮的特性，对醛、酮进行定性鉴别。

托伦试剂可将醛氧化为羧酸，反应中银离子被还原成金属银，并附着在反应容器内壁，形成银镜，故该反应又称银镜反应。

$$R-CHO + [Ag(NH_3)_2]^+NO_3^- \xrightarrow{\triangle} RCOONH_4 + Ag\downarrow + NH_3 + H_2O$$

斐林试剂与脂肪醛反应，可被还原生成砖红色氧化亚铜沉淀。

$$R-CHO + Cu^{2+} + NaOH + H_2O \xrightarrow{\triangle} RCOONa + Cu_2O\downarrow + H^+$$

甲醛的还原性强，与斐林试剂反应，可将斐林试剂中的 Cu^{2+} 还原成金属铜，故又称铜镜反应。

$$HCHO + Cu^{2+} + NaOH + H_2O \xrightarrow{\triangle} HCOONa + Cu\downarrow + H^+$$

芳香醛不与斐林试剂作用，故可用斐林试剂区别甲醛、脂肪醛与芳香醛。

（四）还原反应

在铂、钯、镍等催化剂存在下，醛、酮可与氢气发生催化加氢，生成醇，分子中若同时存在其他不饱和键，也会同时被还原氢化。

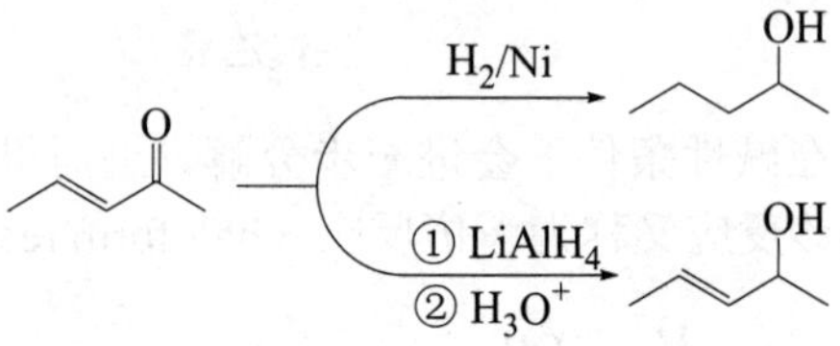

除催化加氢外，醛酮还可与硼氢化钠（NaBH_4）或氢化锂铝（LiAlH_4）反应，羰基被还原成羟基，该还原不影响分子中存在的碳碳双键及碳碳三键。

醛、酮在锌汞齐及浓盐酸存在下发生还原反应，羰基可被还原成—CH_2—，该反应称为克莱门森还原（clemmensen reduction），常用于长链烷基取代芳烃的制备。

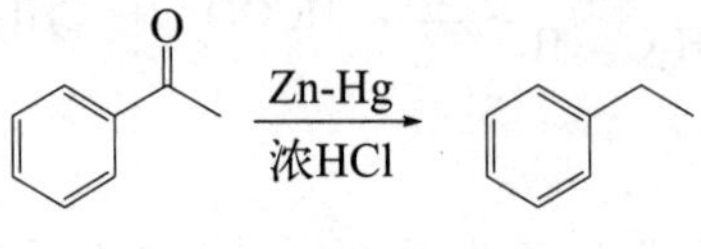

任务二　羧酸

烃分子中氢被羧基（—COOH）取代后形成的化合物，称为羧酸（carboxylic acids），其通式可用 RCOOH 或 ArCOOH 表示。羧酸在自然界广泛存在，大多以盐、游离态或衍生物的形式存在于动植物体内，如苹果中存在的苹果酸、人体消化液中的胆酸等。羧酸与人类生活联系紧密，在药品、化妆品及食品等行业中应用广泛，如解热镇痛药阿司匹林、食用油中的油酸、化妆品中的防腐剂苯甲酸钠等。

一、羧酸的分类、结构与命名

（一）羧酸的分类

根据羧基连接烃基的类型，羧酸可分为脂肪酸、脂环酸与芳香酸；根据羧酸分子中所含羧基数目，羧酸可分为一元羧酸、二元羧酸与多元羧酸等。

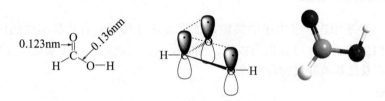

脂肪酸 　　　　　脂环酸 　　　　　芳香酸
二元羧酸 　　　　一元羧酸 　　　　多元羧酸

（二）羧酸的结构

实验测定表明，羧酸官能团中碳氧双键的键长为 0.123nm，比醛、酮中羰基的键长（0.120nm）要长；碳氧单键的键长为 0.136nm，比醇中碳氧单键的键长（0.143nm）要短。由于共轭的存在，电子云在碳氧之间有了平均化的趋势，使得羧基具有了不一样的特征，并非是羰基与羟基的简单加和。以甲酸为例，如图 10-2 所示，当甲酸解离成甲酸根负离子时，分子中碳氧双键与碳氧单键皆为 0.127nm，电子云在共轭系统中实现了完全平均化。

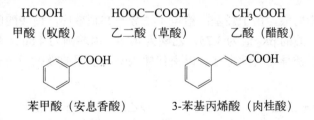

图 10-2　甲酸的结构及共轭系统

（三）羧酸的命名

1. 俗名

羧酸通常可根据其来源进行命名，如由食用醋中分离得到的醋酸，干馏蚂蚁而得的蚁酸，由安息香树脂中分离得到的安息香酸等。常见羧酸的俗名及结构如下：

HCOOH　　　　　HOOC—COOH　　　　CH₃COOH
甲酸（蚁酸）　　乙二酸（草酸）　　乙酸（醋酸）

苯甲酸（安息香酸）　　　　3-苯基丙烯酸（肉桂酸）

2. 系统命名法

羧酸系统命名法的原则为：选择含羧基在内的最长碳链作为主链，根据主链的碳数称为"某酸"，若主链中含多个羧基，则称为"某几酸"；从羧基碳开始用阿拉伯数字编号，简单羧酸在不引起误解的前提下也可以希腊字母从官能团邻位开始用 α、β、γ 等进行编号。

3-甲基戊酸　　　　　丁-3-烯酸　　　　　丁二酸（琥珀酸）

二、羧酸的物理性质

C_{10} 以下一元羧酸通常为具有刺激性气味的液体，10 个碳以上的羧酸通常为蜡状固体。

芳香酸及二元羧酸一般均为固体。

羧酸中氧与官能团中的氢均可与水分子中的氢及氧形成氢键，低级羧酸能与水混溶。羧酸中烃基体积增大，憎水性增强，水溶性下降，故高级羧酸通常不溶于水。二元羧酸由于形成的氢键数目多于一元羧酸，故其水溶性通常比同碳数的一元羧酸要好。

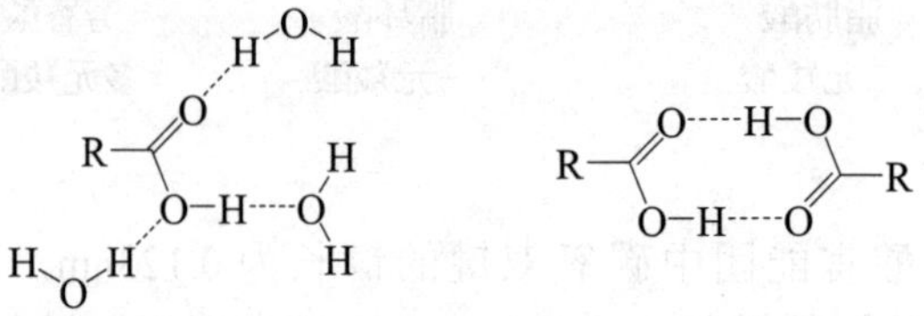

羧酸也可形成分子间氢键，使其沸点上升。羧酸的沸点比相对分子质量相近的醇的沸点要高，且随分子量增加而增大。羧酸熔点的变化与沸点类似。

三、羧酸的化学性质

碳氧双键与羟基相连，吸电子的共轭及诱导效应使羧基具有明显酸性的同时，其 α- 位氢原子也具有相当的活性，可发生类似醛、酮的反应。除此之外，羧基部位还可发生如脱羧反应、还原反应及羟基被取代的反应等。

（一）酸性

羧酸具有弱酸性，水溶液中可发生部分解离，生成羧酸根负离子与氢离子：

$$R-COOH \rightleftharpoons R-COO^- + H^+$$

羧酸的酸性比碳酸强，但比硫酸等酸性弱，羧酸钠通常可溶于水，向羧酸钠水溶液中加入强酸，可使羧酸重新游离出来。利用该方法可对羧酸进行分离提纯。

$$R-COONa + HCl \longrightarrow R-COOH$$

对于饱和一元脂肪酸，由于烃基的给电子诱导与共轭效应，使羧酸的酸性下降，烃基越大，酸性越弱。如甲酸的 pK_a 值为 3.75，乙酸为 4.76，丙酸则为 4.86。烃基中氢被其他基团取代时，通常吸电子诱导使酸性上升。以卤代酸为例，基团的吸电子诱导效应越强，酸性上升越大。例如：

	氟乙酸	氯乙酸	溴乙酸	碘乙酸	乙酸
pK_a:	2.67	2.87	2.90	3.16	4.76

取代芳酸中，当羧基邻位连接取代基时，无论取代基为给电子或吸电子基团，都会使酸性增强；羧基间位、对位连接给电子基团通常使酸性下降，连接吸电子基团通常使酸性上升。

二元羧酸酸性通常强于同碳数的一元羧酸。二元羧酸中，酸性随羧基之间距离的增加而减小。

想一想 27. 下列化合物中，酸性从高到低的次序为_____。
①苯甲酸；②对氯苯甲酸；③邻氯苯甲酸；④对甲基苯甲酸

（二）羟基被取代的反应

羧基中羟基通常可被卤素、酰氧基、烃氧基及氨基取代，生成酰卤（acid halide）、酸酐

（acid anhydride）、酯（ester）及酰胺（amide），像这样羟基被非碳氢原子或原子团取代生成的化合物称为羧酸衍生物（carboxylic acid derivatives）。

1. 酰卤的生成

三卤化磷、五卤化磷及氯化亚砜等与羧酸作用时，卤素可取代羟基，生成酰卤。酰卤活性高，易水解，反应通常在无水系统中进行。

$$RCOOH + SOCl_2 \longrightarrow RCOCl + SO_2 + HCl$$

如丙酸与氯化亚砜反应，生成丙酰氯，除此产物外，其余产物皆为气体。酰卤为重要的化工原料，可用于药物合成。

$$\diagdown COOH \xrightarrow{SOCl_2} \diagdown COCl$$
丙酰氯

2. 酸酐的生成

在脱水剂如乙酸酐、五氧化二磷等的存在下，除甲酸外，其余羧酸可发生分子间脱水反应，生成酸酐。

$$CH_3COOH + CH_3COOH \xrightarrow[\triangle]{P_2O_5} (CH_3CO)_2O$$
乙酸酐

二元羧酸中，含 4～5 个碳原子的丁二酸与戊二酸，加热时不需脱水剂也可发生分子内脱水反应，生成环状酸酐。如：

丁二酸酐

3. 酯的生成

在酸的催化下，羧酸可与醇等发生反应生成酯，该反应又称酯化反应（esterification）。如在浓硫酸催化下乙酸与乙醇反应，生成乙酸乙酯。

$$CH_3COOH + C_2H_5OH \underset{\triangle}{\overset{H_2SO_4}{\rlap{\rightleftharpoons}}} CH_3COOC_2H_5 + H_2O$$
乙酸乙酯

酯化反应为可逆反应，为使反应朝正方向移动，通常可采用提高反应温度、反应物之一过量或反应过程中蒸出产物的方法。无论是酸或醇，官能团上连接的烃基体积越大，对酯化反应越不利。

4. 酰胺的生成

羧酸与氨气或伯胺、仲胺作用，可生成羧酸盐，后者在脱水剂下加热，可得酰胺。

二元羧酸与氨共热，可生成酰亚胺，如邻苯二甲酸与氨作用，生成邻苯二甲酰亚胺。

$$\text{（邻苯二甲酸）} \xrightarrow[\triangle]{NH_3} \text{（邻苯二甲酰亚胺）}$$

邻苯二甲酰亚胺

（三）还原反应

羧酸可被氢化锂铝、$NaBH_4/I_2$ 等还原成伯醇，反应时不影响分子中碳碳双键或三键，该法是羧酸还原常用的方法。

$$RCOOH \xrightarrow[\text{②}H_2O]{\text{①}LiAlH_4} RCH_2OH$$

（四）α-H 卤代反应

羧酸的 α-H 具有活性，在磷或三卤化磷存在下可与卤素发生卤代反应，生成 α-卤代羧酸。

$$\diagdown\diagup COOH \xrightarrow{Cl_2/P} \overset{Cl}{\underset{}{\diagup}}COOH$$

（五）脱羧反应

在加热下，羧酸盐或特定结构的取代羧酸易发生脱去羧基的反应，称为脱羧反应（decarboxylation）。如实验室乙酸钠与碱石灰共热制备甲烷的反应：

$$CH_3COONa \xrightarrow[\triangle]{\text{碱石灰}} CH_4 + Na_2CO_3$$

又如氧亚基取代丁酸加热脱羧，生成丙酮：

$$\overset{O}{\underset{}{\diagdown}}COOH \xrightarrow{\triangle} \overset{O}{\underset{}{\diagdown}} + CO_2$$

3-氧亚基丁酸

 思政案例

弘扬中药文化

中医药作为有着数千年历史的文化瑰宝，为中华文明的繁荣发展和绵延永续发挥了不可替代的作用。党的十八大以来以习近平同志为核心的党中央高度重视中医药工作，为中医药传承创新发展指明方向，人们对中医药的作用有了更深的认识。从传统中药中提取到的许多化合物都具有非常高的生物活性。例如莽草酸是中药八角茴香中提取的一种单体化合物，有抗炎、镇痛作用。莽草酸通过影响花生四烯酸代谢，抑制血小板聚集、静脉血栓及脑血栓形成。莽草酸还可作为抗病毒和抗癌药物中间体。莽草酸是有效对付致命的 H5N1 型禽流感病毒的药物"达菲"的重要成分。我们要大力发展中医药，用现代科学解读中医药学原理，走中西医结合的道路鉴往知来。

扫一扫

【思维导图】

目标练习

一、单选题

1. 下列化合物中，发生亲核加成反应活性最高的是（   ）。

    A. 甲醛   B. 乙醛   C. 丙酮   D. 丁酮

2. 下列化合物不能与饱和亚硫酸氢钠溶液反应的是（   ）。

    A. 乙醛   B. 丙酮   C. 环戊酮   D. 戊 -3- 酮

3. 下列化合物不能发生碘仿反应的是（   ）。

    A. 乙醇   B. 丙酮   C. 苯甲醛   D. 乙醛

4. 下列化合物中，不可用斐林试剂鉴别的是（   ）。

    A. 甲醛与乙醛   B. 乙醛与丙酮   C. 乙醛与苯甲醛   D. 乙醛与丙醛

5. 下列化合物与格氏试剂反应，可生成伯醇的是（   ）。

    A. 甲醛   B. 乙醛   C. 丙酮   D. 环己酮

6. 下列化合物中，酸性最高的是（   ）。

    A. 乙酸   B. 乙醇   C. 碳酸   D. 苯酚

7. 下列化合物中，酸性最高的是（   ）。

    A. 对甲基苯甲酸   B. 对氯苯甲酸   C. 对硝基苯甲酸   D. 对甲氧基苯甲酸

8. 下列化合物发生酯化反应速率最快的是（   ）。

    A. 乙酸   B. 甲酸   C. 2- 甲基丙酸   D. 2,2- 二甲基丙酸

二、命名或写出下列化合物的结构式

（1）CHO 结构

（2）结构

（3）结构

（4）结构

（5）COOH 结构

（6）$(CH_3)_2CHCH{=}NOH$

（7）$\text{COOH, CH(CH}_3)_2$ 结构

（8）结构

（9）CHO 结构

（10）乙二醛   （11）2- 羟基苯甲醛   （12）苯乙酮   （13）丙酮腙

（14）肉桂酸   （15）β- 苯基丁酸   （16）草酸   （17）三乙基乙酸

三、写出丙醛与下列试剂反应的主产物

（1）H_2/Ni （2）HCN   （3）$NaHSO_3$ （4）C_2H_5OH/HCl

（5）Br_2/H^+ （6）NH_2NH_2 （7）Br_2/OH^- （8）Tollens 试剂

四、将下列各组化合物按沸点从高至低排列

（1）丁醛、丁醇、丁醚

（2）苯甲醇、苯甲醛、甲苯醚、乙苯

（3）乙酸、乙醇、乙醛、乙醚

五、比较下列化合物发生亲核加成反应的活性大小

（1）乙醛、丙酮、苯乙酮、丙醛、苯甲醛

（2）甲醛、乙醛、三氯乙醛、环己酮、丁酮

（3）苯甲醛、丙醛、3-氯丙醛、二苯甲酮、苯乙酮

六、用化学方法鉴别下列化合物

（1）乙醛、甲醛、丙酮

（2）乙醛、乙醇、丙酮、苯乙酮

（3）苯甲醇、对甲苯酚、苯甲醛、苯乙酮

（4）乙酸、乙醇、苯酚、乙醛

（5）苯甲酸、苯甲醇、苯酚、甲酸

（6）草酸、甲酸、丙酸

七、合成题

（1）由乙醇合成丙酸乙酯。

（2）由乙醇合成丁-2-烯-1-醇。

（3）由甲苯及两个碳原子以下的有机物合成2-苯基乙醇。

（4）由丙酸制备丁酸。

八、推测结构题

（1）化合物 A 分子式为 $C_5H_6O_3$，可与乙醇反应生成 B 与 C，B 与 C 互为同分异构体，与氯化亚砜作用后再与乙醇反应，可生成同一产物 D，试写出 A、B、C、D 的结构式。

（2）化合物 A 分子式为 $C_{11}H_{14}O_2$，不与碱反应，但可与酸作用生成 B 与乙二醇。B 的分子式为 $C_9H_{10}O$，可与苯肼反应生成苯腙，也可与托伦试剂反应生成化合物 C，B 还可与酸性高锰酸钾作用生成对苯二甲酸，试写出 A、B、C 可能的结构式。

项目十一
糖、氨基酸及蛋白质

学习目标

1. 掌握单糖、氨基酸的结构。
2. 熟悉二糖的糖苷结构；氨基酸及蛋白质的性质。
3. 了解二糖的还原性和非还原性；常见的二糖和多糖；蛋白质的分类和结构层次；

能力目标

1. 能区分单糖、二糖和多糖。
2. 能用不同方法鉴别蛋白质。

素质目标

1. 培养学生有始有终、认真踏实的好习惯。
2. 培养学生积极活跃的创新意识。

任务一　糖

糖（saccharide），又称碳水化合物（carbohydrate），其名称来源于最初发现的糖类化合物可以写成碳的水合物的形式，$C_m(H_2O)_n$。现在人们知道有些糖的组成并不符合碳水形式，而有些符合碳水形式的化合物却不是糖，但是人们早已习惯"碳水化合物"这一名称，因而至今仍在普遍使用。从分子结构来看，糖类化合物是多羟基醛化合物、多羟基酮化合物，或是它们的缩聚物。

糖类化合物与生命活动息息相关，它是植物光合作用的产物，也是生命活动所需能量的主要来源。除此之外，某些糖还具有重要的生理功能，例如红细胞表面的寡糖类型决定了人的血型。另外，草药中也普遍含有糖类成分，例如铁皮石斛中富含活性多糖，因而具有抗炎、抗病毒、提高免疫力的功效。

糖类化合物一般不采用系统命名，多根据来源采用俗名。例如，葡萄糖最初是从葡萄中分离得到的，蔗糖是从甘蔗中提取得到的，果糖是从水果中得来的。糖类化合物根据水解情况，可分为单糖、低聚糖和多糖。单糖不能被水解成更简单的糖，如葡萄糖、果糖、半乳糖等。低聚糖，又称寡糖，是能水解生成 2～10 个单糖分子的化合物，如蔗糖、麦芽糖、乳糖等。多糖，是指可以水解生成 10 个以上单糖的化合物，如淀粉、纤维素、糖原等。

想—想 28. 下列糖类化合物中属于单糖的有哪些？（　　）
A. 葡萄糖　B. 麦芽糖　C. 果糖　D. 蔗糖

一、单糖

根据分子中所含碳原子数目不同，单糖可分为丙糖、丁糖、戊糖和己糖等，自然界分布最广泛的单糖是戊糖和己糖，最简单的是甘油醛（丙醛糖）和甘油酮（丙酮糖），最重要的己糖是葡萄糖（己醛糖）和果糖（己酮糖）。

单糖的构型常采用 D/L 相对构型法标记。自然界存在的单糖大多是 D- 型糖。如葡萄糖、果糖均为 D- 型单糖。

（一）葡萄糖

葡萄糖是白色晶体，味甜，易溶于水，是组成蔗糖、麦芽糖、乳糖、淀粉、纤维素等糖类物质的基本单元。人体血液中的葡萄糖称为血糖，正常人空腹时血糖浓度为 $800 \sim 1200 mg \cdot L^{-1}$。长期低血糖会导致头昏、恶心，而高血糖者易患糖尿病。葡萄糖在医药和食品中具有重要的用途，它是制造葡萄糖酸钙和维生素 C 的原料，临床上也常用 $50 g \cdot L^{-1}$ 的葡萄糖溶液作为输液的等渗溶液。

早在 1747 年，德国化学家马格拉夫（Marggraf）就分离得到了葡萄糖，但直到 19 世纪末，化学家才通过以下实验确定了葡萄糖（$C_6H_{12}O_6$）的开链结构为：

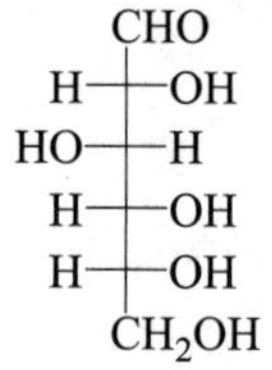

随着研究的深入，人们发现葡萄糖的开链结构与它的一些理化性质不相符。并且，乙醇溶液中结晶出来的葡萄糖晶体熔点为 146℃，比旋光度为 +112°，而吡啶溶液中结晶出来的葡萄糖晶体熔点为 150℃，比旋光度为 +18.7°。将两种晶体在 20℃ 下分别溶于水中，并立即置于旋光仪中，可以观察到前者比旋光度逐渐下降，后者比旋光度逐渐上升，但最终两者的比旋光度都稳定在 +52.7° 后不再变化。像这种随着时间的变化，比旋光度也会发生变化，并最终趋于一个恒定值的现象，称为变旋光现象。变旋光现象普遍存在于糖类化合物中。

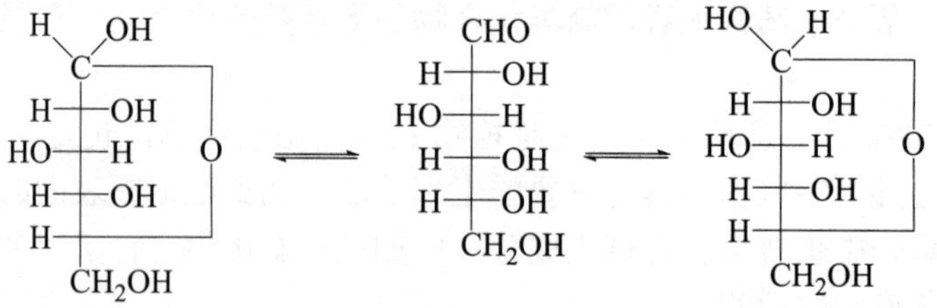

α-D-葡萄糖（37%）　　D-葡萄糖（<0.01%）　　β-D-葡萄糖（63%）

熔点146℃，比旋光度+112°　　　　　　　　　熔点150℃，比旋光度+18.7°

受醛与醇作用生成半缩醛反应启发，研究者提出了葡萄糖开链结构中醛基与 C_5 上的醇羟基作用形成半缩醛环状结构。此时，醛基碳原子与羟基氧结合，醛基氧变为羟基，新生成的羟基称为苷羟基，羰基碳原子变为手性碳原子，从而形成两种类型的分子，具有不同的旋光性。在水溶液中，开链结构与环状结构可以相互转变，最终达到一个平衡，这就是变旋光现象产生的原因。事实上，葡萄糖水溶液中 99% 以上的葡萄糖分子以环状结构存在，而链状结构所占比例极少（$< 0.01\%$），因而与饱和亚硫酸氢钠溶液作用时，呈现不出醛化合物的性质。

（二）果糖

果糖为白色晶体，易溶于水，以游离态存在于水果和蜂蜜中，以结合态存在于蔗糖中，是自然界甜度最高的一种糖。果糖可作药品的原料，果糖二磷酸钠常用作冠心病、心绞痛、心力衰竭和心律失常等疾病的辅助治疗药物。

果糖是多羟基酮糖，与葡萄糖互为同分异构体。与葡萄糖类似，果糖也存在开链结构和环状结构。以 D- 果糖为例，当 C_5 上的羟基与酮羰基加成环合，即形成含氧五元环的半缩酮结构；当 C_6 上的羟基与酮羰基加成环合，形成含氧六元环的半缩酮结构。

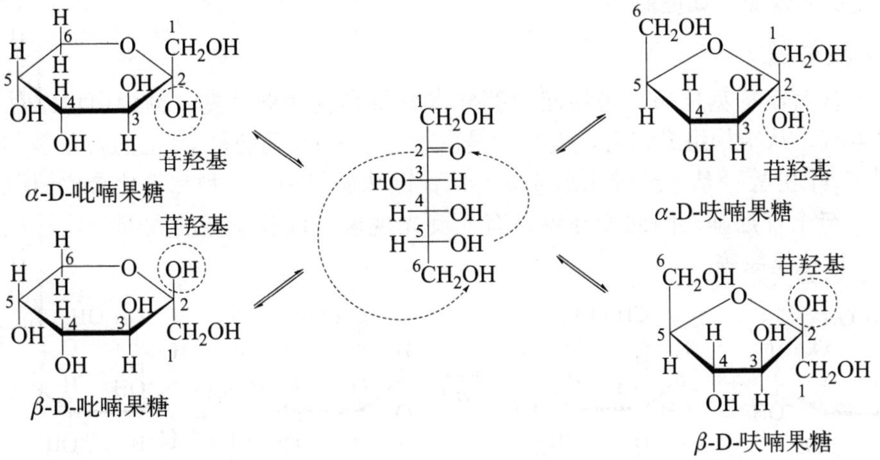

在果糖溶液中，开链结构与环状结构也可以互相转变，形成互变平衡系统。因此果糖也有变旋光现象，系统达到平衡时的比旋光度为 $-92°$。

正是由于葡萄糖和果糖在溶液中都存在开链结构和环状结构，且可以相互转变，所以果糖可以转化为葡萄糖，葡萄糖也可以转化为果糖。实验证实，用稀碱处理葡萄糖会得到葡萄糖、甘露糖和果糖的混合物。由于醛易被托伦试剂、斐林试剂等弱氧化剂氧化，所以葡萄糖可被氧化成糖酸，果糖经转化成醛糖后也可被氧化成糖酸。凡是能被以上弱氧化剂氧化的糖称还原性糖，不能被弱氧化剂氧化的糖称非还原性糖。由此可见，单糖均为还原性糖。

（三）其他重要的单糖

1. D- 半乳糖

半乳糖为无色晶体，能溶于水及乙醇，乳汁中存在游离的半乳糖。D- 半乳糖是 D- 葡萄糖的 C_4 差向异构体，酸水解乳糖可得到 D- 半乳糖。

2. 核糖以及脱氧核糖

核糖和脱氧核糖是生命体内非常重要的戊醛糖，它们与磷酸及特定的嘧啶碱或嘌呤碱缩合，组成遗传物质核糖核酸（RNA）和脱氧核糖核酸（DNA）。其中，DNA 携带合成 RNA 和蛋白质所必需的遗传信息；而 RNA 是遗传信息的载体，引导蛋白质及酶的生物合成。

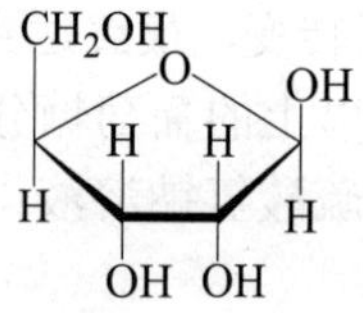

β-D-(−)-核糖   β-D-2-脱氧-(−)-核糖

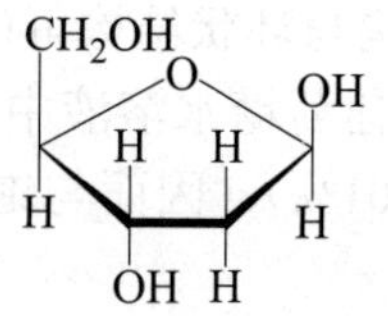

二、二糖

二糖是由一分子单糖的苷羟基与另一分子单糖的羟基或苷羟基经脱水缩合而成的化合物。二糖也是一种糖苷，通过苷键连接在一起。根据形成苷键的方式不同，二糖可分为还原性糖和非还原性糖。还原性二糖分子结构中保留了一个苷羟基，因而具有变旋光现象及还原性，如麦芽糖、乳糖、纤维二糖等。非还原性二糖分子结构中没有苷羟基，因此不具有还原性，也无变旋光现象，如蔗糖。

（一）麦芽糖

麦芽中含有淀粉糖化酶，可使淀粉部分水解得到麦芽糖。麦芽糖为白色结晶，甜度约为蔗糖的 40%。从结构组成来看，麦芽糖是由一分子 α-D- 葡萄糖 C_1 上的苷羟基与另一分子 D- 葡萄糖 C_4 上的醇羟基，经脱水形成 α-1,4- 苷键从而得到的一种二糖化合物。脱水缩合过程中保留了一个苷羟基，因此麦芽糖具有变旋光现象，以及单糖的大部分化学性质，如成苷、成脎、氧化还原等。

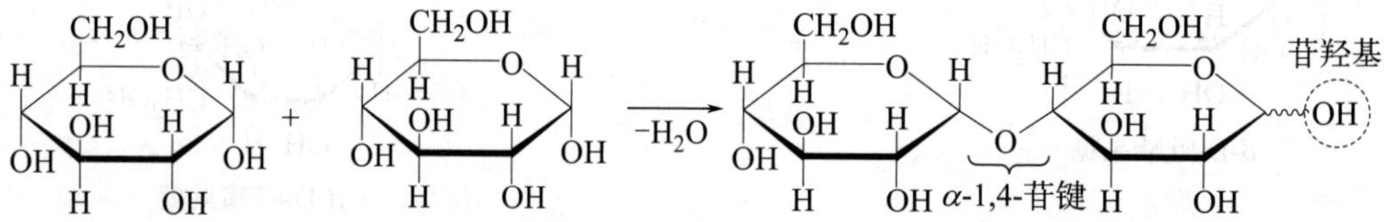

α-D-葡萄糖   D-葡萄糖   麦芽糖

（二）蔗糖

蔗糖在甘蔗和甜菜中含量最多，是自然界中分布最广的一种二糖。蔗糖为无色晶体，易溶于水，加热至 200℃ 便成为棕褐色的焦糖。从结构组成来看，蔗糖是由一分子 α-D- 吡喃葡萄糖 C_1 上的苷羟基与一分子 β-D- 呋喃果糖 C_2 上的苷羟基，经脱水缩合形成 α、β-1,2- 苷键从而得到的一种二糖化合物。因分子结构中没有苷羟基，因此蔗糖无变旋光现象，也无还原性。

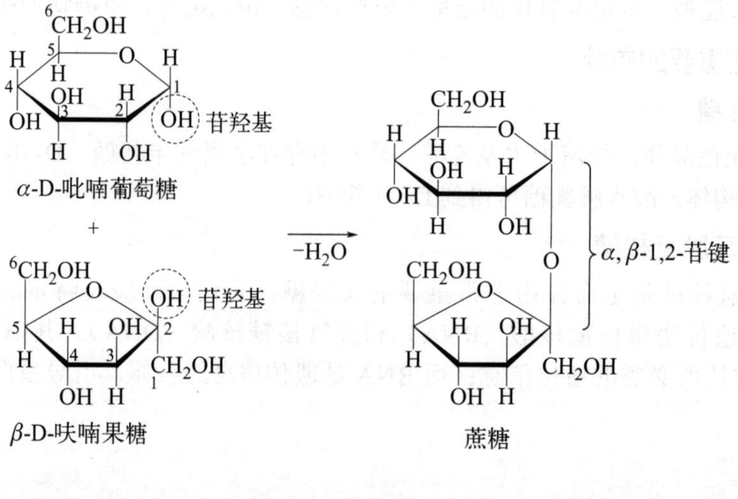

α-D-吡喃葡萄糖

β-D-呋喃果糖   蔗糖

三、多糖

多糖是成千上万个单糖分子经脱水缩合，形成的由苷键连接的高分子化合物。有的多糖水解只能生成一种单糖，这类多糖称为均多糖，如淀粉、纤维素和糖原，最终水解产物只有葡萄糖；有的多糖水解产物不止有一种单糖，这类多糖称为杂多糖，如阿拉伯胶。由于在脱水缩合过程中失去了大部分苷羟基，因此多糖的性质也与单糖、二糖很不相同，多糖没有还原性，也没有变旋光现象，没有甜味，多数也不溶于水。

（一）淀粉

淀粉为白色无定形粉末，一般由直链淀粉和支链淀粉两部分组成，广泛存在于植物体内，是人类所需糖类化合物的主要来源。淀粉部分水解，可生成糊精、麦芽糖；完全水解，可生成 D- 葡萄糖。

1. 直链淀粉

直链淀粉是由 α-D- 吡喃葡萄糖通过 α-1,4- 苷键连接而成的高分子，分子量为 $1.5\times10^5\sim6\times10^5$，遇碘呈蓝色。该反应非常灵敏，因此在分析化学的碘量法试验中，常采用淀粉溶液作指示剂；在有机合成中，还可利用淀粉 /KI 试纸检验某些氧化性物质的存在。

2. 支链淀粉

支链淀粉是由主链（由 α-1,4- 苷键连接）与支链（由 α-1,6- 苷键连接）形成的像树枝状的高分子，分子量为 $1\times10^6\sim6\times10^6$，遇碘呈紫红色。

（二）纤维素

纤维素为白色固体，不溶于水和有机溶剂，但吸水膨胀，是植物界分布最广的多糖。人和大多数哺乳动物体内由于缺乏纤维素酶，所以不能消化纤维素，但纤维素能促进肠道蠕动，吸收肠内有毒物质，减少肠道疾病的发生，因此被认为是人们日常膳食中不可缺少的营养物质。

纤维素是由 β-D- 吡喃葡萄糖通过 β-1,4- 苷键连接而成的线形高分子，分子量为 $1.6\times10^5\sim2.4\times10^5$。与直链淀粉不同，纤维素分子不卷曲成螺旋状，而是分子链通过氢键紧密地结合在一起形成纤维束，几个纤维束又绞在一起形成绳索状结构。纤维素的结构如下：

β-1,4-苷键

任务二　氨基酸及蛋白质

蛋白质是生命的物质基础，在生物体生命活动中有着十分重要的作用。从结构上来看，蛋白质属于聚酰胺类大分子化合物，其基本单位是氨基酸。参与生命代谢过程的生物酶、激素、抗体等都是蛋白质。

一、氨基酸

氨基酸是羧酸分子中烃基上的氢原子被氨基取代后生成的化合物，是组成蛋白质的基本单位，是人体必不可少的物质。自然界中发现的氨基酸已超三百种，其中仅有 20 余种氨基酸用于生物体内合成蛋白质，且它们在化学结构上类似，都是氨基连接在 α- 碳原子上，称为 α- 氨基酸。这 20 余种天然 α- 氨基酸的手性碳构型都是 L- 型，其中有 8 种氨基酸（表 11-1 中用 "*" 标示）在人体内不能合成，需要从外界摄取，称为必需氨基酸。

（一）氨基酸的结构和命名

氨基酸，在结构上同时含有氨基和羧基两个官能团。当 α- 氨基酸的 α- 碳原子上的 R 不为氢原子时，α- 碳原子是手性碳原子，α- 氨基酸具有旋光性。α- 氨基酸的构型，常采用 D/L 相对构型法标注。具有旋光性的 α- 氨基酸，其 α- 碳原子相对构型与 L- 甘油醛一致，因此 α- 氨基酸相对构型为 L- 型。

α-氨基酸   L-氨基酸   L-甘油醛   L-苯丙氨酸

表 11-1 主要的 20 种 α- 氨基酸

结构式	中文名称	英文名称	等电点
H_2N—COOH	甘氨酸 （α- 氨基乙酸）	Glycine	5.97
H_3C—COOH (NH_2)	丙氨酸 （α- 氨基丙酸）	Alanine	6.02
H_3C—COOH (NH_2, CH_3)	*缬氨酸 （α- 氨基 -β- 甲基丁酸）	Valine	5.96
H_3C—COOH (CH_3, NH_2)	*亮氨酸 （α- 氨基 -γ- 甲基戊酸）	Leucine	5.98
H_3C—COOH (NH_2, CH_3)	*异亮氨酸 （α- 氨基 -β- 甲基戊酸）	Isoleucine	6.02
HOH_2C—COOH (NH_2)	丝氨酸 （α- 氨基 -β- 羟基丙酸）	Serine	5.68
H_3C—COOH (NH_2, OH)	*苏氨酸 （α- 氨基 -β- 羟基丁酸）	Threonine	5.60
HSH_2C—COOH (NH_2)	半胱氨酸 （α- 氨基 -β- 巯基丙酸）	Cysteine	5.05

续表

结构式	中文名称	英文名称	等电点
	*蛋氨酸 （α-氨基-γ-甲硫基丁酸）	Methionine	5.74
	*苯丙氨酸 （α-氨基-β-苯基丙酸）	Phenylalanine	5.46
	酪氨酸 （α-氨基-β-对羟苯基丙酸）	Tyrosine	5.68
	*色氨酸 [α-氨基-β-(2-吲哚基)丙酸]	Tryptophan	5.89
	脯氨酸 （α-四氢吡咯烷甲酸）	Proline	6.30
	组氨酸 [α-氨基-β-(3-咪唑基)丙酸]	Histidine	7.59
	*赖氨酸 （α,ω-二氨基己酸）	Lysine	9.74
	精氨酸 （α-氨基-δ-胍基戊酸）	Arginine	10.76
	天冬氨酸 （α-氨基丁二酸）	Aspartic acid	2.77
	谷氨酸 （α-氨基戊二酸）	Glutamic acid	3.22
	天冬酰胺 （α-氨基丁酰胺酸）	Asparagine	5.41
	谷氨酰胺 （α-氨基戊酰胺酸）	Glutamine	5.63

　　按照系统命名法规则，氨基酸可以看成羧酸的衍生物，命名以羧酸为母体，氨基为取代基，称为"氨基某酸"，氨基的位置习惯以希腊字母 α、β、γ 等表示，如 α-氨基丙酸（丙氨酸）、α-氨基-β-羟基丙酸（丝氨酸）等。但氨基酸多根据其来源和性质而采用俗名，如胱氨酸是由于它最初从膀胱结石中分离得到，甘氨酸是由于它具有甜味。

（二）氨基酸的性质

　　氨基酸多为无色晶体，能溶于强酸或强碱溶液中，难溶于乙醇、苯、乙醚等有机溶剂，不同的氨基酸在水中的溶解度差异较大。氨基酸通常以内盐的形式存在，因而表现出盐的性质。氨基酸的熔点一般都较高（通常在 200℃ 以上），比相应的胺类和羧酸都要高，熔融时易分解生成二氧化碳。

氨基酸，既有氨基又有羧基，故其具有胺和羧酸两类化合物的典型性质，如与酸或碱均可成盐，羧基与醇成酯，氨基与酰化试剂成酰胺。同时，由于氨基与羧基的相互影响，使得氨基酸又表现出一些特殊的性质。

1. 氨基酸的两性电离和等电点

氨基酸分子结构中同时存在酸性基团羧基和碱性基团氨基，羧基能与碱反应，而氨基能与酸反应，因此氨基酸是两性化合物。在水溶液中，氨基酸可进行两性电离，其中羧基进行酸式电离，而氨基进行碱式电离。

酸式电离：

$$\underset{\underset{NH_2}{|}}{RCHCOOH} + H_2O \Longleftrightarrow \underset{\underset{NH_2}{|}}{RCHCOO^-} + H_3O^+$$

碱式电离：

$$\underset{\underset{NH_2}{|}}{RCHCOOH} + H_2O \Longleftrightarrow \underset{\underset{NH_3^+}{|}}{RCHCOOH} + OH^-$$

氨基酸分子内，羧基和氨基相互作用也能成盐，这种分子内成盐的化合物称为内盐。内盐具有两性离子的性质，即带负电荷的部分可以接受质子，而带正电荷的部分可以给出质子。两性离子的特性，是氨基酸具有高熔点、低挥发性、难溶于有机溶剂的根本原因。

固态氨基酸主要以两性离子形式存在，而水溶液中的氨基酸存在两性离子、阴离子和阳离子三种形式的平衡：

$$\underset{\underset{NH_2}{|}}{RCHCOO^-} \underset{OH^-}{\overset{H^+}{\Longleftrightarrow}} \underset{\underset{NH_3^+}{|}}{RCHCOO^-} \underset{OH^-}{\overset{H^+}{\Longleftrightarrow}} \underset{\underset{NH_3^+}{|}}{RCHCOOH}$$

阴离子	两性离子（内盐）	阳离子
pH＞pI	pH=pI	pH＜pI

调节水溶液的 pH 值，使氨基酸主要以两性离子形式存在，此时氨基酸所带的正负电荷相等，分子呈电中性，在外电场作用下不发生泳动现象，这时溶液的 pH 值称为该氨基酸的等电点，用 pI 表示。当 pH ＞ pI 时，氨基酸主要以阴离子的形式存在，在外电场作用下氨基酸阴离子向正极移动。当 pH ＜ pI 时，氨基酸主要以阳离子的形式存在，在外电场作用下氨基酸阳离子向负极移动。

不同的氨基酸，等电点的数值是不同的（表 11-1）。在等电点时，氨基酸的溶解度最小，容易析出。利用这一性质，可通过调节溶液的 pH 值，使不同氨基酸在各自的等电点分别结晶析出，达到分离和提纯氨基酸的目的。

想一想 29. 谷氨酸水溶液的 pH=3.22 时，此时谷氨酸的主要存在形式是（　　）。
A. 阴离子　B. 阳离子　C. 两性离子　D. 分子

2. 受热后的反应

α- 氨基酸受热时，两分子间发生氨基和羧基的交叉脱水反应，形成六元环的交酰胺。

β- 氨基酸受热时，分子内失去氨，生成 α,β- 不饱和酸。γ- 氨基酸和 δ- 氨基酸受热时，发生分子内脱水生成比较稳定的五元环或六元环内酰胺。当氨基与羧基间隔 4 个碳以上时，氨基酸受热发生分子间脱水，生成链状聚酰胺。

肽键（酰胺键）

$$H_2N-\underset{R}{\overset{\overset{\displaystyle H}{|}}{C}}-\underset{}{\overset{\overset{\displaystyle O}{\|}}{C}}-OH + H_2N-\underset{R}{\overset{\overset{\displaystyle H}{|}}{C}}-\underset{}{\overset{\overset{\displaystyle O}{\|}}{C}}-OH \xrightarrow{\triangle} H_2N-\underset{R}{\overset{\overset{\displaystyle H}{|}}{C}}-\underset{}{\overset{\overset{\displaystyle O}{\|}}{C}}-\underset{}{\overset{\overset{\displaystyle H}{|}}{N}}-\underset{R}{\overset{\overset{\displaystyle H}{|}}{C}}-\underset{}{\overset{\overset{\displaystyle O}{\|}}{C}}-OH$$

二肽

α- 氨基酸在酸或碱存在下受热，可进行分子间脱水缩合，形成二肽。脱水而成的酰胺键，称为肽键。三个及以上 α- 氨基酸通过肽键相连的脱水缩合物，称为多肽。多种 α- 氨基酸分子按照不同的排列顺序以肽键相互连接，可以形成成千上万种多肽，一般将分子量在一万以上的多肽称为蛋白质。

二、蛋白质

（一）蛋白质的结构

蛋白质是由 α- 氨基酸通过肽键连接而成的多肽，通常将分子量低于一万的视为多肽，而高于一万的称为蛋白质。元素分析表明，蛋白质分子主要含 C、H、O、N 四种元素；此外，大多数蛋白质含 S 元素，少数蛋白质还含有 P、I、Fe、Zn、Cu 等其他元素。

蛋白质特定的功能与活性不仅与氨基酸的种类、数目、排列顺序密切相关，还与蛋白质分子的空间结构有关。一般按照结构层次，将蛋白质的结构分为一级结构、二级结构、三级结构和四级结构。其中一级结构为基本结构，二级结构、三级结构和四级结构为高级结构。

1. 一级结构

蛋白质是由一条或几条多肽链组成的，肽链中氨基酸的排列顺序称为一级结构。氨基酸主要通过肽键（酰胺键）以一定的排列顺序相互连接成多肽链，从而构成蛋白质。除了肽键以外，一级结构还存在氢键、二硫键、盐键及酯键等化学键。蛋白质的一级结构决定了其生物活性，一级结构的变化往往会导致其生理功能的变化。

2. 二级结构

由于多肽链并不是直线形伸展的，而是具有一定形状的弯曲、折叠的空间构象，由此构成了蛋白质的二级结构。通过 X 射线衍射发现，蛋白质的二级结构主要有 α- 螺旋结构和 β- 片层结构。在 α- 螺旋结构中，多肽链中各肽键平面通过 α 碳原子旋转，围绕中心轴形成螺旋向上的盘曲构象，每个肽键的羧基氧与后面第四个氨基上的氢形成氢键。在 β- 片层结构中，两条肽链或多条肽链之间形成氢键，两条肽链可以是平行的，也可以是反平行的，通过氢键维持结构的稳定。

3. 三级结构

蛋白质的三级结构是在二级结构的基础上，将侧链上 R 基团进一步卷曲和折叠，从而形成具有一定规律的空间构型。维系蛋白质三级结构的作用力主要是侧链上的相互作用力，包括氢键、二硫键、范德瓦耳斯力等。

4. 四级结构

蛋白质的四级结构是指具有两条或两条以上独立三级结构的多肽链通过次级键结合形成

的空间构象，其中每个独立三级结构的多肽链称为亚基。

（二）蛋白质的性质

构成蛋白质的基本单位是氨基酸，所以蛋白质具有类似氨基酸的一些性质，同时还具有一些高分子化合物的性质。

1. 两性电离与等电点

蛋白质的多肽链中具有游离的羧基和氨基，能与强酸、强碱作用生成盐，所以蛋白质是两性电解质。在水溶液中，蛋白质的解离平衡可用下式表示：

$$\underset{\substack{\text{阴离子}\\ pH>pI}}{P-COO^-}\ \underset{OH^-}{\overset{H^+}{\rightleftharpoons}}\ \underset{\substack{\text{两性离子}\\ pH=pI}}{\overset{|}{\underset{NH_3^+}{P-COO^-}}}\ \underset{OH^-}{\overset{H^+}{\rightleftharpoons}}\ \underset{\substack{\text{阳离子}\\ pH<pI}}{\overset{|}{\underset{NH_3^+}{P-COOH}}}$$

其中，$H_2N-P-COOH$ 代表蛋白质分子。

当蛋白质溶液 pH=pI 时，蛋白质以两性离子存在，蛋白质所带净电荷为零，在外电场作用下既不向正极移动，也不向负极移动，此时溶液的 pH 值即为蛋白质的等电点 pI；当 pH＞pI 时，溶液中蛋白质主要以阴离子的形式存在，此时在外电场作用下向正极移动；当 pH＜pI 时，溶液中蛋白质主要以阳离子的形式存在，此时在外电场作用下向负极移动。蛋白质在等电点时，不存在电荷相互排斥作用，最易凝聚而析出，此时蛋白质的溶解度、黏度、渗透压以及膨胀性都达到最小。利用蛋白质的等电点性质，可通过蛋白质电泳来分离和纯化混合蛋白质。

2. 沉淀反应

使蛋白质从溶液中析出的现象称为蛋白质沉淀。使蛋白质沉淀的方法有很多，如盐析法、有机溶剂法、重金属盐法、生物碱试剂法及加热凝固法等。

（1）盐析　在蛋白质溶液中加入大量中性无机盐，如氯化钠、硫酸钠、硫酸铵等，使蛋白质从溶液中沉淀析出的现象称为盐析。在等电点时，蛋白质的盐析效果最好，且盐析沉淀出来的蛋白质还可以重新溶解，并恢复原有的活性。

（2）有机溶剂法　在蛋白质溶液中加入亲水的有机溶剂，如甲醇、乙醇等，能够破坏蛋白质分子的水化膜，使蛋白质凝聚而沉淀析出。如果有机溶剂浓度过大或与蛋白质共存时间过长，容易使蛋白质分子变性，难以恢复原有的活性。

（3）重金属盐法　当蛋白质溶液的 pH＞pI 时，溶液中蛋白质主要以阴离子形式存在，当加入重金属离子时，带负电的蛋白质易与重金属阳离子结合，形成不溶于水的蛋白质盐而沉淀析出，这种沉淀往往也是不可逆的，析出的蛋白质失去了原有的活性。

（4）生物碱试剂法　当蛋白质溶液的 pH＜pI 时，溶液中蛋白质主要以阳离子形式存在，当加入生物碱（如苦味酸、鞣酸）时，蛋白质阳离子与生物碱试剂结合而沉淀析出，这种沉淀析出的蛋白质也是变性的，难以恢复原有生物活性。

在以上沉淀反应中，除了盐析法，其他方法均会使蛋白质失去原有生物活性。把蛋白质在某些物理因素（如高温、高压、紫外线、X 射线等）或化学因素（如酸、碱、有机溶剂、重金属盐等）影响下，空间结构发生了变化（主要是二级结构、三级结构），从而引起蛋白质理化性质和生物活性改变的现象称为蛋白质的变性。

扫一扫

【思维导图】

一、单选题

1.下列糖中属于多糖的是（　　）。

　A.葡萄糖　　　　　　B.麦芽糖　　　　　　C.淀粉　　　　　　D.乳糖

2.下列糖中，属于非还原性糖的是（　　）。

　A.麦芽糖　　　　　　B.蔗糖　　　　　　C.果糖　　　　　　D.乳糖

3.下列糖中，不属于同分异构体的是（　　）。

　A.葡萄糖和果糖　　B.麦芽糖和蔗糖　　C.蔗糖和乳糖　　D.核糖和脱氧核糖

4.下列糖中，能水解的还原性糖是（　　）。

　A.葡萄糖　　　　　　B.麦芽糖　　　　　　C.蔗糖　　　　　　D.淀粉

二、简答题

1.麦芽糖和蔗糖都是由两分子单糖脱水缩合而成的二糖，为什么麦芽糖有还原性，而蔗糖却没有还原性？

2.葡萄糖是还原糖，为什么以葡萄糖为结构单元构成的淀粉却没有还原性？

3.什么是氨基酸的等电点？如何调节氨基酸水溶液的 pH 值，使其达到等电点的状态？

4.哪些方法能使蛋白质沉淀？哪些方法能使蛋白质变性？

5.根据蛋白质的性质，回答：

（1）为什么蒸煮的方式可以给医疗器械消毒？

（2）为什么硫酸铜溶液能杀菌？

（3）针对重金属中毒，为什么喝牛奶或豆浆可以解毒？

参考文献

[1] 华彤文，王颖霞，等．普通化学原理 [M]．北京：北京大学出版社，2013．

[2] 戴静波．基础化学 [M]．2 版．北京：化学工业出版社，2021．

[3] 邹继红，于秋铃．基础化学 [M]．西安：西安交通大学出版社，2014．

[4] 张欣荣，阎芳．基础化学 [M]．北京：高等教育出版社，2021．

[5] 南京大学编写组．无机与分析化学 [M]．4 版．北京：高等教育出版社，2006．

[6] 王传虎，贺凤伟，等．无机及分析化学 [M]．3 版．武汉：华中科技大学出版社，2021．

[7] 张胜建，陈德余．无机及分析化学 [M]．北京：科学出版社，2019．

[8] 容蓉．仪器分析 [M]．北京：中国医药科技出版社，2018．

[9] 于世林．色谱过程理论基础 [M]．北京：化学工业出版社，2019．

[10] 陈西良，曹光豫，等．基础化学 [M]．天津：天津科学技术出版社，2018．

[11] 陆艳琦，邹春阳，杨家林．基础化学 [M]．武汉：华中科技大学出版社，2022．

[12] 黄锁义．基础化学 [M]．2 版．南京：江苏凤凰科学技术出版社，2023．

[13] 刘又年．普通化学 [M]．长沙：中南大学出版社，2018．

[14] 徐寿昌．有机化学 [M]．北京：高等教育出版社，1991．

[15] 张斌，申扬帆．药用有机化学 [M]．3 版．北京：中国医药科技出版社，2020．

[16] 冯骏材，朱成建，等．有机化学原理 [M]．北京：科学出版社，2016．

[17] 中国化学会有机化合物命名审定委员会．有机化合物命名原则 2017[M]．北京：科学出版社，2018．

[18] 李玲，王欣，孔令乾．有机化学 [M]．2 版．武汉：华中科技大学出版社，2021．

[19] 张生勇，孙晓莉．有机化学 [M]．3 版．北京：科学出版社，2011．

[20] 王微宏，罗一鸣．有机化学 [M]．2 版．北京：化学工业出版社，2019．

元素周期表

IUPAC 2013

氧化态为单质的氧化态为0，未列入；常见的为红色）
以 ¹²C=12 为基准的原子量（注+的是半衰期最长同位素的原子量）

示例：
- 95 — 原子序数
- Am — 元素符号（红色的为放射性元素）
- 镅 — 元素名称（注+的为人造元素）
- 5f⁷7s² — 价层电子构型
- 243.06138(2)⁺

图例：s区元素 | p区元素 | d区元素 | ds区元素 | f区元素 | 稀有气体

电子层：K L M N O P Q

周期	Z	符号	名称	价层电子构型	原子量
1	1	H	氢	1s¹	1.008
1	2	He	氦	1s²	4.002602(2)
2	3	Li	锂	2s¹	6.94
2	4	Be	铍	2s²	9.0121831(5)
2	5	B	硼	2s²2p¹	10.81
2	6	C	碳	2s²2p²	12.011
2	7	N	氮	2s²2p³	14.007
2	8	O	氧	2s²2p⁴	15.999
2	9	F	氟	2s²2p⁵	18.998403163(6)
2	10	Ne	氖	2s²2p⁶	20.1797(6)
3	11	Na	钠	3s¹	22.98976928(2)
3	12	Mg	镁	3s²	24.305
3	13	Al	铝	3s²3p¹	26.9815385(7)
3	14	Si	硅	3s²3p²	28.085
3	15	P	磷	3s²3p³	30.973761998(5)
3	16	S	硫	3s²3p⁴	32.06
3	17	Cl	氯	3s²3p⁵	35.45
3	18	Ar	氩	3s²3p⁶	39.948(1)
4	19	K	钾	4s¹	39.0983(1)
4	20	Ca	钙	4s²	40.078(4)
4	21	Sc	钪	3d¹4s²	44.955908(5)
4	22	Ti	钛	3d²4s²	47.867(1)
4	23	V	钒	3d³4s²	50.9415(1)
4	24	Cr	铬	3d⁵4s¹	51.9961(6)
4	25	Mn	锰	3d⁵4s²	54.938044(3)
4	26	Fe	铁	3d⁶4s²	55.845(2)
4	27	Co	钴	3d⁷4s²	58.933194(4)
4	28	Ni	镍	3d⁸4s²	58.6934(4)
4	29	Cu	铜	3d¹⁰4s¹	63.546(3)
4	30	Zn	锌	3d¹⁰4s²	65.38(2)
4	31	Ga	镓	4s²4p¹	69.723(1)
4	32	Ge	锗	4s²4p²	72.630(8)
4	33	As	砷	4s²4p³	74.921595(6)
4	34	Se	硒	4s²4p⁴	78.971(8)
4	35	Br	溴	4s²4p⁵	79.904
4	36	Kr	氪	4s²4p⁶	83.798(2)
5	37	Rb	铷	5s¹	85.4678(3)
5	38	Sr	锶	5s²	87.62(1)
5	39	Y	钇	4d¹5s²	88.90584(2)
5	40	Zr	锆	4d²5s²	91.224(2)
5	41	Nb	铌	4d⁴5s¹	92.90637(2)
5	42	Mo	钼	4d⁵5s¹	95.95(1)
5	43	Tc	锝	4d⁵5s²	97.90721(3)⁺
5	44	Ru	钌	4d⁷5s¹	101.07(2)
5	45	Rh	铑	4d⁸5s¹	102.90550(2)
5	46	Pd	钯	4d¹⁰	106.42(1)
5	47	Ag	银	4d¹⁰5s¹	107.8682(2)
5	48	Cd	镉	4d¹⁰5s²	112.414(4)
5	49	In	铟	5s²5p¹	114.818(1)
5	50	Sn	锡	5s²5p²	118.710(7)
5	51	Sb	锑	5s²5p³	121.760(1)
5	52	Te	碲	5s²5p⁴	127.60(3)
5	53	I	碘	5s²5p⁵	126.90447(3)
5	54	Xe	氙	5s²5p⁶	131.293(6)
6	55	Cs	铯	6s¹	132.90545196(6)
6	56	Ba	钡	6s²	137.327(7)
6	57~71	La~Lu	镧系		
6	72	Hf	铪	5d²6s²	178.49(2)
6	73	Ta	钽	5d³6s²	180.94788(2)
6	74	W	钨	5d⁴6s²	183.84(1)
6	75	Re	铼	5d⁵6s²	186.207(1)
6	76	Os	锇	5d⁶6s²	190.23(3)
6	77	Ir	铱	5d⁷6s²	192.217(3)
6	78	Pt	铂	5d⁹6s¹	195.084(9)
6	79	Au	金	5d¹⁰6s¹	196.966569(5)
6	80	Hg	汞	5d¹⁰6s²	200.592(3)
6	81	Tl	铊	6s²6p¹	204.38
6	82	Pb	铅	6s²6p²	207.2(1)
6	83	Bi	铋	6s²6p³	208.98040(1)
6	84	Po	钋	6s²6p⁴	208.98243(2)⁺
6	85	At	砹	6s²6p⁵	209.98715(5)⁺
6	86	Rn	氡	6s²6p⁶	222.01758(2)⁺
7	87	Fr	钫	7s¹	223.0197(4)⁺
7	88	Ra	镭	7s²	226.02541(2)⁺
7	89~103	Ac~Lr	锕系		
7	104	Rf	𬬻	6d²7s²	267.122(4)⁺
7	105	Db	𬭊	6d³7s²	270.131(4)⁺
7	106	Sg	𬭛	6d⁴7s²	269.129(3)⁺
7	107	Bh	𬭳	6d⁵7s²	270.133(2)⁺
7	108	Hs	𬭶	6d⁶7s²	270.134(2)⁺
7	109	Mt	鿏	6d⁷7s²	278.156(5)⁺
7	110	Ds	𫟼	6d⁸7s²	281.165(4)⁺
7	111	Rg	𬬭	6d⁹7s²	281.166(6)⁺
7	112	Cn	鿔	6d¹⁰7s²	285.177(4)⁺
7	113	Nh	鿭		286.182(5)⁺
7	114	Fl	𫓧		289.190(4)⁺
7	115	Mc	镆		289.194(6)⁺
7	116	Lv	𫟷		293.204(4)⁺
7	117	Ts	鿬		293.208(6)⁺
7	118	Og	鿫		294.214(5)⁺

★ 镧系

Z	符号	名称	价层电子构型	原子量
57	La	镧	5d¹6s²	138.90547(7)
58	Ce	铈	4f¹5d¹6s²	140.116(1)
59	Pr	镨	4f³6s²	140.90766(2)
60	Nd	钕	4f⁴6s²	144.242(3)
61	Pm	钷	4f⁵6s²	144.91276(2)⁺
62	Sm	钐	4f⁶6s²	150.36(2)
63	Eu	铕	4f⁷6s²	151.964(1)
64	Gd	钆	4f⁷5d¹6s²	157.25(3)
65	Tb	铽	4f⁹6s²	158.92535(2)
66	Dy	镝	4f¹⁰6s²	162.500(1)
67	Ho	钬	4f¹¹6s²	164.93033(2)
68	Er	铒	4f¹²6s²	167.259(3)
69	Tm	铥	4f¹³6s²	168.93422(2)
70	Yb	镱	4f¹⁴6s²	173.045(10)
71	Lu	镥	4f¹⁴5d¹6s²	174.9668(1)

★ 锕系

Z	符号	名称	价层电子构型	原子量
89	Ac	锕	6d¹7s²	227.02775(2)⁺
90	Th	钍	6d²7s²	232.0377(4)
91	Pa	镤	5f²6d¹7s²	231.03588(2)
92	U	铀	5f³6d¹7s²	238.02891(3)
93	Np	镎	5f⁴6d¹7s²	237.04817(2)⁺
94	Pu	钚	5f⁶7s²	244.06421(4)⁺
95	Am	镅	5f⁷7s²	243.06138(2)⁺
96	Cm	锔	5f⁷6d¹7s²	247.07035(3)⁺
97	Bk	锫	5f⁹7s²	247.07031(4)⁺
98	Cf	锎	5f¹⁰7s²	251.07959(3)⁺
99	Es	锿	5f¹¹7s²	252.0830(3)⁺
100	Fm	镄	5f¹²7s²	257.09511(5)⁺
101	Md	钔	5f¹³7s²	258.09843(3)⁺
102	No	锘	5f¹⁴7s²	259.1010(7)⁺
103	Lr	铹	5f¹⁴6d¹7s²	262.110(2)⁺